LA LAITIÈRE DE MONTFERMEIL

PAR PAUL DE KOCK

CHAPITRE I. — Conversation en cabriolet.

— Car, mon lieutenant, ça ne peut pas toujours aller ainsi, et vous en conviendrez vous-même. Le grand Turenne ne menait pas quatre batailles de front et ne se trouvait pas à six affaires dans la même journée...

— Non, mon cher Bertrand, mais César dictait en même temps quatre lettres dans différentes langues, et Pic de la Mirandole se flattait de connaître et de pouvoir discuter *de omni re scibili*...

— Pardon, mon lieutenant, mais je ne sais pas le latin.

— C'est-à-dire qu'il prétendait connaître toutes les langues, approfondir toutes les sciences, réfuter toutes les théologies.

— Comme je ne crois pas, mon lieutenant, que vous ayez tant d'amour-propre, je ne vous comparerai pas à ce monsieur de la Mirandole, qui voulait savoir tout. Quant à César, j'en ai entendu parler comme d'un grand homme; mais je suis bien sûr qu'il n'avait pas autant de maîtresses que vous.

— Tu te trompes, Bertrand; les grands hommes de l'antiquité avaient de nombreuses esclaves, des concubines, et répudiaient souvent leurs femmes afin d'en prendre de nouvelles. L'Amour, la Volupté avaient des temples en Grèce; et ces fiers Romains, qu'on nous peint si sévères, ne rougissaient pas de se livrer aux plus folles débauches, de se couronner de myrte et de roses, et de prendre parfois dans leurs banquets le costume de nos premiers parents...

— Pour Dieu, mon lieutenant, laissons là les Grecs et les Romains, avec lesquels je n'ai jamais tiré un coup de fusil, et revenons à nos moutons...

— Je veux te prouver, mon pauvre Bertrand, que, bien loin de passer en folies les générations qui nous ont précédés, nous sommes beaucoup plus sages qu'elles...

— C'est pour ça que vous avez quatre maîtresses...

— J'aime les femmes, je l'avoue; je dirai plus, je m'en glorifie : ce penchant est dans la nature. Je ne puis pas voir une figure agréable, de beaux yeux, sans éprouver un doux tressaillement, une émotion, un je ne sais quoi, enfin, qui prouve mon extrême sensibilité. Est-ce donc un crime d'être sensible dans un siècle où l'égoïsme est poussé si

— Hue donc, Jean e Blanc! disait la petite laitière.

loin; où l'intérêt est le mobile de presque toutes les actions des hommes; où nous voyons des auteurs préférer l'argent à la gloire; des hommes en place ne s'occuper que du soin de conserver la leur, au lieu de songer au bien qu'ils pourraient faire; des artistes mendier les suffrages des gens qu'ils méprisent, et tendre la main à la sottise lorsqu'elle est en faveur; des hommes de lettres fermer avec soin la route à leurs confrères lorsqu'ils aperçoivent en eux un talent qui pourrait faire pâlir le leur; où partout, enfin, la porte est fermée au mérite obscur, et s'ouvre devant l'impudence, la fatuité que la richesse accompagne? Si l'égoïsme ne s'était pas glissé dans toutes les classes, si l'amour de l'argent ne remplaçait pas l'amour du prochain, en serait-il ainsi? Et tu me fais un crime de ma sensibilité! Tu me reproches de ne pouvoir entendre sans en être attendri le récit d'une belle action ou d'une touchante infortune; de donner mon argent à des gens dont je suis la dupe; de me laisser prendre comme un sot aux discours d'un enfant qui me dira qu'il mendie pour sa mère, ou d'un pauvre ouvrier qui m'assurera qu'il est sans ouvrage et sans pain! Eh bien! mon cher Bertrand, j'aime mieux ma sensibilité que leur froid égoïsme, et je trouve dans mon âme des jouissances que les cœurs indifférents ne connaîtront jamais.

Cette conversation avait lieu dans un charmant cabriolet auquel était attelé un cheval fringant, et qui roulait sur la jolie route du Raincy à Montfermeil; un petit jockey de douze à quatorze ans était derrière la voiture, dans laquelle Bertrand était assis près d'un jeune homme mis avec élégance, qui, tout en lui répondant, fouettait de temps à autre le coursier fringant qu'il dirigeait.

Bertrand s'était retourné à demi pendant la fin du discours de son maître; et pour cacher l'émotion qui commençait à le gagner, il s'était mouché et avait pris une forte prise de tabac; un peu remis alors, il avait prononcé d'une voix où perçait l'attendrissement :

— A Dieu ne plaise, mon lieutenant, que je vous fasse un crime de votre sensibilité ! je connais votre bon cœur; je sais combien vous êtes obligeant, serviable!... et je pourrais citer de vous mille traits dont bien des gens se seraient vantés, tandis que vous les avez cachés avec soin.

— Ceux qui se vantent du bien qu'ils ont fait ressemblent à ces gens qui vous offrent quelque chose de façon que vous n'acceptiez point : les uns et les autres ne se donnent qu'à regret.

— Sans chercher bien loin, moi-même, mon lieutenant, ne m'avez-vous pas comblé de vos dons, recueilli, logé, nourri?

— Tu es un imbécile, Bertrand ; ne me sers-tu pas d'intendant, de factotum, d'homme d'affaires, de confident... et d'ami, ce qui vaut mieux que tout le reste, et ce qui ne peut se payer?

Ici, Bertrand retourne entièrement, se mouche de nouveau, parce qu'une grosse larme est tombée de ses yeux. Il prend deux prises de tabac; et après avoir serré avec effusion la main que son maître lui tendait, il prononce d'une voix attendrie :

— Oui, monsieur, vous êtes le meilleur des hommes, vous avez mille qualités! et il ne faudrait pas que quelqu'un vînt me dire le contraire !... Morbleu ! mon sabre n'est pas encore rouillé!

— Allons, tu vas faire mon éloge, maintenant; songe donc, Bertrand, que c'est pour me gronder que tu as commencé cet entretien.

— Vous gronder!... non, mon lieutenant, mais vous faire observer qu'il serait plus raisonnable de n'aimer qu'une seule femme à la fois; sauf à changer dès que vous en verriez une autre qui vous plairait davantage.

— Écoute, Bertrand, je vais te faire une comparaison que tu sentiras tout de suite...

— Vous n'y mettrez pas du Grec et de Romain, mon lieutenant?

— Pas un seul. Tu aimes le vin, Bertrand?

— C'est vrai, mon lieutenant, j'avoue qu'une vieille bouteille... d'un bon cru ! il n'y a rien qui vous égaye comme ça!

— Tu aimes le beaune ?

— Beaucoup, mon lieutenant.

— Le bordeaux?

— Ah! ça sent la violette; c'est un bouquet délicieux !

— Et le volnais?...

— Je n'ai jamais su lui résister!...

— Et le chambertin?

— Je me mettrais à genoux devant, mon lieutenant.

— Si tu avais une bouteille de chacun de ces vins devant toi, est-ce que tu en abandonnerais trois pour n'en boire que d'une seule?

— Je vous réponds, mon lieutenant, qu'elles y passeraient toutes quatre, et que je ne m'en trouverais pas plus mal.

— Pourquoi donc veux-tu, quand je suis entre quatre jolis minois qui ont chacun quelque chose de séduisant, que j'en abandonne trois pour ne faire la cour qu'à un seul?

— C'est parbleu vrai, mon lieutenant, vous ne le pouvez pas! il faut que vous les buviez... je veux dire que vous les aimiez toutes les quatre, et je vois bien maintenant que c'est moi qui ai tort.

C'était presque toujours ainsi que se terminaient les discussions entre Bertrand et Auguste Dalville. Auguste avait vingt-sept ans et vingt mille livres de rente; son père était mort lorsqu'il était encore au berceau, et sa mère lui avait été enlevée depuis six ans; c'était de cette époque que dataient les folies d'Auguste, qui avait voulu se distraire d'une douleur bien naturelle, puis avait fini par n'être plus le maître de résister à un sexe près duquel il ne cherchait d'abord que des distractions.

Cependant, le désir de porter un joli uniforme et peut-être de gagner des épaulettes, avait engagé Auguste à entrer au service. On était en paix; mais un jeune homme qui a de l'instruction, de l'éducation, ne reste pas simple soldat. Auguste, qu'on avait fait sous-lieutenant, se plaisait à écouter Bertrand, qui avait servi comme caporal de voltigeurs, et s'était trouvé à Austerlitz, à Eylau, à Friedland.

Bertrand n'avait encore que quarante-quatre ans; il mettait dans le récit de ses combats le même feu, la même ardeur qu'il avait eus dans l'action, et Auguste ne pouvait se lasser de l'entendre. Les discours du caporal enflammaient son courage; il regrettait de n'être pas né quelques années plus tôt, pensant qu'il aurait pu, comme Bertrand, se trouver à ces belles campagnes qui feront toujours la gloire de la France.

Vers cette époque, Auguste fut envoyé avec son régiment devant Pampelune, dont les Français faisaient le siége. Bertrand se trouva sous les ordres du jeune officier, qui fut fait lieutenant. Mais la guerre étant terminée, Auguste quitta l'état militaire, et retourna à Paris se livrer de nouveau à son goût pour les plaisirs. Il proposa à Bertrand de le suivre; celui-ci obtint facilement son congé, et suivit Dalville, auquel il était sincèrement attaché, et qu'il continua, par habitude autant que par goût, d'appeler son lieutenant.

Bertrand avait à Paris une mère très-âgée et infirme. Le premier soin d'Auguste fut d'assurer à cette pauvre femme une pension qui la mit au-dessus du besoin, et lui permit de se procurer dans sa vieillesse mille douceurs qu'elle n'avait jamais pu goûter pendant le cours d'une carrière laborieuse et infortunée.

Alors, Auguste ne fut plus un maître pour Bertrand, il le considéra comme un bienfaiteur; son amitié, son dévouement ne connurent plus de bornes; et après la mort de sa mère, qui arriva trois ans après, Bertrand s'attacha entièrement à Dalville, et se promit de consacrer sa vie à lui prouver sa reconnaissance. Bertrand n'avait pas reçu d'éducation, il commettait souvent des gaucheries dans les messages dont son maître le chargeait; mais Auguste le lui pardonnait, parce qu'il connaissait le bon cœur et l'attachement de l'ancien caporal; celui-ci, comme nous venons de le voir, se permettait quelquefois de faire à son supérieur des représentations, parce qu'encore étranger au train de vie du grand monde, les folies d'Auguste l'effrayaient, et qu'il craignait à chaque instant que ses intrigues n'amenassent des événements sérieux; mais Auguste parvenait toujours à calmer les alarmes de Bertrand, qui terminait sa conversation en disant : C'est moi qui ai tort.

J'aurais encore bien des choses à vous apprendre sur les deux personnages qui viennent de causer ensemble. Je devrais vous faire leur portrait, et vous dire exactement quel est le genre de figure d'Auguste Dalville... Mais à quoi bon? Sans doute l'une de ses nombreuses conquêtes parlera de lui. Je m'exposerais donc à des répétitions inutiles en vous faisant d'abord son portrait. Nous pouvons seulement présumer qu'il est bien fait, puisqu'il a le bonheur de plaire aux dames. « Ce n'est pas une raison, » me direz-vous, « et quand on a vingt mille livres de rente, cela tient lieu de grâces, et cache la laideur. » Ah! mes chers lecteurs! quelle idée! certes, ce n'est pas une de mes lectrices qui me répondrait cela, et j'ai trop bonne opinion de ces dames pour ne pas penser qu'il faille autre chose que vingt mille livres de rente pour les captiver.

Mais le cabriolet vole, nous ferons nos réflexions une autre fois.

— Bébelle va très-bien... Vous avez chaud, mon lieutenant ; voulez-vous que je prenne les guides?

— Non; cela m'amuse de conduire.

— Nous serons à onze heures à la campagne de M. Destival.

— C'est bien assez tôt, et jusqu'à cinq heures que l'on dîne... Mais j'avais promis depuis longtemps. D'ailleurs, madame Destival est assez bonne musicienne, et nous tâcherons de faire quelque chose en attendant le dîner.

— Et moi, mon lieutenant, pourquoi m'avez-vous emmené?... Je ne ferai pas de musique, et comme ma place n'est pas dans le salon, où serai-je de faction ?

— Sois tranquille. M. Destival m'avait expressément recommandé de t'emmener. Il vient de se prendre de belle passion pour la chasse, et il désire que tu lui apprennes le maniement des armes.

— Fort bien, mon lieutenant; je lui apprendrai tout ce que je sais, ça ne sera pas long.

— Cette pauvre Virginie !... Comme elle sera furieuse ce soir... Je lui avais promis de la mener à Feydeau...

— Elle vous a souvent promis bien autre chose, et elle vous a manqué de parole...

— Comment sais-tu cela, Bertrand ?

— C'est que je vous ai entendu dire, mon lieutenant, que mademoiselle Virginie était extrêmement menteuse.

— C'est vrai, oui... j'en ai eu la preuve plus d'une fois... —

— C'est bien mal, après tout ce que vous avez fait pour elle !...
Mais vous êtes si bon, vous vous laissez toujours attendrir ! Ah ! mille carabines ! si la demoiselle s'était tuée toutes les fois qu'elle

a dit qu'elle voulait *se périr* parce qu'elle n'avait pas de quoi payer son terme...

— Allons, monsieur Bertrand, taisez-vous; vous êtes une mauvaise langue... Allez donc, Bébelle... Vous vous endormez, je crois...

— Et un soir, que vous étiez sorti, et qu'elle m'a conté ses chagrins!... elle me dit que si elle a eu une faiblesse pour vous, c'est parce qu'elle est trop aimante; mais que décidément elle veut changer de conduite, ne plus vous voir, et se raccommoder avec sa tante. Moi, je croyais tout cela bonnement; elle avait même un air si pénétré, que je me sentais prêt à pleurer!... Ne voilà-t-il pas que quand elle apprend que vous êtes au bal masqué elle s'écrie : « Je veux y aller aussi, Bertrand, prête-moi tes habits, je vais me mettre en homme! — Comment, mademoiselle, lui dis-je, quand vous parlez de devenir sage, de ne plus revoir M. Auguste... » Là-dessus, elle se met à rire comme une petite folle, m'appelle un vieux dindonneau!... Ma foi, mon lieutenant, je ne comprends rien à une femme comme celle-là.

— Je le crois bien, mon pauvre Bertrand; moi, qui la connais plus que toi, je ne la comprends pas moi-même.

— J'aime mieux cette petite dame blonde... Vous savez bien, mon lieutenant, celle dont vous avez fait connaissance en m'envoyant lui reporter le petit carlin qu'elle avait perdu, et que j'ai trouvé le soir couché contre notre porte...

— Tu veux parler de Léonie.

— Non, je veux dire madame Saint-Edmond.

— Léonie, Saint-Edmond... c'est la même chose.

— Je ne savais pas, mon lieutenant.

— Ah! par exemple, Bertrand, si j'ai fait cette connaissance-là, c'est toi qui en es cause.

— C'est bien plutôt le carlin, mon lieutenant.

— Léonie demeurait dans la même maison que moi, et je ne la connaissais pas.

— Parbleu, mon lieutenant, est-ce qu'on connaît ses voisins à Paris! excepté les portiers et les cuisinières, qui savent cela par état.

— Enfin, tu trouves ce carlin, tu t'engage à demander au portier si quelqu'un de la maison le réclame...

— On me dit qu'il y a au troisième une jeune dame qui n'a pas dormi de la nuit de chagrin d'avoir perdu son chien, et que sa bonne, après avoir couru de la cave au grenier, est allée faire faire des affiches qui promettront trente francs de récompense à qui rendra le petit animal. J'avoue que je ne me doutais pas que le carlin, qui ne faisait que mordre et grogner, valût quatre mois de paye d'un soldat; mais je m'empressai de monter au troisième et de faire contremander les affiches, en rendant à sa maîtresse le petit animal, qui, pour sa rentrée au logis, commença par gratter un beau fauteuil de satin bleu et mettre ses pattes dans la tasse de chocolat de madame, ce qui n'empêcha pas celle-ci de l'appeler bijou! et de me faire les plus grands remercîments! Dans tout cela, mon lieutenant, je ne vois rien qui vous forçât à devenir amoureux de madame Léonie Saint-Edmond.

— Tu ne dis pas tout, Bertrand, tu oublies qu'en descendant du troisième tu me fis un portrait fort piquant de cette dame... tu me dis qu'elle avait des yeux... et puis une voix... et une certaine taille...

— Dame, mon lieutenant, il me semble que toutes les femmes ont des yeux, une taille et une voix!

— Oui, sans doute; mais enfin, je fus curieux de connaître cette jeune voisine qui montrait tant de sensibilité.

— Et il paraîtrait, mon lieutenant, que vous avez débusqué le carlin, car, depuis ce temps, madame Saint-Edmond est sans cesse sur vos pas; et moi, on me questionne, on veut me faire parler... on me fait monter pendant que madame déjeune, et, tout en m'offrant un petit verre de malaga et un biscuit, on me demande où vous avez passé la soirée la veille...

— Et monsieur Bertrand, attendri par le malaga, rapporte mes actions à ma voisine?...

— Ah! fi donc mon lieutenant! pour qui me prenez-vous!... moi, aller trahir les secrets de mon maître... il y aurait devant moi six bouteilles de Malaga, que je ne dirais rien!... Il est vrai que je n'aime pas le malaga...

— Eh! mon cher, mon pauvre Bertrand, je ne te reprends pas!... Tu sais bien que je ne fais pas mystère de mes folies... même à celles qui auraient sujet de s'en plaindre... Il ne s'agit dans tout cela que d'amourettes, d'étourderies...

— C'est égal, mon lieutenant, je me trouve vraiment fort embarrassé. Sans cesse questionné par celle-ci, par celle-là... L'une m'appelle mon petit Bertrand, l'autre son véritable ami... et toutes ces dames sont fort gentilles...

— Ah! monsieur le caporal s'en est aperçu.

— Parbleu, mon lieutenant, on a des yeux tout comme un autre, et si mon cœur n'est pas aussi facile à s'enflammer que le vôtre, il n'est pas pour cela invulnérable. Et quand je vois une de ces dames porter son mouchoir à ses yeux... quand j'entends votre voisine se jeter sur un fauteuil en disant qu'elle va se trouver mal; enfin quand mademoiselle Virginie s'écrie qu'elle veut *se périr*! moi, je ne sais plus où j'en suis... Je cours de l'une à l'autre, je leur offre du vinaigre et de l'eau-de-vie, je me désole, je pleure même quelquefois avec elles... Tenez, d'honneur, j'aimerais mieux monter six fois à l'assaut que de me trouver à ces scènes-là.

— Ah! ah! ah!... ce pauvre Bertrand!...

— C'est cela, vous riez; cela vous est égal qu'on vous appelle *traître, perfide, barbare, monstre, cruel!*

— Ce sont des douceurs; dans la bouche d'une jeune femme, ces mots-là veulent dire : Je t'aime, je t'adore, tu es charmant!

— Ah! monstre veut dire, tu es charmant!... c'est différent, mon lieutenant, je ne pouvais deviner cela... maintenant, me voilà au fait. Mais ces pleurs que vous faites répandre, est-ce que cela veut dire aussi qu'on vous trouve gentil?

— Eh! mon vieil ami!... en amourettes, crois-tu que les larmes soient toujours sincères?...

— Dans la quantité, mon lieutenant, il peut bien en tomber quelqu'une pour tout de bon, et il me semble qu'on doit se reprocher la peine que l'on fait à un joli minois.

— Bertrand, je te promets de me corriger, d'être plus sage à l'avenir!... Moi, qui adore ce sexe charmant, qui mets tout mon bonheur à lui plaire, peux-tu penser que je cherche à lui causer de la peine?...

— Non, mon lieutenant; je sais bien que vous voudriez, au contraire, faire plaisir à toutes les jeunes beautés que vous rencontrez; mais c'est ce plaisir-là qui leur amène des regrets, des soucis... et vous-même... car, comme je vous le disais tout à l'heure : le grand Turenne...

Auguste n'écoutait plus Bertrand, il avait avancé la tête hors du cabriolet et regardait une jeune paysanne qui venait de sortir de la forêt et suivait la même route que nos voyageurs, en chassant devant elle un âne chargé de paniers, dans lesquels étaient plusieurs boîtes de fer-blanc qui servent à contenir le lait que les villageois portent aux habitants de Paris.

Comme l'âne n'allait pas aussi vite que Bébelle, Auguste retenait son cheval et le mettait au pas, afin de voir plus longtemps la jeune fille.

— Voulez-vous que je donne un petit coup de fouet à Bébelle? dit Bertrand étonné de ne plus aller qu'au pas.

— Non, non... elle va bien.

— Oui, mon lieutenant, vous ferez fort bien de devenir sage... J'entends sage, pour vous; d'ailleurs votre fortune ne suffirait pas à toutes vos dépenses; vous m'avez nommé votre intendant, et puis donc me permettrez de compter avec vous, et, sans être fort grand calculateur, je vois bien que lorsqu'on prend toujours dans une caisse, elle se vide promptement. Cette année vous n'êtes pas heureux à ce maudit jeu que vous jouez si souvent... vous savez, mon lieutenant, celui dans lequel on retourne les rois...

— De la fraîcheur... une jolie taille... des yeux charmants... c'est vraiment extraordinaire!...

— Et puis les cachemires que vous envoyez à l'une... le mémoire de la marchande de modes que vous payez pour l'autre...

— Et tout cela dans une laitière!...

— Comment, une laitière?... Est-ce que vous payez aussi leurs mémoires, mon lieutenant?

— Qui diable te parle de mémoires! Regarde donc cette jolie enfant qui suit la même route que nous..

— Eh bien! c'est une laitière, voilà tout!...

— Tu ne vois pas comme elle est jolie... et ce sourire malin, toutes les fois que ses yeux se portent de notre côté.

— Elle veut peut-être nous vendre des fromages à la crème?...

— Nigaud! qui ne voit là dedans que des fromages!... Va, ce corset de burre, ce double fichu de toile, fermé jusqu'au haut du cou, cachent bien des trésors...

— Des trésors!... des trésors!... Parbleu! on devine bien à peu près ce que cela peut cacher, quoique ça trompe souvent; mais enfin, de tels trésors ne sont pas rares; est-ce que c'est pour ceux de cette petite laitière que nous allons maintenant comme une voiture de fariniers?

— Non, non... c'est que je commence à me fatiguer d'être en cabriolet... le temps est si beau!... je sens que cela me fera du bien de marcher. Nous ne sommes plus qu'à un petit quart de lieue de chez M. Destival; tiens, Bertrand, prends les guides; moi, je vais faire le restant de la route à pied...

— Comment, mon lieutenant, vous voulez...?

Auguste a déjà arrêté son cabriolet, il saute lestement sur la route, malgré les murmures de Bertrand, et lui dit : — Va toujours avec Toni...

— Mais que dirai-je chez M. Destival?...

— Que je te suis... j'y arriverai aussitôt que toi...

— Mais...

— Bertrand, je le veux.

Bertrand ne réplique plus; mais il jette un regard d'humeur sur la petite laitière, et donne un coup de fouet à Bébelle, qui a bientôt emporté le cabriolet loin d'Auguste.

1.

Chapitre II. — La Culbute.

La petite continuait son chemin, tenant à la main une branche de noisetier, et chassant son âne devant elle, sans avoir l'air de remarquer que le jeune homme venait de descendre de son cabriolet; elle ne tournait pas la tête en arrière, et se contentait de prononcer de temps à autre : Hue donc, Jean le Blanc! et Jean le Blanc n'en allait pas plus vite.

Auguste a bientôt rejoint la laitière. Il marche quelques instants derrière elle, pour l'examiner : elle est bien faite, autant qu'on peut en juger sous les doubles déshabillés qui l'étouffent; son pied doit être petit, quoique enfermé dans de gros souliers, et ses bas de laine couvrent une jambe bien prise, que l'on peut voir à l'aise, parce qu'une laitière porte des jupons très-courts.

Auguste s'avance; la jeune fille le regarde, et semble étonnée de voir le jeune homme du cabriolet marcher à côté d'elle. Cependant elle détourne la tête, et se contente de prononcer un hue donc!... qui n'a rien de romantique.

Notre petit-maître regarde attentivement la jeune fille, qui porte un bonnet placé sur le haut de la tête, ce qui ne cache aucun de ses traits, et il se dit : Elle est gentille... de beaux yeux, une jolie bouche, un teint de rose; mais, après tout, rien d'extraordinaire. C'est la fraîcheur d'une villageoise; une belle beauté rustique, et j'aurais aussi bien fait de rester en cabriolet. Cependant, puisque j'en suis descendu, tâchons que ce soit pour quelque chose...

Et le jeune homme continuait de considérer la laitière et souriait en la regardant, lorsque celle-ci, que l'examen du beau monsieur semblait importuner, lui dit d'un ton brusque :

— Avez-vous bientôt fini de me regarder?

— Est-ce qu'il n'est pas permis de vous admirer?

— Non, je n'aime pas qu'on me fisque comme ça...

— Si vous n'étiez pas si jolie, on vous regarderait moins...

— Si c'est comme ça que vous parlez aux femmes de Paris, vous devez avoir ben des visages dans la tête!... on reconnaît les gens quand on les regarde de si près; mais chez nous, je ne trouvons pas ça honnête!... et faudrait pas venir y faire vot' gentil de cette manière-là!...

— J'ai eu tort de descendre de cabriolet, se dit Auguste; cependant il continue de marcher près de la petite, et lui dit au bout d'un moment : Vous êtes laitière?

— Pardi!... ça se voit ben... Est-ce que vous venez seulement de le deviner?

— Voulez-vous me vendre du lait?

— Je n'en ai plus.

— Est-ce que vous en portez à Paris...

— Je ne vais pas si loin que ça...

— D'où venez-vous donc?

— Vous êtes ben curieux.

Le ton de la jeune fille n'était pas encourageant, et Auguste regarda au loin s'il apercevrait son cabriolet; mais déjà le char léger avait disparu, car Jean le Blanc s'arrêtait fort souvent pour manger des feuilles ou de l'herbe, malgré les coups de houssine dont sa maîtresse le gratifiait.

— Savez-vous, dit Auguste, que vous n'êtes pas fort aimable, ma belle enfant! en vous voyant si jolie, je vous aurais crue plus douce... moins farouche.

— C'est ça, monsieur pensait me tourner la tête avec ses compliments!... mais j' sommes habituée à rencontrer des jeunes gens de Paris... c'est toujours la même chanson! ils croient se faire venir en me disant que j' suis jolie!... ah! vous êtes des enjôleurs!... mais je ne vous écoutons pas, allez!...

— Qu'on nie encore que la vertu habite au village! se dit Auguste. Ah! je vois donc, moi, que c'est aux champs qu'on retrouve ces mœurs pures des anciens patriarches, ces rosières chantées par les poëtes, ceci... Ce diable de Bertrand avait bien besoin de mener Bébelle si vite... il l'aura fait par malice!... Et quand je disais que nous étions arrivés, je mentais... Encore trois quarts de lieue au moins!...

Pour achever de désoler le jeune homme, la laitière quitte la grande route pour prendre un chemin de traverse dans le bois; Auguste reste un moment indécis au coin du sentier... Prendra-t-il la route qu'a tenue son cabriolet? suivra-t-il la jeune fille?... Le premier parti est le plus raisonnable, c'est sans doute pour cela qu'il se décide en faveur du second.

Le temps qu'Auguste avait passé à se décider au coin de la route avait éloigné de lui la laitière; celle-ci continuait son chemin dans le petit sentier, et, persuadée que le jeune homme avait suivi la grande route, elle chantait en poussant devant elle Jean le Blanc :

Si tu dis que tu m'aimes,
Prouve-le-moi tout d' même;
Mais t'es un beau monsieur,
Qui veut nous enjôler.

— Très-joli!... quoique la rime ne soit pas riche, dit Auguste en doublant le pas pour rattraper la petite. Celle-ci se retourne, et paraît surprise en voyant le jeune homme dans le sentier qu'elle a pris.

— Comment! vous venez par ici? dit la laitière d'un ton de voix mal assuré.

— Sans doute... ce chemin est charmant.

— Vous n'allez donc pas retrouver vot' cabriolet?

— Je n'ai pu me résoudre à vous quitter...

— Ah! vous perdez vot' temps, monsieur, et je vous assure que vous feriez ben mieux de courir après vot' voiture...

— Et moi, j'aime beaucoup mieux marcher près de vous... quoique vous me traitiez avec rigueur; mais j'ai dans l'idée que vous n'êtes pas aussi méchante que vous voulez le paraître...

— Eh ben, vous vous trompez, je ne suis pas bonne du tout; demandez à tous les jeunes gens de Montfermeil, comme je les reçois quand ils veulent jouer... Ah! c'est que Denise Fourcy est connue dans le pays...

— Denise Fourcy... bon, je sais votre nom.

— Eh ben, après? à quoi cela vous avance-t-il?

— A pouvoir aisément avoir de vos nouvelles, à vous retrouver, enfin, quand je le voudrai.

— Pardi! je n' suis pas perdue, et on me trouve facilement.

— Quoi! Denise, à votre âge et jolie comme vous l'êtes, est-ce que vous n'avez pas un amoureux?

— Est-ce que ça vous intéresse?

— Oh! beaucoup!

— Au village nous ne sommes pas si pressées que vos demoiselles de la ville.

— N'a-t-on pas un cœur au village comme ailleurs?...

— Oui, mais il ne prend pas feu comme le vôtre, qui m'a l'air d'un petit cœur d'amadou.

— Elle est vraiment drôle! dit Auguste en riant.

— Elle! dit la jeune laitière d'un air fâché; comme ces messieurs sont honnêtes!... Elle!... ne dirait-on pas que nous nous connaissons depuis longtemps?...

— Il ne tient qu'à vous que dans un moment nous soyons les meilleurs amis du monde... et pour commencer, il faut que je vous embrasse...

— Non pas... non pas, monsieur... point de ces façons-là... s'il vous plaît... Oh! prenez garde!... j' vas vous égratigner!...

Auguste, qui est accoutumé à braver de telles défenses, saisit la petite laitière par le milieu du corps, et tâche d'approcher ses lèvres des joues fraîches et vermeilles de la jeune villageoise; mais celle-ci se défend autrement que les dames de la ville; il est vrai qu'une paysanne est moins gênée dans ses habillements, qu'elle ne craint point de se faire chiffonner, et que l'entournure de son corset ne lui empêche pas de remuer les bras; voilà sans doute pourquoi un baiser est plus difficile à obtenir d'une paysanne.

Le baiser est pris enfin; mais il a coûté cher à Auguste, qui porte au-dessous de l'œil gauche la marque de deux ongles qui ont entamé et mis au vif la figure du beau monsieur de Paris. Chacun des combattants est donc vaincu, car chacun porte les preuves de sa défaite... Cependant la guerre semble encore déclarée. Denise, deux fois plus rouge qu'avant le combat, arrange son fichu, en jetant sur le jeune homme des regards courroucés; et celui-ci porte ses mains à sa figure, et s'apercevant qu'il y a du sang, l'essuie avec son mouchoir, en regardant la jeune laitière avec moins de tendresse, car les deux coups d'ongle ont singulièrement apaisé son amour.

— C'est bien fait, dit enfin la petite; ça vous apprendra, monsieur, à vouloir embrasser les filles malgré elles.

— Il est certain que je ne m'attendais pas à être traité ainsi... Pour un baiser... me défigurer!...

— Si toutes les femmes faisaient de même, vous ne seriez pas si entreprenant...

— Dieu merci, toutes ne pensent pas comme vous... Vous m'avez fait un mal affreux!...

— Oh! ce qui vous fâche le plus, c'est que ça se verra; vous avez peur d'être moins gentil...

— Non, je vous assure, ce ne n'est pas ça ce qui m'occupe. Je suis fâché de vous avoir vraiment mise en colère... Je sens que j'ai eu tort... Tenez, Denise, faisons la paix.

— Non, monsieur; non, je ne vous écoute plus.

Et la laitière, croyant que le jeune homme veut encore l'embrasser, court à son âne, et afin de s'éloigner plus vite, saute sur la croupe de Jean le Blanc et fouette à coups redoublés sa monture. Mais l'âne avait pour habitude de revenir paisiblement au village en broutant ce qu'il trouvait sur son passage, et sans jamais ramener sa maîtresse sur son dos. Troublé dans sa course journalière par cette charge inattendue, Jean le Blanc prend un trot accéléré, et entre dans le bois malgré les efforts de sa maîtresse, qui veut lui faire suivre le sentier battu. Auguste entend les cris de la petite, qui veut en vain retenir son âne, et qui a beaucoup à faire pour éviter les branches qui viennent à chaque instant frapper son visage. Oubliant les marques que Denise a imprimées sur sa joue, Dalville court après les traces de la laitière, afin de ramener son âne dans le bon chemin; mais en entendant courir derrière lui, le maudit animal redouble de vitesse; il se lance au hasard dans les endroits les plus épais du bois... Bientôt une forte branche barre le passage à la laitière. Tandis que sa monture file dessous, elle fait la culbute à terre, et en tombant une seconde branche retient sa jupe, ce qui fait que la pauvre Denise tombe la face contre terre, ayant son jupon par-dessus la tête, et par conséquent ne l'ayant plus... où il doit être ordinairement.

Auguste arrive dans ce moment... Vous devinez ce qui frappe sa vue... et ce que le jupon ne couvrait plus, cela était blanc, frais et bien rond... Mais il faut rendre justice au jeune homme : au lieu de s'amuser à considérer ces jolies choses, il court à Denise : elle criait, pleurait, se dépitait. Il parvient à lui débarrasser la tête de dedans ses jupons, puis recouvre bien vite... ce que vous savez bien.

Denise se relève ; mais elle est toute honteuse, elle n'ose plus lever les yeux sur le jeune homme, qui, loin de profiter de son embarras, s'informe avec empressement si elle n'est pas blessée.

— Oh ! non... ce n'est rien... dit Denise en rougissant encore. Je n'y penserais déjà plus, si... cette maudite branche... Pardi, faut que je sois ben malheureuse !

— Quoi ! parce que vous êtes tombée ? mais, ma chère enfant, cela peut arriver à tout le monde.

— Oui ; mais... on peut tomber sans montrer... sans faire voir... C'est égal, vous êtes ben le premier qui l'ayez vu, toujours.

— Ah ! je voudrais bien être aussi le dernier... Allons, pourquoi cet air boudeur ?... Eh bien ! je vous assure que je n'ai rien vu ; je n'ai songé qu'à vous secourir... J'avais si peur que vous ne fussiez blessée !... J'en aurais été la cause ; car, sans mes étourderies, vous auriez continué tranquillement votre route, et tout cela ne serait pas arrivé.

Denise écoute Auguste, sa colère est passée, elle sourit même en lui disant : — Je ne vous en veux plus... Vous avez été plus honnête que je ne croyais ; si j'étais tombée comme ça devant les garçons du village, ils auraient commencé par rire, et puis m'auraient dit des bêtises.... et puis ça n'en aurait pas fini.... au lieu que vous m'avez relevée bien vite.... et d'un air si effrayé !... A présent, je suis fâchée de vous avoir donné des coups d'ongle... Tenez, embrassez-moi... pour me prouver que vous me le pardonnez.

Auguste profite de la permission. Denise était si jolie lorsqu'elle souriait ! et une femme qui se défend si vigoureusement fait trouver bien plus de prix aux faveurs qu'elle accorde.

La paix est donc faite entre la laitière et le jeune homme. Mais Jean le Blanc n'est plus là ; enchanté de s'être débarrassé de son fardeau, il a continué de trotter à travers le bois. — Oh ! je n'en suis pas inquiète, dit Denise ; je suis sûre qu'il est allé chez nous. Prenons ce sentier, nous serons bientôt au village...

On se remet en chemin. La petite marche auprès d'Auguste, qui recommence à la trouver charmante depuis qu'elle lui sourit et qu'elle lui a permis de l'embrasser. En effet, la physionomie de Denise n'était plus la même ; un air méchant ne sied point à un joli minois, et ce qui est fait pour inspirer l'amour ne devrait jamais peindre la colère. Mais on est bientôt sorti du sentier, et l'on descend une colline qui conduit à Montfermeil.

— Voilà mon village, dit Denise ; et, tenez, voyez-vous mon âne qui trotte là-bas ?... Oh ! j'savais ben qu'il irait chez nous... Est-ce que c'est dans le pays que vous avez affaire ?

— Non... pas précisément... Je vais à la campagne de M. Destival. La connaissez-vous ?

— Certainement ; c'est moi qui porte du lait chez eux, lorsque madame Destival y reste l'été. Elle me recommande toujours ses petits fromages... Ah ! c'est que je les fais bons... J'en ai porté un plus gros ce matin, parce que mamzelle Julie, la bonne de madame, m'a dit qu'on attendait du monde de Paris...

— En ce cas, il est probable que j'aurai le plaisir de goûter de vos fromages...

— Mais si vous allez chez M. Destival, il ne faut pas prendre le chemin du village. J' vas vous enseigner la route qu'il faut suivre.

— Vous seriez bien plus aimable de me conduire ; puisque vous n'êtes plus inquiète de votre âne, rien ne vous presse maintenant...

— Oh ! monsieur, non ! j'vois ben que vous êtes honnête ; mais vous aimez trop à embrasser les filles... D'ailleurs ma tante m'attend... Il est midi passé, v'là l'heure du dîner... Tenez, monsieur, suivez ce chemin qui monte là-bas... puis le premier sentier à gauche... puis le chemin vert... vous vous trouverez devant l'endroit où vous allez.

— Je ne me souviendrai jamais de tout cela... Vous serez cause que je me perdrai.

— Fallait pas quitter votre voiture...

— Ce sont vos jolis yeux qui m'ont tourné la tête.

— Ah ! vous allez recommencer... Allez donc ben vite, on mangera le fromage à la crème sans vous !

— J'en serais fâché, puisque c'est vous qui l'avez fait.

— La route qui monte... puis à gauche... puis le chemin vert... Adieu, monsieur...

— Encore un baiser, Denise...

— Non, non... Oh ! ces choses-là ne doivent pas se faire souvent... vous n'y trouveriez plus de plaisir.

Et Denise descend vivement la colline, puis prend le chemin qui la mène au village. Auguste la suit des yeux pendant longtemps, en se disant : — Elle est fort gentille... et elle a de l'esprit. Quel dommage qu'elle n'habite pas Paris !... Qu'est-ce que je dis donc ? si elle était à Paris elle ressemblerait à mille autres ; c'est parce qu'elle est laitière que sa figure et son esprit m'ont frappé. Allons, suivons la route qu'elle m'a indiquée, et hâtons-nous d'arriver... Je suis sûr qu'on s'impatiente après moi ; ce pauvre Bertrand ne saura que dire, et madame Destival me fera une moue !... mais une moue !... Ah ! mon Dieu, et ces coups d'ongle ! que diable vais-je dire pour cela ?... Ah ! ma foi, c'est en cueillant des noisettes, je me serai écorché... C'est dommage qu'il n'y ait pas d'épines aux noisetiers... Après tout, ils en croiront ce qu'ils voudront.

Auguste se décide à se mettre en marche ; mais il jette encore un coup d'œil sur le village de Denise, et murmure en s'éloignant : Je viendrai faire connaissance avec Montfermeil.

Chapitre III. — L'Enfant et la Marmite.

Auguste suivait la route que Denise lui avait indiquée, il pensait encore à la petite laitière ; l'homme le plus volage conserve le souvenir de la dernière femme qui a su lui plaire, jusqu'à ce qu'un nouvel objet agréable, en lui faisant éprouver d'autres désirs, efface de son esprit les attraits auxquels il rêvait auparavant.

Tout à coup des plaintes et des pleurs tirent le jeune homme de sa rêverie ; il regarde autour de lui, et aperçoit à lui, près d'un gros arbre, un petit garçon qui peut avoir six ans au plus, habillé comme les enfants de paysans : avec une petite veste, un pantalon déchiré en plusieurs endroits, point de bas, de mauvais sabots et la tête nue, garantie seulement par une forêt de cheveux blonds.

Auguste s'approche du petit, qui pleure très-fort en regardant à ses pieds et d'un air stupéfait les débris d'un vase de terre dont le contenu est épars sur le chemin ; l'enfant ne se retourne pas pour regarder la personne qui l'appelle, toutes ses idées semblent concentrées sur la marmite cassée ; il ne peut que pleurer en portant de temps à autre à sa tête et à ses yeux de petites mains bien noires, qui, mouillées par ses larmes, barbouillent sa figure ronde.

— Mais qu'as-tu donc à pleurer ainsi, mon garçon ? dit Auguste en se baissant pour être plus près de l'enfant. Le petit lève un moment sur le jeune homme deux yeux d'un bleu clair, autour desquels ses petites mains avaient fait des cercles noirs, puis il les reporte sur les morceaux du vase brisé, en murmurant :

— J'ai cassé la marmite... hi hi hi ! et la soupe de papa était dedans... hi hi hi !... J'vas être battu... comme l'autre fois... hi hi hi !...

— Diable ! voilà un grand malheur en effet... Mais, calme-toi, mon garçon, nous pourrons peut-être réparer cela. Tu portais donc la soupe à ton père ?...

— Oui, et j'ai cassé la marmite...

— Je le vois bien. Mais aussi pourquoi te fait-on porter un vase si grand ?... Tu es encore trop petit... Quel âge as-tu, mon garçon ?

— Six ans et demi... et j'ai cassé la marmite... et la soupe de papa...

— Oui, oui, elle est à terre !... il n'y faut plus penser.

— C'était la soupe aux choux... hi hi !...

— Oh ! je le sens bien... Mais ne pleure donc plus. Je te dis que tu ne seras pas battu...

— Si... j'ai cassé la marmite... et bonne maman m'avait dit de prendre bien garde...

— Allons, écoute-moi : comment t'appelles-tu ?

— Coco... et j'ai cassé la marmite...

— Eh bien, mon petit Coco, je vais te donner de quoi acheter une autre marmite et faire trois fois autant de soupe aux choux. J'espère que tu ne pleureras plus.

En disant cela, Auguste tire de son gousset une pièce de cent sous et la met dans la main de l'enfant ; mais Coco regarde la pièce en ouvrant encore plus ses grands yeux bleus, et cependant il continue à pousser de gros soupirs en répétant :

— Papa va me battre et bonne maman aussi...

— Comment ! lorsque tu leur présenteras cet argent ?...

— Papa attend la soupe pour dîner... et quand il ne verra pas la marmite...

— Allons, se dit Auguste, je vois qu'il faut que je me charge moi-même d'arranger l'affaire... Cela me retardera encore ; mais ce pauvre petit est si gentil !... et ils seraient capables de le battre malgré la pièce de cent sous... J'ai perdu une heure pour conter fleurette à une laitière, je puis bien en sacrifier une seconde pour sauver des coups à cet enfant. Viens, Coco ; en avant, mon garçon !... Conduis-moi à ton père ; je dirai que c'est moi qui en passant près de toi ai fait tomber ce que tu portais, et je te réponds que tu ne seras pas battu.

Coco regarde Auguste, puis reporte encore les yeux sur les débris de la marmite, dont il a bien de la peine à s'éloigner ; mais Dalville lui prend la main, et enfin l'enfant se décide à se mettre en marche. Chemin faisant, Auguste tâche de faire jaser le petit, afin de le distraire de sa frayeur.

— Que fait ton père, mon garçon?
— Il travaille aux champs.
— Et il s'appelle?
— Papa Calleux.
— Il me paraît que papa Calleux n'est pas très-doux, puisque tu en as si peur... Et ta mère?
— Elle est morte.
— C'est donc ta grand'mère qui a fait la soupe aux choux?
— Oui, et elle m'avait dit de bien prendre garde, et de ne pas casser la marmite comme l'autre fois.
— Ah! tu en as déjà cassé une?
— Oui... mais il n'y avait rien dedans, et j'ai été battu.
— Il me paraît que tu n'es pas heureux avec les marmites. Mais battre un enfant si petit!... il faut que ces paysans aient le cœur bien dur!... Pauvre enfant! il soupire encore, et il n'a pas sept ans!... il faut donc qu'il y ait des peines pour tous les âges!

Le petit conduit Auguste à travers plusieurs champs, au milieu desquels sont tracés d'étroits chemins. Cela éloignait Auguste de chez M. Destival; mais il ne voulait pas quitter l'enfant sans l'avoir vu heureux. Enfin l'on arrive près d'un champ de pommes de terre, et Coco s'arrête et serre en tremblant le bras de son compagnon en disant : V'là papa.

Auguste aperçoit à une quarantaine de pas un villageois occupé à bêcher; il quitte la main de l'enfant, et s'avance vers le paysan, qui, courbé à demi vers la terre, continue à travailler. — Père Calleux, je viens réparer un petit accident! dit Auguste en élevant la voix. Le villageois lève la tête et montre une face bourgeonnée, un gros nez, de gros yeux à fleur de tête, une bouche entr'ouverte et des dents qui rappellent celles de l'ennemi du petit Chaperon-Rouge. Cette singulière physionomie exprime la surprise en entendant un monsieur élégant prononcer son nom.

— Je crois que le père Calleux aime autant le vin que la soupe aux choux, se dit Auguste en regardant le villageois.
— Qu'y a-t-il pour vot' service, monsieur? dit celui-ci.
— En chemin j'ai rencontré votre fils Coco...
— Ah!... et où est-il donc? il devait m'apporter à dîner. Coco!... qu'est-ce que tu fais donc là-bas?
— Attendez que je vous dise tout : en regardant un joli site, je me suis cogné contre l'enfant, et ma foi, j'ai jeté à terre la marmite qu'il tenait... elle est cassée, et...
— Vous la payerez, voilà tout... car vous êtes cause que je ne dînerai pas.
— Oh! c'est trop juste!... c'est pour cela que je viens vous trouver. Combien vous dois-je? faites le prix vous-même.
— Dame, monsieur, la soupe était bonne; elle valait bien trente sous... et il y avait ben pour douze sous de soupe dedans, parce que le lard est cher par ici...
— Tenez, voici cent sous... êtes-vous content?
— Oh! oui, monsieur!... c'est juste! je n'ai rien à dire.
— J'espère alors que vous ne gronderez pas votre fils... et, si vous m'en croyez, vous ne ferez plus porter de si lourds fardeaux à un enfant de cet âge.
— Oh! monsieur, ça les habitue à être forts... Je ne pouvons pas élever nos enfants dans des confitures, nous autres... Allons, Coco, avance donc...

L'enfant s'avance d'un air craintif, et, arrivé près de son père, se met à pleurer en répétant :
— J'ai cassé la marmite.
— Oui, oui, je sais ce qui est arrivé, monsieur m'a tout conté. Retourne maintenant à la maison, et dis à la mère Madeleine de me faire à dîner... et d'avoir du vin surtout... Mais non, j'aime mieux aller dîner au cabaret de Claude... Va, Coco... et qu'on ne m'attende pas pour souper... j'ai affaire à la ville.

Auguste devine que l'affaire du père Calleux est de boire la pièce de cinq francs jusqu'au dernier sou; mais, content de voir son petit protégé tout joyeux, il dit adieu au paysan, et suit l'enfant, qui reprend le chemin qu'ils viennent de faire, mais cette fois en sautant et gambadant autour de son compagnon. Le grand chagrin est déjà oublié! et l'on dit que nous sommes de grands enfants : oui pour les faiblesses, mais non pour pas le bonheur.

Auguste, heureux de la joie du petit garçon, qui ne songe plus à l'aventure de la marmite, se plaît à le regarder. Le rire va si bien à ces petits visages de six ans! l'on personne qui aime les enfants ne conçoit pas que l'on puisse voir leurs larmes avec indifférence. Il y a pourtant des gens pour qui les jappements d'un chien ont plus de charmes que le rire d'un enfant!... cela fait beaucoup d'honneur à leur sensibilité.

Tout en cheminant, Coco chante, court, tourne autour d'Auguste, auquel il fait des niches, car il est déjà grand ami avec lui; à six ans et demi on donne son amitié aussi vite qu'à vingt ans on donne son cœur. Auguste joue et court avec l'enfant; il le poursuit, l'attrape, se roule avec lui sur le gazon sans remarquer que cela gâte sa toilette, parce que les éclats de rire du petit garçon sont si vrais, si francs, qu'ils sont souvent partagés par le beau monsieur.

Eh quoi! dira-t-on, un petit-maître, un séducteur, un homme du beau monde, s'amuse à jouer dans les champs avec un petit paysan! Et pourquoi pas? Heureux qui conserve en vieillissant le goût des plaisirs simples de son jeune âge! Henri IV marchait à quatre pattes dans sa chambre en portant ses enfants sur son dos. Surpris dans cette posture par l'ambassadeur d'une cour étrangère, il lui demanda sans se déranger s'il était père de famille, et sur sa réponse affirmative, reprit : *En ce cas, je vais faire le tour de la chambre.*

Revenu à l'endroit où il a rencontré l'enfant, Auguste veut lui dire adieu et continuer son chemin; mais Coco lui tient la main, il ne veut pas la lâcher, et lui dit :
— Viens à la maison avec moi... viens donc... maman Madeleine te donnera du bon beurre... viens, tu verras Jacqueleine... elle est bien belle, va...
— Qu'est-ce que c'est que Jacqueleine, mon garçon?
— C'est not' chèvre; elle couche à côté de moi...
— Mais ta maison est-elle loin d'ici?...
— Non, non, c'est là-bas...

Auguste se laisse entraîner. Coco, tout en disant toujours : C'est là-bas! fait encore marcher son compagnon pendant une demi-heure. Enfin, sur le bord d'un chemin de traverse, on aperçoit une misérable masure, dont le chaume est tombé en plusieurs endroits, et Coco s'écrie : Nous voilà arrivés... vois-tu notre maison? Puis il tire son compagnon pour le faire courir avec lui.

Une vieille femme est assise devant la chaumière; elle est maigre et voûtée, et son teint donne l'idée des momies d'Égypte. Cependant une voix forte et aigre sort de ce corps débile. — Te voilà donc enfin, paresseux! dit-elle à l'enfant; pourquoi avoir été si longtemps?... Où donc est la marmite?...

Coco regarde Auguste, qu'il s'habitue déjà à considérer comme son protecteur; et celui-ci fait à la mère Madeleine le même mensonge qu'au père Calleux, en y joignant aussi la pièce de cinq francs, qui est l'argument irrésistible.

La vieille essaye alors d'adoucir sa voix, et engage Auguste à entrer boire du lait de chèvre et manger du beurre frais; c'est tout ce qu'elle peut offrir. Le jeune élégant pénètre dans la chaumière. Son cœur se serre à l'aspect de ce misérable séjour. Une seule pièce compose tout le logement de la famille Calleux. Cette pièce est grande; mais le jour n'y est éclairé qu'une partie, la terre sert de plancher; les murs, mal recrépis, n'ont rien qui cache leur nudité; le chaume menace ruine, et deux grabats placés dans l'endroit le plus obscur, n'ont point de rideaux pour les garantir du vent qui pénètre de tous côtés dans cet asile, dont un vieux buffet, une huche, une table et quelques chaises composent tout l'ameublement.

— Où donc couches-tu? dit Auguste à l'enfant. Celui-ci le conduit dans un coin de la salle, où l'on distingue à peine, et lui montre à terre une petite paillasse sur laquelle est jetée une méchante couverture de laine. Tout auprès est une chèvre couchée sur de la paille étalée à terre. — Voilà mon lit, dit Coco. Oh! je suis bien, va!... Jacqueleine me tient chaud l'hiver... elle m'aime bien, Jacqueleine!...

Et l'enfant prend la chèvre par le cou et la caresse en se roulant avec elle sur la paille, mais il est forcé de quitter sa compagne fidèle, car sa mère l'appelle en lui disant :
— Allons donc, vaurien! vous jouerez plus tard : venez mettre le pain sur la table... donnez-moi une tasse... Ce petit drôle n'est bon à rien!...
— Vous traitez bien durement votre petit-fils, dit Auguste en s'asseyant devant la table et goûtant le pain bis et le lait.
— Si je le laissais faire, monsieur, il jouerait toute la journée...
— Vous devez pourtant bien aimer cet enfant, puisque c'est le seul que vous ait laissé votre fille.
— Oh! oui, je l'aime ben! mais quand on est pauvre, il vaudrait autant n'en pas avoir.

Auguste regarde de nouveau la vieille paysanne, et la laideur de son visage ne le surprend plus autant. Il prend Coco sur ses genoux, lui fait boire du lait, manger du pain et du beurre, et se plaît à considérer sa jolie figure et ses beaux cheveux blonds. La vieille semble toute étonnée des caresses que le beau monsieur prodigue à l'enfant, et murmure entre ses dents :
— Oh! vous le gâtez!... ça ne vaut rien!...
— Apprend-il à lire, à écrire?
— Ah ben oui!... et de l'argent donc! d'ailleurs, j' n'avons pas envie d'en faire un savant!... est-ce que c'est nécessaire pour conduire la charrue?
— Mais au moins vous pourriez le coucher mieux qu'il ne l'est.
— Il n'y a ici des draps que pour un lit, et à mon âge il est juste que je les aie : son père couche comme lui sur une paillasse... J' vous réponds qu'il n'a pas moins bon sommeil.
— Tenez, mère Madeleine, prenez ceci, achetez de quoi faire un lit à cet enfant, et ne le traitez plus si durement.

En disant cela, Auguste s'est levé, et a mis six autres pièces de cinq francs dans la main de la vieille; celle-ci, qui n'a jamais vu autant d'argent à la fois, fait révérence sur révérence, en accablant l'étranger de remerciements, et disant à l'enfant : — Eh bien, Coco, remercie donc monsieur, qui donne tout cela pour toi... Veux-tu remercier ben vite !...

L'enfant regarde sa grand'mère avec embarras.

— Laissez-le, dit Auguste en l'embrassant, il ne connaît pas encore le prix de l'argent... Le baiser qu'il me donne en sera plus sincère. Adieu, mon petit Coco... Ah! le chemin de Livry, s'il vous plaît?

— Suivez ce sentier, monsieur, il vous mènera sur la grande route... Vous y serez dans une demi-heure... Voulez-vous que Coco vous conduise?

— C'est inutile.

Auguste sort de la chaumière; l'enfant lui dit adieu, et lui crie de loin :

— Tu reviendras jouer avec moi, n'est-ce pas?

— Oui, dit Auguste, je te le promets.

CHAPITRE IV. — Quelques portraits d'après nature.

Depuis onze heures du matin, on attendait Dalville à la campagne de M. Destival. Madame, brune de trente ans, à l'œil vif, au regard plein d'expression, qui savait par une mise élégante faire valoir les avantages d'une taille bien prise et des formes séduisantes, madame avait terminé sa toilette; à la campagne elle doit être simple, mais il y a certains négligés qui demandent beaucoup de préparation. Cependant, comme madame est jolie, comme elle est encore jeune, elle n'a mis qu'une demi-heure à passer une légère robe blanche, à nouer une ceinture d'un jaune orange, à tourner avec grâce les boucles de ses cheveux, dans lesquels elle a mis un nœud de ruban pareil à sa ceinture; enfin elle n'a demandé que six fois à Julie si le jaune lui sied bien.

Julie a répondu à madame qu'elle était charmante, et que le jaune allait très-bien aux brunes, et que, d'ailleurs, madame pouvait sans crainte porter toutes les couleurs. Madame a souri légèrement à Julie, qui n'a que vingt-quatre ans, mais est extrêmement laide, ce qui est presque une qualité dans une femme de chambre.

M. Destival a dix ans de plus que sa femme : il est grand et mince, il n'est pas beau, mais il a de la physionomie; malheureusement l'expression de cette physionomie n'est point celle qui annonce un homme aimable, chez qui l'esprit fait oublier la laideur; c'est celle qui dénote la suffisance, le contentement de soi-même, et la prétention continuelle à être malin; sa casquette de campagne, posée en avant, semble mettre le cachet sur tout cela.

M. Destival a été employé dans les administrations; avec la dot de sa femme, il a acheté une charge de commissaire-priseur, qu'il a ensuite revendue avec bénéfice. Ne parlant jamais politique de peur de se compromettre, et ne sachant pas lui-même de quelle opinion il est, M. Destival a pourtant eu le talent de se faire un cabinet d'affaires, d'avoir de nombreux clients et de tripler ses capitaux. C'est vrai que chez M. Destival on donne des soirées, des bals, de petits punchs, et que madame, qui a des yeux pleins de feu et une charmante tournure, fait les honneurs de chez elle avec infiniment de grâce.

La maison de campagne que l'on habite souvent l'été est assez grande pour que l'on puisse y recevoir nombreuse société et coucher sept ou huit amis; comme monsieur, qui a cabriolet, et n'est jamais plus d'un jour sans aller à Paris pour ses affaires, et que quelquefois il ne revient pas coucher à Livry, madame (qui est fort peureuse, quoiqu'elle ait le regard d'une femme à caractère) aime beaucoup à garder chez elle un ami de monsieur.

Un jeune homme qui a vingt mille livres de rente ne peut qu'être fort bien reçu chez M. Destival; aussi, quoiqu'il n'y eût que trois mois qu'Auguste eût fait sa connaissance, on le traitait déjà comme un ami intime. Monsieur l'engageait sans cesse à venir le voir, soit à Paris, soit à la campagne, et madame aimait beaucoup à faire de la musique avec lui.

Mais une sonné, et M. Dalville arrive de suite. Madame de l'humeur; Julie s'est mise en vedette à une fenêtre du second, et monsieur n'a d'une pièce dans l'autre en s'écriant :

— Diable!... mon ami Dalville est bien en retard... il avait cependant promis de venir de bonne heure, d'être ici pour le déjeuner...

— Est-ce que M. Auguste se souvient de ce qu'il promet? dit madame avec un air de dépit.

— Oh! te voilà encore, toi, lui cherchant sans cesse querelle... l'attaquant... le persiflant !...

— Moi, monsieur!... que m'importent les goûts, les défauts de M. Dalville? où m'avez-vous jamais vue lui chercher querelle?

— Je suis bien que c'est pour plaisanter... mais tu es un peu caustique, ma chère Émilie... tu aimes à lancer des traits!... Moi aussi c'est vrai, je l'avoue, si je ne me retenais pas, je serais très-mordant; je le suis même souvent sans m'en apercevoir. Mais enfin Dalville est un charmant garçon!... bien né... riche... des talents...

— Oh! des talents... bien légers!...

— Je croyais qu'il était fort sur le violon!

— Non, monsieur; il joue très-souvent faux... Eh bien, Julie, avez-vous vu venir quelqu'un?

— Ah! mon Dieu, non, madame, j'ai beau regarder... Et tous ces fromages que j'ai pris à Denise!... Que c'est contrariant.

— Ah! par grâce, mademoiselle, laissez-nous tranquilles avec vos fromages... Montez au belvéder... vous verrez de plus loin.

— Oui, madame.

Julie monte, et monsieur reprend la conversation :

— Tu ne disconviendras pas, j'espère, que Dalville n'ait une jolie voix.

— Jolie!... ah! de ces voix comme tout le monde!...

— Il me semble pourtant qu'il chante parfaitement avec toi les duos... surtout celui du *Muletier* de Feydeau; tu sais bien, celui où il y a : *Quel plaisir!... quel plaisir!...* et qui finit par *coucou! coucou!...*

— Ah! monsieur, que vous m'impatientez avec vos coucous !

— Il touche des contredanses sur le piano...

— Qui est-ce qui n'en touche pas maintenant?

— Ma foi, moi; j'ai eu vrai qu'il chante parfaitement en tant d'affaires que j'ai été forcé de négliger mon penchant pour la musique. Enfin, Dalville est gai, aimable, d'une humeur joyeuse...

— Il y a des jours où il ne sait pas dire trois mots de suite !...

— Écoute donc, moi-même, quand je suis très-occupé d'une affaire majeure, je ne suis pas aussi aimable que de coutume... cela arrive à tout le monde. J'en reviens à Dalville, il est riche... jeune... Ah! quelle idée!... quelle idée délicieuse!...

— Qu'est-ce donc, Auguste?

— Il faut que je le marie!...

— Marier M. Auguste!... Mais de quoi vous mêlez-vous?... sont-ce vos affaires?

Est-ce que je ne fais pas celles des autres? Celle-ci peut être fort bonne, et...

— Ah! monsieur, ne faites donc point de mariages, je vous en prie!... est-ce que vous vous y connaissez?...

— Je me flatte que oui, madame...

— Un homme de cabinet, faire des mariages; fi donc!... cela n'aurait pas le sens commun... Et votre fusil, monsieur, y avez-vous songé?...

— Oui, madame; j'ai dit à Baptiste de le nettoyer; et Dalville doit amener son Bertrand, cet ancien militaire; il m'apprendra à m'en servir... vous savez, madame, qu'on a aperçu un loup dans les environs, et c'est fort désagréable, parce que cela inquiète.

— Je pense que cela ne dispense pas de faire une battue dans le bois ?

— Oh! non, madame; au contraire, c'est moi qui ai provoqué cette mesure de sûreté... je veux voir le loup, madame.

— Vous ferez très-bien, monsieur.

La conversation est interrompue par le bruit que quelqu'un fait dans la pièce voisine. — Ah! le voilà, sans doute, ce cher Dalville, dit M. Destival. Madame ne dit rien, mais elle prépare une petite mine boudeuse qui doit laisser deviner ce qu'elle pense. Cependant la personne que l'on entend n'entre pas encore, elle continue de se frotter les pieds sur un paillasson. M. Destival ouvre la porte du salon, et au lieu d'Auguste, aperçoit un petit homme de cinquante-cinq ans, à perruque blonde, tourte de paille à larges bords, habit presque carré, culotte courte et des chinés, qui se frotte et se refrotte les pieds sur le paillasson placé dans l'antichambre.

— Eh! c'est M. Monin, notre voisin!... dit M. Destival en apercevant le petit monsieur.

Au nom de Monin, madame Destival fait un mouvement d'impatience en murmurant :

— Quel ennui!... et qu'avions-nous besoin de sa visite?...

— Chut!... paix donc, madame! il a encore un fonds de pharmacie à vendre, et une maison à acheter... Je veux qu'il dîne avec nous.

En achevant ces mots, M. Destival retourne vers l'antichambre, où M. Monin frotte encore ses pieds sur le paillasson.

— Eh bien, vous n'entrez pas, mon cher monsieur Monin? Que diable faites-vous là si longtemps?... Il me semble qu'il fait très-beau, vous n'avez pas pu vous crotter.

— Ah! je m'en vais vous dire... en passant dans la cour je regardais le ciel pour savoir si nous aurions de l'orage, et j'ai marché sur un tas de fumier que je n'avais pas aperçu.

— C'est la faute de Baptiste, ce fumier devrait être rentré !

— Voilà qui est fini.

Enfin M. Monin quitte le paillasson, et, levant sur M. Destival de gros yeux à fleur de tête, dans lesquels on chercherait vainement une pensée, laisse échapper un sourire qui coupe son visage en deux, mais dans lequel domine toujours un nez d'une énorme dimension, qui est continuellement bourré de tabac, comme une pipe qu'on n'a pas encore allumée.

— Comment va l'état de votre santé, mon voisin ?

— Très-bien, mon cher monsieur... Entrez donc, ma femme est là, elle sera charmée de vous voir.

M. Monin entre dans le salon, et ôte sa casquette en faisant un profond salut à madame Destival, qui répond à cette politesse par un sou-

rire qui pourrait passer pour une grimace ; mais M. Monin prend la chose du bon côté, et commence sa phrase inévitable :
— Comment va l'état de votre santé, madame ?
— Comme cela, monsieur... pas très-bien dans ce moment... j'ai des maux de nerfs... des palpitations.
— C'est le temps, madame ; la chaleur est aujourd'hui très-forte : nous avons vingt-six degrés trois dixièmes.
— Vingt-sept, mon voisin, dit M. Destival en regardant son thermomètre.
— C'est étonnant ! il n'y a pas cela chez moi... c'est pourtant la même position ; ma femme dit aussi que depuis quelque temps je ne remonte pas assez...
— Et madame Monin, pourquoi ne vous accompagne-t-elle pas, voisin ?
— Elle fait des cornichons, et ça va l'occuper toute la journée. Ah ! c'est qu'elle les brosse avec un soin !... Elle ne sortira pas aujourd'hui.

La marmite de Coco.

— J'en rends grâce aux cornichons, dit tout bas madame Destival tandis que M. Monin continue en faisant tous ses efforts pour faire entrer encore une prise dans son nez :
— Ma femme m'a dit : Je n'ai pas besoin de toi, Monin, va te promener... Alors je suis venu vous voir.
— C'est bien aimable à vous, mon voisin. Vous passerez la journée entière avec nous ?
— Mais, si ça ne vous dérange pas, je le veux bien, parce que je vais vous dire : quand ma femme fait des cornichons, elle n'aime pas à s'occuper de cuisine.
— C'est entendu, vous nous restez. Vous verrez M. Dalville, un jeune homme charmant, fort gai. Son domestique, qui est un ancien militaire, doit me donner une leçon d'exercice, car je suis nommé général...
— Comment ?
— Eh oui ! dans la battue qu'on va faire.
— Ah ! je disais aussi...
— Est-ce que vous n'en serez pas, vous, monsieur Monin ?
— Ah ! je vais vous dire : quand j'avais encore ma canardière, à la bonne heure...
— Madame ! madame ! une superbe calèche qui entre dans la cour, dit Julie en accourant dans le salon.
— Une calèche...
— Avec M. et madame de la Thomassinière.
— Quoi !... ils sont venus ! ah ! que c'est aimable à eux !... s'écrie M. Destival en courant à la fenêtre. Madame Destival ne partage pas toute la joie de son mari ; cependant elle se lève pour s'assurer de l'arrivée de ses nouveaux hôtes, et descend pour les recevoir, parce que des gens qui ont calèche et une livrée méritent les plus grands égards ; aussi M. Destival vole-t-il sur les pas de sa femme, laissant là M. Monin, qui allait lui dire combien de fois il avait été

à la chasse, et qui, se voyant abandonné dans le salon, a recours à sa ressource ordinaire, et parvient, en y mettant de la persévérance, à s'insinuer encore dans les narines deux jolies pincées de tabac.

M. de la Thomassinière, pour lequel on s'empresse de descendre, est un homme de quarante ans à peu près. Lorsqu'il arriva à Paris, n'ayant encore que dix-huit ans, il s'appelait tout simplement Thomas, et ne rougissait point alors de sa mère, qui tenait un petit cabaret dans un village. Mais le séjour de la capitale a entièrement changé M. Thomas ; d'abord petit commis, puis employé, puis prêtant à usure, puis faisant des affaires en grand, M. Thomas a vu la fortune lui sourire, il a spéculé sur les rentes, il a été heureux : dès lors il a oublié son village, et a pris le ton, les manières d'un homme du grand monde. Que sorti de très-bas on arrive très-haut, ce n'est point là le mal ; au contraire, celui qui parvient par son travail, qui fait lui-même sa fortune, laisse présumer plus de mérite que celui qui arrive tout porté au sommet des honneurs. Mais ce que l'on ne pardonnera jamais aux parvenus, c'est d'affecter de l'orgueil, de l'insolence, et de croire, en se donnant des airs de grand seigneur, faire oublier le nom et l'habit qu'ils portaient ci-devant. M. Thomas était de ce nombre. Il avait commencé par changer son nom trop bourgeois en celui de la Thomassinière. Puis, au lieu d'engager sa mère à quitter son village et à venir jouir de sa fortune, il s'était contenté de lui envoyer une somme d'argent pour qu'elle décrochât l'enseigne de l'*Ane savant*, et cessât de vendre du vin ; mais il lui avait défendu de venir à Paris, dont l'air était, disait-il, très-malsain pour les femmes âgées. Ensuite M. de la Thomassinière avait monté sa maison, pris voiture, laquais, livrée, acheté une superbe campagne et une fort jolie femme de dix-huit ans, qu'on lui avait livrée avec cent mille francs de dot, et qui n'avait pas seulement demandé si son mari était beau ou laid, parce que, ayant reçu une éducation parfaite, elle savait qu'un futur qui a voiture a toujours une assez jolie figure, et que d'ailleurs une femme n'est pas tenue de ne regarder que son mari.

M. de la Thomassinière, mis en petit-maître et singeant les manières du grand monde, mais laissant toujours percer quelque chose de l'*Ane savant*, disait à tout propos : ma terre, mes biens, mes gens, mes chevaux ; il n'y avait que sa femme pour laquelle il ne se servait pas de pronom possessif. Quant à madame, vive, légère, étourdie, ne songeant qu'à la toilette et aux plaisirs, elle ne causait avec monsieur que pour lui demander de l'argent ou lui parler de la fête qu'elle voulait donner.

— Eh ! les voilà, ces chers amis ! dit M. Destival en courant donner la main à madame de la Thomassinière pour descendre de voiture, tandis que monsieur admire ses chevaux et l'éclat de sa livrée.
— Bonjour, Destival... Lapierre, ayez soin de mes chevaux...
— Madame, je vous offre mes hommages... Laquais, vous recouvrirez ma calèche... il pourrait pleuvoir dedans... Nous arrivons sans façon... Ça ne vous gêne pas que j'aie amené quelques-uns de mes gens, n'est-ce pas ?...
— Comment donc ! j'ai de quoi les loger et les nourrir.... répond M. Destival en se mordant un peu les lèvres, parce que son modeste cabriolet est très-éclipsé par la brillante calèche, et que Baptiste et Julie, qui composent tout son domestique, seraient cachés par un seul des grands gaillards que M. de la Thomassinière traîne à sa suite. Mais ces réflexions n'empêchent pas les politesses d'aller leur train, elles ne font que donner le désir de pouvoir augmenter sa maison ; aussi, tout en donnant la main à la jeune femme, notre homme d'affaires se dit : — Il faut que je marie Dalville, que je vende la pharmacie de Monin, et que je lui achète une maison ; alors je me donne un petit jockey, je le prendrai nègre, et je l'habillerai en rouge, pour qu'on le voie de loin.

Les deux dames se sont embrassées : — Bonjour, ma chère amie.
— Bonjour, ma bonne...
— Que vous êtes gentille de venir nous voir !
— Nous resterons jusqu'à demain...
— Comme elle est toujours bien coiffée !...
— Trouvez-vous ?...
— A ravir... J'aime beaucoup cette façon de robe...
— C'est la dernière nouvelle... pas tout à fait assez décolletée.
— Mais si... Je veux avoir de cette étoffe... c'est de bon goût !
— Ah ! c'est bien simple ! la robe ne revient qu'à deux cents francs !... Mais pour la campagne et pour aller chez des amis !... Je vous donnerai l'adresse de mon marchand.

Et madame Destival fait monter madame de la Thomassinière au premier, en continuant de l'accabler de compliments et en feignant la joie la plus vive afin de mieux cacher son dépit secret ; car la nouvelle arrivée est en effet jolie, elle est très-jeune, elle a dans les manières une vivacité qui plaît, et M. Dalville, que l'on attend toujours, ne s'est pas encore trouvé avec elle. M. Dalville, qui s'enflamme si facilement, pourrait fort bien faire la cour à madame de la Thomassinière, qui pourrait aussi l'écouter. Tout cela donne en secret beaucoup d'humeur à madame Destival, qui n'en affecte que plus d'amabilité, parce que, dans le monde, il faut savoir se contrefaire, dire autrement qu'on ne pense ; c'est là le grand secret du savoir-vivre.

Madame de la Thomassinière est entrée dans le salon, où est resté

M. Monin, qui est sur le point de tenter l'introduction d'une nouvelle prise de tabac, mais qui s'arrête en voyant la petite-maîtresse, recule, ôte sa tourle, et, quoiqu'il n'ait point encore vu la jeune dame, va commencer sa phrase de rigueur : — Comment va l'état de votre santé ?

Mais la petite-maîtresse ne laisse pas à l'ex-pharmacien le temps de prendre la parole, elle étouffe avec son mouchoir un éclat de rire que fait naître la figure originale de M. Monin, et se tourne vers madame Destival en disant :

— Qu'est-ce que c'est que ça ?
— Un voisin... extrêmement riche, mais aussi sot qu'ennuyeux !...
— Ah ! tant mieux ; nous nous en amuserons !... Il faut bien rire un peu... Attendez-vous d'autre monde ?

Le père Calleux.

— Mais... nous attendions un jeune homme... un grand ami de M. Destival... M. Auguste Dalville... le connaissez-vous ?
— Non, mais j'en ai beaucoup entendu parler ; on le cite dans le monde pour ses bonnes fortunes, ses conquêtes... Je serai fort aise de faire sa connaissance... En général, ces mauvais sujets sont toujours aimables, n'est-ce pas, ma chère ?
— Mais, quelquefois... pas toujours... Au reste, vous en jugerez vous-même...
— On dit qu'il est fort joli garçon ?
— Oh ! comme cela, une figure passable, voilà tout... d'assez beaux yeux... mais une bouche un peu grande... des lèvres très-grosses... Je n'aime pas du tout ce genre de figure-là...
— Moi, je n'aime pas les bouches pincées... Est-il blond ou brun ?...
— C'est tout au plus si je m'en souviens... il est brun, je crois...
— Je croyais avoir entendu dire que M. Dalville allait très-souvent chez vous...
— Mais non... chez mon mari, pour affaires...
— N'est-il pas musicien ?...
— Un peu...
— J'ai apporté un nocturne dont je suis folle, il le chantera avec moi...
— M. Dalville sera certainement enchanté de faire votre partie... Pardon, ma belle amie, j'ai quelques ordres à donner... à la campagne, on agit sans façon...
— Mais je l'espère bien ! Je vais aller voir votre jardin...
— Allez... Je vais faire servir le déjeuner, et j'irai vous avertir.

La petite-maîtresse descend légèrement l'escalier qui mène au jardin, et madame Destival se rend dans sa chambre à coucher, où elle se jette sur un fauteuil en disant à Julie qui vient d'entrer :
— Ah ! Julie !... suis-je assez contrariée !... Je n'en puis plus, j'étouffe !...
— Je le crois bien, madame, c'est fait pour cela ! ne pas voir arriver ceux que l'on attend, et recevoir tout plein de monde que l'on n'attend pas !...

— M. Destival est cruel ! avec sa manie d'engager toutes les personnes qu'il rencontre !... Il aurait un château, qu'il ne ferait pas autrement !
— Ce vieux Monin !... qui ne sait que manger et boire...
— Encore, s'il n'y avait que lui, on n'y prend pas garde, voilà tout.
— Est-ce que sa femme va venir ?...
— Non, Dieu merci, elle fait des cornichons.
— C'est bien heureux ! C'est une très-mauvaise langue que madame Monin ; et curieuse... ah !... elle entre toujours dans la cuisine voir tout ce qu'on fait.
— Malgré cela, je l'aurais encore préférée à ces Thomassinière, qui ont un ton, se donnent des airs... des prétentions insupportables !...
— Et puis, a-t-on jamais vu amener trois domestiques qu'il faut nourrir ?... Ces gaillards-là vont tout manger ici !...
— Julie, quelle heure est-il ?
— Midi passé, madame.
— Il ne viendra pas... J'en suis bien aise maintenant... Fais servir le déjeuner... On ne dînera qu'à six heures et demie.
— C'est cela, ça fait qu'ils ne souperont pas au moins.

Julie descend. Madame se place devant son miroir, s'y regarde quelques minutes, rarrange quelques boucles, puis s'en éloigne en disant : — Je suis assez bien pour ces gens-là ! Elle va au jardin rejoindre madame de la Thomassinière, dont l'époux, en arrivant, a demandé à M. Destival une plume et de l'encre, afin d'écrire sur-le-champ une note importante pour une affaire majeure. M. Destival a établi le spéculateur dans son cabinet, en lui disant : — Ne vous gênez pas, faites comme chez vous, je vous laisse. Et M. de la Thomassinière, resté seul devant le bureau, s'est gratté la tête, a regardé les plumes et n'a rien écrit, par la raison qu'il n'avait rien à écrire et

M. Monin, pharmacien retiré, voisin de campagne de la famille Destival.

aucune note à prendre ; mais un homme qui fait de grandes spéculations doit toujours avoir l'air préoccupé et avoir besoin d'une écritoire ; cela impose aux sots, aux gens crédules, quelquefois même aux gens d'esprit ; il n'y a que les intrigants qui ne se laissent pas prendre à toutes ces petites ruses-là, parce qu'eux-mêmes en font souvent usage.

En laissant la Thomassinière, M. Destival va retrouver M. Monin, qui ne se formalise pas de ce qu'on s'occupe point de lui, parce que sa femme l'a habitué à cela.

— Eh bien ! mon voisin, avons-nous vendu cette pharmacie ? dit l'homme d'affaires en frappant sur l'épaule de M. Monin.
— Pas encore, mon voisin !... Cela me contrarie, parce que, je vais vous dire, ceux qui me remplacent provisoirement n'ont pas mon habitude, et...
— Je vous vendrai cela. J'espère vous voir cet hiver à Paris, monsieur Monin, et y cultiver votre connaissance...

— Monsieur, certainement...
— Vous viendrez faire votre partie chez moi...
— Est-ce qu'on fait la mouche, chez vous?
— Non, mais l'écarté, le boston... J'ai une bien jolie maison à vous vendre...
— En vérité?...
— Oui; c'est une occasion... c'est pour rien...
— Est-elle assurée?
— Je ne sais pas... Nous causerons de tout cela; allez faire un tour de jardin... Je vais voir si l'on pense à nous faire à déjeuner.

Monin s'éloigne, et, en se retournant, M. Destival aperçoit sa femme, qui s'écrie :
— Comment, monsieur, vous invitez M. Monin à venir vous voir à Paris?
— Certainement, madame.
— Passe à la campagne, parce qu'on est voisin; mais à la ville! un homme qui ne sait rien dire, rien faire, qui ne joue qu'à la mouche !
— Il est riche, madame.
— Eh! monsieur, cela ne l'empêche pas d'être bête comme une oie.
— Madame, ce ne sera pas la première bête que l'on aura vue chez moi. Quand on reçoit beaucoup de monde, cela ne peut pas être autrement. Eh! d'ailleurs, avec vos gens d'esprit, vos auteurs, vos poëtes, il n'y a jamais un sou à gagner.
— Puisque vous aimez tant l'argent, monsieur, pourquoi donc inviter tant de monde à venir à votre campagne?... Cela est ruineux, monsieur.
— Rassurez-vous, madame, je n'invite que les gens qui peuvent m'être utiles... Oh! je suis très-fin! je vois de loin... La Thomassinière est une excellente connaissance, je tiens fort à me lier intimement avec lui. Je sais bien qu'il est souvent fort ridicule, qu'il veut faire le seigneur, et que cela ne lui va pas; qu'il lâche de temps à autre des locutions et des pataquès qui sentent terriblement leur cru! qu'il est assommant avec sa voiture, ses terres, ses biens et ses gens, qu'il vous jette sans cesse au nez; mais, du reste, c'est un homme pour lequel j'ai une estime toute particulière, parce que, comme je vous le disais tout à l'heure, je vois de très-loin moi, madame. Mais ce déjeuner?
— Parlez à Baptiste, monsieur; moi, j'ai donné mes ordres à Julie.

Madame Destival va au jardin. La petite-maîtresse y folâtrait en se faisant un bouquet.
— Vous voyez, dit-elle, que je cueille vos fleurs?
— Vous faites très-bien, ma chère amie, prenez tout ce qui vous fera plaisir.
— Votre jardin est gentil.
— Oh! il n'est pas grand; mais il y a de l'ombrage, et c'est ce que j'aime.
— Moi aussi. A notre terre de Fleury, j'ai fait planter une forêt... Vous verrez, ce sera charmant.
— Mais avant qu'elle soit poussée...
— Oh! l'on n'a mis que des arbres déjà grands... Je vous y donnerai une fête le mois prochain. J'attends qu'on ait terminé les peintures, les embellissements que j'y fais faire pour aller y passer un mois. Mais j'emmènerai beaucoup de monde; car je n'aime la campagne qu'avec une nombreuse société.
— Moi, j'aime assez la solitude.
— Ah! Dieu! je mourrais si j'étais un jour seule!
— Vous n'aimez donc pas la lecture?
— Si... un moment, dans mon lit, mais pas longtemps, cela me fatigue.
— La musique?
— Je n'en fais que quand on m'écoute.
— Le dessin?
— Ah! c'était bon au pensionnat!... A ma terre, je veux avoir un petit théâtre; nous jouerons la comédie, c'est cela qui est amusant... Je la jouais souvent à mon pensionnat... J'aimais surtout les rôles où l'on changeait de toilette.
— Qu'elle est enfant!...
— Que voulez-vous? il faut bien passer le temps... S'il n'y avait que mon mari pour m'amuser... ah! Dieu! où en serions-nous?... Un homme qui n'est occupé que de calculs... de change... que sais-je!... Ces hommes de cabinet sont bien peu aimables.

Ces dames, qui venaient d'entrer dans une autre allée, se trouvèrent alors près de M. Monin, qui était arrêté et paraissait en contemplation devant un prunier dont les fruits étaient fort gros; à l'aspect des dames, il ôte sa tourte, et murmure : — Comment va l'état de... Mais il ne finit pas sa phrase, parce qu'il se rappelle avoir déjà salué les dames au salon; alors il se retourne et montre l'arbre en disant :
— Ça fait de bien beaux fruits.
— Comment, ma chère, vous avez des arbres à fruit dans votre jardin! s'écrie la petite-maîtresse; mais c'est du plus mauvais ton... il faut faire arracher tout cela, et planter à la place des ébéniers, des acacias, des sycomores...
— Oh! notre jardin est sans prétention, répond madame Destival en se mordant les lèvres avec dépit; ce n'est pas un parc comme il votre terre... et M. Destival aime beaucoup les fruits.

— Il a raison, répond Monin, qui s'était rapproché du prunier lorsque madame de la Thomassinière avait parlé de le faire arracher... Le fruit est l'ami du corps quand on le mange bien mûr. D'ailleurs, je vais vous dire...
— Et des prunes de Monsieur! reprend la jeune élégante. Fi donc! c'est très-mauvais, on laisse cela aux domestiques...
— Oh! quand M. Destival aura fait fortune, alors nous aurons un verger particulier... mais, en attendant, nous avons la bonhomie de nous contenter d'une petite campagne... Que voulez-vous? nous ne sommes pas nés dans les grandeurs... dans les palais!

Madame de la Thomassinière appuie avec malice sur ces derniers mots; mais madame de la Thomassinière ne semble pas y faire attention : aussi étourdie qu'inconséquente, elle dit des choses mortifiantes sans y penser; et si elle parle sans cesse de sa toilette, de ses diamans et de sa terre, c'est moins par vanité que par habitude, tandis que le désir de faire parade de sa fortune est le mobile de toutes les actions de son époux.

— Le déjeuner vous attend, mesdames, dit M. Destival en courant d'un air galant offrir sa main à la petite-maîtresse, venez... il est tard, vous devez avoir besoin de prendre quelque chose; et, ma foi, si Dalville vient, il déjeunera seul, voilà tout.

Le maître de la maison s'éloigne avec la jeune dame. M. Monin a déjà ôté sa tourte, et se prépare à offrir sa main à madame Destival. Celle-ci, qui a deviné son intention, disparaît par une autre allée, et le petit homme, n'apercevant plus la dame, se décide à se rendre seul à la salle à manger; mais auparavant il jette encore un tendre regard sur le prunier.

On est à table, et M. de la Thomassinière n'est pas encore sorti du cabinet. — Dites-lui donc que nous allons déjeuner, dit M. Destival, que nous n'attendons que lui.

Baptiste monte au cabinet, et crie à travers la porte :
— Monsieur, le déjeuner est servi.
— C'est bien... c'est très-bien... je descends, répond la Thomassinière en continuant de rouler dans ses doigts de petites boules de papier; je n'ai plus qu'une note à prendre.

Le valet va dire ce qu'on lui a répondu.
— Quel homme terrible avec ses notes! dit madame Destival; il n'a donc pas un moment à lui, même à la campagne?...
— Mon mari! répond la petite-maîtresse; ah! ma chère amie, c'est l'être le plus insupportable avec ses écritures!... Jamais il n'est prêt à descendre aux heures des repas, même quand nous avons vingt personnes à dîner, ce qui arrive fort souvent, il faut qu'on le renvoie chercher trois ou quatre fois.

Après avoir encore fait de petites boulettes de papier pendant cinq minutes, M. de la Thomassinière se décide enfin à se rendre à la salle à manger.
— Pardon! me voilà... ce n'est pas ma faute, dit-il en se mettant à table; il ne fallait pas m'attendre... C'est qu'il m'est revenu en tête certaine spéculation... Donnez-moi une aile de volaille et un verre de bordeaux, je ne prends que cela le matin... Eh bien! Athalie, avez-vous bien ravagé le parterre de madame?

Athalie, qui mange très-bien pour une petite-maîtresse, répond en riant à son époux :
— J'ai fait ce que j'ai voulu, monsieur; vous savez bien que cela ne vous regarde pas.
— C'est juste, madame, c'est très-juste... Moi, je donne de l'argent, je paye les mémoires. Des douze cents francs à une marchande de modes... c'est un peu cher... Mais il faut bien que madame ait ce qu'il y a de mieux...
— Si vous preniez de l'humeur, monsieur, le prochain mémoire serait du double.
— Vous savez bien, madame, que, quand il s'agit de donner de l'argent, je ne me fais jamais prier... C'est une chose toute naturelle... quand on est riche, il faut faire gagner les marchands, n'est-ce pas, Destival?
— Certainement, répond celui-ci, je suis tout à fait comme vous... Eh bien! comment trouvez-vous mon bordeaux?... vous ne m'en dites rien.
— Il est assez bon... mais j'ai mieux que ça... oh! j'ai beaucoup mieux que ça... vous verrez, je vous en ferai goûter chez moi.
— Et cette crème, est-elle bonne, madame?
— Mais oui, répond la petite-maîtresse; tandis que M. de la Thomassinière en sert trois cuillerées en disant :
— Voyons donc cette crème; puis fait une légère grimace en ajoutant : Ah! c'est à ma terre que nous avons du laitage excellent!... ça ne peut pas se comparer à ça!... c'est tout autre chose!... et des volailles... ah! délicieuses... Il est vrai qu'on les nourrit avec un soin!... Voyez-vous, vous autres, vous croyez manger quelque chose de bon quand vous mangez un poulet comme celui-ci... Eh bien, si vous connaissiez ma basse-cour de Fleury, vous regarderiez ceci comme du fretin.
— Il est très-heureux alors que nous ne la connaissions pas, répond madame Destival en jetant sur son époux un regard significatif. Celui-ci, pour changer cette aimable conversation, s'adresse à Monin, qui, depuis qu'il est à table, n'a pas dit un mot, tout occupé

d'une cuisse de volaille qu'il assaisonne parfois de tabac, et regardant en amateur un beau pâté qui est devant lui, et auquel il semble dire : — Comment va l'état de votre santé?

— Il paraît que l'appétit va assez bien, mon voisin?...

— Oui... oui... c'est le temps qui fait ça... En usez-vous? et Monin présente sa tabatière à Destival, puis à la Thomassinière, qui, après en avoir pris légèrement, tire de sa poche une tabatière d'or qu'il regarde quelque temps avec complaisance en murmurant : — Voici de la virginie... ce qu'il y a de meilleur en tabac; il est fort cher, mais je n'aime que celui-là. Goûtez, monsieur.

Monin, qui n'a jamais reculé devant une prise de tabac, va prendre de la virginie, lorsque l'on entend le bruit d'une voiture qui entre dans la cour, et Julie accourt en disant : — Voilà M. Dalville, son cabriolet vient d'entrer dans la maison.

Madame Destival laisse échapper un sourire de contentement, la petite-maîtresse se hâte de se faire changer d'assiette, afin qu'on ne voie pas devant elle les débris de son déjeuner. M. Destival court recevoir son cher ami; et M. de la Thomassinière se dit : — Il faut que ce Dalville soit un millionnaire pour que son arrivée fasse tant de sensation !

Quant à Monin, tenant d'une main la prise de virginie et de l'autre sa fourchette, troublé par le mouvement qu'opère autour de lui l'arrivée de Dalville, il porte à son nez un joli morceau de jambon, et sur sa langue le tabac superfin. Mais, s'apercevant de sa méprise, il se contente de remettre chaque chose à sa place.

CHAPITRE V. — L'Exercice; l'Escarpolette; l'Orage et la Musique.

Destival, qui est allé au-devant de Dalville, le cherche vainement des yeux, et ne voit auprès du cabriolet que le petit Toni, et Bertrand, qui lui fait un salut militaire.

— Eh bien! où est-il donc? par où est-il entré? dit M. Destival. Bertrand passe le bout de sa langue sur ses lèvres et se gratte une oreille pour y chercher une réponse; enfin, il prononce d'une voix assurée : — M. Dalville arrivera ici aussitôt que moi.

— Il me semble cependant que vous arrivez sans lui, il vous a donc quitté en route?

— Oui, monsieur.

— Est-ce qu'il connaît quelqu'un dans les environs?

— Il paraîtrait que oui, monsieur.

— Enfin il va venir, c'est l'essentiel.

Destival court dire aux dames que son ami Dalville va arriver; qu'il s'est arrêté chez une connaissance, mais qu'il ne peut tarder.

— Je ne croyais pas qu'il connût quelqu'un dans les environs, dit madame Destival avec surprise.

— Mon Dieu! ce monsieur se fait bien désirer, répond la vive Athalie en se levant de table; tandis que la Thomassinière, mécontent que l'on s'occupe d'un autre que lui, frappe à la porte de sa chambre, tape du pied avec violence et se frappe le front en s'écriant :

— Ah! mon Dieu! j'allais oublier... quelle heure?... pas encore une heure!... y a-t-il une poste dans les environs?...

— Une poste aux ânes? dit Monin.

— Eh non! une poste aux lettres...

— Ah! oui... là-bas... dans la seconde rue. Je crois que... cependant je n'affirmerai pas... mais je vas vous dire...

— J'y cours... j'arriverai encore à temps.

Et M. de la Thomassinière s'élance hors de la salle comme s'il allait renverser tout le monde, et sans écouter Destival, qui lui crie : — Restez donc, je le ferai porter... D'ailleurs vos gens sont là. Le spéculateur court précipitamment dans la campagne, et, arrivé sous un épais feuillage, s'étend sur le gazon et s'endort en disant : — Un homme comme moi ne doit pas avoir un moment à lui.

Les dames sont retournées au salon. M. Destival redescend près de Bertrand, et Monin, qui voit que tout le monde quitte la table, se décide à en faire autant, et suit le maître de la maison.

Dès que Bertrand s'est rafraîchi, M. Destival l'aborde en le priant de lui donner une leçon d'exercice et de commandement. L'ancien caporal est tout disposé à faire goûter à M. Destival de glorieux souvenirs. Il se rend sur la terrasse du jardin avec M. Destival, qui se fait apporter son fusil, un fleuret qui lui sert de sabre, et se tient droit comme un piquet en exécutant les commandements de Bertrand. Monin, qui les a suivis, croit qu'il est de la politesse de faire comme son hôte; il prend une bêche en guise de fusil, et, placé derrière son voisin, exécute aussi des *droite*, *gauche*, *présentez armes*, qu'il n'interrompt que pour visiter sa tabatière.

Il y a plus d'une heure que ces messieurs sont sur la terrasse avec Bertrand, qui passerait volontiers sa journée ainsi de si agréables occupations. M. Destival, qui veut éclipser les gardes champêtres, commence à se tenir comme un grenadier prussien; et Monin, tout en sueur, parce qu'il voudrait aller aussi bien que son hôte, ne s'aperçoit pas qu'à force de faire avec sa bêche, en joue, en avant et arme à terre, il a repoussé en arrière sa tourte et sa perruque, ce qui lui donne l'air extrêmement tapageur.

L'exercice est interrompu par les éclats de rire de la sémillante Athalie, qui arrive avec madame Destival.

M. Monin s'arrête sur un : — Présentez armes ! Il était temps; encore quelques instants, et la perruque glissait en arrière, et montrait l'ex-pharmacien en Enfant-Jésus. Quant à M. Destival, il se présente fièrement devant ces dames, le fusil au bras, en disant :

— Hein? que pensez-vous de la tenue?...

— C'est superbe !... Mais j'aime mieux monsieur avec sa bêche... il est plus drôle.

— Comment, mon voisin, est-ce que vous prenez une leçon d'exercice ?

— Oui, répond Monin en s'essuyant le front et ramenant sa perruque en avant; je vous avais suivi de ce chemin, et puis je vas vous dire...

— Mais qu'est-ce donc devenu M. Dalville? dit madame Destival sans écouter M. Monin; il vous laisse en chemin, il doit arriver aussitôt que vous, et voilà deux heures que vous êtes ici. Chez qui donc l'avez-vous laissé, Bertrand?

— Chez qui, madame?... Je n'ai pas dû l'avoir laissé chez quelqu'un...

— Vous l'avez vu entrer dans une maison, sans doute? Enfin vous ne l'avez pas quitté sur la grande route?

— Pardonnez-moi, madame. J'ai justement laissé mon lieutenant dans le beau milieu du chemin, à une demi-lieue d'ici...

— Bertrand, vous ne dites pas tout... et M. Auguste n'était probablement pas seul sur la route ?

— Je n'ai pas vu s'il venait du monde, madame...

— Oh! il y avait du monde... quelque paysanne, quelque rustique beauté, qui aura séduit M. Dalville!...

— Comment, ma chère, est-ce qu'il donne dans ce genre-là? dit la petite-maîtresse avec un air de dédain.

— Il donne dans tous les genres, ma bonne. Oh! mon Dieu!... une fille de basse-cour, qui aurait un petit nez retroussé... un...

— Ah! fi donc!... cela diminue beaucoup la bonne opinion que j'avais de ce monsieur.

— Je vous le répète, ajoute plus bas madame Destival en se rapprochant de son amie, c'est un libertin... tout à fait!... Sans mon mari, je ne le recevrais pas !... C'est un homme dont la connaissance peut compromettre la réputation d'une femme... Mais M. Destival en est fou !... Il veut absolument le recevoir; il l'invite sans cesse; je n'aime pas les querelles, et je laisse mon mari faire ce qu'il veut.

— Moi, je ne suis pas aussi complaisante, je ne fais que ce qui me plaît, je ne reçois que les gens qui me conviennent. Ah! si M. de la Thomassinière voulait me contrarier, j'aurais sur-le-champ des attaques de nerfs.

Les dames vont reprendre le chemin du jardin et Bertrand la leçon d'exercice, lorsque l'on entend des éclats de rire dans la cour, et bientôt Dalville paraît devant la société.

— Eh ! bonjour, cher ami, dit M. Destival en allant à Auguste avec son fusil à la main, on désespérait de vous voir... Arme au bras... hein !... C'est ça, n'est-ce pas?

— Je vois que Bertrand fera quelque chose de vous.

— Tenez, voilà ma femme, qui était d'une humeur de ce que vous n'arriviez pas.

— Dieu! que mon mari me fait souffrir! dit madame Destival à voisine en prenant un air froid pour saluer Auguste, qui lui dit :

— Quoi! madame, vous avez été assez bonne pour vous inquiéter de mon absence.

— Moi, monsieur, je n'ai pas dit un mot de cela... Je ne sais pas pourquoi M. Destival se plaît à me faire dire des choses que je ne pense pas. J'ai seulement trouvé que vous promettiez d'arriver pour le déjeuner, il était ridicule de venir à la fin de la journée; du reste, cela ne m'a nullement surprise, et... Ah! mon Dieu! monsieur, mais que vous est-il donc arrivé?... Comme vous êtes fait !... cette blessure au visage... ce désordre dans votre toilette... Il paraît qu'il vous est survenu de grandes aventures.

— En effet, madame, dit Auguste en saluant Athalie, qui lui rend son salut en minaudant, j'ai fait une rencontre...

— Il a peut-être rencontré le loup, dit Monin en s'approchant de Destival; c'est qu'il y en a dans le bois... La villageoise qui a vendu les cornichons à ma femme nous a conté que l'autre jour...

— Vous seriez-vous battu avec un loup, mon brave Dalville? s'écrie M. Destival en présentant la baïonnette à la société comme s'il eût voulu forcer un bataillon carré.

— Et non, monsieur, dit madame en souriant avec malice, ce n'est pas un loup qui a fait à monsieur cette marque au visage... cela ressemble à toute autre chose... n'est-ce pas, ma chère amie?

— Ça, dit la vive Athalie en regardant Auguste de fort près; mais... cela m'a tout l'air d'un coup d'ongle... n'est-ce pas, monsieur?

— Vous ne vous trompez pas, madame.

— Vous vous êtes donc battu, monsieur? dit madame Destival.

— Non, madame, j'ai seulement rencontré un enfant fort gentil... il avait cassé le vase contenant la somme avec laquelle je l'ai consolé avec une pièce de monnaie; alors... dans sa joie il m'a embrassé, ses petites mains caressaient mes joues... et... sans le vouloir, il m'aura un peu égratigné; voilà, mesdames, le récit fidèle de mon aventure.

Madame Destival se mord les lèvres en regardant sa compagne, qui sourit; toutes deux paraissent douter de la véracité du récit de Dalville; mais celui-ci s'inquiète peu de ce qu'on pensera. Profitant du court silence qui se fait en ce moment, M. Monin s'approche d'Auguste, qu'il a déjà vu deux fois chez son voisin, et lui dit de l'air le plus aimable :
— Comment va l'état de votre santé?
— Cela va fort bien, monsieur Monin, sauf cette égratignure, qui n'est pas dangereuse...
— Vous riez, monsieur!... Oh! il ne faut pas badiner avec les coups d'ongle... En usez-vous?
— Merci.
— Je sais ce que c'est, parce que je vas vous dire : ma femme a un chat...

Peu curieux d'entendre l'histoire de Monin, Dalville suit les dames, qui sont retournées au jardin. La présence d'Athalie donne au jeune homme le désir d'être aimable; Auguste ne s'attendait pas à trouver d'autre dame que la maîtresse de la maison, qui est bien, mais près de laquelle il ne fait plus de frais pour paraître aimable. Pourquoi? est-ce parce qu'il n'en est pas amoureux, ou parce qu'il est certain de lui plaire, ou...? Ah! ma foi! vous m'en demandez trop.

Le laisser aller, la vivacité de madame de la Thomassinière, s'accordent parfaitement avec la gaieté et les manières d'Auguste; et comme la campagne autorise plus de liberté, au bout de fort peu de temps, Auguste et la petite-maîtresse rient et plaisantent ensemble comme s'ils se connaissaient déjà depuis longtemps.

Madame Destival ne partage point leur gaieté, elle est boudeuse, elle parle peu, et se contente de lancer de temps à autre au jeune homme des regards qui disent beaucoup de choses; plus l'intimité s'établit entre les deux personnes qui sont auprès d'elle, plus son humeur semble augmenter. Cependant on parcourt le jardin, on s'assied; puis madame de la Thomassinière court admirer un point de vue, ou cueillir une fleur, ou chercher un papillon, et en se retournant elle montre à Auguste une double rangée de dents charmantes, et semble lui dire : Venez donc avec moi. Mais madame Destival ne la quitte pas, et quoiqu'en faisant une moue fort prononcée, elle court aussi après les papillons.

— Mais qu'avez-vous donc, ma bonne amie? dit Athalie d'un air de bonhomie; vous ne semblez pas gaie...
— Pardonnez-moi... je suis très-contente, mais c'est un violent mal de tête qui vient de me prendre...
— Rentrez, allez un moment vous jeter sur votre dormeuse...
— Non, ma petite, oh! je veux rester avec vous.
— Est-ce qu'il faut se gêner à la campagne?... D'ailleurs monsieur me tiendra compagnie... Nous attraperons ensemble des papillons...
— J'attraperai tout ce qui vous fera plaisir, madame, répond Auguste en faisant un sourire auquel succède une légère grimace, parce que madame Destival vient de lui pincer le bras tout en disant :
— Non, l'air me fera du bien; mais je croyais que vous vouliez faire de la musique...
— Ah! ce soir, nous avons le temps, puisque je couche chez vous... Et monsieur, reste-t-il?
— Si madame veut bien le permettre, dit Auguste en regardant son hôtesse, qui répond avec dépit :
— Vous êtes le maître, monsieur.

Après s'être encore promené quelque temps, on arrive devant une escarpolette, et la vive Athalie court se placer dessus la planche étroite, soutenue seulement par deux cordes, en disant à Auguste :
— Ah! faites-moi aller, je vous en prie; je suis folle de la balançoire... j'ai pourtant manqué me tuer dix fois à ce jeu-là; c'est égal, il faut toujours que j'y retourne; mais pas trop fort, monsieur, entendez-vous?
— Le mouvement de vous fera plaisir, madame.

Auguste se tient près de la balançoire, qu'il pousse légèrement, tandis que madame Destival s'assied à quelque distance, en portant son mouchoir sur ses yeux. Le jeune homme est distrait; il regarde alternativement Athalie et madame Destival; la pétulance de l'une le séduit, le chagrin de l'autre semble lui faire de la peine. La petite-maîtresse s'écrie : — Ah! que c'est amusant! ah! que c'est gentil!... Allez donc, monsieur, allez donc plus fort... Prenez garde, vous me donnez des secousses... Ah! ma chère, vous ne vous figurez pas le plaisir que cela me fait.

Madame de la Thomassinière ne se lasse point de se faire balancer; mais madame Destival, que cela n'amuse nullement, prend le parti de se trouver mal, et se laisse aller sur sa chaise en poussant un profond gémissement. Alors Auguste quitte la balançoire pour courir près d'Émilie, en lui disant :
— Qu'avez-vous donc, madame?
— Laissez-moi; vous êtes un monstre!... répond madame Destival les yeux toujours fermés.
— Qu'ai-je donc fait?
— Vous croyez que je ne m'aperçois pas de votre conduite?
— Ma conduite est toute naturelle, il me semble...
— Non content de venir de.... je ne sais où! monsieur se permet,

devant moi, de faire la cour à cette coquette, qui se conduit de la manière la plus indécente! J'espérais au moins, monsieur, que vous respecteriez ma maison.
— Vraiment, madame, je ne conçois rien à votre humeur. Je suis honnête... poli... voilà tout...
— Est-ce que vous croyez que je n'ai pas des yeux?... c'est par trop visible... On se contraint, au moins!
— Mais...
— Taisez-vous!
— Eh bien! dit Athalie qui s'aperçoit que le mouvement de la balançoire se ralentit; que faites-vous donc, monsieur?... Vous n'allez plus, vous me laissez là... mais je ne veux pas encore cesser... Est-ce que vous êtes déjà las?... Ah! c'est honteux! un jeune homme!

Dans ce moment arrive M. Monin, qui, voyant que son hôte s'obstine à faire l'exercice jusqu'à l'heure du dîner, et ne se sentant plus la force de continuer, vient d'abandonner la bêche et s'est dirigé vers le jardin, où, tout en s'essuyant le front, il cherche dans sa tabatière de quoi rafraîchir ses idées.
— Vous arrivez bien à propos, monsieur Monin, dit madame Destival; il faut absolument un balanceur à madame... Allez donc lui rendre ce service... elle en sera enchantée.

En disant cela, Émilie se lève, prend le bras d'Auguste, et l'entraîne d'un autre côté du jardin, laissant Monin tout étonné de la besogne dont on vient de le charger, et madame Athalie sur la balançoire, qui, tournant le dos aux autres personnages, ne s'est point aperçue de leur départ, et ignore encore qu'elle vient de changer de balanceur.
— Eh bien! poussez-moi donc, monsieur! dit la petite-maîtresse en s'agitant sur la balançoire pour tâcher de la faire aller elle-même. Monin se réconforte avec une nouvelle prise, et se dirige vers l'escarpolette; mais, n'ayant pas bien calculé le chemin que la balançoire fait en revenant en arrière, au moment où il relève ses manches pour mieux pousser, la planche revient sur lui, et les formes rondelettes de la jeune femme le frappent au milieu du visage.

Monin, étourdi par le coup, va tomber sur le gazon à quelques pas de là; madame de la Thomassinière pousse un cri, parce que le nez de Monin a failli la faire glisser de dessus sa planche.
— Que vous êtes maladroit! s'écrie-t-elle ; si je n'avais pas tenu fort, je tombais; allons, venez m'arrêter et m'aider à descendre .. Eh bien, monsieur, est-ce que vous allez me laisser là?

Monin n'était pas leste à se relever, et il cherchait sa tourte, que la balançoire lui avait emportée, tout en murmurant : — Je suis à vous dans la minute, madame... C'est que je revenais sans ma tourte, ma femme me ferait une scène!...

Impatientée, Athalie tourne la tête, et aperçoit Monin cherchant à grimper à un arbre pour atteindre sa casquette, que la balançoire a envoyée sur une branche fort élevée. La jeune femme part d'un éclat de rire, puis se jette à bas de la balançoire, et s'éloigne en cherchant Auguste et madame Destival sous chaque bosquet.

Après avoir parcouru inutilement le jardin, elle revient à la place où elle a laissé Monin; il est encore au bas de l'arbre où il a vainement essayé de grimper, regardant d'un air désolé sa tourte, logée sur une branche qu'il ne peut atteindre, et cherchant dans sa tabatière le moyen de la ravoir.
— Par où sont-ils donc passés, monsieur? dit la vive Athalie en s'arrêtant devant Monin; celui-ci roule ses gros yeux autour de lui en disant :
— Qui ça, madame?...
— M. Dalville et madame Destival?
— Je ne vous dirai pas... à moins qu'ils ne soient aussi allés faire l'exercice...

Athalie se dirige vers la maison; M. Destival est encore sur la terrasse avec Bertrand. La jeune femme se rend au salon ; il est désert. — C'est très-aimable, dit Athalie; ce monsieur est fort galant!... Il paraît qu'ici on ne se gêne nullement... Je voudrais pourtant bien savoir si M. Dalville aime encore madame Destival... Madame avait la migraine.... Je suis curieuse de savoir comment elle fait passer cette migraine-là...

La petite-maîtresse quitte le salon, parcourt plusieurs pièces, ne rencontrant personne, car Julie et Baptiste sont occupés à la cuisine, et les trois laquais de M. de la Thomassinière sont allés jouer à l'oie dans le village. Athalie monte au premier, où est la chambre à coucher de madame Destival ; mais la porte de cette pièce est fermée, et la clef est ôtée.
— Elle est chez elle, se dit la petite-maîtresse ; et elle frappe légèrement à la porte. On ne répond pas : elle frappe plus fort. Enfin la voix de madame Destival se fait entendre, et demande qui est là.
— C'est moi, ma bonne, répond Athalie. Je viens causer avec vous.
— Ah! pardon... je dors un moment..... ma migraine est tellement augmentée...
— J'en ai une aussi, et je me reposerai un instant chez vous; cela me fera du bien.
— Est-ce que Julie ne vous a pas montré votre chambre?
— Non, ma petite ; ouvrez-moi donc!

Madame de la Thomassinière ne veut pas s'éloigner : au bout de quelque temps on lui ouvre. Madame Destival paraît dans un désordre naturel chez quelqu'un qui s'était mis sur son lit. En entrant, Athalie jette un coup d'œil dans la chambre, et ses yeux voudraient bien pénétrer dans un petit cabinet vitré qui est au pied du lit, et dont la porte est exactement fermée.

— Dieu ! que la tête m'élance ! dit madame Destival en portant la main à son front.

— Cela ne va donc pas mieux ?... dit Athalie en s'asseyant sur une dormeuse.

— Oh ! bien au contraire.

— Recouchez-vous, ma chère ; moi, je vais m'étendre sur cette dormeuse, je ne serai pas fâchée de me reposer aussi.... Ce grand soleil me fait mal aux nerfs.

Madame Destival ne paraît plus vouloir se remettre sur son lit; elle se promène dans la chambre avec impatience, en disant :

— Oh ! non, je ne veux plus dormir... l'heure du dîner approche...

— Ah ! comment faisiez-vous pour reposer ici ?.... votre mari fait un train avec ses « en avant ! en joue ! »

— Cela ne me gênait pas du tout...

— Et qu'avez-vous fait de M. Dalville ?

— Moi ? mais, rien...

— Je le croyais avec vous...

— Avec moi ?

— Quand vous m'avez abandonnée sur la balançoire, ne l'avez-vous pas emmené, en me laissant à la place cet aimable M. Monin, dont la société est si amusante...

— M. Auguste m'a quittée sur-le-champ ; il sera allé faire un tour dans le village.

— Savez-vous, ma bonne, que je n'ai pas reconnu M. Dalville après le portrait que vous m'en aviez fait... D'abord, vous disiez qu'il n'était pas bien, qu'il avait l'air commun...

— Ah ! je n'ai pas dit commun... je vous jure !...

— Qu'il n'avait pas bon ton... que c'était un libertin, un mauvais sujet, un homme dont les visites pouvaient compromettre une femme.

— Ah ! ma chère, vous exagérez !

— Pardonnez-moi !... oh ! vous avez dit tout cela... vous m'en aviez fait un portrait affreux !... Moi, je le trouve fort bien, au contraire... il a des manières que j'aime beaucoup !

— C'est très-heureux pour lui, madame.

— Eh bien ! qu'est-ce que vous faites donc ?... vous mettez votre ceinture à l'envers...

— Ah ! c'est vrai; j'ai des distractions...

— Voulez-vous que je vous noue votre robe, ma bonne ?

— Merci... je m'habille moi-même.

Dans ce moment le bruit de quelque chose qu'on appuie contre la fenêtre fait tressaillir Emilie.

— Qu'est-ce que c'est que cela ? dit-elle.

— C'est dans ce cabinet, je crois, que quelque chose est tombé.

— Non, madame ; le bruit n'est pas venu de ce cabinet... c'est à la fenêtre.

Les dames s'approchent de la fenêtre, et voient monsieur Destival qui vient d'appliquer une échelle contre la croisée de la chambre de sa femme.

— Qu'est-ce que vous faites donc, monsieur ? dit madame Destival avec effroi; que veut dire cette échelle... ce désordre !

— Ma chère amie, je sais toutes les évolutions possibles ; il ne me reste plus qu'à monter à l'assaut, c'est ce que dit Bertrand, et c'est ce qu'il va me montrer. Vous, mesdames, vous êtes dans la forteresse, vous représentez les ennemis... vous nous repousserez, mais nous entrerons dans la place malgré vous.

— Que signifie cette extravagance, monsieur ?

— Je vous dis que c'est le bouquet, madame.... Allons, Bertrand, une ! deux !... au pas de charge, n'est-ce pas ?

— Je ne veux point que vous montiez à l'assaut, monsieur ! Bertrand, je vous en prie, ôtez cette échelle... Vous êtes fou, monsieur ! Est-ce qu'on monte à l'assaut pour prendre un loup ?

— On ne sait pas ce qui peut arriver, madame...

— Je sais que vous n'arriverez pas chez moi, monsieur !

En disant cela, madame Destival ouvre la fenêtre avec violence, et entraîne madame de la Thomassinière hors de sa chambre, en lui disant : — Descendons, ma chère, descendons, je vous en prie, car, avec leur exercice, ils mettront ma maison sens dessus dessous.

Les dames se rendent sur la terrasse, où M. Destival tient toujours son échelle, que Bertrand veut en vain lui enlever. L'homme d'affaires est décidé à monter quelque part : — Eh ! mon Dieu ! monsieur, s'il faut absolument que vous assiégiez quelque chose, dit madame Destival, que ce soit un arbre du jardin, et non pas mon appartement.

Bertrand adopte cette idée, et Athalie engage ces messieurs à attaquer l'arbre sur lequel est logée la tourte de M. Monin ; on se rend près de la balançoire, et l'on trouve l'ex-pharmacien entourant de ses bras courts et gros l'arbre après lequel il voudrait monter, et ne pouvant réussir à s'élever à plus de trois pouces du sol.

La vue de l'échelle fait pousser un cri de joie à Monin, il se confond en remercîments quand M. Destival y monte au pas de charge, ne doutant pas que cette manœuvre n'ait pour but de lui rendre sa casquette; mais c'est avec la baïonnette que M. Destival veut prendre ce trophée, et la pointe de son arme passe à travers le fond de la tourte, qui est en mince sparterie. Bertrand crie : Bravo ! Monin fait la grimace, les dames rient, et Auguste arrive pour être témoin de ce tableau.

Auguste adresse un sourire charmant à madame de la Thomassinière, et un salut assez froid à madame Destival... Je ne sais si vous en devinez la cause; mais ces dames ne s'y méprirent point. — Vous venez du village, monsieur, dit la petite-maîtresse en montrant ses jolies dents.

— Oui, madame... j'ai fait une promenade... instructive... j'ai acquis quelques connaissances nouvelles... et j'espère les mettre à profit.

— Le dîner est sur la table, dit un petit homme maigre et jaune en accourant la serviette sous le bras. C'est Baptiste, le valet de la maison, qui sert à la fois de frotteur, de cuisinier, de laquais, de coureur et de maître d'hôtel, en attendant que M. Destival ait achevé de monter sa maison. Aussi le pauvre Baptiste est-il sur les dents, et dit-il tous les jours à Julie qu'il ne veut pas rester dans une baraque où l'on lui fait faire un service de cheval.

— Dites donc qu'on a servi, Baptiste... Ce drôle-là ne se formera jamais !... Allons, mesdames, à table... Ouf ! je l'ai bien gagné... J'ai terriblement manœuvré aujourd'hui... Tenez, Monin, voici votre casquette. Avez-vous vu comme je vous ai enlevé ça ?

— Vous l'avez trouée, dit Monin en regardant d'un air piteux le fond de sa tourte rabattu.

— Ah ! ma foi, dans le feu de l'action !... La baïonnette en avant... Une, deux; n'est-ce pas, Bertrand ? Mais ces dames sont déjà parties... Allons attaquer le dîner maintenant, je compte y faire une terrible brèche... Bertrand, allez rejoindre Julie, elle aura soin de vous.

Bertrand se rend à l'office ; et Monin, après avoir essayé de rapprocher les pailles pour boucher le trou fait à sa casquette, suit son hôte dans la salle à manger.

Tout le monde est à table, lorsque M. Destival s'écrie : — Eh bien !... et M. de la Thomassinière ?... il nous manque encore !

— Ah ! c'est vrai, je ne pensais plus à mon mari ! dit Athalie en souriant à son voisin de droite, et ce voisin est Auguste, qui est placé entre les deux dames. Oh ! il ne faut pas l'attendre !...

— C'est fort contrariant !... où diable est-il allé ?... Est-ce qu'il se serait égaré dans la forêt de Bondi ?...

— Elle est très-dangereuse !... dit Monin en attachant sa serviette à sa boutonnière ; on dit qu'il y a dans ce moment une bande de voleurs, qui...

— Si je disais à vos trois laquais de faire une battue dans les environs... Qu'en pensez-vous, madame ?

— Eh non, monsieur; ne vous occupez pas de mon mari, je vous en prie. Je vous assure qu'il se retrouvera !... Je n'en suis nullement inquiète.

— Puisque madame n'est pas inquiète, dit madame Destival en se pinçant les lèvres, il me semble que nous aurions tort de l'être. D'après cela, nous pouvons dîner.

— Dînons, soit. Une, deux, sur le potage, et par le flanc gauche sur le bœuf.

— Ah ! monsieur, est-ce que vous n'allez plus nous parler que par une, deux ?...

— Ma foi, madame, cette journée m'a donné beaucoup de goût pour l'état militaire... Que c'est beau un homme qui se tient bien droit !... le corps effacé... Passez-moi les légumes... Votre Bertrand est d'une terrible force ; il connaît à fond son art !... Peste ! quel luron !... Comme ça vous manie un fusil !... Il m'a dit qu'il était content de moi. Encore trois ou quatre leçons, et j'espère...

— J'espérais, monsieur, que vous en saviez bien assez.

— Madame, un homme ne saurait trop bien connaître le maniement des armes... Je voudrais maintenant que des voleurs vinssent nous attaquer !

— Est-ce que vous leur feriez faire l'exercice, monsieur ?

— Non, madame, mais je me servirais de mes avantages ; je tire maintenant quatre coups en moins de cinq minutes.

— Je ne savais pas cela, monsieur !

— Oh ! il y a encore des choses plus surprenantes... Enfin, regardez Monin, il n'a fait que nous écouter un moment, eh bien ! voyez comme il se tient mieux qu'à ce matin...

— Il est certain, dit Monin en élevant en l'air un navet, et le portant à sa bouche comme s'il l'eût mis dans un canon de fusil, que l'exercice forme l'homme, et puis je vais vous dire...

Monin est interrompu par l'arrivée de la Thomassinière, qui est tout essoufflé, car le spéculateur a fait un long somme sur son arbre, et en s'éveillant il a pensé qu'on pouvait dîner sans lui.

— Ah ! vous voilà, homme terrible ! dit Destival.

— Pardon, je suis en retard... c'est vrai... mais j'ai écrit au moins dix lettres depuis que je vous ai quittés.

— Et pourquoi ne les avoir pas écrites ici ?...

— Ma foi... j'étais si pressé... je suis entré dans le premier endroit venu.

— Allons, placez-vous là, près de madame Destival...

— Oh! je vous aurai bientôt rattrapés... et puis je ne mange pas de bœuf, moi, c'est mauvais, le bœuf! ça ne vaut pas le diable.

M. de la Thomassinière s'assied en regardant Auguste avec une certaine surprise, parce que celui-ci ne lui a fait qu'un léger salut de tête, et continue de manger sans paraître s'occuper de lui, ce qui contrarie beaucoup le parvenu, qui voudrait toujours faire sensation. Mais Dalville a sur-le-champ vu quel homme était M. de la Thomassinière. Les sots ont l'avantage d'être jugés en fort peu de temps, tandis qu'il en faut souvent beaucoup pour apprécier les gens d'esprit.

Le dîner est assez gai, grâce à Auguste et à sa voisine de gauche, qui disent mille folies, et sembleraient assez disposés à en faire. La maîtresse de la maison mange peu, Monin mange beaucoup; M. Destival n'attaque les plats qu'en douze temps, et pique un radis comme si sa fourchette était une baïonnette. Quant à M. de la Thomassinière, s'apercevant que décidément Dalville ne veut pas s'occuper de lui, il tâche de se donner de l'importance en dissertant sur les plats. Il trouve la volaille trop cuite, les petits pois trop gros, la salade trop vinaigrée, et le vin de Beaune trop vert. C'est un convive bien aimable que M. de la Thomassinière; mais un homme très-riche ne doit jamais paraître satisfait de ce qu'on lui sert. Fi donc! cela ferait penser qu'il n'a jamais rien mangé de bon.

Il est nuit lorsqu'on est au dessert, parce qu'on s'est mis tard à table. Le ciel est chargé de nuages; la chaleur augmente, et les éclairs, qui de temps à autre sillonnent les nues, annoncent un prochain orage.

M. Monin se dépêche de manger son fromage, parce que sa femme a peur du tonnerre, et qu'il a l'ordre de rentrer près d'elle toutes les fois qu'il fait de l'orage. La Thomassinière demande s'il y a un paratonnerre sur la maison. M. Destival a fait fermer toutes les fenêtres au premier coup de tonnerre, et la vue d'un éclair lui fait oublier de présenter armes avec son verre. Quant à la petite-maîtresse, elle déclare avoir très-peur de l'orage, et cache sa tête sur l'épaule d'Auguste toutes les fois qu'un éclair brille.

— Diable!... diable!... le temps se brouille, dit M. Destival. Allons, messieurs, un verre de champagne.... cela dissipe... cela étourdit... Baptiste, avez-vous bien fermé partout?

— Oui, monsieur.

— Prenez bien garde qu'il y ait un courant d'air.

— Mais, monsieur, vous nous faites étouffer...

— Madame, quand il tonne on doit fermer, c'est prudent.

— Pourquoi aussi n'avez-vous pas de paratonnerre? dit la Thomassinière; moi j'en ai trois à ma terre, deux à ma maison que j'habite à Paris, et un à mon autre belle maison de la rue de Buffaut.

— Oui... j'en ferai poser un incessamment... Allons; messieurs... vos verres, le bouchon part...

— Ah! mon Dieu! dit Athalie en se serrant contre son voisin, que vous m'avez fait peur avec votre bouchon!...

— Il paraît que l'orage vous effraye beaucoup, ma chère amie? dit madame Destival d'un air moqueur.

— Oh! infiniment!

— Ma femme a les nerfs extrêmement susceptibles...

— Prenez garde, vous versez à côté, Destival...

— C'est ce diable d'éclair qui m'a brouillé la vue... Votre charmante dame en prend-elle?

— Oui, j'aime beaucoup le champagne... faites-le bien mousser, monsieur, je vous en prie...

— Voilà, belle dame... Allons, Dalville, tenez tête à madame.

— C'est ce que monsieur fait, dit madame Destival avec dépit.

— Et vous, Monin... tendez donc votre verre...

— Ah! je m'en vais vous dire... il faut que je m'en aille... ma femme a peur du tonnerre.

— Eh! vous savez bien que votre femme fait des cornichons! qu'elle est occupée...

— Oh! quand il tonne elle quitte tout pour se fourrer sous une couverture de laine... et si je n'allais pas m'informer de l'état de sa santé... Oh! oh! quel coup!... il a suivi de près l'éclair... l'orage n'est pas loin...

— Si on allait faire de la musique, dit M. Destival en se versant un troisième verre de champagne, afin de retrouver sa fermeté, il me semble que ça ne ferait pas mal... Qu'en pensez-vous, Dalville?

Auguste était baissé pour ramasser son couteau, qu'il avait, pour la seconde fois, laissé tomber sous la table. — Monsieur n'est pas adroit aujourd'hui, dit madame Destival en se levant de table avec impatience; je crois que nous ferons bien de monter au salon.

Dans ce moment la nuée crève, la pluie tombe par torrents, et la campagne prend une teinte nouvelle. Tout le monde se lève; la petite-maîtresse s'appuie sur le bras d'Auguste, parce que l'orage lui a ôté toutes ses forces. M. de la Thomassinière, qui a retrouvé un peu de sa gaieté depuis qu'il pleut, ce qui rend l'orage beaucoup moins dangereux, fait faire un demi-tour à gauche à la société, et monte l'escalier au pas accéléré. Monin reste seul dans la salle à manger, pliant sa serviette par habitude, et écoutant tomber la pluie en murmurant : — Ça tombe joliment... et je n'ai pas de parapluie... et ma casquette qu'ils ont percée justement au fond... comment donc que je vas faire?

Après avoir pris deux ou trois fois du tabac, notre homme se décide à s'adresser à Julie, qui vient de passer dans la salle. Il la suit en lui criant : — Mademoiselle... je vous demande bien pardon... est-ce que vous ne pourriez pas...?

Comme Julie ne répond pas, Monin arrive avec elle jusque dans la cuisine, où Bertrand tient tête à Baptiste et aux trois grands laquais de M. de la Thomassinière, qui ne trouvent pas, comme leur maître, que le vin de Beaune soit trop vert.

— Si vous pouviez me prêter un parapluie? dit Monin.

— Nous n'en avons pas ici, répond Julie d'un ton sec.

— Fi donc! un parapluie! dit Bertrand, que le vin de Beaune a déjà mis en train de causer. Est-ce qu'un homme doit se servir de ça?... est-ce que je vous ai appris ce matin à porter un parapluie?...

Les convives se mettent à rire, et Julie pousse doucement Monin vers la porte en lui disant : — Monsieur, je n'aime pas avoir tant de monde dans ma cuisine, ça me gêne... D'ailleurs ce n'est pas ici votre place.

Julie a refermé la porte, et Monin, se voyant hors de la cuisine, se décide à monter au salon en attendant que l'orage soit calmé. Dalville et Athalie sont devant le piano, et chantent un nocturne. M. Destival joue à l'écarté avec M. de la Thomassinière, et madame Destival, tout en ayant l'air de regarder jouer, ne perd rien de ce qui se passe devant le piano.

— J'ai l'honneur de vous souhaiter le bonsoir, dit Monin en entrant doucement dans le salon.

— Comment, mon voisin, vous n'êtes pas parti!... je vous croyais déjà chez vous.

— Non, je vas vous dire... la pluie...

— En ce cas, vous allez jouer. Tenez, pariez pour moi, vous gagnerez...

— Est-ce qu'on peut parier?

— Oui, il est encore temps.

— Allons... Eh ben... je mets deux sous...

— Qu'est-ce que c'est que ça... deux sous! dit la Thomassinière d'un air méprisant; on ne joue jamais du cuivre, moi?... C'est déjà assez bourgeois de jouer un écu... Otez donc ça, monsieur... c'est plein de vert-de-gris...

— Monsieur, ce sont mes deux sous... je les parie...

— On n'en veut pas, monsieur...

— Comment, c'est-ce que j'ai déjà gagné?

— Allons, je vais arranger cela, moi, dit Destival en tirant une pièce de dix sous de sa poche. Je mets huit sous de plus pour compléter la pièce de Monin... Je joue alors trois francs quarante, et vous, mon cher, trois francs dix. Ah! c'est que mon voisin est sage... il est pourtant fort riche... fort à son aise... il a du foin dans ses bottes, le gaillard.

— Comment alors peut-il proposer deux sous? dit la Thomassinière, ça ne se conçoit pas... Atout, atout et atout... Vous êtes volé.

— Comment! il convient qu'il nous a volés? dit tout bas Monin à son voisin.

— Cela veut dire que nous avons perdu... Allons, la revanche. Eh bien! madame Destival, vous ne venez pas jouer?...

— Non, monsieur; je préfère écouter chanter...

— Ça n'empêche pas, madame; je ne perds pas une note tout en jouant.

— Ni moi, dit la Thomassinière. Oh! je suis comme Caton, je ferais facilement quatre choses à la fois.

— Ma bonne amie, est-ce que vous n'avez pas ici quelque duo de Rossini? dit Athalie en faisant courir ses doigts sur le piano.

— Mais... je ne sais.., je ne crois pas.

— Je crois cependant, madame, avoir eu le plaisir d'en chanter ici quelques-uns avec vous.

— Ah! vous vous en souvenez, monsieur!...

— Voici un duo de la Gazza, dit Athalie, qui a bouleversé toute la musique placée sur le piano, essayons-le, monsieur.

— Atout, et passe carreau! s'écrie M. de la Thomassinière d'un air triomphant en prenant l'argent qui est sur la table.

— Qu'est-ce que ça veut dire : passe carreau? dit Monin en se penchant vers l'oreille de Destival.

— Vous le voyez bien : cela veut dire que nous avons perdu.

— C'est que je ne connais pas les termes du jeu... ça fait déjà quatre sous que je perds.

— Mettez donc...

— Permettez auparavant que j'examine le temps... Oh! il pleut encore trop fort... Je suis au jeu.

— Monsieur a la veine!

— Et puis, je joue ce jeu-là d'une certaine façon! dit la Thomassinière en se balançant sur sa chaise.

— Je crois que je le joue aussi assez bien, répond Destival en se mordant les lèvres de colère.

— Paix donc, messieurs! on ne s'entend pas!... dit la vive Athalie tandis qu'Auguste chante : *È certo il mio perigliο.*

Et la Thomassinière bat la mesure à contre-temps avec son pied en murmurant pour faire croire qu'il entend l'italien : — Très-joli! fort joli! *Bravi! brava... bravissimo!*

Alors Monin se penche vers Destival en lui disant :

— Est-ce que cela veut encore dire que nous avons perdu ?

— Non, non!... est-ce que vous n'entendez pas qu'on chante de l'italien?... C'est un duo de la Pie...

— Ah! c'est de la Pie! répète Monin en roulant les yeux autour de lui et tirant sa tabatière. Comment donc se fait-il, mon voisin, qu'une pie ait fait un duo?

— Mon cher Monin, dit Destival avec humeur, ne me parlez pas à tous moments; vous voyez bien que vous me faites perdre...

— Comment! je vous ai fait perdre sans jouer!...

— Oui, oui,... cela trouble... mettez encore. Certainement je ne suis pas mauvais joueur; mais quand on cause comme cela...

— C'est-ce que nous avons chez nous une pie qui parle joliment, et je voulais savoir... Ça fait huit sous que je perds.

— Et moi seize francs !...

— Eh! qu'est-ce que c'est que tout cela, messieurs! dit la Thomassinière; si vous jouiez comme moi des poignées d'or! à la bonne heure! cela s'appelle une partie. Je suis très-fâché d'user mon bonheur à si petit jeu... Bravi! bravissimo! *Certo pio pio piu*!... Atoussimo.

La Thomassinière veut mettre de l'italien dans tout ce qu'il dit, et Destival s'efforce de sourire en fouillant à sa poche; mais sa gaieté est forcée et ses sourires sont des grimaces. Les deux chanteurs échangent de tendres regards en faisant ensemble des points d'orgue qu'ils prolongent fort longtemps, et pendant lesquels madame Destival tousse avec impatience dans l'espoir de troubler l'harmonie qui s'établit entre les musiciens.

Tout à coup la porte du salon s'ouvre : une grosse femme, d'une cinquantaine d'années, coiffée d'un chapeau de paille, dont les bords dépassent à peine son front et sur lequel se balance une guirlande de roses fanées, entre d'un air furibond, tenant d'une main un parapluie et de l'autre un ridicule capable de contenir un pain de sucre de dix livres. A sa vue Monin recule, se trouble... renverse sa tabatière, et fait mine de vouloir se cacher sous la table.

— Ah! vous voilà donc, monsieur! s'écrie madame Monin, car c'est elle-même qui vient d'entrer dans le salon; je vous trouve à jouer... Je m'en doutais... Mes voisins, je vous souhaite le bonsoir... Pendant qu'il tonne! pendant qu'il fait un orage affreux!... monsieur joue au jeu pour se rassurer... et il sait combien j'ai peur de l'orage!... Pardon, ma voisine, si je me permets de gronder chez vous; mais vous conviendrez que la conduite de monsieur est impardonnable!...

Pendant ce sermon, le pauvre Monin, ne sachant plus où il en est, a mis une pièce de quarante sous au jeu, au lieu d'y mettre deux sous, et fourre ses doigts dans sa tabatière, où il n'y a plus rien, tout en balbutiant d'un air contrit :

— Comment va l'état de ta santé, Bichette ?

— Ma santé! vraiment vous vous en inquiétez beaucoup!... m'abandonner pendant l'orage!... Catherine a été obligée de me tenir compagnie sous la couverture.

— C'est la pluie qui m'a...

— Est-ce qu'un homme doit craindre la pluie!!! fi donc!... vous me faites pitié !

Madame Destival n'aime point madame Monin; mais en ce moment, enchantée de son arrivée, elle la fait asseoir près du piano et lui fait mille amitiés, auxquelles madame Monin répond par force révérences en tendant son parapluie à son époux. Celui-ci va le prendre, et, oubliant qu'il est au jeu, murmure si bas qu'à peine on peut l'entendre :

— Quand tu voudras, Bichette?...

Mais Bichette, qui s'est assise et fait déjà des commentaires sur la petite-maîtresse, répond d'un ton sec :

— Puisque je suis venue, croyez-vous que je veuille partir tout de suite?... cela serait poli!... cela serait digne de vous!... J'aurai le plaisir de causer un instant avec ma voisine... et j'entendrai la musique... J'aime beaucoup la musique.

— Vous chantez, je crois, madame Monin? dit madame Destival avec empressement.

— Oh! je chantais... j'avais même une assez belle voix... mais maintenant... j'ai presque tout oublié... excepté le duo d'Armide... *Aimons-nous! aimons-nous! tout nous y convie!*... Ah! cela est si beau!... cela ne vieillira jamais.

— J'ai la partition d'Armide; il faut nous chanter cela avec monsieur...

— Ah! ma voisine !...

— Entendez-vous le cadeau que l'on vous fait? dit tout bas Athalie à Auguste.

— Bien obligé, répond Dalville ; en vérité, je ne sais ce que j'ai fait à madame Destival pour qu'elle me joue un tour pareil !

— Rassurez-vous ; si on vous force à chanter le duo, c'est moi qui vous accompagnerai , et avant la dixième mesure je vous promets d'avoir cassé trois ou quatre cordes.

— Ah! que vous êtes aimable ! et que je vous aurai d'obligation !

Monin qui voit sa femme un peu radoucie, se permet de lui dire :

— Tu chantes aussi bien joliment cet air où il y a des moutons,... *Margot filait tranquillement, ne pensant, ne rêvant qu'à son p'tit p'tit*....

— Taisez-vous, monsieur... allez à votre jeu , puisque vous aimez tant à jouer... Est-ce un piquet que l'on fait là ?

— Non, Bichette, c'est l'écarté.

— Comment, l'écarté ! Et depuis quand savez-vous l'écarté, monsieur ?

— Je ne le sais pas... mais je vas te dire , c'est que je parie.

— Ah! vous pariez ; j'espère au moins que vous êtes modeste, que vous ne jouez pas gros jeu ?

— Oh! non , Bichette!... sois tranquille !...

— Monsieur Monin, vous avez perdu vos quarante sous ! s'écrie dans ce moment Destival en poussant un profond soupir.

— Quarante sous! dit madame Monin en faisant un saut sur sa chaise, ce qui fait trembler tous les meubles de l'appartement ; quoi ! c'est M. Monin qui joue quarante sous!... mais c'est affreux!... Ah! ma voisine , qu'est-ce que vous lui avez donc fait boire à dîner !... Que signifient de telles extravagances, monsieur Monin?... Est-ce que vous avez perdu la tête?...

— Non, Bichette... c'est une erreur... je t'assure que je ne jouais que deux sous.

— Vous avez mis quarante sous au jeu, monsieur, dit la Thomassinière , et ils sont perdus.

— C'est que j'avais beaucoup gagné, dit tout bas Monin à sa femme ; c'était mon bénéfice.

— Il faut avouer que je suis en malheur, dit Destival ; voilà sept fois que je fais perdre ce pauvre Monin !...

— Sept fois, monsieur ! vous avez joué sept coups de suite !... s'écrie madame Monin en regardant son mari comme un chat qui va se jeter sur une souris.

— Eh! non, Bichette, tu sais bien que j'en suis incapable !...

— Voilà le duo d'Armide , dit madame Destival ; allons , monsieur Dalville , veuillez le chanter avec madame.

— Je ne le sais pas , dit Auguste.

— Ah ! vous êtes assez bon musicien pour chanter à première vue.

— Je vous modifierai vos passages, monsieur ! dit madame Monin en ôtant son chapeau dans la crainte qu'il n'étouffe sa voix.

Madame Monin a commencé. Sa voix fait presque grincer des dents. Monin applaudit à chaque mesure. Tout à coup une corde casse. La vive Athalie fait courir ses doigts sur les touches, et semble animée par le feu de l'exécution; mais bientôt une seconde, une troisième corde sont cassées, il n'y a plus moyen de continuer, et Athalie se lève en disant:

— C'est dommage, cela allait si bien !

— Voilà le désagrément de vos pianos, dit madame Monin en remettant avec humeur son chapeau de bergère; parlez-moi de la petite flûte de M. Monin , au moins il n'y a pas de danger que cela casse jamais !...

— Veux-tu que j'aille la chercher, Bichette ?

— Vraiment, voilà une belle heure pour faire une telle proposition ! il faut aller nous coucher, monsieur ; cela vaudra beaucoup mieux que votre petite flûte.

Destival quitte le jeu , rouge comme un coq, en s'écriant :

— Il n'y a pas moyen d'y tenir ! Voilà douze fois que l'on passe !... Je perds quarante francs au moins !...

— Ah! peut-on jouer tant d'argent ! dit madame Monin ; si jamais vous perdiez quarante francs, monsieur Monin, je me séparerais sur-le-champ d'avec vous.

— Voilà une belle bagatelle ! dit la Thomassinière en se levant, je jouerai demain cela d'un coup chez un notaire de mes amis. C'est là qu'on joue l'écarté !... La table est couverte d'or, de billets de banque !... à la bonne heure, c'est comme cela que c'est amusant !... mais sans cela l'écarté est un jeu très-ennuyeux !... Eh bien ! à propos, allons-nous nous coucher?

— Allez , monsieur !... qui vous en empêche ! dit la vive Athalie, nous n'avons pas besoin de vous !...

— Ma foi , c'est que j'ai bien envie de dormir...

— Baptiste va nous conduire à votre chambre, qui est ici dessus...

— Et la mienne, ma chère , où est-elle, s'il vous plaît ? dit la petite-maîtresse ; pendant que son mari monte se coucher sans dire bonsoir à personne , avec un air très-mauvais genre.

— La vôtre, ma bonne ! répond madame Destival, mais c'est celle de votre mari, nous n'en avons qu'une à vous offrir.

— Comment ! est-ce que par hasard vous allez aussi me faire coucher avec lui ?

— Mais sans doute.

— Ah ! c'est ridicule !... mais cela ne m'arrive jamais !... je ne couche pas avec M. de la Thomassinière !... Vous savez bien que j'ai mon appartement...

— Pour une fois, belle dame, dit Destival en prenant un air malin, le cher époux ne s'en plaindra pas...
— Ah! Dieu, que c'est amusant!... dit Athalie en faisant la moue. Pendant ce temps, madame Monin, qui a enfin fini de retrousser sa robe et de mettre son châle, fait des mines à madame Destival en disant :
— Quant à moi, je couche avec mon mari... et je voudrais bien voir qu'il s'avisât jamais de parler d'un appartement séparé! ah! ah!..
— Tu sais bien, Richette, que je n'ai pas envie de...
— C'est bon... monsieur Monin, je sais ce que je sais... Bonsoir, ma voisine... mon voisin, je vous salue... Eh bien, monsieur, pourquoi donc ne mettez-vous pas votre casquette?... Qu'est-ce que c'est donc que ce genre-là?...

M. et madame de la Thomassinière.

Monin avait peur que sa femme ne s'aperçût du trou fait à sa tourte; il se décide enfin à mettre sa casquette sur l'oreille gauche, afin que le fond soit moins visible aux regards de sa moitié. Et madame Monin emmène son époux en lui promettant qu'elle ne le laissera plus dîner en ville sans elle, parce qu'il ne se ménage pas à table et que cela lui fait faire mille extravagances.

Les voisins partis, M. Destival avoue que l'exercice l'a beaucoup fatigué, et ne tarde pas à s'éclipser.

La musique a établi plus d'intimité entre Dalville et la brillante Athalie : pour quiconque sait goûter les charmes de l'harmonie, rien ne rapproche plus vite deux cœurs qu'un chant tendre ou gracieux, qu'un passage bien passionné, que souvent on s'adresse l'un à l'autre; la musique est en amour un auxiliaire bien puissant!... Elle émeut, elle attendrit, elle parle à l'âme. Grâce au ciel, presque toutes nos dames savent maintenant toucher du piano.

Mais Athalie se lève, et madame Destival la reconduit jusqu'à son appartement. Avant d'y entrer, la petite-maîtresse dit en riant à son amie :
— Ma chère!... il faut que je vous fasse une confidence... je crois que j'ai fait la conquête de M. Dalville...
— Vous croyez?...
— Ah! j'en suis presque sûre; il m'a dit de ces demi-mots... vous savez! puis il m'a tendrement serré la main...
— Je vous en fais mon compliment!
— Oh! vous entendez bien que je veux m'en amuser, voilà tout!...
— Au reste, je vous le dis franchement, sa conquête doit avoir peu de prix, car c'est un homme qui devient amoureux de toutes les femmes qu'il voit... Adieu, ma belle, bonne nuit!
— A demain, ma bonne! Je me lèverai de bonne heure pour me promener dans la campagne.
— Je vous accompagnerai, ma chère.

Ces dames se quittent. Madame Destival redescend au salon. Dalville n'y est plus, il est aussi rentré chez lui; madame en fait autant, et appelle Julie pour qu'elle vienne la déshabiller.

CHAPITRE VI. — La société retourne à Paris.

La nuit est passée : son ombre protectrice a-t-elle calmé l'humeur de madame Destival et réparé les fatigues de son époux? Dalville s'est-il promis d'être sage, et Bertrand d'être sobre? La vive Athalie est-elle consolée d'avoir partagé la couche de son mari, et M. de la Thomassinière a-t-il bien dormi auprès de sa femme? Ce sont de ces mystères dans lesquels je ne suis pas initié.

Tout ce que je sais, c'est que madame Destival s'est levée en songeant encore à l'aimable confidence que son amie lui a faite la veille avant de se coucher, et qu'elle se dit en s'habillant : — La coquette a bien fait tout ce qu'elle a pu pour s'assurer la conquête d'Auguste. J'ai vu, pendant qu'ils chantaient, ses minauderies, ses sourires... Elle espère sans doute recevoir ce matin une déclaration dans toutes les formes; mais j'en suis bien fâchée, madame, je serai là, je ne vous perdrai pas de vue, et je ne souffrirai pas qu'il se noue chez moi de telles intrigues... Ah! les femmes sont maintenant d'une coquetterie!... Mettons cette rose dans mes cheveux... cela me va mieux que ce ruban... Mon Dieu! comme mes papillotes tiennent mal aujourd'hui.. Ensuite on se plaindra de ce que les hommes pensent défavorablement de notre sexe... Mais ne les y autorise-t-on pas en se conduisant ainsi?... A la première rencontre, laisser voir à un homme qu'il nous plaît... C'est affreux!... et une femme de vingt ans... mariée depuis deux ans au plus... Ah! monsieur Auguste... vous ne méritez pas qu'on ait quelque amitié pour vous.

M. Destival, en quittant le mouchoir des Indes qui la nuit couvre sa tête, va se placer devant sa glace, et se présente les armes avec un vase nocturne qu'il a oublié de replacer dans sa table de nuit. Ne songeant pas qu'il est en chemise, Destival, qui a rêvé qu'il détruirait toutes les bêtes de l'arrondissement, fait le tour de sa chambre au pas redoublé, et avec sa pincette couche en joue son traversin;

Madame Monin.

mais dans cette noble position le souvenir des quarante francs qu'il a perdus la veille à l'écarté se présente à son esprit, et comme ce n'est pas en faisant l'exercice qu'il arrange ses affaires, notre homme revient à des sentiments plus pacifiques, et s'habille en ne songeant plus qu'aux moyens de devenir aussi riche que la Thomassinière, afin de pouvoir perdre au jeu quelques écus sans cesser d'être de bonne humeur.

Dalville a rêvé un peu à la petite-maîtresse, un peu à la jeune laitière, un peu à madame Destival, puis encore à quelques autres, comme quelqu'un qui n'a pas dans le cœur un sentiment exclusif et qui se laisse aller à toutes les sensations, à toutes les illusions, à tous les caprices de son imagination. Il se lève sans avoir un plan de conduite bien décidé, sans se promettre d'être ni plus sage, ni plus entreprenant, sans avoir l'intention de former une nouvelle intrigue :

Paris. — Typographie de J. Best, rue Poupée, 7.

c'est le hasard qui en décidera, ce sont les circonstances qui le feront agir... c'est à son cœur ou plutôt au plaisir qu'il obéira. Pour un étourdi, cette manière de vivre n'était pas dénuée de sagesse : s'abandonner aux événements, ne rien calculer d'avance, mais saisir au passage toutes les occasions d'être heureux, si c'est là de l'étourderie, cela ressemble aussi beaucoup à de la philosophie, ce qui n'a rien d'étonnant, puisque les extrêmes se touchent.

Bertrand s'était levé avant l'aurore, toujours prêt à exécuter les ordres de son maître, lors même qu'il blâmait sa conduite ; l'ancien caporal était fort content du repas de la veille, parce que le vin de Beaune n'avait pas été ménagé, et que les grands laquais, Baptiste et Toni, avaient, tout en trinquant avec lui, écouté avec respect le récit de ses campagnes ; et il se promenait sur la terrasse, disposé à donner à M. Destival une leçon d'exercice, et s'accommodant parfaitement de la vie que l'on menait à sa campagne.

La petite-maîtresse, dont la tête est aussi légère que le cœur, s'était levée de fort grand matin et avant que son mari se fût réveillé ; elle avait mal dormi ; mille pensées lui couraient dans l'esprit ; mais chez elle, la principale était toujours le désir de plaire, de briller... c'était là le point autour duquel les autres sentiments n'opéraient que des mouvements de gravitation, sans pouvoir déranger le cours de l'astre auquel ils étaient subordonnés.

Quant à M. de la Thomassinière, il n'avait fait qu'un somme, et dans ses songes s'était vu seigneur d'un département, décoré de trois croix, d'un grand cordon et d'un crachat, et encore plus riche, encore plus suffisant, encore plus insolent que jamais. Puis, tout à coup, il s'était retrouvé dans le cabaret de *l'Ane savant* servant du vin à des paysans qui le traitaient fort cavalièrement. Ce diable de sommeil ne respecte rien ; il vous déplace les hommes les plus puissants et opère de singulières révolutions ; il fait d'un roi un berger, et élève parfois le laboureur sur le trône ; il mêle le grand seigneur avec les plus simples roturiers ; il fait d'un ministre un pauvre diable, sans pain, sans travail, sans ressource et mourant de faim dans un grenier ; il transforme le banquier en petit commis travaillant quatorze heures par jour pour gagner un écu ; le poète qui vend sa plume en bateleur chargé de venir faire des tours devant une assemblée qui le paye en le méprisant. Il montre à la femme entretenue l'hôpital, à la fille publique la Salpêtrière, aux jeunes gens qui fréquentent les roulettes les galères ou les filets de Saint-Cloud. Il rappelle à l'homme parvenu à naissance, à l'homme en place les injustices qu'il a commises, à l'homme sans honneur les affronts qu'il a essuyés ; et tous ces gens-là font comme M. de la Thomassinière : ils se réveillent en criant qu'ils ont le cauchemar... et ils attribuent ces maudits rêves à une mauvaise digestion. Ils seraient bien fâchés d'y chercher un souvenir du passé et une leçon pour l'avenir.

La nuit n'a point laissé de trace de l'orage de la veille. Le ciel est pur, la campagne semble plus belle, les arbres brillent d'un vert que la poussière ne gâte plus, les fleurs sont plus fraîches, les ruisseaux plus bruyants ; tout invite à jouir des beautés de la nature, et c'est sans doute pour cela qu'Auguste est déjà dans le jardin, arrêté sur le seuil de la porte, assis sous la cour, indécis pour savoir s'il ira se promener dans les champs ou s'il restera dans la maison. Pendant ce temps, Athalie est au fond du jardin, assise sous un bosquet ; elle s'occupe à assembler quelques fleurs, en regardant à droite et à gauche si on ne viendra pas lui tenir compagnie ; et madame Destival se promène dans une allée voisine, prête à se joindre aux personnes qu'elle présume rencontrer au jardin.

M. Destival fait des affaires ; il n'a qu'un cabriolet, il voudrait un équipage.

Tout à coup Auguste entend une voix qui ne lui est pas inconnue crier : — Holà... Jean le Blanc... holà donc !... est-ce que tu ne sais plus que nous nous arrêtons ici ? Et, dans le même moment, une laitière entre avec ses boîtes de fer-blanc dans la cour de la maison de M. Destival, Auguste pousse une exclamation de joie en reconnaissant Denise, et s'élance dans la cour au-devant de la jolie laitière.

— C'est vous, charmante Denise...
— Oui, monsieur, c'est moi... ne vous ai-je pas dit hier que je venais tous les matins porter du lait ici ?... Ah ! je suis bien contente de vous retrouver, monsieur !...
— Vraiment, Denise, est-ce que vous désiriez me voir ?...
— Oui, monsieur... oh ! je le désirais ben... Ah !... c'est si joli ce que vous avez fait !... c'est si généreux... et quoique vous soyez un peu trop cajoleur avec les filles, c'est égal, je vous le passe à cause de ça.
— Eh ! mon Dieu ! qu'ai-je donc fait, Denise, qui m'attire tous ces compliments ?
— Et Coco... et sa marmite... et sa vieille mère, est-ce que vous ne vous en souvenez plus ?
— Comment savez-vous tout cela, Denise ?
— Ah ! pardi ! dans les campagnes, est-ce que tout ne se sait pas. La vieille grand'mère est venue au village nous conter plusieurs choses. Coco l'accompagnait ; il contait à tout le monde qu'un beau monsieur lui avait donné beaucoup d'argent pour acheter une autre marmite. La grand'-mère faisait votre portrait... Ah ! je vous ai tout de suite reconnu. C'est dommage que le père Calleux soit un ivrogne... il a passé toute la nuit au cabaret à boire l'écu que vous lui avez donné... et il ne tardera pas à manger aussi ce que vous avez remis pour Coco... Mais, dame, ça n'est pas votre faute... et vous avez été bien bon pour eux.
— Je n'ai rien fait là que de très-naturel, Denise, et j'en suis bien récompensé en ce moment.

Denise s'était animée en contant à Auguste ce qu'elle savait ; les regards du jeune homme la firent encore rougir davantage. Elle baissa les yeux en souriant, et resta quelques instants les bras ballants devant celui qui la considérait ; et sa gaucherie, son embarras, son gros jupon de laine, rendaient plus piquants les charmes de sa jolie figure. Enfin la petite laitière reprend ses boîtes, qu'elle avait posées à terre, et dit :

— Il faut que j'aille porter ce lait à manzelle Julie ; ordinairement elle est levée à cette heure...
— Encore un moment, Denise, je vous en prie...
— Est-ce que vous avez quelque chose à me dire, monsieur ?...
— Oh ! oui... d'abord que vous me semblez encore plus jolie ce matin qu'hier...
— Oh ! si c'est pour ça, je puis m'en aller.
— Un instant donc... Denise, je sens que plus je vous vois, plus je vous aime !
— Eh ben, il ne faut plus me voir, monsieur.
— Cela vous fâche donc que je vous aime ?...
— Oh ! non... car je crois ben que ce n'est pas dangereux !...
— Ah ! si vous vouliez m'entendre...
— Adieu, monsieur...

Et Denise fait un mouvement pour s'éloigner, mais Auguste lui prend la main, et l'arrête en la regardant tendrement, trop tendrement pour un volage qui regarde ainsi toutes les jolies femmes. Les yeux d'un séducteur ne devraient exprimer que l'inconstance ; malheureusement les yeux se prêtent à tout ! Peut-être aussi Dalville éprouvait-il alors un sentiment véritable, que sait-on?... Et qui peut bien lire dans le cœur humain?

Dans ce moment, Bertrand entre dans la cour; il s'approche de son maître, qui ne le voit pas venir, et lui dit :
— Est-ce que monsieur m'a appelé?
— Eh non! je ne t'appelle pas, répond Auguste avec humeur en quittant la main de Denise; tu viens toujours mal à propos; est-ce qu'on dérange les gens quand ils causent?
— Pardon, mon lieutenant, je ne vous entendais rien dire; je ne savais pas qu'on causait sans parler.
— Laisse-nous, Bertrand.

Bertrand fait un demi-tour à gauche pour regagner le jardin; mais en passant devant Denise, qui, tout en disant qu'elle voulait s'en aller, ne s'en allait point, et semblait très-occupée après ses petits fromages, le caporal dit à demi-voix à la jeune fille : — Prenez garde à vous!

Auguste se rapproche de Denise, qui a fait un mouvement de surprise.
— Qu'avez-vous donc? lui dit-il.
— Rien, monsieur,.. mais il faut que je m'en aille...
— Denise, voulez-vous me rendre un service?
— Oh! oui, monsieur, avec plaisir, si ça dépend de moi.
— J'aime cet enfant que j'ai rencontré hier sur la route... Sa jolie figure, sa petite mine franche, tout me parle en sa faveur.
— C'est Coco Calleux que vous voulez dire?
— Oui.
— Ah! je l'aime bien aussi... mais ce pauvre petit, depuis qu'il a perdu sa mère, il n'est pas heureux!... Sa grand'mère est dure et méchante, son père est un ivrogne; on veut que cet enfant, qui n'a que six ans, travaille déjà!... Est-ce que c'est possible?... Et bien souvent il n'a que de la pain pour toute nourriture!... Aussi, dans le village, nous n'aimons pas cet ivrogne de Calleux, et si la chaumière de Coco n'était pas un peu éloignée du village, ah! je vous réponds qu'il serait plus souvent chez nous que chez lui.
— Eh bien, Denise, soyez assez bonne pour veiller sur cet enfant, pour lui acheter ce dont il aura besoin... enfin, remplacez-moi près de lui, le voulez-vous?
— Oh! avec plaisir, monsieur.
— Tenez, prenez cette bourse, et disposez de ce qu'elle renferme en faveur de mon petit protégé; quand elle sera vide, je vous en donnerai une autre; j'approuverai toujours l'emploi que vous en aurez fait.
— Ah! monsieur! vous avez un bon cœur!... Que je suis contente... Mais tant d'argent... il y en aura pour longtemps.
— Vous voulez bien me faire ce plaisir, n'est-ce pas?
— Si je le veux! Tiens! pardi!... je crois ben!... Est-ce que ça n'est pas agréable d'être chargée de faire du bien?... Qui pourrait refuser une telle commission?... Tenez, monsieur, il faut que je vous embrasse... le voulez-vous?...
— Si je le veux, Denise!

Déjà Auguste entoure de ses bras la jeune fille et prend plus d'un baiser sur les joues qu'on lui tend avec plaisir, lorsqu'un cri et un éclat de rire se font entendre en même temps. Dalville se retourne : c'est madame Destival et madame de la Thomassinière qui sont derrière lui.
— Oh! pour le coup! c'est trop fort! dit madame Destival en s'avançant d'un air courroucé vers Denise, tandis qu'Athalie continue de rire, mais d'une manière un peu forcée, en disant : C'est délicieux!... Quoi! jusqu'aux laitières?... Ah!... Je m'en souviendrai!... le tableau était vraiment champêtre.

Denise n'est point troublée, et elle ne pense pas qu'on puisse la trouver coupable, et elle regarde les deux dames avec surprise, en cherchant à deviner d'où peuvent naître la gaieté de l'une et la colère qui brille dans les yeux de l'autre, et elle tient toujours à la main la bourse que le jeune homme lui a remise.
— Que faites-vous ici? dit madame Destival en jetant sur la petite laitière des regards méprisants.
— Madame, vous le voyez, j'apportais des fromages et du lait comme à l'ordinaire.
— Je ne vous ai point demandé de fromages; d'ailleurs les vôtres sont aigres, je n'en veux plus. Quant à votre lait, vous mettez moitié eau dedans, j'en ferai prendre à une autre qu'à vous.
— De l'eau dans mon lait! s'écrie Denise, et les larmes viennent aux yeux en entendant traiter ainsi sa marchandise. Ah! madame! par exemple, vous êtes bien la première qui disiez cela!... et je vous jure...
— C'est bon, mademoiselle, en voilà assez; je ne veux plus que vous mettiez le pied chez moi... Je vous croyais honnête et sage; je n'aime pas les petites dévergondées.
— Dévergondée.... Eh! mon Dieu! qu'ai-je donc fait à madame?...
— Nous l'avons vu, mademoiselle... Et cette bourse que vous tenez prouve assez...
— Cette bourse, madame, dit Auguste en s'approchant de Denise, est destinée à un acte de bienfaisance, à soulager un malheureux...

Mais, je le vois, c'est toujours le mal que l'on suppose!... Pauvre Denise! c'est moi qui suis cause que l'on vous fait de la peine!... Et lorsque, par hasard, je veux faire une bonne action, on pense que je cherche à vous séduire. Ah! mesdames! est-ce donc avec de l'argent que l'on se fait aimer d'une laitière?... Songez donc que nous ne sommes pas à Paris.

Pendant qu'Auguste parle, Denise s'est calmée, elle essuie ses yeux avec le coin de son tablier, et reprend assez d'assurance pour répondre à madame Destival : — Je ne dois pas pleurer de ce que vous me dites, madame, car je n'ai rien à me reprocher. Adieu! monsieur, j'emporte votre argent, et je tâcherai de bien remplir vos intentions.

En achevant ces mots, Denise salue la compagnie, et le cœur encore gros, retourne près de Jean le Blanc et s'éloigne de la maison de l'homme d'affaires.

Madame Destival, qui se sent embarrassée, regagne le jardin; Athalie se rapproche d'Auguste, et lui dit en riant :
— Vous conviendrez, monsieur, que vous l'avez embrassée au moins six fois de suite?
— Je n'ai pas compté, madame.
— Il paraît que cela vous plaisait.
— Beaucoup, madame.
— Monsieur est franc au moins.
— C'est peut-être ma seule qualité.
— Et pourquoi l'embrassiez-vous?
— Est-ce qu'elle n'est pas fort jolie, madame?...
— Jolie! c'est possible, de ces grosses beautés de campagne...
— Non pas! elle a au contraire les traits extrêmement fins!
— Mais c'est une laitière!
— Quelle différence faites-vous entre une jolie fille des champs et une jolie fille de la ville?
— Mais une énorme, monsieur : et l'éducation et les manières, et le bon ton; est-ce que vous comptez cela pour rien? Sortiriez-vous dans Paris... à la campagne même, avec une laitière sous votre bras?
— Non, madame, j'avoue que je ne serais pas encore assez philosophe pour cela; mais mettez à Denise...
— Qu'est-ce que c'est que Denise?
— C'est cette petite laitière, madame.
— Ah! monsieur sait son nom.
— Oui, madame.
— Eh bien! monsieur, que voulez-vous mettre à mademoiselle Denise?
— Un joli chapeau, une robe bien faite, un beau châle...
— Ah! elle aurait une tournure singulière à porter tout cela!...
— Eh! mon Dieu, madame, tout n'est qu'habitude. Vous-même, malgré toutes vos grâces, vous seriez peut-être empruntée sous le bavolet d'une laitière. Ce qui s'acquiert, madame, est d'un faible mérite; mais ce qui ne se donne pas, c'est la beauté, la grâce, l'esprit, la douceur de la voix, du regard, du sourire, ce charme enfin qui nous captive... et que vous possédez si bien, madame.
— Ah! vous avez bien fait de finir comme cela, sans quoi j'allais me fâcher. Madame Destival a raison, vous êtes un mauvais sujet!... un homme dangereux. A propos, j'espère avoir le plaisir de vous recevoir à Paris, monsieur; je donne souvent des bals, et tous les jeudis, en hiver, j'ai soirée.
— Madame est trop bonne : mais monsieur votre époux ne m'a rien dit.
— Mon Dieu, monsieur, est-ce qu'il a le temps de penser à inviter quelqu'un? il est tellement distrait, tellement préoccupé de ses spéculations... c'est moi seule qui me charge des invitations... Vous viendrez?
— N'est-ce pas un besoin de nous revoir? si l'on cédait à son penchant, on ne vous quitterait plus...
— Ah! Dieu!... je crois que nous tombons dans le sentiment... Est-ce que vous allez me faire une déclaration?
— Est-ce qu'il est possible de vous voir sans vous aimer...?
— Prenez garde!... vous devenez sérieux, et je n'aime pas les gens gais... Cet air mélancolique ne vous va pas!
— Vous n'avez donc pas pitié du mal que vous faites?...
— Ah! pas du tout!... les soupirs ne m'attendrissent nullement; il faut, pour me plaire, que l'on me fasse toujours rire.

Tout en causant, Auguste et la petite-maîtresse s'étaient enfoncés dans le jardin. Auguste avait pris le bras de la jeune dame et le lui serrait tendrement. Athalie riait toujours; mais elle ne repoussait pas les doux serrements de main de Dalville, lorsqu'au détour d'une allée Bertrand parut devant eux.

— On vous attend, ainsi que madame, pour déjeuner, mon lieutenant, dit le caporal en portant le revers de sa main à son front.

Auguste fait un mouvement d'impatience; mais déjà la vive Athalie lui a quitté le bras, et s'éloigne en folâtrant.

— Parbleu, Bertrand, tu es bien maladroit! dit Auguste en regardant le caporal, qui est resté devant lui.
— Qu'est-ce que j'ai donc fait, mon lieutenant?
— Il semble que tu prennes à tâche de venir me déranger quand j'ai un entretien intéressant avec une jolie femme.
— Pardon, mon lieutenant, mais je ne peux pas deviner ce que vous dites.

— Un homme adroit devine cela au premier coup d'œil! Une fois pour toutes, quand je serai en tête-à-tête avec une femme, je te défends de venir m'interrompre.

— C'est fini, mon lieutenant; la maison brûlerait, que je ne vous dérangerais pas.

Tout le monde est réuni dans la salle à manger; comme la Thomassinière s'est réveillé avec un fort grand appétit, il n'a imaginé aucune affaire qui pût contrarier son estomac, et il fait à Dalville un salut très-aimable, ce qui signifie que sa femme lui a annoncé qu'elle voulait le recevoir. Madame Destival semble aussi chercher à se réconcilier avec Auguste, qui la boude depuis la scène de la cour.

— Il faut que je sois avant midi à Paris, dit la Thomassinière en remuant une foule de papiers qu'il sort de son portefeuille; j'ai dix rendez-vous pour aujourd'hui... Je suis sûr qu'il est déjà venu vingt personnes me demander à mon hôtel... Encore un peu de café, s'il vous plaît... Ça n'est pas du moka...

— Pardonnez-moi, dit Destival en lui en versant.

— Oh! je vous assure que non, je m'y connais?... J'en ai fait dernièrement une provision *conséquente*; c'est bien autre chose que cela!...

— J'ai aussi besoin d'être à Paris ce matin, dit Destival en se rengorgeant dans sa cravate, j'ai beaucoup d'affaires en train... j'en ai de très-majeures!... Monin veut acheter une maison... j'ai son affaire...

— Qui? ce petit monsieur qui pariait deux sous à l'écarté?

— Lui-même.

— Comment, il achète des maisons! Je ne m'en serais pas douté... il avait un habit très-râpé, avec des reprises aux coudes.

— Oh! à la campagne!

— C'est égal, vous conviendrez qu'un homme qui a un habit râpé, ça n'annonce pas grand'chose... ça ne donne pas bonne idée de son esprit. Oh! c'est moi j'ai un coup d'œil... et puis l'habitude de ne voir que des gens riches et bien mis... Ah! laquais, dites à mes gens d'atteler.... de mettre les chevaux à ma calèche...

— Moi, j'attends cet matin ma marchande de modes, dit Athalie, elle doit m'apporter un bonnet délicieux...! Il faudra brûler le pavé, monsieur, car je suis bien curieuse d'essayer ce bonnet-là.

— Vous savez bien, madame, que mes coursiers ne vont pas comme des chevaux de fiacre... Je les nourris assez bien, et ils me coûtent assez cher pour que je les fasse galoper.

— Baptiste!... crie M. Destival à son domestique, qui va sortir, tu attelleras aussi... entends-tu?

— C'est ça, se dit tout bas Baptiste, à peine sorti de la cuisine, il faut que j'aille à l'écurie!

— Parbleu, Baptiste, pendant que vous êtes en train, dites aussi à mon petit Tony de mettre le cheval à mon cabriolet, dit Dalville en souriant de l'air avantageux de la Thomassinière, qui dit de ne se frottant les mains :

— Ma foi, c'est agréable d'avoir chacun sa voiture... c'est gentil; au moins on est certain de n'être qu'avec des gens comme il faut. A la vérité, vous n'avez que des cabriolets... mais tout le monde ne peut pas avoir comme moi calèche, coupé et landau.

— Comment, monsieur Dalville, vous partez aussi? dit madame Destival en fixant sur le jeune homme des yeux très-expressifs; c'est fort aimable... tout le monde m'abandonne...

— Il est vrai, mon ami, dit Destival, que ma femme comptait sur vous pour lui tenir compagnie... et...

— Je n'ai jamais dit que je comptais sur monsieur, assurément je m'en serais bien gardée! dit Émilie en interrompant son mari; mais puisque tout le monde retourne à Paris, je ne vois pas pourquoi je resterais ici. D'ailleurs ne devez-vous point donner un dîner cette semaine, monsieur?

— Oui, madame, un grand dîner... J'aurai des personnes puissantes... des gens en place... des artistes distingués... Je compte sur monsieur de la Thomassinière, ainsi que sur l'ami Dalville.

Dalville se contente de s'incliner, tandis que la Thomassinière répond :

— Nous verrons ça... Je ne puis pas promettre d'avance, parce qu'il pourrait me venir d'autres dîners chez des gens de la haute volée... et vous serez bien...

— Ainsi, nous partons tous pour Paris, dit madame Destival, mon mari se chargera de Baptiste... et de Julie. M. Dalville aura-t-il la complaisance de me donner une place dans son cabriolet?...

— Pourquoi ne viendriez-vous pas dans notre calèche? dit vivement la petite-maîtresse.

— Oh! je craindrais de vous faire attendre.. J'ai encore plusieurs dispositions à faire, et vous êtes pressée de voir votre marchande de modes... M. Dalville voudra bien, je l'espère, m'accorder une demi-heure de plus.

Auguste sent bien qu'il serait impoli de refuser; et d'ailleurs, quoique cet arrangement contrarie ses projets, quoique la séduisante Athalie lui ait dit beaucoup de mal de lui, Émilie n'en est pas moins une fort jolie femme, et l'on pardonne à une jolie femme bien des choses, lors même qu'on n'en est plus amoureux.

On quitte la table. Les voitures sont prêtes. Madame de la Thomassinière monte dans sa calèche en laissant tomber un regard malin sur Auguste et madame Destival. Le spéculateur appelle ses deux laquais, se fait aider à monter, puis se jette dans le fond de la voiture en criant : — A mon hôtel de la Chaussée-d'Antin, et l'on brûle le pavé... Qu'on aille *furieusement* vite... entendez-vous, Lafleur?... Quoique ça, n'allez pas nous verser dans quelque chose...

La calèche part comme un trait. Madame Destival a tellement pressé ses domestiques, que bientôt Julie et Baptiste sont prêts à partir avec leur maître; pour madame, elle a encore divers arrangements à terminer, pour lesquels elle n'a plus besoin de Julie. M. Destival serre fortement la main de son ami, lui recommande de ne point faire aller sa femme trop vite, parce que ça lui fait mal aux nerfs, puis prend place dans son cabriolet à côté de Julie, en ordonnant à Baptiste de monter derrière, ce que celui-ci fait en murmurant de ce qu'on le met à toutes sauces.

Bertrand est debout tout auprès du cabriolet de Dalville, n'attendant plus que son arrivée et celle de madame Destival pour se mettre en route. Mais les petits arrangements de la maîtresse de la maison avait à terminer durèrent près de deux heures. Bertrand s'impatiente auprès du cabriolet, mais son maître lui a ordonné de l'attendre là, et il ne quitte pas son poste.

— Monsieur nous croit peut-être partis, dit le petit Toni.

— Non, non; il sait que nous sommes là.

— Mais il ne veut peut-être plus retourner à Paris aujourd'hui.

— Alors il viendra nous le dire.

— Et s'il n'y pense pas?

— Nous resterons là jusqu'à ce qu'on vienne nous relever de notre poste. A la consigne, je ne connais que ça.

Enfin, sur le midi, Auguste paraît, donnant le bras à madame Destival, qui s'appuie tendrement sur lui, et dont la physionomie n'exprime plus que le contentement et le plus aimable abandon.

— C'est singulier, se dit Bertrand; voilà une dame qui change de visage deux ou trois fois par jour. Tout à l'heure, je devrais y mettre une grosse voix, sont, quand elles le quittent, douces comme des agneaux; ça n'est plus du tout la même figure, ni les mêmes yeux, ni la même voix...

— Allons, monte donc, Bertrand, dit Auguste, qui est déjà dans le cabriolet près de madame Destival. Vous serez un peu gênée, madame; mais mon fidèle Bertrand n'est pas fait pour monter derrière.

— Oh! je serai toujours très-bien, dit Émilie en jetant un doux regard à Auguste et adressant à Bertrand un sourire gracieux... car il n'y a rien de si aimable que les dames lorsque les choses tournent à leur gré!... Mais aussi, quand on les contrarie!...

On part; et en passant devant le petit sentier qui conduit à Montfermeil, Auguste avance la tête, regarde, et se dit tout bas : — Je n'aurai pas toujours une dame à reconduire.

Chapitre VII. — Le Village.

Denise avait repris la route de son village; mais elle ne chantait pas, comme c'était sa coutume, en marchant derrière Jean le Blanc. Elle avait encore le cœur gros de la scène qui venait de se passer dans la maison de madame Destival; et, quoiqu'elle eût cherché à n'en point paraître affligée, elle se souvenait de ce mot : *dévergondée*, qu'on lui avait adressé. Pour tendre aisément ainsi lorsque l'on est sage, lorsqu'on n'a rien à se reprocher, cela semble fort dur à la pauvre laitière. On dit que les injures qui ne sont point méritées ne blessent point; comment un cœur honnête et franc ne se sentirait-il pas outragé en recevant les épithètes réservées pour le vice? C'est bien plutôt ce dernier qui ne rougit plus et se moque de tout ce qu'on pourrait lui dire, parce qu'il ne conserve aucune pudeur. Or donc, le proverbe qui dit : Il n'y a que la vérité qui offense, est, à mon avis, essentiellement faux.

— Que ces gens de la ville sont méchants! se dit la jeune fille; m'appeler dévergondée!... Ça leur va ben!... Qu'avais-je donc fait pour cela?... j'embrassais ce monsieur parce qu'il a un bon cœur, et qu'il veut prendre soin de Coco; il me semble que c'était ben naturel, et je m'en cachais pas... C'te madame Destival qui accourt sur moi en faisant des yeux!... J'ai cru qu'elle allait me battre... Me dire que mes fromages sont aigres!... que je mets de l'eau dans mon lait!... Ah! j'avais ben envie de pleurer... mais j'ai ben fait de renfoncer mes larmes, elle aurait été trop contente... Et c't'autre, qui ne faisait que rire en faisant un tas de mines et de singeries à ce jeune homme!... Mon Dieu! est-ce qu'il y avait de quoi faire tant de bruit!... Fallait-il refuser c't'argent, quand c'est pour faire du bien à c'pauvre petit... Oh! non!... et puis ça aurait fâché c'monsieur, et j'aime ben mieux fâcher la dame... Il n'est pas méchant, lui... il n'est que cajoleur... Dam'! ça n'est pas un crime... on n'a qu'à ne pas l'écouter, v'là tout. Du reste, il est ben gentil... ben poli... J'lui ai griffé la figure, et il ne s'est pas fâché... Tiens, il ne m'a pas dit son nom... Ah! pourquoi faire?... je n'ai pas besoin de le savoir... Il l'a peut-être dit à Coco... faudra que j'lui demande... Hue donc, Jean le Blanc!... Montrerai-je à ma tante c'te bourse?... Oui, oui, je lui conterai tout... Quoique ça, je ne lui ai pas dit hier que j'avais fait la culbute, et que ce monsieur avait vu... Quand je pense à ça, ça me taquine, et j'ai encore envie de pleurer... Et c't' autre monsieur, qui l'a appelé mon lieutenant, et qui, en passant près de moi, m'a dit tout bas : Prenez-garde à vous!... Ah! c'est Bertrand qu'on le nomme, celui-là, je m'en souviens. Il a l'air d'un bon garçon, ce Bertrand; mais qu'est-ce qu'il voulait donc dire avec son : Prenez garde à vous.

Tout en faisant ces réflexions, Denise est arrivée à Montfermeil, joli village dont les habitants ne sont pas mal, où l'on voit quelques maisons bourgeoises, et rien qui annonce la misère, parce que l'habitant de la plus modeste chaumière travaille au lieu de mendier.

La maisonnette de Denise est au bout du village, sur le bord d'un petit ruisseau qui serpente entre des saules. Elle se compose d'un rez-de-chaussée et d'un premier étage; mais les murs sont bons et le toit est couvert en briques, ce qui donne à la maisonnette un certain air d'élégance. Une cour est sur le devant, mais elle n'est fermée que par une petite barrière de bois; sur la droite est l'étable, et des poules, des canards, des poulets des oies, se promènent çà et là dans la cour, qui semblent regarder comme leur propriété, poussant mille cris divers lorsqu'une autre personne que Denise ou sa tante se permet d'y entrer. Le jardin est derrière la maison : il a près de deux arpents, mais aucun ordre n'y règne; les fruits et les légumes y croissent pêle-mêle, suivant l'usage des villageois, qui songent d'abord à l'utile. Les fleurs y sont en petite quantité; cependant, comme Denise les aime, on trouve quelques rosiers parmi les plants de pommes de terre, et des seringats dont les branches entourent le tronc d'un prunier ou d'un amandier.

On voit par ces détails que la maisonnette n'appartient pas à de pauvres gens. Tout y annonce l'aisance; en effet, la mère Fourcy, tante de Denise, est une des plus riches villageoises de l'endroit : elle possède deux belles pièces de terre, dont l'une est de l'autre côté du petit ruisseau qui touche à sa maison, et Denise, qui est son unique héritière, sait, par son activité et son petit commerce de lait et de fromage, ajouter encore au revenu de sa tante, qui, quoique bonne femme, est un peu avare : on dit que c'est assez le défaut des gens riches... et comment voulez-vous que ceux qui n'ont rien laissent paraître ce défaut-là?

Jean le Blanc est entré tout seul dans la cour, et prend le chemin de l'écurie. Denise est venue en arrière, arrêtée par quelques voisines, qui, suivant l'usage du village, causent avec toutes les personnes qui passent, parce qu'au village tout le monde se connaît. Mais la petite laitière, qui n'est pas en train de causer, se hâte de rejoindre Jean le Blanc et de le débarrasser de ses paniers, dans lesquels sont les fromages et le lait qu'elle rapporte.

— Que va dire ma tante en voyant que je reviens avec le lait et les fromages? se dit Denise; et elle ne peut retenir un soupir. Cependant Denise ne craint point sa tante, car la mère Fourcy, qui connaît la sagesse de sa nièce, et lui trouve plus d'esprit qu'à tous les habitants du village, approuve toujours ce qu'elle a dit et ce qu'elle a fait, excepté lorsqu'il s'agit de prêter de l'argent; et voilà pourquoi Denise, malgré l'amitié qu'elle portait à Coco, n'avait eu jamais encore que peu de chose pour lui. — Son père est un ivrogne, disait la mère Fourcy; donner à l'enfant, c'est donner de quoi boire à ce mauvais sujet de Calleux.

La mère Fourcy est une grosse femme de cinquante-cinq ans, qui, malgré son embonpoint, est active et alerte tient à aider à débarrasser son âne. — Quoi que tu tiens donc là, mon enfant? dit-elle à Denise.

— Ce sont les fromages que j'avais faits pour madame Destival.
— Et pourquoi donc qu'elle ne l'za pas pris?
— Parce que... parce qu'elle n'en a pas voulu.
— Ah! c'est différent... Comment! tout le lait aussi?
— Ah! mon Dieu, oui, ma tante...
— Et moi qui en ai refusé c' matin à M. Brichard!...
— Oh!... nous le mangerons, ma tan'e...
— Est-ce que madame Destival t'a retiré sa pratique?
— Oui, ma tante.
— C'est donc que que t'as la mine toute chiffonnée... Mais où donc veut-elle avoir de meilleur lait?
— Ah! ce n'est pas à cause du lait, ma tante.
— C'est donc pour autre chose?
— Oui, ma tante.
— Ah! c'est différent. Et conte-moi donc c't' autre chose, mon enfant?

Denise se recueille un moment, puis répond : — Vous savez ben, ma tante, que je vous ai conté qu'hier j'ai rencontré un beau monsieur... qui m'a demandé le chemin pour aller chez M. Destival...
— Oui, ma tante.
— Et que c'est celui-là qui a donné tout plein d'argent à la grand'-mère de Coco, qui avait cassé sa marmite?...
— Oui, oui, je sais... C'est cet ivrogne de Calleux qui boira ça!

— Eh ben! ma tante, ce matin j'ai retrouvé ce jeune homme chez M. Destival...
— C'est donc ce jeune homme?... Tu m'avais dit hier un monsieur.
— Dame, oui, un monsieur qui est jeune...
— Ah! c'est différent...
— Il m'a fait tout plein d'amitiés... puis, quand il a su par moi que le père Calleux mangeait tout, il m'a donné c'te bourse pour que j'aie soin que le pauvre Coco ne manque de rien... Moi, j'ai accepté, ma tante, est-ce que j'ai mal fait?
— Non, sans doute, mon enfant; est-ce que tu ne fais pas toujours bien, ma chère Denise?... Dame, t'es sage aussi! et tu ne t'en laisses pas conter...
— Oh! non, ma tante... mais je me suis laissé embrasser par ce monsieur.
— Ah! c'est différent ça; et pourquoi donc qu'il t'a embrassée?
— Pour me remercier de ce que je voulais bien veiller sur Coco, qu'il aime tout plein.
— Eh ben! je ne vois pas de mal à tout ça, mon enfant.
— Et cependant madame Destival en a vu, puisqu'elle est venue à moi tout en colère et m'a appelée...
— T'a appelée...
— Ah! je ne peux pas redire ce vilain mot-là... Eh ben! elle m'a appelée... dévergondée...
— Jour de Dieu! ma nièce! ma Denise une dévergondée!... la fille la plus sage à dix lieues à la ronde! Et tu ne lui as pas sauté au visage?
— Non, ma tante, j'ai seulement dit que c'était affreux de croire... de penser... et puis j'ai remporté mon lait et mes fromages...
— T'as ben fait, ma petite, t'as ben fait, ces gens-là ne sont pas dignes de manger de si bonnes choses.

Denise ne dit pas à sa tante ce que madame Destival a dit de son lait et de ses fromages, parce que la mère Fourcy serait femme à se rendre chez l'homme d'affaires pour demander raison d'une telle injure. La jeune fille n'aime point les querelles, et ne désire plus entendre parler de madame Destival. La mère Fourcy va dans le village pour tâcher de trouver à placer les fromages et le lait. Lorsqu'elle est seule, Denise tire la bourse de sa poche, et compte dans son tablier ce qu'elle contient.

Il y a dans la bourse douze pièces de vingt francs et six de cinq francs. — Deux cent soixante et dix francs, dit Denise en faisant un mouvement de surprise; mais c'est une somme considérable : il faut que ce monsieur soit ben riche pour donner tant d'argent à la fois... Je n'aurais peut-être pas dû prendre tout cela... Cependant, puisque c'est pour Coco... Il y a là de quoi l'élever... le faire aller à l'école... apprendre à lire... Oui, mais son père ne veut pas qu'il apprenne à lire... C'est dommage, je serais si contente de rendre Coco ben gentil, ben appris! ça ferait plaisir à ce monsieur quand il reviendrait... car il reviendra voir son petit garçon... il l'a dit, du moins. N'importe, j'vas ben ménager c't' argent-là... et pendant que j'ai le temps, courons jusqu'à la chaumière, et voyons si on a suivi les intentions de ce monsieur.

En prenant des chemins de traverse, on allait en un quart d'heure de Montfermeil à la chaumière de la famille Calleux. Denise court lestement dans les sentiers qui lui sont bien connus. Elle entre dans la misérable masure. Coco était assis à une table avec la vieille Madeleine. Ils dînaient sans le père Calleux, qui, se trouvant en fonds, préférait le cabaret à sa maison.

En voyant entrer Denise, l'enfant fait un cri de joie et court à elle. Denise était si bonne pour lui! elle lui apportait toujours quelque douceur; elle empêchait souvent qu'il ne fût battu; enfin, elle lui témoignait beaucoup d'amitié; et les enfants aiment ceux qui les aiment : il n'en est pas toujours ainsi des hommes.

— Bonjour, ma petite Denise! dit Coco en ouvrant ses bras à la jeune fille.
— Prends donc garde, vaurien, dit la vieille Madeleine, tu as manqué de renverser la table et de faire tomber ma soupe!... Je t'aurais joliment fouetté!...

Denise a déjà porté ses regards dans toute la chaumière, et voit que le seul changement qu'ait opéré l'argent de Dalville consiste en une grande marmite qui est devant le feu. Du reste, le lit de l'enfant n'est pas plus doux qu'auparavant.

— Vois-tu, Denise, comme je suis beau! dit l'enfant en montrant à la jeune fille le pantalon et la petite veste brune qui remplaçaient les vêtements en guenille qui le couvraient la veille.
— Oui, je vois, dit Denise en examinant les habits de Coco, mais ce n'est pas neuf tout cela...
— Pardi!... s'écrie la vieille Madeleine, ne fallait-il pas les lui faire exprès?... C'est bien assez propre pour un joueur comme lui... Vous verrez dans quelques jours!... ça sera bientôt troué!... Ah! c'est un brise-fer!...
— Et pourquoi donc ne lui avez-vous pas acheté un matelas, mère Madeleine?... je croyais que monsieur vous avait recommandé en vous donnant l'argent.

— Ah! son père n'a pas voulu; il dit qu'un garçon ne doit pas être couché si douillettement... que ça l'empêche de devenir forts!...
— Cependant, puisqu'on avait donné cela pour Coco...
— Pour Coco! et pour nous aussi, ma petite : est-ce que les parents ne doivent pas passer avant les enfants?...
— Le père Calleux est aux champs?
— Aux champs!... ah ben oui, aux champs!... il est au cabaret de Claude... Il a pris tout ce qui me restait de l'argent que ce monsieur a donné; il m'a dit qu'il allait avec ça faire une entreprise... Oui!... j'sais ben!... il va entreprendre de tout boire en un jour, si c'est possible!...
— Mère Madeleine, voulez-vous que j'emmène Coco avec moi jusqu'à ce soir?
— Non, ma fille, non : je suis vieille, et je ne veux pas être seule. Il faut que Coco reste avec moi.

Denise va embrasser l'enfant, qui est allé jouer et se rouler avec sa chèvre; puis elle regagne le village en se disant : — Comment donc ferai-je pour remplir les intentions de ce monsieur?

Le lendemain est un dimanche. Point de travail au village. On soigne davantage sa toilette, on met son joli déshabillé, et le soir on se rassemble sur une belle pelouse ombragée de chênes et de noyers. Là, un mauvais violon et un gros tambourin font sauter les jeunes filles et les jeunes garçons, qui trouvent l'orchestre délicieux, parce qu'il leur donne le signal du plaisir. Là, Denise est l'objet des préférences des villageois, et fait naître quelques mouvements de jalousie dans le cœur de ses compagnes. Les passions se glissent partout : on est envieux et médisant au village comme à la ville, seulement on y sait moins déguiser ses sentiments.

Denise est la plus jolie fille du village et des environs; c'est ce que disent tous les hommes de l'endroit; mais c'est ce dont ne conviennent pas toutes les femmes. Denise n'est point coquette, mais elle est femme; et quelle est celle qui n'éprouve pas un secret plaisir à être certaine de plaire, de l'emporter sur ses compagnes? Cependant Denise ne fait pas la coquette avec les garçons; elle n'adresse pas à l'un un sourire, à l'autre un regard, à celui-ci un mot d'espérance; mais elle rit, elle plaisante, et elle est aimable avec tous; car elle aime beaucoup la danse, et elle est bien aise que chacun vienne l'inviter à danser.

Ce dimanche-là, pourtant, Denise, qui est allée, comme de coutume, sur la pelouse avec sa tante, ne semble pas s'amuser autant que les autres fois : elle rit moins avec les garçons, et n'a pas l'air de prendre plaisir à la danse. Enfin, ce qui ne s'était jamais vu encore, Denise, après quatre contredanses, se sent lasse et demande à se reposer quelque temps.

— Est-ce que tu es malade, petite? demande la mère Fourcy à sa nièce en la voyant venir s'asseoir près d'elle?
— Non, ma tante, je ne suis pas malade..... mais je suis fatiguée.
— Fatiguée!... toi! la plus intrépide danseuse du pays!...
— Dam'! ma tante, je crois qu'on se lasse de tout... Je ne me sens pas en train aujourd'hui.
— Alors, c'est différent.
— Allons donc, mamzelle Denise, v'nez donc danser... disent plusieurs gros garçons en allant à la petite laitière. Puis l'un lui tire le bras de manière à le lui démettre, l'autre lui frappe de toute sa force dans la main; un troisième, en la saluant, lui marche sur les pieds; c'est avec ces petites gentillesses qu'au village on fait la cour à une jeune fille, qui parfois y répond par une tape appliquée sur la joue du galant, ce qui annonce que celui-ci est dans les bonnes grâces de la demoiselle.

Mais Denise ne distribue aucune tape aux garçons qui l'entourent, elle se contente de les renvoyer en leur disant :
— Laissez-moi donc tranquille, puisque j'vous dis que je ne veux pas danser...
— Oh! que si! oh! que si!... elle dansera... vous danserez.... c'est pour rire qu'elle dit ça...

Mais Denise tient bon; et quand les beaux danseurs sont éloignés, elle dit à sa tante :
— Mon Dieu! qu'ils ont l'air bête!...
— Qui ça, ma petite?
— Eh ben! Gros-Jean, Lucas, Bastien...
— Ce sont les plus malins du village!... à quoi penses-tu donc, pour dire ça?... Gros-Jean, qui fait si farce en dansant, et qui embrouille toujours exprès les figures! Lucas, qui a eu trois années de suite le prix de l'oie! Bastien, qui a été deux fois à Paris, où qu'il a appris à faire le bâtoniste! Tu veux que ces garçons-là soient bêtes!...
— Dame! ma tante... c'est qu'il me semble qu'ils ne me disaient que des choses qui ne m'amusaient pas...
— Autrefois tu riais si bien avec eux!... J'te dis que t'es malade, ma petite; en rentrant, j'vais te faire avaler, avant de te coucher, une bonne assiettée de pois au lard... ça te fera du bien.

Denise ne se sent pas malade; elle ne sait pas elle-même pourquoi elle ne s'amuse pas. Enfin l'heure de se retirer est venue, et la petite éprouve un secret plaisir en regagnant la maisonnette et en quittant ses compagnes, qui la regardent en ricanant, et se disent entre elles : — Denise a queuque chose, c'est sûr!... En tout cas, si elle est toujours comme aujourd'hui, les garçons cesseront ben vite de la trouver aimable et de lui faire la cour.

Malgré ou peut-être grâce à l'assiettée de pois au lard, Denise dort peu; elle pense, non pas précisément au beau monsieur qui l'a cajolée, embrassée et relevée, mais à celui qui veut prendre soin du pauvre Coco; à cet argent dont elle est dépositaire, et aux moyens de rendre l'enfant plus heureux.

Au point du jour, la petite est levée; après avoir terminé ses travaux du matin, elle s'échappe et court jusqu'à la chaumière. Elle aperçoit l'enfant qui joue devant la porte. Denise est enchantée de lui parler sans témoin.
— Où est Medeleine? lui dit-elle.
— Elle dort, ma petite Denise! répond l'enfant en passant ses bras autour du cou de la jeune fille.
— Et ton père?
— Papa Calleux... il n'est pas revenu hier... Grand'maman dit qu'il a couché au cabaret.
— Coco, aimes-tu bien ce monsieur qui est venu ici, qui a donné de l'argent pour toi, et qui a empêché que tu sois battu pour avoir cassé la marmite?
— Oh! oui, je l'aime bien!... Il a un beau gilet et un beau ruban qui pend là... Il reviendra jouer avec moi, n'est-ce pas?
— Oui, il a dit qu'il reviendrait... Sais-tu son nom?
— C'est mon bon ami.
— Mais son nom... te l'a-t-il dit?
— Non... mais il sait bien que je m'appelle Coco, et papa Calleux.
— Il faut bien l'aimer, ce monsieur-là, car il veut te faire beaucoup de bien!... Serais-tu content d'apprendre à lire, à écrire?
— Oh! oui, pour lire de belles histoires dans les livres où il y a des images... comme tu en as... Mais papa ne veut pas que j'aille à l'école...
— Je lui parlerai, et je tâcherai qu'il consente...

Dans ce moment, la voix aigre de la vieille Madeleine se fait entendre; elle appelle l'enfant. Celui-ci embrasse Denise et rentre dans la chaumière, et la jeune fille regagne lestement le village.

Le père Calleux, après avoir passé trois jours au cabaret, reprend la bêche et l'arrosoir; mais il ne veut pas consentir à ce que Coco aille à l'école, quoique Denise lui dise que cela ne lui coûtera rien, et la vieille Madeleine ne permet pas à l'enfant d'aller plus loin que le champ où travaille son père. Denise se rend tous les matins à la chaumière; elle porte toujours en secret quelque chose à l'enfant, mais elle n'a pas encore touché à l'argent de Dalville.

— C'monsieur ne revient pas, se dit Denise; v'là déjà huit jours de passés... Bah! il ne pense plus à..,. Coco; raison de plus pour ménager c't'argent... Un jour, ce pauvre petit sera heureux de trouver ça... Ce monsieur avait pourtant l'air d'avoir bonne envie de revenir... Il aura sans doute été chez madame Destival... et il n'a pas passé par not' village!... Comme ces jeunes gens de Paris sont menteurs!... Celui-là pourtant d'bonnes qualités... Pourquoi donc que M. Bertrand me regardait en disant : Prenez garde à vous!

Les jours de danse reviennent, et la gaieté de Denise ne revient pas, quoiqu'elle fasse tous ses efforts pour paraître comme autrefois, que souvent elle danse sans en avoir envie, et qu'elle veuille rire encore avec les garçons; mais maintenant son plus grand plaisir est de descendre seule sous un gros chêne de son jardin, ou d'aller embrasser Coco, auquel elle parle toujours du beau monsieur qui veut lui faire du bien.

Un mois s'était écoulé depuis que Denise avait rencontré Auguste, lorsqu'un matin, comme elle se disposait à se rendre à la chaumière, un paysan lui apprit que la vieille Madeleine était morte dans la nuit. La petite laitière se hâta de courir après l'enfant. On n'avait pas encore enlevé les dépouilles mortelles de la vieille mère, et comme Calleux était pauvre et n'était pas aimé dans le pays, l'enfant veillait seul près de la défunte, tandis que son père faisait les démarches nécessaires pour l'inhumation.

Denise s'arrête devant la masure isolée, dont l'aspect lui semble encore plus misérable, parce que la mort jette un voile sombre partout où elle passe. La petite s'étonne de n'apercevoir personne près de la chaumière, elle s'avance... Quelques éclats de rire frappent son oreille... Denise pense qu'on l'a trompée en lui racontant la mort de la grand'maman; elle passe sa tête sous le seuil de la porte : son regard découvre le lit mortuaire, près duquel une lampe jette une faible clarté, et, un peu plus loin, elle aperçoit l'enfant qui se roule sur la paille avec sa chèvre, et accueille par des ris les bonds et les caresses de Jacqueleine.

Ce tableau fait éprouver à Denise une sensation singulière. Elle pénètre dans la chaumière et s'avance vers le petit en lui disant :
— Quoi, mon ami, tu joues près de ta grand'mère, qui est morte?...
— Est-ce que cela la mettra en colère? répond l'enfant en portant son regard naïf sur Denise.
— Non, car elle ne peut plus t'entendre; mais tu dois être chagrin de sa mort...
— On m'a dit qu'elle ne me fouetterait plus...
— Est-ce que tu n'as pas pleuré quand elle est morte?

— Non, Denise.
— Tu ne l'aimais donc pas ?
— Oh! j'en avais bien peur!
— Mon ami, ce n'est pas beau d'être insensible...
— Ah, Denise, si ma chèvre mourait, je pleurerais bien : elle est si bonne, Jacqueleine! elle m'aime tant!

Denise ne trouve plus rien à répondre à l'enfant; elle se contente de l'envoyer dehors avec sa chèvre. Au retour du père Calleux, elle obtient la permission d'emmener Coco avec elle pour quelques jours, et Coco emmène au village sa chèvre chérie, dont il ne veut pas se séparer.

Le plaisir de Denise est de garder l'enfant près d'elle; la mère Fourcy a bon cœur, et Denise lui a fait entendre qu'en grandissant Coco leur sera utile, et que l'argent du monsieur de Paris est plus que suffisant pour l'élever. Le père Calleux, qui sent que son fils n'est pas en état de lui faire sa soupe, consent jusqu'à nouvel ordre à le laisser chez Denise, et la jeune fille est au comble de la joie.

Voilà donc Coco établi chez la petite laitière et jouissant d'une douce existence. Denise, qui sait lire, ce qui maintenant n'est pas rare au village, veut faire l'éducation de son petit protégé, et ne manque jamais chaque jour de lui parler du beau monsieur qui lui a si bien payé sa marmite.

Mais un mois s'écoule encore, et le monsieur de Paris n'est pas revenu. Denise, qui aime toujours à rêver sous le gros chêne, se dit souvent : — J'avais bien raison de croire qu'il ne pensait pas un mot de toutes ces belles choses qu'il me disait... Mais... puisqu'il ne devait pas revenir, ce n'était pas la peine que c' monsieur Bertrand me dise : Prenez garde à vous!

Chapitre VIII. — Matinée chez un jeune homme.

— Monsieur Bertrand, Auguste est-il chez lui? dit une jeune femme de vingt-quatre ans, svelte, bien faite, ayant de beaux yeux bruns et des cheveux très-noirs, le teint pâle, mais les dents blanches et bien rangées, l'air un peu fatigué, mais qu'un sourire malin sait ranimer et rendre fort agréable. Cette demoiselle est une certaine Virginie Dutronc dont on a parlé en cabriolet ens e rendant à la campagne de M. Destival; elle vient de sonner à l'appartement d'Auguste, et il n'est encore que huit heures du matin.

M. Dalville est sorti, répond Bertrand en faisant un salut assez léger à mademoiselle Virginie, ce qui n'empêche pas celle-ci d'entrer en disant :

— Ça n'est pas possible, Bertrand; vous me dites ça... parce qu'il y a du monde sans doute... et que vous avez la consigne... Nous connaissons cela; mais je veux le voir; j'ai à lui parler de choses très-importantes... Vrai, mon petit Bertrand, ce n'est pas pour rire.
— Je vous assure, mademoiselle, que M. Dalville est sorti... ou, pour mieux dire, qu'il n'est pas rentré. Il est allé hier à un grand bal... et il paraît que ça dure longtemps...
— Ah! Dieu! quelle conduite lui... Mais c'est affreux!... ce jeune homme-là se perd... Bertrand, vous ne veillez pas assez sur lui ; ça n'est pas bien. Vous devriez lui faire des sermons, de la morale...
— D'abord, mademoiselle, M. Dalville est le maître; ensuite, quand je veux lui parler raison, il ne m'écoute pas, ou m'envoie promener.
— C'est très-mal!... Ah! si j'étais seulement sa mère ou sa sœur... vous verriez comme je le rendrais sage!... Je vais l'attendre, Bertrand, car il faudra bien qu'il rentre. Encore au bal à huit heures du matin!... Ah! nous ne donnons pas là dedans.

Mademoiselle Virginie, qui connaît les êtres de l'appartement, ouvre une porte qui conduit dans un petit salon, où elle s'installe, mettant son chapeau sur une chaise, son châle sur une autre, et se jetant elle-même sur un canapé. Bertrand la suit tranquillement, et comme habitué à la voir agir ainsi, il continue de manger le pain et le fromage qu'il tenait lorsqu'on a sonné.

— Décidément, je n'aime plus du tout M. Auguste, dit Virginie au bout d'un moment; il faudrait que je fusse bien folle pour aimer un homme qui a trente-six maîtresses... n'est-ce pas, Bertrand?
— Ah! mademoiselle, je ne puis pas assurer...
— Oui, oui, il en a trente-six!... je ne dis pas à la fois; il faudrait être un Hercule du Nord... et encore, s'il pouvait! Ce n'est pas l'embarras, les hommes ne valent pas mieux les uns que les autres!... Je les connais bien!... J'ai raison, n'est-ce pas, Bertrand?
— Oh! quant à ça, nous avons eu des hommes qui... le grand Turenne, par exemple?
— Ah! est-il bête avec son grand Turenne!... Est-ce qu'il me prend pour une guérite?... Moi, Bertrand, je ne connais pas l'histoire ancienne; je n'aime que ce qui est de mon temps, et je vous dis qu'Auguste est un libertin... D'abord, il m'a fait un tour indigne il y a trois semaines. Comment! il me donne rendez-vous, nous devons passer la journée ensemble et aller le soir à Feydeau, et monsieur me fait croquer le marmot et part pour la campagne... pour aller chez son M. Destival, homme d'affaires!... Il est encore malin celui-là!... Il devrait bien s'occuper d'abord de ce qui se passe chez lui, n'est-ce pas, Bertrand?

— Chez lui, mademoiselle? est-ce que...?
— Oui, vous m'entendez bien ! à moins que cela ne lui plaise cependant! Dame, il y a des maris que ça arrange!... Et vous avez couché à cette campagne?
— Oui, mademoiselle.
— Ah! Dieu! c'est champêtre! Y êtes-vous restés plusieurs jours?... Voyons, Bertrand, parlez donc, vous avez le temps de manger; vous savez bien que je n'ai pas mis les pieds ici depuis un siècle, et, de son côté, M. Auguste n'a pas eu seulement l'honnêteté de venir s'informer de ma santé... J'ai pourtant été très-malade!... j'ai manqué mourir... Je suis bien changée, n'est-ce pas, Bertrand?
— Mais non, mademoiselle, je ne vois que...
— Oh! si, j'ai encore le fond des yeux jaune... Il est vrai que cette robe-là ne me va pas bien... Elle monte trop, ça m'engonce... Eh bien, Bertrand, qu'avez-vous donc fait à cette campagne?
— Mademoiselle, j'ai appris à M. Destival à faire l'exercice.
— Tiens, est-ce qu'il va s'engager dans les voltigeurs? Et sa femme faisait-elle aussi l'exercice?... Elle devrait apprendre à battre la caisse pour marcher devant son mari quand il ira tirer à l'arquebuse.
— Je ne sais pas, mademoiselle.
— Sans doute, vous étiez chargé d'occuper le mari, et M. Auguste folâtrait avec madame dans des bosquets touffus!... Je vois d'ici ce monsieur qui tire les moineaux pendant que sa moitié cherche des fraises!... Ah! ah! ah!...

Mademoiselle Virginie rit de si bon cœur, qu'elle est quelques minutes sans pouvoir reprendre la parole. Pendant ce temps, Bertrand se promène de long en large dans le salon en continuant de déjeuner.

— Ah Dieu! ça fait mal de rire comme ça. Dites-moi donc quand vous êtes revenus, Bertrand?
— Le lendemain, mademoiselle.
— Et Auguste n'y a pas retourné depuis?
— Non, mademoiselle; il en a eu souvent l'envie... mais il n'a jamais le temps.
— Oh! c'est juste; on a tant à faire! et depuis quatorze jours on n'est pas venu une fois chez moi; on me laisse malade!... mourante presque!... et je ne suis pas encore bien... Oh! non!... je souffre toujours beaucoup... Qu'est-ce que vous mangez donc là, Bertrand?
— C'est tout bonnement du fromage de Roquefort, mademoiselle.
— C'est drôle, de voir manger ça me donne envie de manger aussi; moi, d'abord, il faut toujours que je fasse ce que je vois faire aux autres. Mon petit Bertrand, vous allez me donner à déjeuner... parce qu'au fait, quand je me désespérerais jusqu'à demain, c'est des bêtises, et je n'en aurai pas le mollet plus gros, n'est-ce pas, Bertrand?...
— Mademoiselle, si vous...
— Il est bon enfant, ce Bertrand ; je l'aime tout plein, moi; oui, je lui porte beaucoup d'amitié, quoiqu'il soit un peu traître, comme son maître.
— Ah! mademoiselle, quant à ça, du côté de la franchise, je me flatte...
— C'est bien, Bertrand; c'est pour plaisanter que je disais cela; mais je ne vais pas déjeuner avec la franchise. Qu'est-ce que vous allez me donner?
— Si mademoiselle veut du café, je vais dire en bas qu'on en monte.
— Du café!... ah! ça me creuse l'estomac, ça ne me vaut rien... Est-ce que vous n'avez rien ici?
— Nous avons un restant de pâté, une cuisse de volaille, du saucisson de Lyon...
— Ah! j'aime mieux ça que du café; apportez tout ça, mon petit Bertrand, c'est seulement pour passer le temps, en attendant qu'Auguste revienne.

Bertrand approche du canapé une petite table à thé, sur laquelle il s'empresse de placer à déjeuner pour mademoiselle Virginie, qui l'aide en courant elle-même au buffet prendre tout ce qu'il lui faut, tout en disant :

— Je suis fâchée de votre peine, Bertrand.
— Vous plaisantez, mademoiselle.
— Où est donc le petit Tony?...
— Il est avec monsieur... il faut bien quelqu'un pour le cabriolet.
— Ce garçon-là est un petit sournois, il ne veut jamais rien me dire, au lieu de vous, Bertrand, au moins vous parlez; je sais bien que vous ne me dites pas tout... Au fait, vous avez raison; il y a des choses que je ne dois point savoir... ça me ferait trop de mal... En attendant, je vais déjeuner.

Mademoiselle Virginie se place devant le déjeuner, et, tout en répétant de temps à autre qu'elle est encore malade, elle fait disparaître la cuisse de volaille, et attaque très-vigoureusement le pâté et le saucisson, qu'elle arrose de vin de Bordeaux, dans lequel elle ne juge pas nécessaire de mettre de l'eau.

Tout en mangeant, cependant, Virginie porte les yeux sur une pendule qui est en face d'elle, et s'écrie :

— Le mauvais sujet!... voyez s'il reviendra!... Vous conviendrez, Bertrand, qu'on ne reste pas au bal jusqu'à neuf heures du matin; je sais bien, moi, que les bals bourgeois finissent toujours à cinq heures;

ma tante en donnait autrefois... Ma pauvre tante!... il faut pourtant que je me raccommode avec elle!... Tiens, il n'est pas mauvais le pâté... Voyez-vous, Bertrand, ma tante c'est une femme dans votre genre...

— Ah! j'entends!... grande femme de cinq pieds six pouces comme moi?

— Eh non!... qu'il est godiche avec ses six pouces!... Eh bien! ça ne laisserait pas d'être gentil si ma tante en avait six pouces!... Je veux dire dans votre genre, que c'est une brave femme! une femme respectable!... Oh! m'en a-t-elle fait des sermons, celle-là!... Elle me disait des choses si touchantes, que je pleurais comme une Madeleine en l'écoutant; mais une fois dehors, prrr!... je n'y pensais plus du tout... Avec ce diable de saucisson, on mangerait un pain de deux livres!... Ce vilain Auguste!... Oh! il me payera ça... D'abord, je ne m'en vais pas qu'il ne soit rentré, quand je devrais rester ici jusqu'à demain. Ça m'est égal, moi, je suis ma maîtresse.

Dans ce moment, on entend sonner tout doucement.

— Oh! le voilà! s'écrie Virginie. Bertrand, ne lui dites pas que je suis ici, entendez-vous? je veux lui faire une surprise... Fermez la porte du salon.

— Oui, mademoiselle... Mais je n'ai pas dans l'idée que ce soit monsieur; je n'ai pas reconnu sa manière de sonner.

Bertrand, après avoir fermé la porte du salon, va ouvrir celle du carré, et, au lieu d'Auguste, voit entrer la jolie voisine du troisième, chez laquelle il avait été reporter le petit carlin.

La voisine est une blonde aux yeux bleus, au teint rosé; sa voix est douce et mielleuse, ses manières et sa tournure sentent l'apprêt; mais elle est jolie, et ses grâces naturelles font pardonner celles qu'elle veut se donner.

— Monsieur Bertrand... est-ce que mon petit Zozor n'est pas chez vous? dit à demi-voix la jeune blonde en jetant un regard furtif dans l'appartement.

— Je n'ai pas eu l'honneur de le voir, madame, répond Bertrand en tenant toujours la porte entr'ouverte; ce qui n'empêche pas la voisine de faire un pas de plus en avant.

— C'est singulier... il est sorti ce matin... Ma bonne est au marché, et j'espérais le trouver ici...

— Si le déserteur se présente, madame, j'aurai l'avantage de le reporter sur-le-champ chez vous...

— Ce pauvre Zozor!... J'en suis vraiment inquiète.

La voisine, qui fait toujours un pas en avant, se trouve alors au milieu de l'antichambre, et Bertrand tient toujours la porte du carré ouverte, dans l'espérance que cela engagera la voisine à s'en aller.

— M. Dalville est sorti hier au soir... en grande toilette... n'est-ce pas, monsieur Bertrand?

— Oui, madame.

— J'étais par hasard à ma fenêtre, et je l'ai aperçu... J'aurais voulu lui dire un mot... lui demander pour aujourd'hui un livre qu'il m'avait promis... Mais il est parti si vite!... S'il n'était pas si bon matin, je l'aurais prié d'avoir la complaisance de me le donner... Mais ça le dérangerait peut-être?...

La voisine semble attendre une réponse, mais Bertrand garde le silence, et se contente de faire aller et venir la porte du carré.

— Est-ce que M. Dalville est encore couché? dit enfin la jolie blonde en jetant sur l'ancien caporal un regard aussi doux que sa voix est mielleuse. Celui-ci va répondre, quand la porte du petit salon s'ouvre brusquement, et laisse voir Virginie, qui s'avance d'un air délibéré en disant : — Eh ben!... est-ce pour aujourd'hui, Bertrand? Est-ce que nous jouons à cache-cache?

En voyant paraître Virginie, Bertrand ferme la porte du carré, et va s'asseoir en murmurant entre ses dents : — Arrangez-vous; ça ne me regarde pas.

A l'aspect de mademoiselle Virginie, la voisine devient un peu plus rose qu'elle ne l'était, et ses yeux perdent de leur douceur habituelle. De son côté, Virginie envisage la voisine du haut en bas en fronçant les sourcils bruns et laissant errer sur ses lèvres un sourire dédaigneux. Bertrand seul semble impassible; et pendant que ces dames se toisent de la tête aux pieds, il avale tranquillement un verre de vin pour faire passer son roquefort.

— Vous ne m'aviez pas dit, monsieur Bertrand, que M. Dalville avait de monde chez lui, dit enfin la voisine d'une voix qu'elle tâche de rendre aussi douce qu'à l'ordinaire, mais dans laquelle perce quelque chose qui ressemble à de la colère. Si je l'avais su... certainement je n'aurais pas voulu le déranger.

— Bertrand, est-ce que madame demande Auguste? dit Virginie d'un ton leste et en souriant d'un air malin.

La manière familière dont la jolie brune vient de parler de son voisin semble suffoquer madame Saint-Edmond, qui fait ce qu'elle peut pour cacher son émotion en disant :

— Oui, madame, je demande M. Dalville.

— Si c'est quelque chose qu'on puisse dire à Auguste, je m'en chargerai, madame.

— Vous êtes trop bonne, madame, mais c'est à M. Dalville lui-même que je désire parler.

— Ah!... j'entends... Sans doute Auguste connaît déjà madame?

— Oui, madame... j'ai l'avantage de connaître M. Dalville.

— Comme Auguste me conte toutes ses affaires, j'aurais pu répondre à madame, si elle avait voulu m'expliquer le motif de sa visite...

— Madame est donc chargée maintenant de recevoir les personnes qui viennent chez M. Dalville?

— C'est possible, madame.

— Monsieur Bertrand, vous auriez bien dû me dire... m'éviter de... Mais je veux absolument parler à M. Dalville.... Faites-lui savoir que je n'ai qu'un mot à lui dire... Ensuite je le laisserai libre avec madame.

— Si j'avais pu répondre plus tôt, madame, dit Bertrand, je vous aurais déjà appris que mon lieutenant n'est pas encore revenu du bal; voilà pourquoi madame l'attend dans le petit salon.

— Eh bien! je vais l'attendre aussi... dit la voisine, dont le ton n'est plus du tout mielleux; et en passant près de Bertrand elle lui dit tout bas : Je ne sais pas ce que c'est que cette femme-là, mais elle a bien mauvais ton!...

Virginie retourne un moment dans l'antichambre pour dire à Bertrand :

— Qu'est-ce que c'est que cette pie-grièche?... ne me mens pas, mon petit Bertrand, ou je te fais une scène!...

— C'est une dame qui demeure dans la maison.

— Ah! elle demeure dans la maison. C'est tout commode!... Elle a l'air d'une fameuse chipie!... Y a-t-il longtemps qu'Auguste la connaît?

— Mais non... six semaines à peu près.

— Et il l'aime?

— Comment voulez-vous que je sache cela?... Est-ce que je vais demander à mon lieutenant : Aimez-vous celle-ci? aimez-vous celle-là?

— C'est bon, tu es un scélérat. En tout cas, Auguste aurait bien mauvais goût!... Elle est laide cette femme-là... elle a les yeux bordés de rouge comme les lapins... et une vilaine bouche... N'est-ce pas, Bertrand?

— Mais je ne trouve pas...

— Est-ce que tu t'y connais? Je te dis qu'elle est affreuse! avec son air de princesse... Ah! si elle croit m'en imposer, elle se trompe bien. Cette pécore, qui veut parler à Auguste en particulier!... Pour la faire enrager, je vais me remettre à manger du pâté... dussé-je avoir une indigestion.

Virginie retourne dans le petit salon, reprend place sur le canapé et se remet à déjeuner. La voisine s'est assise sur une chaise à l'autre extrémité de la chambre, et, tout en ayant l'air de regarder dans la rue, elle voit du coin de l'œil tout ce que fait Virginie. Pour Bertrand, il est resté dans la première pièce, laissant ces dames s'arranger comme elles le voudront. Tout en mangeant, Virginie fredonne quelques refrains de vaudeville; madame Saint-Edmond ne souffle pas mot. Cette situation dure depuis assez longtemps; Virginie, que cela commence à impatienter, appelle Bertrand et lui dit : — Votre pâté n'est pas délicat; la dernière fois que j'ai déjeuné avec Auguste, nous en avons mangé un qui était bien meilleur.

Bertrand se contente d'emporter les faibles débris du pâté, en se disant :

— J'aurais juré qu'elle le trouvait bon!

— Bertrand, dit Virginie au bout d'un moment, voulez-vous, s'il vous plaît, me donner de l'eau et du sucre?.... Ça me fera du bien.

— Elle doit en avoir besoin, se dit la voisine en laissant échapper un sourire ironique.

— Ah! mon petit Bertrand, vous avez de la fleur d'orange, n'est-ce pas?... Cela calmera l'irritation de mes nerfs.

Virginie rit en disant cela, et semble se moquer de madame Saint-Edmond; celle-ci n'a pas l'air d'y faire attention.

— Ah! mon Dieu, je suis bien fâchée de vous avoir dérangé, Bertrand, reprend Virginie en se faisant de l'eau sucrée; j'aurais bien pu aller chercher cela moi-même, car je sais où tout se place ici!... J'y suis comme chez moi. Mais vous êtes si complaisant!...

— Je fais mon devoir, mademoiselle, dit Bertrand en saluant militairement.

— On sait, monsieur Bertrand, combien vous êtes attaché à Auguste, dit Virginie en prenant un ton sentimental. Aussi toutes les fois que je lui parle de vous, je me plais à lui faire votre éloge... Ce n'est que justice, certainement. Auguste, qui a beaucoup de confiance en moi, suivra, je l'espère, les avis que je lui ai donnés.... et vous verrez, monsieur Bertrand, que je ne suis pas capable de jamais....

Virginie s'embrouille toujours lorsqu'elle veut parler raison ou faire du sentiment. Bertrand se confond en salutations, en attendant la fin d'un discours qu'il n'a pas trop compris, mais heureusement pour Virginie que la sonnette se fait entendre.

— C'est Auguste! s'écrie-t-elle pendant que Bertrand va ouvrir. Il se fait alors un grand mouvement dans le salon. Virginie se lève, prête à courir vers la porte, et regardant la dame blonde avec l'air de la défier. La voisine s'est levée aussi; mais elle ne regarde pas

Virginie, et fait ce qu'elle peut pour prendre un air calme et indifférent.

Cependant l'espoir de ces dames est encore trompé. Ce n'est point Dalville qui a sonné, mais son petit jockey Toni, qui vient annoncer à Bertrand qu'à la suite du bal qui a eu lieu chez madame de la Thomassinière, la brillante Athalie a emmené une partie de la société déjeuner à sa campagne; Auguste est du nombre; la petite maîtresse n'a pas même voulu lui permettre de retourner un moment chez lui pour changer de toilette. Mais comme dans la soirée Auguste a vidé sa bourse au jeu, il envoie son petit jockey avec son cabriolet chercher des fonds, qu'il doit lui apporter à la terre de madame de la Thomassinière.

Comme Virginie a tenu la porte du salon entr'ouverte, ces dames entendent ce que le petit jockey dit à Bertrand.

— Vous voyez, mesdames, qu'il est assez inutile que vous attendiez encore, dit Bertrand en rentrant dans le salon; voilà monsieur à la campagne... Il envoie chercher quelque chose; ça n'annonce pas qu'il veuille revenir bientôt.

La mère Tourcy.

— Oui, il fait demander de l'argent, dit Virginie en soupirant. Ah! Dieu! comme ce jeune homme-là en dépense!... c'est effrayant!... S'il me donnait seulement le quart de ce qu'il...

Mademoiselle Virginie s'arrête; elle sent qu'elle a dit une bêtise; madame Saint-Edmond lui lance un regard dédaigneux, et s'éloigne en disant à Bertrand :

— Je vous prie seulement, monsieur, d'avoir la complaisance de me faire savoir quand M. Dalville sera ici.

— Je n'y manquerai pas, madame, dit le caporal en reconduisant la voisine, qui lui dit dans l'antichambre :

— Je ne sais pas quelle est cette fille que je viens de trouver établie chez M. Dalville, mais elle a le ton d'une poissarde, et l'air tellement effronté que je n'en voudrais pas pour ma cuisinière.

Quand la voisine est partie, Virginie se décide à remettre son chapeau et son châle en murmurant : — Allons, il faut bien m'en aller... puisque ce mauvais sujet ne rentre pas... Ça me contrarie, cependant... j'avais besoin de le voir... Je lui aurais demandé... Cet imbécile de propriétaire qui est toujours chez moi!... Ah! mais c'est qu'il m'ennuie! Il est furieux, parce qu'il voulait me faire la cour et que je ne l'ai pas écouté... Ah ben, par exemple... ce petit séducteur de cinquante-cinq ans!... Vous ne savez pas ce qu'il faisait, Bertrand, dans les grandes chaleurs? il venait me voir le matin en robe de chambre; mais un jour qu'il faisait du vent, je me suis aperçue que là-dessous ce monsieur était tout bonnement... en Écossais! Ah! j'ai dit, c'est par trop sans gêne!... Si c'est pour me séduire qu'il vient comme ça, un instant! Il ne voulait plus s'en aller; j'ai appelé le portier, et j'ai fait mettre le propriétaire à la porte de chez moi. Depuis ce temps-là il est comme un croquet... Allons, je reviendrai incessamment... Ah! je sais bien où je vais aller... Oui, ce

gros Anglais, qui voulait absolument m'établir, à condition que.... suffit. Je vais lui dire que j'ai trouvé un fonds de mercerie... Au fait, ça m'ennuie de vivre comme ça; je veux avoir une boutique... Je ne serais pas mal dans un comptoir, n'est-ce pas, Bertrand? C'est égal, la voisine est joliment vexée; elle est partie avant moi; d'abord il aurait fallu m'emporter pour me faire en aller la première, parce que quand j'ai quelque chose dans la tête, je ne l'ai pas... Adieu, mon petit Bertrand.

Mademoiselle Virginie enfile lestement la porte, et descend l'escalier en fredonnant.

— Ma foi, se dit Bertrand en la regardant partir, si mon lieutenant était revenu, je ne sais pas trop comment cela aurait tourné... C'est un démon que celle-ci, et l'autre, avec sa voix languissante, commençait aussi à faire des yeux comme des pistolets!... C'est égal, je m'en suis assez bien tiré; du moins, cette fois personne ne s'est trouvé mal, et c'est toujours là ce que je crains; mille carabines! J'aimerais mieux avoir dix recrues à former qu'une femme évanouie à faire revenir... Avec ça, il y en a qui y mettent de la mauvaise volonté.

— Monsieur Bertrand, quand vous voudrez, dit le petit Toni en suivant l'ancien caporal dans le salon.

— Ah! c'est juste, mon garçon; je n'y pensais plus!... Il te faut de l'argent!... toujours de l'argent... Allons, viens, suis-moi... allons au coffre-fort... Sacrebleu! ça me fait mal d'y prendre toujours sans jamais y remettre..... aussi nous sommes souvent à sec. Quand je dis cela à monsieur, il me répond : Va chez mon notaire... C'est juste; je sais bien que le notaire en donne... mais à force d'en donner !... Enfin, mon lieutenant est le maître, et je dois obéir. — Combien t'a-t-il demandé, Toni?

— Cinquante louis, monsieur Bertrand.

— Cinquante louis!... il les avait hier dans sa bourse quand il est parti pour ce bal !... Que diable font-ils donc dans toutes ces belles réunions pour manger tant d'argent en une soirée?... Il paraît que chez ces Thomassinet... Thomassinière... il n'est pas plus heureux qu'ailleurs !...

— Ah! monsieur Bertrand, c'était bien beau !...

— Ah! tu as vu cela, toi ?

— Oui, j'étais monté à l'office... On m'a donné des glaces, du punch, des brioches.

— Oh! je conçois que tu as trouvé ça gentil! Mais sais-tu qu'avec les douze cents francs que monsieur a perdus au jeu, nous aurions eu ici de fameuses brioches?... Tiens, mon garçon, voilà les jaunets... prends garde de les perdre.

— Oh! soyez tranquille, monsieur Bertrand.... le cabriolet m'attend en bas.

— Et ne fais pas aller Bébelle trop vite, entends-tu?...

Le petit jockey est déjà parti. Bertrand est encore devant le coffre-fort, qui est ouvert; il compte ce qui lui reste en caisse. L'ancien caporal fronce le sourcil; il semble effrayé de la rapidité avec laquelle Dalville dépense son bien. Enfin, après avoir secoué la tête, Bertrand referme le bureau en se disant : C'est à lui, il en est le maître.

Et pour éloigner de tristes idées, Bertrand descend à la cave, et en remonte une bouteille de vieux bourgogne, parce qu'étant chargé de l'inspection du vin, il veut s'assurer si le bourgogne ne file pas.

CHAPITRE IX. — Mademoiselle Tapotte et M. le marquis.

Nous avons entendu le petit Toni dire que son maître était au bal chez madame de la Thomassinière; d'où nous devons conclure que depuis la journée passée à la campagne de madame Destival, la connaissance est devenue plus intime entre Dalville et le riche spéculateur. Auguste, engagé par la sémillante Athalie, n'a point manqué de se rendre à son invitation, et M. de la Thomassinière, en voyant Dalville être de toutes les parties de plaisir sans jamais calculer la dépense, jouer gros jeu et perdre avec la meilleure grâce du monde, a trouvé, comme madame, que le jeune homme était fait pour aller à tout.

Madame Destival enrage en secret de voir Dalville au nombre des adorateurs de madame de la Thomassinière; mais cela ne l'empêche pas d'appeler toujours celle-ci ma bonne et ma chère amie, parce qu'on serait fâché de n'être plus invité aux fêtes brillantes que donne le capitaliste; et quoiqu'on n'y aille que pour chercher à critiquer, et que M. Destival ne puisse pas dîner de colère en voyant une table beaucoup mieux servie que la sienne, on est bien aise de se donner ce chagrin-là.

Dans ce tourbillon de plaisirs, et sans cesse auprès de femmes charmantes qui le choisissent pour leur cavalier, est-il étonnant que Dalville ait oublié la petite laitière de Montfermeil? Le souvenir de Denise n'est cependant pas entièrement effacé de sa mémoire, et plusieurs fois Auguste a formé le projet d'aller au village pour revoir l'enfant et la jeune fille; mais lorsqu'il se dispose à mettre son projet à exécution, une nouvelle invitation, une partie qu'il ne peut manquer, le retiennent à Paris, où le temps passe si vite pour les gens heureux.

C'est à sa campagne, située à Fleury, que la brillante Athalie emmène Auguste et trois autres cavaliers qui ont été à son bal. Madame a formé cette partie de campagne en faisant une chaîne anglaise, et a décidé qu'on irait manger des œufs frais sur l'herbe tout en achevant une queue du chat; Auguste et trois autres jeunes gens ont été invités, et ont accepté sur-le-champ. Madame de la Thomassinière, qui met autant de vivacité dans ses plaisirs que de variété dans sa toilette, a sur-le-champ donné ses ordres. Son mari seul ignore cette partie de campagne; et à huit heures du matin, quand on a enfin décidé ces messieurs à quitter l'écarté, madame les fait monter avec elle dans sa calèche, riant comme une petite folle d'enlever ainsi quatre cavaliers en costume de bal. M. de la Thomassinière est couché; mais le valet de chambre doit, à son réveil, lui apprendre où il trouvera madame, dans le cas où il aurait l'intention d'aller la rejoindre.

Mademoiselle Virginie se place devant le déjeuner, tout en répétant de temps à autre qu'elle est malade.

Quelques mots que madame Destival a saisis dans la nuit lui ont appris le projet charmant formé pour le matin; comme l'homme d'affaires et sa femme ne sont pas de cette partie, ils rentrent chez eux de très-mauvaise humeur.

— Sans cesse de nouveaux plaisirs! dit madame Destival en souriant avec amertume. Cette madame de la Thomassinière ne sait qu'inventer pour ruiner son mari....

— Encore, si elle le ruinait! dit Destival; mais non!... Cet homme-là a un bonheur!... tout lui réussit. Cependant, ce n'est pas par l'esprit qu'il brille, à coup sûr!... Eh bien! il vient encore de gagner soixante mille francs dans une affaire que j'avais en vue...

— Eh! monsieur, pourquoi ne l'avez-vous pas faite cette affaire?...

— Je n'avais pas assez de fonds pour acheter la créance, madame!

— On en emprunte, on en trouve. En vérité, monsieur, vous devriez être honteux de voir le luxe qu'étale ce Thomassinière, et de ne point l'éclipser!... Ces gens-là ont huit domestiques, et, moi, je n'ai qu'une malheureuse bonne et un méchant valet qui sert à tout!... Je veux une femme de chambre, monsieur, j'en veux une!...

— Madame, avant peu, j'espère...

— Ils ont calèche, landau, coupé!... nous n'avons qu'un cabriolet bien mesquin!... Mais monsieur apprend à faire l'exercice au lieu de songer à gagner de l'argent!...

— Madame, j'ai en train plusieurs affaires... Si je vends la maison à Monin...

— Mais finissez-en donc, monsieur; je vous déclare que je ne puis plus vivre comme cela: il me faut deux cachemires neufs, une femme de chambre, une calèche... et une campagne où je puisse donner des fêtes, non pas comme la bicoque de Livry, que je ne puis plus sentir.

— Soyez tranquille, madame,... Il me faut à moi un commis, un cuisinier et un nègre. Je vais hasarder de nouvelles affaires... et vous verrez que bientôt nous écraserons ce méchant parvenu qui fait des pataquès avec une assurance qui me suffoque.

La calèche, traînée par deux chevaux fringants, emmène Athalie et quatre jeunes cavaliers à la mode, au nombre desquels est Dalville. Chacun de ces messieurs fait sa cour à la petite-maîtresse, qui sait distribuer tour à tour un mot, un sourire, un regard, et s'enivre avec délices des hommages qu'on lui adresse. Pour une femme coquette, est-il un bonheur plus grand que d'être entourée d'hommes qui portent ses chaînes? Athalie est vive, enjouée; pour lui plaire, on sait qu'il faut être gai, et parmi ces messieurs c'est à qui se montrera le plus fou, à qui dira le plus d'extravagances. Parmi tous les bons mots que l'on dit, il s'en dit de bien mauvais; car plus on cherche à faire de l'esprit, moins on y parvient; mais, reconnaissant des efforts que l'on fait pour lui plaire, Athalie accueille tout par des éclats de rire, et ces messieurs s'empressent de faire chorus, bien embarrassés quelquefois s'il leur fallait dire le sujet de leur gaieté. C'est au milieu de cet assaut de folies que le char léger arrive à la maison de campagne.

La propriété que madame de la Thomassinière possède à Fleury est un séjour délicieux qui laisse, en effet, bien loin derrière lui la petite maison de campagne de Livry. Ici, tout respire le luxe, l'élégance: des cours spacieuses précèdent des salles de jeux, de danse, de festins; des péristyles d'un style sévère conduisent à des appartements délicieux; rien n'a été oublié de ce qui peut être agréable aux habitants de cet endroit charmant. Dans les jardins, qui sont immenses, vous trouvez des pavillons de lecture, de repos; des grottes fraîches, des bois couverts, des bosquets touffus, des labyrinthes où vous pouvez vous perdre, des réduits charmants où le murmure d'un ruisseau vous invite à rêver ou à toute autre chose; et c'est dans ce séjour enchanteur qu'une jolie femme de vingt ans règne en souveraine et ne s'occupe qu'à se créer de nouveaux plaisirs.

Le petit monsieur qui va voir si souvent la voisine en face.

Pendant que la maîtresse de la maison donne ses ordres pour un déjeuner champêtre, ces messieurs se répandent dans les jardins et vont en admirer les agréments. Auguste se dirige seul vers une haie qui ferme l'entrée d'un verger. Cet endroit est séparé de la partie des jardins où l'on se promène; pourquoi donc Auguste y porte-t-il ses pas? C'est qu'au-delà de la haie il a aperçu un jupon court et un petit bonnet, et qu'un charme irrésistible pousse le jeune homme vers tout ce qui annonce quelque chose de féminin.

Auguste entre donc dans le verger, et voit une jeune fille qui cueille des abricots. Elle n'a ni les traits fins ni la grâce de Denise. C'est tout simplement une grosse fille bien ronde, bien rouge et bien fraîche; mais il y a des gens qui préfèrent encore cela aux cascades, aux grottes et aux labyrinthes élevés à grands frais; Auguste était du nombre. Qui croirait qu'un simple jupon obtient la préférence sur les merveilles de l'art, qu'il peut troubler la paix d'un empire, bouleverser une république, écraser un peuple, étonner l'univers, donner des lois, et faire perdre la raison à la moitié du genre humain ? O Cléopâtre, Elisabeth, Dalila, Judith, Ninon, vos jupons ont produit tous ces miracles ! A la vérité, ce n'est pas positivement à vos jupons que vous devez en rendre grâce.

La grosse fille était montée sur une échelle appuyée sur l'arbre, et cherchait les fruits les plus mûrs. Auguste s'approche de l'échelle et regarde en l'air... Je présume qu'il regardait les abricots.

— Tiens ! quoi que vous faites donc là, monsieur ? dit la grosse fille, qui, en tournant la tête, vient d'apercevoir le jeune homme.

— Ma chère amie, j'admire !... je suis amateur des beautés de la nature. Je sais apprécier ce qui est bien sous la bure comme sous la soie.

La grosse fille, qui ne comprend pas ce langage, en conclut que le monsieur aime les abricots, et lui en présente un en lui disant : — T'nez, monsieur, en v'là un qui est ben mûr.

Auguste prend l'abricot et se rapproche de l'échelle en disant à la jardinière :

— Je crains que vous ne tombiez, et je vais la tenir.

— Oh ! merci, monsieur, ça n'est pas la peine !... ça me connaît, ça !... d'ailleurs, je me retiendrais aux branches.

Cependant Auguste reste au pied de l'échelle, et comme la grosse fille est sur le quatrième échelon, la main du jeune homme se trouve naturellement près de la jambe de la jardinière, et tout naturellement encore cette main caresse un bas de laine qui renferme un mollet dont un danseur de l'Opéra pourrait se contenter.

La jardinière continue de cueillir des fruits pendant qu'on lui caresse le mollet, et Auguste se dit :

— A la bonne heure !... voilà une paysanne qui sait vivre... qui a l'usage du monde !... Ce n'est pas positivement une bergère de Florian... Cette jambe me rappelle plutôt les Flamandes de Téniers ; mais au moins cela ne donne pas des coups d'ongle, et c'est fort heureux, car avec des mollets comme ceux-ci la cicatrice ne s'effacerait pas.

— Quand j'ai entendu venir queuqu'un derrière moi, dit la grosse fille, j'ons cru d'abord que c'était monsieur.

— Monsieur !... et quel monsieur ? dit Auguste.

— Eh, pardi !... monsieur le bourgeois... not' maître !

— Ah ! M. de la Thomassinière ?

— Eh oui !

— Est-ce qu'il vient quelquefois dans son verger ?

— Eh oui, qu'il y vient !...

— Est-ce qu'il aime les abricots ?

— Eh oui !... les abricots, et puis encore autre chose !...

— Est-ce qu'il vous prend aussi le mollet, mon enfant ?

— Tiens ! pardi, tout de même !... I' s' gênerait peut-être !...

La grosse fille rit, et Auguste se dit : — Il paraît que M. de la Thomassinière, qui ne parle que des duchesses, des comtesses et des baronnes qu'il courtise, daigne aussi s'humaniser avec sa jardinière. Combien de gens veulent se donner dans le monde de brillantes conquêtes, et n'ont triomphé que de leur cuisinière ! Au reste, il y a bien des baronnes qui n'ont pas les mollets si durs que ceux-ci.

Et tout en faisant ces réflexions, le jeune homme caressait toujours, et la grosse fille riait, et son panier étant rempli, elle commença à descendre un échelon, et M. Auguste ne descendait pas sa main, cette main dut se trouver au-dessus du mollet, où il y avait encore beaucoup à caresser, et la grosse fille se mit à rire encore plus fort.

— M. de la Thomassinière se permet-il aussi de vous prendre la taille ? dit Auguste en regardant la jardinière.

— Ah ben, tiens !... ah ben, pardié !... ah ben alors si vous me faites rire !...

Dans ce moment, Auguste aperçoit au-dessus de la haie le joli bonnet d'Athalie, qui approche du verger. Aussitôt, cessant de faire rire la grosse fille, il lui dit vivement :

— Ton nom ?...

— Tapotte...

— Tu loges ?

— Là-bas au bout... à côté du hangar où qui gnia du foin.

— Il suffit ; adieu... je te reverrai... Et courant aussitôt vers l'entrée du verger, le jeune homme en sort au moment où madame de la Thomassinière arrivait contre la haie.

— Où vous cachez-vous donc, monsieur ? dit Athalie en souriant à Auguste.

— Mais, madame... vous voyez, j'étais entré là... sans savoir que c'était le verger, et ma foi... je mangeais vos fruits.

— Avant déjeuner ! c'est très-mal. Je suis un peu égoïste ; je n'aime pas que l'on prenne aucun plaisir sans moi... Je pensais que vous aviez peut-être trouvé aussi à ma campagne quelque laitière, quelque paysanne dont le teint... bien rouge vous avait séduit...

— Ah ! madame...

— Je ne crois pas cependant que ces lieux renferment des beautés champêtres dignes de vos hommages... car je vous suppose encore quelque goût, et j'avoue que la petite laitière n'était pas mal.

— Oui... oui... elle est très-bien... et vous me faites songer...

— Allons, monsieur, donnez-moi le bras, et venez déjeuner : tout est prêt dans un carré de verdure ombragé de chèvrefeuille. Ces messieurs nous attendent, et il est inouï que je sois obligée de venir vous chercher.

— Si vous me laissiez quelquefois vous trouver, madame, vous n'auriez plus cette peine.

— Ah ! monsieur... rien de sentimental, je vous en prie ; rappelez-vous que l'on ne vient ici que pour faire des folies.

On arrive sous l'ombrage, où un couvert élégant est dressé ; une petite-maîtresse met de la coquetterie dans tout, et le déjeuner champêtre, quoique composé seulement de laitage, d'œufs, de beurre, de fruits et de vins excellents, semble encore meilleur offert par une jolie femme et servi dans une porcelaine retraçant de charmants paysages. L'élégance ne gâte jamais rien ; elle donne souvent du prix aux choses les plus simples, et tel vin serait trouvé médiocre dans un verre à bière, qui paraît agréable versé dans un cristal artistement taillé.

On est à table depuis un quart d'heure, on cause, on rit et on mange beaucoup, parce que la danse, le grand air et le plaisir donnent de l'appétit, lorsque la voix de M. de la Thomassinière se fait entendre dans une allée voisine.

— Voilà mon mari, dit Athalie ; j'étais sûre qu'il viendrait : il aime beaucoup cet endroit... Mais il amène quelqu'un avec lui.

— Pourvu que ce ne soit pas quelque ennuyeux personnage ! dit un des jeunes gens.

— Oh ! que m'importe ! Si c'est quelqu'un qui m'ennuie, je ne m'en occuperai pas, et vous ferez comme moi, messieurs.

M. de la Thomassinière paraît avec un monsieur d'un âge mûr, mais habillé à la dernière mode, et dont la démarche, les manières et jusqu'à la voix ont de l'affectation. Ce monsieur a une figure distinguée, mais son regard est un peu faux ; il sourit presque toujours, et porte souvent à ses yeux un lorgnon avec lequel il admire les fleurs, les arbres et les buissons.

— Les voilà ! dit M. de la Thomassinière en apercevant la société. Mon valet de chambre ne m'a pas trompé... et mon concierge m'a bien indiqué... Par ici ! monsieur le marquis... par ici !

— Comment ! mon mari m'amène un marquis ! dit Athalie ; allons, messieurs, il faut bien lui faire une petite place... Mais vraiment M. de la Thomassinière est aussi fou que moi ! Ne pas me prévenir !

— C'est délicieux !... c'est enchanteur !.. Tout cela est du goût le plus parfait ! dit le marquis en s'extasiant sur tout ce qu'il voit ; puis, apercevant la société, il fait un salut profond à la maîtresse de la maison, qui s'est levée pour le recevoir ; tandis que M. de la Thomassinière, qui se croit grandi de deux pieds depuis qu'il a amené chez lui un marquis, fait un léger salut de protection aux jeunes gens, et prend la main du nouveau venu en disant à sa femme :

— Madame, c'est M. le marquis de Cligneval qui a bien voulu daigner me permettre de vous l'amener. Il venait me voir ce matin à mon hôtel pour une affaire conséquente ; je lui ai dit : Nous pourrons en causer aussi bien à ma campagne... Ça lui a souri, et, ma foi, j'ai fait mettre au cabriolet mon cheval gris pommelé ; M. le marquis est monté avec moi... Je lui ai donné un coup de fouet !... et zeste !... nous sommes partis comme du vent !... N'est-ce pas, monsieur le marquis, que mon cheval gris pommelé va joliment ?

— Comme un ange, mon cher... Madame, veuillez bien excuser si je me présente chez vous dans une toilette du matin...

— Monsieur, à la campagne, on est toujours bien, et vous voyez des cavaliers que j'ai enlevés à la suite d'un bal sans leur permettre de changer de costume... Mais vous déjeunerez avec nous ?

— Avec plaisir, madame.

— Oui, oui, dit M. de la Thomassinière en secouant la main de M. de Cligneval ; oh ! le marquis déjeunera : il me l'a promis !... Je déjeunerai aussi, moi.

— Alors messieurs, prenez place, et contentez-vous de ce que je puis vous offrir.

Madame fait placer le marquis à côté d'elle ; M. de la Thomassinière voudrait aussi s'asseoir à côté du marquis, mais il faut qu'il se contente d'être en face. M. de Cligneval fait honneur au déjeuner : il trouve tout excellent, délicieux, exquis, quoique la Thomassinière se tue de lui dire : — Oh ! j'ai mieux que ça ordinairement !... Mais nous ne savions pas, madame n'était pas prévenue... J'espère une autre fois vous traiter beaucoup mieux... Ceci est un déjeuner sans prétention... Mais, quand je veux, je fais joliment les choses.

Tout en fêtant le déjeuner, M. de Cligneval trouve moyen d'adresser des compliments à la maîtresse de la maison. Le marquis a bon ton ; il pousse peut-être un peu trop loin la prétention de le faire voir, mais il est aimable : il a de l'esprit, et bientôt la gaieté redevient générale ; il n'y a pas jusqu'à M. de la Thomassinière, qui ne riait jamais croyant que c'était mauvais genre, et qui maintenant rit très-haut afin de faire comme M. le marquis.

En offrant les fruits, Athalie en rencontre plusieurs qui sont pas mûrs.

— Ces abricots ne valent rien, dit-elle à un valet.

— Nous devons avoir beaucoup mieux que ça, s'écrie la Thomassinière. Dites à la jardinière de m'en apporter sur-le-champ... ce qu'il y aura de plus beau.

Le valet s'éloigne, et bientôt mademoiselle Tapotte arrive avec un panier plein de superbes fruits, qu'elle présente à Athalie, les yeux baissés et sans oser regarder la société, tandis qu'au contraire les jeunes gens examinent la grosse fille en faisant à demi-voix leurs réflexions, et que M. de la Thomassinière lui lance des regards en dessous.

— A la bonne heure! dit Athalie en prenant le panier, ceux-ci sont beaux... Tenez, messieurs, ils viennent d'être cueillis; cela semble meilleur... Une autrefois, Tapotte, ne me donnez point de fruits verts.

— Oui, madame, dit la jardinière en faisant une révérence bien gauche; puis elle s'éloigne encore plus rouge que lorsqu'elle est venue.

— Comment avez-vous nommé cette grosse fille-là, madame? dit un des jeunes gens.

— Tapotte, monsieur.

— Ah! le nom est fort drôle!

— Il est plaisant, dit le marquis.

— Oui, il est... bien plaisant, répond la Thomassinière; et Auguste pense qu'il est mérité.

— Elle n'est pas mal cette grosse fille, dit un jeune homme.

— Ah! monsieur! s'écrie Athalie, que voyez-vous donc là-dedans de bien?... C'est lourd!... c'est gauche! c'est commun!

— Ah! mon Dieu! oui... répond la Thomassinière, c'est une grosse masse de chair qui remue, et voilà tout, dit le marquis.

— Oui, oui... répond la Thomassinière en rougissant un peu, ça remue, ça remue, et, comme dit M. le marquis, ça ne sait pas faire autre chose.

— Qu'avez-vous donc à rire, monsieur Dalville? dit Athalie à Auguste; est-ce de mademoiselle Tapotte? Vous ne nous en dites rien?

— Je gage que monsieur est de mon avis, dit le marquis, et qu'il ne voit rien là qui mérite d'être regardé!...

— Lui! dit Athalie, ah! vous ne le connaissez pas, monsieur; il voit des appas sous des bonnets ronds et sous des robes d'indienne.

— Je ne m'en cache pas, madame, et je ne pense pas qu'il faille avoir un cachemire pour être belle... Quant à votre jardinière, certainement elle n'a pas de jolis traits ni une jolie tournure; mais, malgré cela, sa fraîcheur... son air réjoui...

— Ah! fi! monsieur, fi!... taisez-vous, car vous seriez capable de pervertir ces messieurs. Mais c'est assez nous occuper de mademoiselle Tapotte; j'espère que M. le marquis me fera le plaisir de venir voir mon jardin, et s'il voulait nous donner cette journée...

— Madame, je me trouve trop bien chez vous pour avoir la force de vous refuser, et quoique attendu pour dîner chez un prince bavarois, je ne vous résiste pas.

— Messieurs, je compte aussi sur vous, dit Athalie en s'adressant à ses autres convives, il faut passer ici toute la journée... Point de refus... il le faut, ou je me brouille avec vous. J'ai des appartements à vous offrir pour cette nuit, et demain matin je vous ramène à Paris dans ma calèche.

— Oui, dit la Thomassinière, puisque le marquis reste, il faut que ces messieurs restent aussi... Nous serons plus de monde, ça sera plus amusant... J'ai des affaires à terminer; mais, ma foi, quand on a l'honneur d'avoir un marquis chez soi, on envoie le reste au diable.

Les jeunes gens veulent faire quelques objections relativement à leur toilette; mais la séduisante Athalie prononce encore : — Je le veux, en adressant à ces messieurs un de ces sourires auxquels il est si difficile de résister, et cela aplanit toutes les difficultés. Auguste n'en a fait aucune pour rester, n'étant pas fâché de coucher à Fleury, et souriant déjà à certaines idées qui lui passent par la tête.

On quitte la table. La Thomassinière paraît décidé à ne point s'éloigner un instant du marquis; mais celui-ci offre son bras à Athalie pour faire un tour dans les jardins, et la Thomassinière, ne pouvant donner aussi le bras au marquis, marche de l'autre côté, et se tient tout près de lui, adressant sans cesse la parole à son hôte, qui les trois quarts du temps ne lui répond pas, parce qu'il préfère causer avec madame. Auguste est allé s'asseoir sous une grotte de coquillages, n'osant pendant le jour retourner au verger. Les autres jeunes gens se sont emparés du billard.

Mais Athalie, qui a des dispositions à faire pour le séjour de ses hôtes, et qui veut que le dîner les dédommage de la frugalité du déjeuner, ne tarde pas à laisser M. de Cligneval avec son mari.

Aussitôt la Thomassinière prend le bras du marquis, et se dispose à le promener de nouveau en lui disant :

— Maintenant, nous allons parler d'affaires, monsieur le marquis, car c'est là mon fort, les affaires... les grandes affaires surtout!... les spéculations... les... Comment trouvez-vous mon labyrinthe?

— Charmant!

— Et ma pièce d'eau?

— Superbe!

— La cascade est de moi... j'en ai eu l'invention. Autrefois, l'eau retombait tout bonnement... C'était trop bourgeois! J'ai fait mettre des rochers en zigzag... c'est tout à fait joli.

— Oui, cela vous fait honneur!

— Vous êtes bien bon... Je vais vous mener dans mon bois, de là dans ma prairie, où j'ai fait mettre des moutons mérinos pure race... C'est encore de mon invention. De là, nous irons dans mon désert; vous verrez mes daims! oh! superbes, mes daims! comme des cerfs...

— Vous n'avez pas de cerfs?

— Non; j'en voulais un, madame de la Thomassinière a prétendu que c'était inutile, et que nous avions assez d'animaux policés. Je vous mènerai aussi à mon belvéder; oh! nous en avons pour trois ou quatre heures à voir des choses superbes.

Le marquis, qui commence à se lasser du tête-à-tête, déclare qu'il est fatigué, et comme on se trouve alors près de la grotte où Auguste se repose, ces messieurs viennent s'asseoir près de lui, la Thomassinière ayant dit qu'il était las dès que M. de Cligneval a parlé de se reposer.

— J'ai une terre dans le genre de celle-ci, dit le marquis en s'asseyant sur le banc de mousse, c'est dans la Bourgogne, pays très-fertile... J'en ai une autre dans le Berry... où mon grand-père possédait un fort joli château!...

— J'ai trois fermes dans le département de Seine-et-Oise, dit aussitôt la Thomassinière en caressant son menton; j'ai deux maisons à Paris... je suis sur le point d'en acheter une troisième...

— Mes aïeux étaient immensément riches! dit le marquis. Je ne sais pas trop ce qui me reste! je m'en inquiète peu!... Quand on a du crédit, qu'on est bien en cour!... Si je voulais des places!... il ne tiendrait qu'à moi!...

— Moi, j'ai un crédit immense!... mon papier est très-recherché à la Bourse... J'ai des affaires par-dessus la tête!... Je reçois chez moi la meilleure société... on y joue un jeu d'enfer!...

— Pardieu! cela me fait souvenir que j'ai perdu avant-hier trois mille francs à l'écarté, dit le marquis d'un air indifférent.

— J'en ai gagné quatre mille, il y a deux jours, chez un banquier de mes amis, répond aussitôt la Thomassinière.

— Oh! c'est une misère!... Quand on joue, c'est pour faire quelque chose! dit le marquis.

— Certainement, reprend la Thomassinière, et je ne sais pas si je n'ai point oublié les quatre mille francs sur la table!... je fais si peu attention à l'argent!...

— Mais il y a un mois, dit le marquis, oh! j'étais d'une partie sérieuse! il ne s'agissait de rien moins que de quatre-vingt mille francs.

— L'hiver dernier, j'ai joué une maison, reprend la Thomassinière; il est vrai qu'elle n'était pas encore bâtie, et malheureusement, le lendemain, l'entrepreneur a fait banqueroute pour la troisième fois.

Auguste écoutait en silence ses deux voisins, qui semblaient se renvoyer la balle, lorsque la Thomassinière, craignant de ne plus rien trouver pour lutter avec le marquis, changea la conversation en disant :

— Comment trouvez-vous ce point de vue?

— Assez joli, dit le marquis; mais pourquoi ne l'avoir pas embelli de fabriques jetées çà et là.

— Ah! je n'ai pas voulu de fabriques chez moi!... fi donc!... Les ouvriers font du bruit, chantent!... et je ne veux pas avoir affaire à tous ces gens-là.

Le marquis regarde Auguste en souriant, et on quitte la grotte pour se rendre au billard, où M. de la Thomassinière manque toutes les billes, s'écriant après chaque coup qu'il a joué de travers : — C'est que j'ai une mauvaise queue; je n'y vois pas clair aujourd'hui; c'est la faute du billard; j'ai mal à la tête; on m'a troublé; je ne suis pas sûr si j'étais en train : mais si j'étais en train, vous ne seriez pas de force.

Le petit Toni est arrivé depuis longtemps; il remet à son maître de nouveaux fonds. Lorsque le marquis voit que Dalville a cabriolet, il lui fait beaucoup d'amitiés, et dit qu'il y a de la sympathie entre les goûts d'Auguste et les siens, sympathie dont Auguste ne s'est point encore aperçu, ce qui ne l'empêche pas de répondre aux politesses de M. de Cligneval.

L'heure du dîner est venue; on se met à table : Athalie en fait les honneurs avec beaucoup de grâce. Pour ne point déroger à ses habitudes, la Thomassinière attend dans la salle à manger que lorsqu'on a desservi le potage; mais il est bien aise de dire devant le marquis qu'il avait dix lettres importantes à écrire.

Le dîner est encore plus agréable que le repas du matin, parce qu'on se connaît davantage et que des vins délicieux échauffent les têtes et excitent à la folie. Athalie sait par ses saillies entretenir la gaieté. Le marquis la trouve divine, ravissante, et se perd en compliments. La petite-maîtresse ne veut pas séduire un homme de cinquante ans, mais elle est bien aise de mériter les suffrages d'un marquis; et les jeunes gens ne sont point jaloux de M. de Cligneval; ce qui rend la bonne humeur générale. On laisse la Thomassinière parler de ses fermes, de ses biens, de ses spéculations; mais on applaudit quand il vante ses vins et son cuisinier.

Un a quitté la table, aussi gais que peuvent l'être des gens de bonne compagnie. Athalie est allée voir si sa harpe est d'accord. Les hommes vont un moment prendre l'air dans le jardin ; il n'est pas encore nuit, mais le jour commence à baisser.

Le marquis s'est éloigné, et Auguste se trouve seul avec la Thomassinière, qui prétend avoir aussi pour lui de la sympathie, lorsqu'en côtoyant une allée devenue sombre, et qui touche au verger, ces messieurs entendent le bruit d'un baiser fortement appliqué. Auguste s'arrête, curieux de savoir ce qui se passe par là ; la Thomassinière s'arrête aussi d'un air étonné.

— Avez-vous entendu ? dit-il à Auguste.
— Oui, répond celui-ci, j'ai fort bien entendu.
— Qu'est-ce que c'est ?
— Si vous n'avez pas reconnu ce que c'était, il est inutile que je vous le dise...
— Ah ! il m'a semblé... mais la nuit on peut se tromper !
— Ah ! vous croyez que la nuit on n'entend moins bien que le jour.
— Ah ! c'est que je ne pense pas qu'on puisse se permettre chez moi...

Le bruit d'un second baiser interrompt la Thomassinière. Ces messieurs s'approchent d'un bosquet voisin, et aperçoivent mademoiselle Tapotte, que M. le marquis retenait dans ses bras, et qui se défendait assez faiblement, suivant son habitude, tandis que le marquis, la figure enluminée, l'œil brillant et la voix épaisse, lui disait : — D'honneur, tu es un bouton de rose, et je veux un rendez-vous !

Mais le bruit du feuillage que l'on remue fait lâcher prise au marquis, Tapotte se sauve, et M. de Cligneval regarde la maison, tandis qu'Auguste dit en riant à la Thomassinière :

— Il paraît que votre vin de Champagne change bien les objets : cette masse de chair est devenue un bouton de rose...
— Ah ! c'est un langage de cour... Le marquis voulait rire, sans doute. Au reste, je serais désolé qu'il nous eût aperçus !... Vous sentez bien qu'un marquis !... Je ne dois rien avoir vu !... Monsieur Dalville, je vous recommande sur tout ceci le plus profond secret... c'est très-important.
— Soyez sans inquiétude !...
— Je vous demande votre parole.

Après avoir rassuré son hôte, Auguste regagne avec lui la maison. Athalie se met à sa harpe ; ces messieurs se placent devant une table de jeu, et, tout en écoutant les accords harmonieux que la jolie femme tire de l'instrument, font leur possible pour gagner leur adversaire. On apporte du thé, puis du punch. Le marquis gagne tout le monde ; mais il est si poli, il a des formes si aimables, qu'on est presque tenté de le remercier de ce qu'il veut bien prendre l'argent. Fatiguée du bal de la veille, Athalie ne tarde pas à se retirer, et bientôt chacun se dirige vers son appartement.

Le temps est superbe, une douce clarté semble inviter à jouir de la fraîcheur du soir. Auguste descend doucement de son appartement, et, vêtu d'une large robe de chambre qu'il a trouvée dans la pièce qu'il occupe, il se rend dans les jardins et se dirige vers le verger. Je ne sais si seulement pour y chercher la fraîcheur, mais arrivé au milieu des arbres à fruits, où il fait très-sombre, il se perd sous les pruniers et les cerisiers ; enfin, après avoir erré quelque temps, il se trouve devant la chaumière que la jardinière lui a montrée. Il s'approche ; des voix se font entendre ; Auguste reconnaît celle de la Thomassinière, le jeune homme pense qu'il est venu trop tard, cependant il écoute ce que son hôte dit à mademoiselle Tapotte.

— Ma chère amie, monsieur le marquis vous a embrassée.
— Moi, monsieur ! oh ! nenni ! personne ne m'a embrassée.
— Tapotte, songez que je suis votre maître et que j'ai le droit de tout savoir.
— Je n' sais pas c' que vous voulez savoir !...
— Monsieur le marquis vous a embrassée.
— Qu'est-ce que c'est qu'un marquis ?
— Un homme superbe ! petit, un peu gros, presque chauve, cinquante ans à peu près et un lorgnon au côté...
— Ah ! c'est un marquis, ça ? Je ne sais pas s'il avait un ognon au côté, mais il sentait joliment le vin, toujours !...
— Ne croyez pas que je veuille vous gronder, Tapotte ; bien au contraire !... Je veux seulement savoir si c'est avec vous qu'il disait, afin de m'y prendre comme un marquis, quand l'occasion s'en présentera.
— Ah ! mon Dieu ! i' s'y prenait comme les autres ! D'abord, il m'a pincée.
— Bon.
— Après, il m'a encore pincée...
— Bon.
— Ah ! oui, bon ! bon ! moi j'ai crié.
— Vous avez eu tort ! c'était un marquis !
— Tiens, puisqu'il me faisait mal ! ensuite... dame puisque ça vous amuse, il m'a embrassée.
— Bien...
— Il ne voulait pas me lâcher ; il voulait absolument que j' li donne un rendez-vous... mais j'ons pas voulu !...
— Vous avez eu tort !... Vous êtes une sotte, Tapotte !... Vous ne deviez pas refuser M. le marquis.
— Bah ! laissez donc ! il est vieux et vilain !

Cette conversation a fait naître une idée à notre étourdi, il s'enveloppe la tête de son mouchoir, et se met à tousser et à cracher en imitant l'organe un peu nasillard du marquis.

— Ah ! mon Dieu ! il y a quelqu'un là ! s'écrie la Thomassinière.
— Oui, queuque vieux qui tousse ! dit Tapotte.
— Eh ! mais !... c'est lui... c'est le marquis... Sotte que vous êtes, pourquoi ne pas avouer que vous lui avez indiqué votre demeure ?
— Moi, monsieur, je vous jurons que...
— Chut ! taisez-vous... il est là... il s'impatiente...
— Ah jarni ! il a un catarrhe, c't' homme-là...
— Ma foi, il n'y a pas à balancer... M. le marquis !... quel bonheur !... Je me sauve par cette fenêtre qui donne de l'autre côté.
— Mais, monsieur, quand j' vous dis que j' n'ons pas donné de rendez-vous...

La Thomassinière n'écoute plus Tapotte ; il a ouvert une fenêtre, il enjambe, il est dans le jardin... Au même instant Auguste ouvre la porte, pénètre chez la jardinière, et celle-ci, en s'apercevant que ce n'est pas le marquis, pousse un cri de surprise. Mais Auguste lui dit tout bas de se taire ; et mademoiselle Tapotte fait tout ce que veut le jeune homme, aimant beaucoup mieux avoir un tête-à-tête avec lui qu'avec M. le marquis.

La Thomassinière se promène sous les abricotiers, présumant que le marquis ne restera pas longtemps à causer avec Tapotte ; mais au bout d'une demi-heure, ne le voyant pas sortir de chez la jardinière, notre financier se décide à rentrer se coucher, en se disant : — Diable !... il paraît que le marquis en a pour aussi long à lui conter... Il faudra que je tâche de faire durer mes conversations aussi longtemps que M. le marquis.

Le lendemain on se rassemble pour partir ; Athalie est plus fraîche que la veille, le marquis est moins rouge ; Auguste paraît fatigué et la Thomassinière a un air marqué M. le marquis. Il n'y a que mademoiselle Tapotte qui soit tout comme à son ordinaire.

Mais la société monte en voiture et quitte la jolie campagne de Fleury. Faisons comme elle, et retournons à Paris.

CHAPITRE X. — Le Tourne-bride.

Pour se consoler de l'absence de son maître, Bertrand avait fait monter chez lui le portier de la maison. C'était un vieil Allemand nommé Schtrack, qui était venu en France pour faire des culottes, et, ayant trouvé une place de portier, passait son temps à boire, à fumer et à battre sa femme. M. Schtrack était du reste peu en état de soutenir une conversation, même avec une cuisinière, mais il buvait sec et écoutait avec un phlegme imperturbable le récit des campagnes de Bertrand, et les détails que l'ancien caporal se plaisait à répéter souvent pour la vingtième fois, ce qui n'empêchait pas Schtrack d'avoir l'air d'y prendre le même intérêt, l'œil fixé sur le narrateur, remuant la tête ou fronçant le sourcil lorsque l'affaire devenait chaude, et enfin lâchant une bouffée de tabac et un *sacretié !* quand Bertrand reprenait haleine.

Après s'être assuré que le bourgogne ne filait pas, on avait soumis le bordeaux et le madère à la même épreuve. Plus Bertrand parlait, plus il avait soif : or il devait être très-altéré, car il parlait depuis la veille, ces messieurs ayant passé la nuit à ce qu'ils appelaient déguster la cave ; et Schtrack n'ayant quitté Bertrand que deux fois pour aller donner une correction allemande à sa femme, qui se permettait de trouver mauvais que son époux ne redescendit point à sa loge.

Bertrand interrompait quelquefois le récit de ses campagnes pour parler d'Auguste, qu'il chérissait, et faire part à Schtrack de l'inquiétude que lui donnaient ses folles dépenses et son penchant pour les femmes, et Schtrack écoutait cela comme le récit de la bataille d'Austerlitz, et en lâchant de temps à autre un *sacretié !*

Bertrand, impatienté de n'entendre que cela depuis la veille, finit cependant par dire à Schtrack : — Mais, enfin, mon vieux, que pourrais-je faire pour empêcher M. Dalville de se ruiner ?

Schtrack, qui ne s'était jamais entendu interpeller par Bertrand, est cinq minutes à réfléchir, et répond enfin :

— Sacretié ! buvons !...
— Oui, buvons, c'est bien dit, reprend Bertrand en trinquant avec le portier ; mais cela ne répond pas à ma question. J'aime, je respecte M. Dalville, je me mettrais au feu pour lui ; mais, mille carabines ! ça me fend le cœur de le voir payer pour l'une, prêter à l'autre, jouer un jeu d'enfer, faire des dépenses folles, et enfin altérer sa santé... car quel homme résisterait à une vie semblable ? Et la plupart de ces jolis minois le trompent, je le gagerais !... Mais il ne veut pas m'écouter. Le cœur est bon... oh ! le cœur est excellent, mais la tête !...

— Sacretié ! dit Schtrack en vidant son verre.

— Par exemple, cette petite dame qui demeure dans la maison, malgré son mielleux, ses yeux baissés, et quoiqu'elle se soit évanouie trois fois en apprenant les perfidies de mon maître, je ne voudrais pas jurer... Il m'a semblé y voir monter quelquefois un petit monsieur qui escalade les escaliers comme s'il avait un peloton de gendarmes sur les talons. Sais-tu qui je veux dire, Schtrack ?

— Foui! foui!
— Eh bien! qu'est-ce que c'est que ce petit monsieur-là?
— Je ne zais pas.
— Comme portier, tu devrais le savoir.
— Il faut temander ça à mon femme.

Le bruit du cabriolet de Dalville met fin à la conversation de ces messieurs. Schtrack descend à sa loge, et Bertrand tâche de prendre un air posé pour recevoir son maître.

— Me voilà, mon cher Bertrand, dit Auguste en rentrant; j'ai passé hier une journée charmante... Oh! ne me gronde pas; j'ai été sage... autant que les circonstances me le permettaient. Est-il venu du monde pendant mon absence?

— Oui, monsieur. D'abord mademoiselle Virginie.

— Cette pauvre Virginie!... elle doit m'en vouloir... depuis plus de trois semaines que je l'oublie!...

— Elle dit qu'elle en mourra de chagrin!

— Oh! elle m'a déjà dit cela si souvent!

— Elle a déjeuné ici; elle a mangé de la volaille, du pâté...

— Fort bien, je vois que son chagrin n'est point encore dangereux.

— Pendant qu'elle déjeunait, la voisine, madame Saint-Edmond, est venue demander si je n'avais pas vu son carlin; elle voulait en même temps parler à monsieur pour une affaire soi-disant importante... Elle est entrée, et ces dames vous ont attendu longtemps.

— Comment! elles se sont trouvées ensemble?

— Oui, monsieur.

— Oh! ce devait être plaisant!

— Plaisant, si l'on veut! J'ai craint un moment que cela ne devînt sérieux.

— Oh! tu vois tout en noir.

— Je vous assure, monsieur, que ces dames ne se voyaient point en rose ni l'une ni l'autre; enfin, elles sont parties. Mademoiselle Virginie est allée trouver un Anglais qui doit lui acheter un fonds de mercerie.

— Bertrand, vous êtes une mauvaise langue...

— Je vous répète ce qu'elle a dit, monsieur.

— Je monterai ce soir chez Léonie... Ensuite?

— Ensuite, M. Destival est venu vous demander... il avait l'air très-affairé...

— Ah! oui!... depuis quelque temps il me parle souvent d'une affaire excellente dans laquelle mes fonds me rapporteraient dix pour cent...

— Je vous conseille de leur faire rapporter beaucoup, mon lieutenant; car nous les faisons aller rondement.

— Au fait, il faut que je mette un peu d'ordre dans mes affaires.

— Oui, ça ne serait pas mal...

— J'ai déjà été forcé de vendre une ferme...

— Pauvre ferme!... Quand j'y songe, ça me fait une peine!...

— Sois tranquille, Bertrand, je veux désormais réformer ma dépense; je verrai Destival, et s'il peut encore me trouver un emploi avantageux de mes fonds, cela me rendra bientôt ce que j'ai dissipé. Allons, mon vieux camarade, point de tristesse; elle ne mène à rien! Je suis jeune, riche... Tu conviendras que je n'ai pas encore sujet de me désespérer.

— C'est juste, mon lieutenant, c'est ce que je me suis dit en faisant avec Schtrack l'inspection de la cave... afin de m'assurer si tout y était en état.

— Tu as fort bien fait, Bertrand : inspecte, surveille, arrange tout à ta guise. Moi je vais changer de toilette; je monterai chez ma voisine, et demain je m'occuperai d'affaires sérieuses.

— Excellent jeune homme! dit Bertrand en suivant Auguste des yeux. Il me laisse maître ici!... mais ce n'est pas le tout de goûter ses vins!... ça ne suffit pas; je veux lui être utile malgré lui... et j'irai causer avec madame Schtrack au sujet du petit monsieur qui monte chez la voisine.

Madame Saint-Edmond reçoit Auguste d'un air piqué; elle est triste, elle a les yeux rouges, elle tient encore son mouchoir à sa main. Il est vrai qu'ayant appris le retour d'Auguste, elle s'attendait à sa visite. Dalville s'informe avec empressement du motif de sa tristesse : on ne veut pas le lui avouer; mais on laisse échapper quelques mots sur la femme que l'on a rencontrée chez lui; ces mots sont suivis de soupirs étouffés, de rires ironiques, et madame Saint-Edmond ajoute à chacune de ses réflexions : — Vous êtes bien le maître, monsieur, de recevoir qui bon vous semble.

Auguste, sensible à la peine que Léonie semble éprouver, parvient à calmer la jolie blonde, qui consent enfin à faire la paix avec son voisin, à condition qu'elle ne rencontrera plus chez lui cette femme qui lui a dit des impertinences, et dont la seule vue lui donnerait des attaques de nerfs. Auguste le promet : en amour, comme en politique, on promet toujours plus qu'on n'a l'intention de tenir.

Cependant Léonie est rêveuse, préoccupée.

— Vous avez quelque chagrin, lui dit Auguste.

— Non! oh non! je n'ai rien... je vous assure, répond la jolie blonde d'un ton qui voulait dire positivement le contraire.

— Et moi, je vois bien que vous me cachez quelque chose...

— Mais non... vous vous trompez... d'ailleurs cela ne vous regarde aucunement.

Comme nous voulons toujours savoir ce qui ne nous regarde pas, Auguste devient plus pressant; il exige qu'on lui dise tout, et madame Saint-Edmond avoue alors d'une petite voix flûtée qu'un marchand de nouveautés, auquel elle doit depuis longtemps deux mille francs, l'a forcée de faire un billet... que ce billet va échoir dans deux jours, et qu'elle se trouve fort embarrassée pour le payement.

Auguste est peut-être fâché d'avoir été si curieux; mais il n'y a plus moyen de reculer, et d'ailleurs il aime trop flatée pour obliger pour ne point venir au secours de sa voisine. — Envoyez chez moi le porteur du billet, dit-il, Bertrand payera. Léonie refuse, elle craint de gêner Auguste : elle serait désespérée qu'il crût que l'intérêt entre pour quelque chose dans le sentiment qu'il lui inspire. Mais Auguste l'exige, il ne veut pas qu'elle ait recours à d'autres; et Léonie consent enfin à se laisser obliger, à condition que ce ne sera qu'un prêt dont elle tiendra compte à son ami.

Bertrand fait un saut en arrière lorsque le lendemain Auguste lui dit :

— Tu payeras un billet de deux mille francs de madame Saint-Edmond, qu'on viendra recevoir ici.

— Deux mille francs pour cette petite figure chiffonnée! s'écrie l'ancien caporal en se frappant le front de désespoir. Ah! mon lieutenant, si c'est comme ça que vous mettez de l'ordre dans vos affaires!

— Point de réflexion, Bertrand... ce n'est qu'un prêt que je fais à Léonie; et si je me trouvais jamais gêné, je suis sûr qu'il n'est point de sacrifice dont cette femme-là ne soit capable pour m'obliger.

— Vous croyez cela, monsieur... mais moi...

— Bertrand, tu payeras.

— Je payerai, mon lieutenant.

Auguste sort en chantant, et Bertrand descend chez son ami Schtrack pour questionner sa femme.

Bertrand a payé. Léonie est plus tendre que jamais avec Auguste. Mais un matin, qu'on ne l'attendait pas, Dalville rencontre chez sa voisine un petit monsieur qui sort aussitôt en faisant de profondes salutations auxquelles madame Saint-Edmond répond à peine, congédiant le monsieur d'un ton très-sec.

— Quel est ce monsieur? dit Auguste quand l'étranger est parti.

— Ah! mon Dieu! c'est un bien sot personnage, il m'a été envoyé par une de mes tantes... Il arrive de province... il cherche une place... Mais comme il m'ennuie beaucoup, je le reçois de manière qu'il termine bientôt ses visites... Il est aussi bête qu'il est laid.

— Mais il ne m'a pas semblé si laid...

— Ah! comment l'avez-vous donc vu!... Il est horrible! un vilain nez!... des yeux renfoncés!... une tournure si gauche!... si ridicule!... Ah! je ne puis pas souffrir cet homme-là.

Auguste ne pousse pas plus loin ses questions, et ne parle plus du petit monsieur; mais il est en secret contrarié d'en entendre dire tant de mal, parce qu'il connaît la tactique de ces dames, qui souvent emploient ce moyen pour cacher leur intimité avec quelqu'un.

En rentrant, Auguste s'aperçoit que Bertrand le regarde d'un air goguenard et tourne autour de lui comme s'il cherchait à lui parler.

— Tu veux me dire ou me demander quelque chose, Bertrand? dit Dalville en s'arrêtant devant le caporal. Parle donc, au lieu de te promener ainsi autour de moi, mon vieil ami, je t'entends bien aux petites ruses des femmes, qui, lorsqu'elles ont quelque chose à nous dire, ne pensent à rien qu'à les recevoir des questionner.

— C'est vrai, mon lieutenant, vous avez raison; il vaut mieux aller tout franchement sans faire de contre-marches. Vous avez dû rencontrer chez la voisine un petit monsieur, car je l'ai vu descendre peu après que vous étiez monté.

— Eh bien! oui, j'ai vu un monsieur; après?

— Après!... C'est la première fois que vous le rencontrez?...

— Oui.

— Il vient pourtant souvent...

— Qui t'a dit cela?

— Madame Schtrack la portière.

— Quoi! Bertrand, tu vas bavarder, faire des cancans avec une portière?

— Des cancans!... non, mon lieutenant; mille cartouches! des cancans?... Moi?... Est-ce je vous ai dit des cancans, mon lieutenant?

— Mais à peu près!... Madame Saint-Edmond n'est-elle pas maîtresse de voir du monde? Doit-elle me rendre compte de toutes les visites qu'elle reçoit? De quel droit ferais-je épier ses actions? et si on lui rendait compte des miennes, penses-tu qu'elle n'aurait aucun reproche à me faire?

— C'est juste, mon lieutenant, c'est moi qui ai tort; je boirai encore avec Schtrack, mais je ne causerai plus avec sa femme, parce que je ne veux pas qu'on dise qu'une vieille moustache fait des cancans.

Mais, quoiqu'il ait grondé Bertrand, Auguste pense aux propos de madame Schtrack; et, se rappelant le mal que Léonie lui a dit du petit monsieur, il ne peut s'empêcher de concevoir quelques soupçons. Tout en convenant qu'on ne mérite pas une maîtresse fidèle, on ne lui pardonnerait pas une infidélité. Auguste se dit : — Il faudrait que Léonie fût bien fausse, bien perfide... Qui l'oblige à me témoigner de l'amour, à moins qu'elle ne me garde par intérêt, ou qu'elle n'en aime deux à la fois ? cela s'est vu !

En descendant le boulevard Montmartre, Auguste se sent frappé légèrement au bras. Il se retourne... c'est mademoiselle Virginie qui est devant lui.

— Ça n'est pas malheureux de vous rencontrer, monsieur, dit Virginie, en regardant Auguste d'une certaine façon qui avait quelque chose de fort séduisant : aussi mademoiselle Virginie faisait-elle toujours beaucoup de conquêtes, parce qu'elle avait pris l'habitude de donner à ses yeux cette expression piquante ; et, quoique Auguste sût par cœur les œillades de mademoiselle Virginie, il trouvait encore du plaisir à la regarder, surtout lorsqu'il y avait longtemps qu'il n'avait vu ses beaux yeux noirs se fixer sur lui.

— Oh ! quand vous me regarderez en souriant ! reprend Virginie, ça n'empêche pas que je sois très-fâchée contre vous...

— Vraiment... tu es fâchée ?...

— Monsieur, je vous prie de ne pas me tutoyer ! Est-ce que nous avons gardé des troupeaux ensemble ?

En même temps mademoiselle Virginie part d'un éclat de rire qui fait tourner la tête à deux ou trois personnes qui passaient, parce qu'à Paris il faut très-peu de chose pour occuper les passants ; il y en a même un qui s'arrête, et qui, sans doute n'ayant jamais entendu rire de sa vie, va demander à mademoiselle Virginie ce qu'elle a ; mais un regard d'Auguste lui fait continuer son chemin.

— C'est vrai, vous me faites rire, et je n'en ai pas envie, dit Virginie en prenant tout de suite un air très-sérieux.

— Qu'as tu donc ?... voyons, conte-moi tes tourments ; tu sais bien que je suis ton ami.

— Oh ! oui, mon ami !... Vous n'êtes plus rien du tout !... Joli ami, qui est deux mois sans me voir !...

— Ce n'est pas ma faute, des affaires...

— Ah ! des affaires ! je sais dans quel genre. La blonde du troisième, et puis la dame de la campagne, et puis celle-ci, et puis celle-là !... Ah ! vraiment, vous êtes un fort mauvais sujet, vous n'êtes plus gentil du tout !... Autrefois, vous étiez encore quelquefois aimable avec moi...

— Pourquoi n'es-tu pas venue me voir ?

— Tiens !... est-ce que vous croyez que je n'ai que ça à faire... est-ce qu'il ne faut pas que je travaille ?...

— Ah ! tu travailles ?

— Oh ! oui, maintenant je suis rangée ; je ne sors jamais !

— Tu demeures toujours au même endroit ?

— Non, j'ai déménagé.

— Mais tu ne fais donc que cela ?

— Ma foi, mon cher, j'ai vendu mes meubles...

— Tu as vendu tes meubles... tant pis !

— Ecoute donc, je ne pouvais pas vivre avec des coquilles de noix.

— Non, ça serait trop mauvais pour l'estomac ; mais puisque tu travailles...

— Oh ! oui, c'est amusant : toute une journée pour gagner quinze sous !... Ah Dieu ! que je voudrais être homme !

— Pourquoi cela ?

— Pour ne pas être femme. Je sais bien qu'il y en a qui sont heureuses ! qui voltigent dans les plaisirs !... qui ont des plumes et des bérets ! Ah ! que je suis bien, un béret ; si tu savais combien je suis gentille avec ça !... J'en ai essayé une chez une de mes amies ; mais, cet hiver, je veux en avoir un en velours, avec des glands d'or.

— En gagnant quinze sous par jour ?

— Ah ! laisse donc !... Non, mais j'ai vendu mes meubles, parce que je devais ; il fallait bien payer, j'étais en arrière de quatre termes..

— Il me semble pourtant que, l'avant-dernier, c'est moi qui...

— Non, ça m'a servi à autre chose... Je suis avec une amie en attendant que j'aie d'autres meubles. Ah ! tu ne sais pas...

— Quoi donc ?

— Je vais me marier.

— Bah ! vraiment.

— Ma foi, oui ! C'est un homme qui est fou de moi ; il m'adore, il en devient tout jaune.

— Tâche de l'épouser avant qu'il soit trop foncé...

— Non !... c'est pour rire ; mais, vraiment, sans plaisanterie, c'est un très-bon parti... un homme superbe !

— De quel âge ?

— Quarante ans.

— Que fait-il ?

— Il est employé dans une administration ; il a une très-belle place.

— Eh bien ! ma chère amie, marie-toi bien vite : il me semble que c'est ce que tu peux faire de mieux.

— Ah ! comme je rendrais cet homme-là heureux, si je l'épousais !

— C'est bien ; ce projet te fait honneur.

— Mais, non, ce n'est pas ça, tu ne m'entends pas. Je veux dire qu'il serait enchanté que je veuille bien le prendre pour mon mari.

— Ah ! c'est différent ; et qui t'arrête ?

— Ah ! c'est que je ne l'aime pas !...

— Comment, un homme superbe !

— Oui, mais il a un nez en cerceau.

— Tu lui feras porter une redingote.

— Et puis, il a un nez d'une longueur... Ah ! mon cher ! tu ne t'en fais pas d'idée ! Son nez me fait peur !...

— Je ne t'ai jamais connue si timide ?

— Au fait, je ne veux pas me marier... Plus tard nous verrons. Tu ne sais pas, j'ai bien envie de me mettre au théâtre.

— Ah ! voilà du nouveau.

— Tiens, est-ce que tu crois que je serais mal ?... D'abord, j'ai de la voix quand je veux ; sais-tu qu'au théâtre je suis jolie comme un amour ?

— Madame, vous n'avez pas besoin d'être sur un théâtre pour cela.

— Ah, Dieu ! que c'est délicat !... Mais, vraiment, sans plaisanterie, le rouge, et puis les quinquets, la lumière, ça me donne un éclat éblouissant : j'ai essayé un costume d'Iphigénie, c'est étonnant comme ça m'allait. On m'a offert de me faire entrer dans les chœurs du Vaudeville, mais ça ne me séduit pas trop...

— Ce n'est pas pour y faire Iphigénie ?

— Non, que tu es bête ! c'est pour prendre, comme on dit, l'habitude des planches et du public... pour s'accoutumer à regarder dans la salle. Qu'est-ce que tu me conseilles de faire ?

— Moi, rien : fais ce que tu voudras ; cependant, si tu trouves réellement à te marier, cela vaudrait beaucoup mieux que d'entrer au théâtre.

— Ah, mon Dieu ! tu parles comme ma tante. Au fait, je ne pourrais jamais être actrice ; quand j'entrerais en scène, en voyant toutes ces figures qui me regarderaient, je suis sûre que je rirais comme une folle. Mais, dis donc, est-ce que nous allons rester jusqu'à demain à la même place, on nous prendra pour des mouchards ! Où vas-tu ?

— Moi, je vais chez M. Destival pour affaire.

— Est-ce de grand vilain effilé avec lequel je t'ai vu quelquefois en cabriolet ?

— C'est possible.

— Ah ! quelle drôle de mine ! Cet homme-là me fait l'effet d'une marionnette de Séraphin... Tu sais bien, dans le *Pont cassé*, celui qui chante, *tire lon pha.!*

— Tu seras donc toujours la même !

— Tiens, il faut bien rire un peu !... Ecoute, Auguste, tu iras un autre jour chez ton monsieur Destival : aujourd'hui je ne te quitte plus...

— Mais, vraiment, j'ai affaire...

— Oh ! tant pis... N'êtes-vous pas bien malheureux de passer une journée avec moi ?

— Non, sans doute... mais ce soir on fait de la musique chez madame de la Thomassinière, et j'ai promis.

— Tu feras de la musique demain en te levant, si ça te fait plaisir ; mais aujourd'hui, monsieur, vous resterez avec moi : nous irons dîner à la campagne, tu me mèneras au spectacle ; il y a assez longtemps que tu me promets cela.

Il n'y a pas moyen de résister à mademoiselle Virginie, et Auguste se rend de bonne grâce. — Nous allons prendre un fiacre, dit-il, et nous nous ferons conduire à la campagne que tu choisiras.

— Et pourquoi donc ne pas prendre ton cabriolet ? pourquoi aller en sapin avec de mauvaises rosses, quand on a un joli cheval qui va comme le vent ?

Auguste, qui ne veut être qu'*incognito* avec Virginie, préfère un fiacre, dans lequel il ne sera pas vu. Une place est voisine. Dalville fait monter sa compagne en lui disant : — Où allons-nous ?

— Où tu voudras.

— Ça m'est égal.

— À moi aussi.

— Il faut pourtant nous décider. Aux Champs-Elysées ?

— Oh ! il y a trop de monde.

— A Vincennes ?

— C'est trop loin.

— A Vaugirard ?

— Jolie campagne, où il n'y a pas un arbre dans les environs.

— A Sceaux ?

— C'est trop élégant, je ne suis pas en toilette.

— A Montmartre ?

— Pour voir des carrières et des ânes !

— A Saint-Denis ?

— Il n'y a de gentil que des talmouses, et j'aime mieux celles du passage des Panoramas.

— A Belleville ?

— C'est un peu canaille, mais c'est amusant : d'ailleurs j'ai un penchant décidé pour les prés Saint-Gervais et le bois de Romainville.

— Va donc pour Belleville. Allons, cocher, en route !

Le cocher part ; Virginie est en train de rire : avec elle les ennuis de la veille, les soucis du lendemain s'évanouissent devant le plaisir du moment. De son côté, Auguste n'est pas fâché de se distraire des pensées venues sur madame Saint-Edmond, à laquelle il a dit qu'il passait la soirée chez M. de la Thomassinière.

On arrive à la barrière de Belleville; le cocher met une demi-heure à faire monter la montagne à ses rosses, qui, parvenues à l'île d'Amour, refusent d'aller plus loin; mais Virginie est bien aise de se promener dans les champs, on descend de voiture, on renvoie le fiacre, et on prend un petit chemin à gauche, qui mène dans les prés Saint-Gervais.

L'aspect de la verdure rend Virginie sentimentale; elle soupire en passant sous des allées de lilas dans lesquelles on a bâti plusieurs maisonnettes.

— Comme c'est ridicule, s'écrie-t-elle, de bâtir partout, jusque dans les champs! on ne pourra donc plus se promener que dans sa chambre... C'était si joli par ici autrefois! Te rappelles-tu? nous avons mangé des œufs frais là-bas... Nous avons bu de la bière sous cette tonnelle... Et ce traiteur, dans le bois, après le garde, où nous avons été plusieurs fois, où il y a des cabinets....

— Ah! oui, au Tournebride?

— C'est cela, au Tournebride : ingrat! est-ce que cela ne vous rappelle rien?

— Si; ça me rappelle une certaine volaille que nous n'avons jamais pu parvenir à découper.

— Ah! ça ne vous rappelle qu'une volaille!... Vous n'êtes pas romanesque du tout aujourd'hui.

— Veux-tu y aller dîner?

— Non-seulement je le veux, mais je l'exige... C'est un peu loin, mais cela nous donnera de l'appétit.

— D'ailleurs, nous pourrons nous reposer en route.

— Ah! depuis qu'on a bâti de tous les côtés, il n'y a plus de jolis endroits pour se reposer.

On se met en marche en courant, en se jetant des feuilles, de l'herbe, en cueillant quelques fleurs des champs. Enfin on arrive sur le terrain sablonneux du bois, et Virginie soupire encore en voyant qu'on y a fait des coupes prodigieuses, et que l'on y bâtit aussi des maisons.

— Ces gens-là ont résolu la perte du bois de Romainville! dit-elle.

— Ma chère amie, ça repoussera.

— Ah! oui! mais pendant ce temps-là, nous ne repousserons pas nous autres. Que les hommes sont indifférents!... ils ne s'attachent à rien : ces chiffres amoureux que nous avions gravés avec un couteau sur l'écorce d'un chêne... et que je me faisais un plaisir de revoir... Cet A et ce V entrelacés dans un cœur.

— Ils auront servi à réchauffer les pieds d'un vieux rentier, ou à faire bouillir la marmite d'une honorable famille.

— C'est ça, on fait aller le pot-au-feu avec mon cœur; c'est bien agréable!... Faites donc des chiffres sur les arbres!... Ah! heureusement que voilà le Tournebride; j'avais peur qu'on ne l'eût coupé aussi.

Le Tournebride est le traiteur le plus distingué du bois de Romainville; malgré cela, il ne faudrait pas y demander une charlotte russe ou à l'indienne, parce que l'hôte croirait qu'on lui parle tartare ou qu'on veut se moquer de lui, et vous enverrait chercher un dîner à Noisy-le-Sec. Mais en se bornant à un petit ordinaire fort élégant pour des bourgeois de la rue Saint-Denis, et très-recherché de Paris que celui que viennent en partie faire à Romainville, on est certain de trouver son affaire au Tournebride, qui n'est qu'à trois portées de fusil de chez le garde, en suivant la route qui mène au village de Romainville.

Auguste entre avec Virginie, et comme c'est l'usage chez les traiteurs de campagne, on passe par la cuisine pour se rendre dans le salon ou dans les cabinets; on jouit de la vue des fricandeaux, côtelettes et bœufs piqués, et comme il n'y a point de cartes chez ces restaurateurs, c'est la cuisine qui en tient lieu : lorsque vous y passez, on découvre toutes les casseroles, et vous respirez à la fois l'odeur de cinq ou six ragoûts, ce qui peut déjà vous tenir lieu de potage, mais qui n'est pas aussi agréable quand vous passez après avoir dîné.

L'hôte reçoit son monde le sourire sur les lèvres et le bonnet de coton sur l'oreille; il vous répond en courant d'une casserole à une autre, et embroche ses pigeons tout en faisant l'éloge de son bifteck.

— Voyons tout de suite ce que nous prendrons, dit Virginie, qui a l'usage des traiteurs champêtres. Le bifteck est tendre?

— Oh! soigné, madame.

— Des rognons, n'est-ce pas, mon ami?

— Oui, c'est de rigueur... Avez-vous des rognons, monsieur l'hôte?

— Tenez, monsieur, fleurez-moi ça, dit le traiteur en mettant une casserole sous le nez d'Auguste. Je ne vous dirai pas comme mes confrères de Paris que c'est au vin de Champagne, mais je vous affirmerai que c'est au vin blanc... et soigné.

— C'est très-bien...

— Et des pigeons en compote... soignés aussi, s'il vous plait.

— Des asperges et de la salade.

— Si monsieur veut aussi la fine omelette soufflée...

— Ah! je me rappelle en effet que vous en faites aussi.

— Oui, monsieur, et qui bouffent comme un bonnet de coton!

— Va donc pour l'omelette soufflée... Un cabinet, s'il vous plaît.

— Conduisez monsieur et madame au premier... où il n'y a personne.

Un garçon qui n'est plus jeune, mais qui sourit toujours, conduit les nouveaux venus, et leur ouvre un cabinet qui donne sur le bois.

— Pourquoi ne pas nous mettre en face? dit Virginie : la vue est plus belle, on voit sur la route.

— Madame, il y a du monde... il y a une société.

— En ce cas, restons ici, dit Auguste.

Le garçon met le couvert, puis sort en disant : — On va s'occuper du dîner... si monsieur veut quelque chose avant... il appellera.

Cela veut dire qu'on ne montera pas sans que vous appeliez. On devient presque aussi malin à la campagne qu'à Paris.

Auguste n'appelle pas de quelque temps, parce qu'il faut bien se reposer avant le dîner, et que d'ailleurs les cabinets du Tournebride rendent mademoiselle Virginie *très-romanesque* : c'est du moins ce qu'elle dit à Auguste en riant comme une petite folle, ce qui n'est cependant pas romanesque; mais mademoiselle Virginie a une façon toute particulière d'être romanesque.

Enfin l'estomac se fait entendre, et devant ce maître impérieux toutes les illusions cessent; l'être le plus romantique, en admiration devant un torrent ou une cascade, est bien forcé d'y mettre un terme lorsque sonne l'heure de son dîner. Virginie et Auguste ne regardaient ni un torrent, ni une cascade; ils ne sont pas s'ils étaient plongés dans l'admiration, mais je sais qu'ils en sortirent pour ouvrir leur porte, en frappant à triple carillon dessus, avec des manches de couteau, manière de se faire entendre qui remplace les sonnettes.

Le garçon monte le dîner, auquel on fait honneur; le bifteck et les rognons sont en effet *soignés*, et on n'a pas lieu de se plaindre. Pendant que le garçon est là, mademoiselle Virginie, qui est passablement curieuse, s'étonne de ce que la société qui est en face soit tellement silencieuse qu'on n'entende parler personne, lorsque, ordinairement, les sociétés rassemblées chez les traiteurs de campagne sont fort bruyantes, et Virginie termine sa réflexion en disant au garçon :

— Ils ne sont donc pas beaucoup?

Le vieux garçon répond en souriant, de manière à mettre dans tout leur jour les trois dents qui lui restent :

— Ils ne sont pas plus que vous...

— Ah! c'est une société de deux personnes?

— Oui, madame.

— Homme et femme?

— Oui, madame.

— Il paraît qu'ils sont encore plus romanesques que nous et qu'ils ne songent pas à dîner...

— Oh! le dîner est commandé... on ne va pas tarder à le monter... Je connais leur coutume... ce sont des habitués.

Et le garçon sort et referme en même temps sa bouche et la porte qu'il tenait entre-bâillée.

— Tu es bien curieuse, dit Auguste à Virginie, il faut que tu saches combien il y a de personnes en face de nous! Que nous importe ce que peuvent dire et ce que font les autres?

— Oh! rien... mais, vois-tu, c'est que j'aime à savoir... ça m'amuse.

— Mangeons et ne nous occupons pas des voisins; cela vaudra mieux.

— Oh! ça ne m'empêche pas de manger!... Ah!... attends... on ouvre la porte...

En effet, une voix d'homme crie dans le corridor :

— Garçon, montez le dîner.

— C'est le monsieur qui appelle, dit Virginie; il a une petite voix de soprano... mais ces voix-là ne prouvent rien du tout.

— Veux-tu du pigeon?...

— Attends donc un instant... tu me presses.

Dans ce moment une voix de femme se fait entendre et dit : —

— Mon ami, nous avons oublié de commander des beignets.

Auguste fait un bond sur sa chaise en entendant cette voix, et Virginie, effrayée du mouvement qu'il a fait, lui dit :

— Eh bien... qu'est-ce qui te prend donc? Est-ce que tu as avalé un pigeon de travers?

— Non... je n'ai rien... C'est cette voix qui m'a frappé... j'ai cru reconnaître...

— Ah! c'est cela... je comprends... c'est peut-être quelque ancienne passion de monsieur qui est ici à côté... Eh bien, après? Est-ce que vous devez penser à une autre, étant avec moi?... C'est très-joli!... Est-ce que ça ne vous est pas égal que cette personne soit avec qui elle voudra? Est-ce que vous en êtes encore amoureux?... Si je le savais, j'irais lui faire une scène.

— Eh non; il n'est pas question d'amour... mais... c'est parce que...

— Parce que, parce que... Voilà que tu ne sais plus ce que tu dis..., Veux-tu manger bien vite!... Pourquoi ne manges-tu pas?

— Je n'ai plus faim.

— Ah! monsieur n'a plus faim depuis qu'il a entendu la voix de cette dame... ça lui a coupé l'appétit. Comme c'est touchant! Pourquoi vous levez-vous? Où allez-vous?

— Je vais descendre un instant en bas.

— Je ne veux pas que vous sortiez, moi... Vous n'avez pas besoin de descendre. Vous voulez voir cette femme d'en face, voilà tout; mais vousz ne la verrez pas.

En disant cela, Virginie se lève aussi et se place devant la porte.

— Ma chère amie, je vous assure que j'ai besoin de descendre, dit Auguste en prenant doucement le bras de Virginie pour l'éloigner de la porte.

— Mon bon ami, il en arrivera tout ce qu'il pourra, mais vous ne sortirez pas.

Tout en riant, Auguste parvient à éloigner Virginie du poste qu'elle voulait défendre. Virginie est furieuse; déjà la porte est entr'ouverte, Auguste va sortir... elle le retient par son habit; la lutte recommence... Enfin Virginie, perdant ses forces, lâche tout à coup le pan de l'habit. Auguste se lance précipitamment dans le corridor, et se jetant à travers le garçon qui apportait le potage aux voisins, il envoie la julienne contre la muraille, fait voler de côté la soupière et trébucher celui qui la tenait.

Schtrack écoutait consciencieusement le récit des campagnes de Bertrand en lâchant de temps à autre un *sacretté* quand celui-ci reprenait haleine.

Au cri que jette le garçon, au bruit de la soupière qui se brise, les personnes du cabinet, devinant que c'est leur dîner qu'on vient de laisser tomber, ouvrent aussitôt leur porte, et Auguste, qui est resté là, voit paraître madame Saint-Edmond et le petit monsieur qu'elle avait en horreur.

Dans le premier moment, les yeux de Léonie ne se portent pas sur Auguste, elle ne voit encore que le garçon qui ramasse les débris de la soupière en disant : — C'est un malheur!... heureusement il n'y a personne de blessé. Mais Auguste se présente brusquement à l'entrée du cabinet et salue Léonie en lui disant : Je suis désolé, madame, d'avoir renversé votre potage.

Léonie a levé les yeux, elle pousse un cri et s'évanouit. C'est ce qu'elle pouvait faire de mieux dans une telle circonstance; le petit monsieur, qui a aussi reconnu Dalville, et qui craint d'être provoqué en duel, saute par-dessus le garçon encore baissé à terre, et descendant l'escalier quatre à quatre, sort du Tournebride et se jette dans le bois sans regarder derrière lui. Virginie, qui est sortie de son cabinet, pousse un cri de surprise en reconnaissant la voisine dans la dame évanouie; et le garçon, qui croit que tout le monde crie à cause du potage renversé, ne cesse de répéter : — Ce n'est rien, messieurs, mesdames; calmez-vous, il y en a d'autre en bas... nous avons toujours de la julienne?

Virginie n'est plus en colère, elle rit aux éclats; Auguste regarde Léonie qui, renversée sur sa chaise, ne rouvre pas les yeux, tandis que le garçon ne voyant pas ce qui se passe dans l'intérieur du cabinet, descend en criant : — Je vais vous monter un autre potage!... c'est l'histoire d'un instant.

Cependant, Virginie s'est approchée de madame Saint-Edmond, et prenant le moutardier qui est sur la table, le lui porte sous le nez, ce qui fait sur-le-champ revenir la jolie blonde, qui jette un regard mourant sur la personne qui lui a prodigué des soins, et, en reconnaissant Virginie, change de figure et repousse brusquement le moutardier que celle-ci lui tenait encore sous le nez.

— Madame se trouve-t-elle mieux? dit Virginie en contrefaisant le ton mielleux de Léonie.

Celle-ci étouffe de colère et se lève en balbutiant :
— Je n'ai besoin de rien.

— Allons, ma chère amie, dit Auguste, il ne faut pas déranger davantage madame; je suis désolé d'avoir fait sauver... sa société... Mais, sans doute, ce monsieur n'attend que notre départ pour revenir : il ne faut donc pas le forcer à rester plus longtemps dans la cuisine. Allons finir de dîner.

— Oui, allons manger notre omelette soufflée, dit Virginie en faisant une grande révérence à Léonie; et elle retourne se mettre à table. Auguste va en faire autant, lorsque Léonie court à lui en levant les yeux au ciel, et lui dit à demi-voix : — Vous me jugez sur les apparences; mais je vous jure...

— Oh! pour le coup, c'est trop fort, s'écrie Auguste, et il ferme la porte au nez de madame Saint-Edmond, en disant : On prendrait une femme en flagrant délit, qu'elle vous dirait encore : Ne jugez pas sur l'apparence.

Virginie est enchantée de l'aventure; elle raille Auguste sur la fidélité de la voisine : celui-ci tâche de rire aussi, quoiqu'au fond il ne soit pas satisfait de s'être laissé tromper. Enfin, on finit de dîner, et on va quitter le Tournebride, lorsqu'en sortant du cabinet les jeunes gens entendent parler très-haut : ils reconnaissent la voix de l'hôte et celle de madame Saint-Edmond.

— Madame, dit l'hôte, vous ne pouvez pas vous en aller comme ça... il faut que mon dîner me soit payé.

— Monsieur... répond madame Saint-Edmond en donnant à sa voix une expression touchante, je suis désolée... mais vous devez bien penser que je n'ai pas eu l'intention...

Les plus beaux garçons du village perdaient leur peine auprès de la petite laitière.

— Madame, je vois que vous avez l'intention de vous en aller : votre société est partie comme un trait tout à l'heure; qui donc me payera mon dîner?

— Eh! monsieur, reprend Léonie, dont la voix devient un peu moins tendre, après tout, nous n'avons pas dîné; ainsi nous ne vous devons rien !...

— Comment! madame, vous ne me devez rien! Quand un dîner est commandé et confectionné comme celui-ci, pensez-vous que ça ne se paye pas?... Est-ce que vous voulez que vos filets, que vos oreilles me restent sur les bras?... Ce n'est pas ma faute si vous ne voulez plus les manger.

— Vous les servirez à d'autres, monsieur.

— On vous a servi une bouteille de vieux mâcon dès votre arrivée, et le potage renversé, et la soupière brisée...

— Cela ne me regarde pas, monsieur.

— Madame, votre dîner vous regarde; mangez-le et payez-le.

— Je ne le mangerai pas ; je vous dis que je me sens indisposée.
— Alors payez-le.
— Mais puisque je n'ai pas d'argent sur moi.
— Il ne fallait pas laisser votre société s'enfuir comme si elle avait vu le diable !... Est-ce qu'un homme doit laisser une femme dans une fausse position ?... Fi donc ! ça ne se fait pas !... Il est gentil le particulier qui disparaît avec l'argent... On n'entre pas chez un restaurateur quand on ne veut pas dîner.
— Monsieur, reprend madame Saint-Edmond, dont la voix exprime la colère, ce n'est pas la première fois que nous venons dîner chez vous : nous prenez-vous pour de la canaille ?
— Non, madame, certainement je vois bien à qui j'ai affaire, mais je ne veux pas faire de crédit : un dîner soigné comme celui-là ne doit pas être refusé quand il est confectionné.

Pendant ce dialogue, Auguste avait toutes les peines du monde à empêcher Virginie de rire aux éclats ; enfin, ayant pitié de la situation de la sentimentale Léonie, il descend, suivi de Virginie, et dit au restaurateur, qui ne perd pas de vue madame Saint-Edmond : — Monsieur, comme j'ai l'avantage de connaître madame, je vous prie d'ajouter sa carte à la mienne ; je payerai les deux.

L'hôte, qui ne demande qu'à être payé, reprend son air gracieux, et s'empresse de faire l'addition des deux écots. Pendant ce temps, la jolie blonde s'est laissée tomber sur une chaise en portant son mouchoir sur sa figure.

Auguste a payé ; Virginie, dont le triomphe est complet, prend le bras de Dalville et sort avec lui du Tournebride, en disant d'un ton moqueur : — Si nous rencontrons ce monsieur dans le bois, nous l'enverrons sur-le-champ à madame.

Ce mot était le coup de grâce, et Auguste se trouva suffisamment vengé.

Chapitre XI. — Visite à Montfermeil.

Auguste, qui n'avait point de secrets pour son fidèle Bertrand, lui raconta la rencontre qu'il avait faite au bois de Romainville.
— Eh bien ! mon lieutenant, dit Bertrand, madame Schtrack avait-elle tort en parlant du petit monsieur qui montait furtivement chez la voisine dès que vous étiez sorti ?...
— Je croyais que Léonie m'adorait !
— Ça m'étonne, mon lieutenant ; vous qui trompez si souvent ces dames, vous devriez vous méfier un peu plus de leurs serments d'amour.
— Au contraire, mon pauvre Bertrand, je t'assure que les plus fins en séduction se laissent tromper avec une facilité étonnante.
— Alors, ce n'est donc pas la peine d'être fin.
— Pour aimer beaucoup une chose, cela ne prouve pas qu'on la connaisse à fond.
— Il est certain que si on la connaissait parfaitement on l'aimerait peut-être moins : par exemple, j'aime le vin, je l'avoue ; je reconnais bien quand il est bon, mais je ne peux pas toujours dire de quel pays il est.
— Moi, j'aime les femmes, j'apprécie leurs charmes, j'admire leurs grâces... mais leur cœur !... Ah ! s'il se montrait de même à découvert, ce n'est pas toujours la plus jolie qui obtiendrait la préférence.
— Malgré ça, mon lieutenant, à votre place, je me défierais de ces airs précieux, et de ces voix toujours montées sur un ton de fausset, qui ne sortent jamais de la poitrine ; il me semble qu'on ne parle pas franchement quand on a toujours l'air de chanter. Je me tiendrais aussi en garde contre les évanouissements, les pleurs et les soupirs étouffés.

— Tenez, monsieur, fleurez-moi ça, dit le traiteur en mettant une casserole sous le nez d'Auguste.

— Eh ! mon cher Bertrand, quand ces pleurs sont versés par de beaux yeux, quand cette voix part d'une jolie bouche, quand celle qui semble perdre connaissance développe un corps charmant, une taille bien prise, est-il donc si facile de résister ?... Non, il faut succomber... sauf à s'en repentir après.
— C'est juste... Au fait, c'est comme moi ; pour savoir si un vin est bon, il faut bien en goûter, et ce n'est jamais qu'avec le mauvais qu'on se fait du mal. C'est dommage que vous n'ayez pas fait la rencontre d'hier avant de payer le billet de deux mille francs !
— Ne pensons plus à cela.
— Non, ça sera seulement une leçon pour l'avenir.
— Bertrand, quand tu rencontreras madame Saint-Edmond, je te recommande la même politesse qu'autrefois !
— Oh ! soyez tranquille, monsieur, on est Français, et un ancien militaire connaît le respect dû au sexe. Parbleu ! s'il fallait regarder de travers toutes celles qui manquent à la consigne, on serait forcé de loucher trop souvent. Du moins, mon lieutenant, ça en fait toujours une de moins ; et nous pourrons mettre un peu d'ordre dans notre caisse, et...
— Oui ; oh ! je suis bien décidé à me ranger... Destival m'a encore parlé d'un placement avantageux... J'irai demain voir mon notaire, je réaliserai mes fonds... Ah ! à propos, tu payeras un petit mémoire de marchand de meubles qu'on te présentera ces jours-ci.
— Est-ce que vous en avez acheté, mon lieutenant ?
— Ce n'est pas pour moi, c'est pour Virginie.

Bertrand se retourne en se mordant les lèvres, et se donne des coups de poing sur le front pour s'empêcher de parler et satisfaire sa colère. Auguste, qui s'aperçoit de la mauvaise humeur de son caissier, reprend en souriant :
— Allons, calme-toi, Bertrand, tu deviens vraiment d'une sévérité !...
— Moi, monsieur ! je ne dis rien !
— Que diable !... je suis riche, veux-tu donc que je me refuse tout plaisir ?
— Je ne veux rien du tout, monsieur.
— Un homme, dans la position où je suis, doit-il mener la vie d'un petit commis à douze cents francs ?
— Nous avons dépensé quarante mille francs l'année dernière, et votre revenu ne s'élève plus qu'à quinze mille ; en allant toujours comme ça, nous ne pouvons pas manquer de nous trouver comme des petits saint Jean.
— Non... je saurai cette année proportionner mes dépenses à mon revenu ; mais ceci n'est qu'une misère. Cette pauvre Virginie !... elle est si drôle !...
— Oh ! oui, elle est drôle !... mais elle ruinerait un escadron de fournisseurs.
— Tu ne diras pas que celle-là a une voix de tête.
— Non, parbleu ! oh ! on entend bien que ça vient de la poitrine, et il faut qu'elle l'ait bonne, car elle en use diablement... Mille carabines ! quel caquet !...
— Elle n'a ni l'air précieux ni les manières affectées.
— Oh ! quant à cela, je conviens que c'est tout rond !... au moins elle ne cache pas son jeu !... Mais c'est égal, mon lieutenant, grondez-moi si vous voulez, je vous dirai encore que ces femmes-là ne devraient pas occuper tous vos moments... et que ça me fait de la peine de voir que vous n'êtes pas aimé comme vous mériteriez de l'être ; parce qu'au fond, vous êtes bon, vous avez des qualités, de la sensibilité !... et tout cela devrait vous faire sentir ce n'est pas en courant toujours que... Voilà tout, mon lieutenant.

Auguste garde quelque temps le silence, et Bertrand, surpris de le

voir rêveur, craint de l'avoir fâché, et n'ose plus souffler, lorsqu'Auguste lui dit enfin :
— Bertrand, je crois que tu as raison...
— Vraiment, mon lieutenant!... vous êtes de mon avis?
— Oui, je sens qu'un amour véritable, qu'un attachement sincère doit rendre plus heureux que tous ces caprices d'un moment. Mais, est-ce ma faute, si dans le monde il est si difficile de rencontrer un cœur sincère?
— Non, certainement!... ça n'est pas votre faute.
— Si l'amour et l'amitié sont remplacés maintenant par la coquetterie et la fausseté?
— On n'aurait pas dû admettre de tels remplaçants!
— Ah! mon pauvre Bertrand!... nous serions trop heureux si toutes les femmes étaient fidèles.
— C'est juste, nous serions trop heureux.
— Et pourtant tout serait alors d'une uniformité assommante dans le commerce de la vie.
— Ah! vous croyez que cela ferait du tort au commerce?...
— Tiens, Bertrand, il faut prendre le monde comme il est!...
— Nous y sommes bien forcés!
— Mais quand j'aurai trouvé une femme qui m'aimera pour moi-même, qui sera incapable de me tromper, qui ne voudra plaire qu'à moi seul, alors...
— Alors, mon lieutenant?
— Ah! Bertrand, quel souvenir!... et j'ai pu l'oublier si longtemps!...
— Qui donc, mon lieutenant?
— Cette charmante Denise, cette jolie petite laitière de Montfermeil... Ah! celle-là est sage, je le jurerais.
— Ce serait risquer beaucoup... vous la connaissez à peine... et depuis deux mois que vous ne l'avez pas vue...
— Bertrand, sais-tu pourquoi je ne suis pas allé la voir?
— C'est parce que vous l'avez oubliée.
— Oh! ce n'est pas seulement cela... j'ai eu un autre motif... tu vas rire; eh bien! c'est que je crains de trop aimer cette petite fille.
— Alors, c'est très-délicat de votre part.
— Oui, sans doute, car pourquoi chercher à séduire cette enfant, qui est sage, innocente, qui vit tranquille dans son village?
— Ce serait fort mal, monsieur. Il y a assez de filles qui se laissent séduire à Paris, sans aller encore en chercher dans les environs.
— Bertrand, selle mon cheval, et prends pour toi celui du cabriolet; dépêche-toi.
— Où allons-nous donc aller, monsieur?
— A Montfermeil, voir Denise.
— Comment? quand vous venez de dire...
— Je réfléchis qu'il n'y a aucun danger pour elle, car elle ne m'aime pas.
— Vous croyez, monsieur?
— Elle me l'a dit plusieurs fois... Mais je veux voir Coco, mon petit protégé... ce pauvre enfant... je me fais une fête de l'embrasser; tu verras, Bertrand, comme il est gentil... et des parents si misérables!... Bertrand, mets de l'or dans ta poche.
— Oh! tant que vous voudrez, mon lieutenant, pour soulager des malheureux, pour aider un orphelin, on ne se regrette jamais, et ça fait cent fois plus de plaisir que quand il faut payer les tapissiers de la brune et les cachemires de la blonde.
Les chevaux sont prêts; Auguste et Bertrand sont en selle, et partent pour Montfermeil sur les dix heures du matin. A onze, ils ont déjà dépassé le Raincy. Bientôt ils entrent à Livry, puis ils tournent à droite, et ne tardent pas à apercevoir le village de Denise.
Bertrand est en nage; il n'a pas l'habitude de galoper comme Dalville, et, quoiqu'on soit au mois de septembre, la chaleur est encore excessive. Bertrand ralentit le pas de son cheval en faisant remarquer à Auguste que leurs coursiers ont besoin de souffler quelques instants; mais, croyant reconnaître la route que Coco lui a fait prendre et qui mène à la chaumière de l'enfant, Auguste presse les flancs de sa monture en criant à Bertrand :
— Va toujours au village, je t'y retrouverai.
— Allons donc au village, se dit Bertrand en laissant aller son cheval au pas. Irai-je à l'auberge?... Demanderai-je la petite laitière?... Non, je ne donnerai pas du lait à mon cheval, et cette jeune fille n'aurait pas sans doute de quoi nous nourrir tous les deux... C'est gentil ce village; mais je ne vois pas plus d'auberge que dessus ma main.
Bertrand laisse aller son cheval au hasard; il passe devant plusieurs masures qui n'ont pas même un premier étage, et ne se soucie pas de s'arrêter dans de si pauvres gîtes; mais bientôt il se trouve devant un petit ruisseau bordé de saules, et une jolie maisonnette lui fait face. Bertrand passe le ruisseau, et s'arrête devant la cour. Un petit garçon y joue avec une chèvre; plus loin, une jeune fille bat du beurre, et, dans le fond, une femme âgée arrange des fruits dans une corbeille.
De dessus son cheval, Bertrand domine dans la cour, et regarde ce tableau champêtre. Tout à coup la jeune fille lève les yeux, aperçoit le cavalier, quitte son travail, et s'élance vers lui en criant : —

Je ne me trompe pas, c'est M. Bertrand.... Et en même temps les yeux de la jeune fille regardent sur la route pour y chercher un autre cavalier.
Bertrand reconnaît Denise; il lui fait un salut gracieux en disant :
— Par le grand Turenne, je ne pouvais pas m'arrêter plus à propos... Bébelle a un nez étonnant.
— Entrez donc, monsieur Bertrand, dit Denise dont les regards se portent toujours sur la route.
— Mamzelle, vous êtes bien honnête; mais je cherche une auberge pour faire rafraîchir mon cheval et moi...
— Vous trouverez chez nous tout ce qu'il vous faut... Nous ne souffrirons pas que vous alliez ailleurs, n'est-ce pas, ma tante?... Entrez, monsieur Bertrand.
Bertrand ne résiste pas aux politesses de la jeune fille. Il est étonné de s'entendre appeler par son nom, ne présumant pas que Dalville se soit amusé à parler de lui à Denise. Pendant qu'il descend de cheval, la petite court à sa tante, et pour qu'elle traite bien le nouveau venu, se hâte de lui dire que Bertrand est le compagnon du monsieur qui a été si généreux pour Coco. La mère Fourcy se lève, et vient faire des révérences à Bertrand, qui ne devine pas la cause de tant de politesses.
On mène le cheval à l'écurie, l'enfant quitte sa chèvre pour aller regarder Bébelle, et Denise fait entrer Bertrand dans une salle basse et s'empresse de lui offrir du vin. Pendant ce temps, la mère Fourcy fait une omelette, parce que Bertrand a avoué qu'il mangerait bien un morceau.
Denise brûle d'envie d'avoir des nouvelles du jeune homme qui lui a recommandé Coco; mais elle attend que sa tante ne soit pas présente pour en parler; elle ne sait comment questionner Bertrand, qu'elle croit envoyé par le beau monsieur pour avoir des nouvelles de l'enfant, et elle attend que Bertrand en parle le premier; mais comme celui-ci ne fait que boire et manger, Denise se décide à le questionner. — Il vous a envoyé pour savoir si Coco ne manquait de rien? si j'avais fait un bon usage de l'argent qu'il m'a laissé, n'est-ce pas, monsieur?
Bertrand vide son verre d'un trait, et le replace sur la table avec force en disant :
— Pour un petit vin de village, il n'est pas mauvais du tout.
— Est-ce que vous ne m'avez pas entendue, monsieur? reprend timidement Denise.
— Pardonnez-moi... mais vous seriez bien aimable de faire comme si je n'avais pas entendu... car je n'ai pas compris.
— Je vous demande si... ce monsieur... ce jeune homme que j'ai vu avec vous, d'abord en cabriolet, puis à la campagne de madame Destival...
— Vous voulez dire M. Auguste Dalville?
— Ah! il s'appelle Auguste Dalville?
— Comment, vous ne saviez pas son nom, et vous savez le mien?
— C'est qu'il a nommé deux fois devant moi... dans la cour... et je n'ai pas oublié votre nom.
— Vous êtes bien honnête, mademoiselle...
— Et M. Auguste Dalville n'est pas venu avec vous aujourd'hui?
— Pardonnez-moi, il est ici près, il va venir bientôt...
— Il est ici... il va venir... dit Denise en sautant de joie; et, pour cacher son émotion, elle reprend :
— Ah! c'est que, en vous voyant seul, j'ai cru... que vous n'étiez plus avec lui...
— Est-ce que je quitterai jamais mon maître, mon bienfaiteur... un homme qui fait tout pour moi, et qui me nomme encore son ami?... mille baïonnettes!... Non, ma belle enfant, ça ne se peut pas, je suis attaché à M. Auguste comme la poignée de mon sabre est attachée à la lame; désormais rien ne saurait m'en séparer... à moins que lui-même... Mais je suis bien tranquille, quoique je me permette de le gronder un peu; il connaît le cœur de Bertrand.
Denise essuie quelques larmes d'attendrissement que lui fait verser le dévouement du vieux soldat; puis elle s'écrie en prenant la main de Bertrand et la serrant dans les siennes :
— Ah! c'est bien ce que vous dites-là, monsieur Bertrand! que c'est joli d'aimer quelqu'un comme ça!
— Est-ce que cela vous étonne? est-ce que vous pensiez que M. Auguste ne méritait pas d'être aimé ainsi?
— Je ne dis pas cela, monsieur... au contraire... Encore un coup, monsieur Bertrand...
— Volontiers, mamzelle.
Denise était charmée d'entendre parler d'Auguste, et comme le vin rendait Bertrand très-communicatif, il continua; car, lorsqu'il parlait de son bienfaiteur, c'était comme le chapitre de ses campagnes, il n'y avait plus moyen de l'arrêter.
— Oui, jolie enfant, M. Auguste est un brave garçon... libertin, coureur, volage et dérangé, c'est vrai!... mais ça n'attaque pas le fond...
— Comment, monsieur... il est tout cela!... mais c'est bien mal d'être libertin... volage... Vous ne devriez pas toujours l'heure!
— Est-ce que j'en ai dit du mal, ma petite? Ne faut-il pas que les jeunes gens fassent des folies?... Mais j'espère qu'avec mes consei's...

Corbleu! si Schtrack connaissait ce petit vin-là... et puis quand on a chaud ça altère en diable...

— Monsieur... il m'a semblé que dans la cour de madame Destival, pendant que M. Auguste me parlait, vous m'aviez dit à l'oreille : Prenez garde à vous...

— C'est possible, mon enfant, c'est très-possible... Ecoutez, mamzelle Denise, vous êtes gentille...

— Vous êtes bien honnête, monsieur Bertrand.

— Non, oh! je vous dis ça franchement; vous avez l'air sage... et ça serait dommage de vous laisser attraper. Mon maître est un brave garçon, mais dès qu'il voit un joli minois, il prend feu comme de la poudre! et c'est plus fort que lui. Il va vous jurer que ça durera toujours!... mais au premier village où il verra une autre jolie fille, il s'enflammera et il en jurera autant...

— Ah! c'est bien vilain cela...

— Non, c'est une maladie de jeunesse, ça lui passera!... Vous pensez bien qu'à Paris je ne suis pas sans cesse derrière lui pour avertir les jolis minois auxquels il en conte; d'ailleurs, dans les grandes villes, les filles s'y connaissent assez pour n'avoir pas besoin d'avertissement. Mais quand, par hasard, je vois mon lieutenant s'adresser à une enfant qui m'a l'air sage et honnête comme vous, alors je lui glisse dans l'oreille un léger : Prenez garde à vous!... et si ça ne la sauve pas, du moins ça n'est pas ma faute.

Denise ne répond rien, elle réfléchit à ce que vient de lui dire Bertrand; celui-ci s'essuie le front avec son mouchoir, boit un coup et reprend:

— Au reste, la preuve que M. Auguste est un brave jeune homme, c'est que quand il réfléchit, il ne fait pas de sottises. Par exemple, il vous a trouvée à son goût; eh bien, il n'est pas revenu vous voir; il m'a dit que c'était de peur de trop vous aimer.

— De trop m'aimer! s'écrie Denise. Quoi! monsieur, il a dit cela... Il m'aime donc?

— Pas du tout, ma belle enfant; c'est-à-dire pas plus que les autres... Mais il aurait cherché à vous séduire par habitude, et vous l'auriez peut-être écouté; car il est joli garçon, et il a une telle manière de dire qu'il aime, qu'il le ferait croire à une femme de soixante ans.

— Et c'est pour cela qu'il ne venait pas? reprend Denise en soupirant.

— Oui; mais aujourd'hui il s'est rappelé que vous lui aviez dit que vous ne l'aimiez pas... alors il est venu...

— Je ne lui ai pas dit ça, monsieur Bertrand.

— Non... alors il a eu tort de venir...

— Je ne vous dis pas non plus que je l'aime...

— Tant mieux pour vous, mamzelle Denise; car ça serait vous préparer des chagrins...

— D'ailleurs, est-ce qu'une villageoise peut aimer un beau monsieur de la ville?...

— Je ne sais pas si ça se peut; mais je sais que ça se voit quelquefois.

— Rassurez-vous, monsieur Bertrand, je n'aurai jamais que de l'amitié pour M. Auguste... et si c'est la crainte que je l'aime qui l'empêche de venir au village, ah! dites-lui bien qu'il peut y venir tant qu'il voudra... Denise sait trop qu'elle n'est point capable de fixer un monsieur de la ville... elle ne l'oubliera jamais.

— Bravo! ma chère enfant, c'est bien parler. Je bois à votre sagesse... et vous voyez que j'avale ça d'un trait... Mais qu'avez-vous donc?... est-ce que vous pleurez?...

— Non, monsieur Bertrand, non... c'est que j'aurais été bien fâchée de... Mais c'est fini maintenant, M. Auguste ne craindra plus de venir voir son petit protégé. Il ne sera plus deux mois sans passer par ici...

— Oh! c'est selon!... A Paris, vous entendez bien, mamzelle Denise, que mon maître n'a pas un instant à lui! toujours dans les fêtes, dans les plaisirs! Ah! c'est à qui l'aura! il reçoit dans un jour dix invitations!...

— Oh! oui... il n'a pas le temps de penser au village! Il est donc bien riche, M. Auguste?

— Riche... oui sans doute il l'est encore... mais s'il continue de ce train-là, il ne le sera pas longtemps!... A votre santé, mamzelle Denise!

— Que voulez-vous dire par là, monsieur Bertrand?

— Rien, oh! rien... D'ailleurs, je ne dois pas me permettre de trouver cela mauvais; M. Dalville est le maître de son argent; qu'il le donne à des femmes qui le trompent, à des grisettes qui le ruinent; qu'il paye les meubles, les tapis et les robes d'indienne, ça n'est pas mon affaire, je dois payer et obéir; mais ça me fait mal, parce que... double citadelle!... les femmes d'un côté, l'écarté d'un autre...

— Qu'est-ce que c'est que l'écarté, monsieur Bertrand?

— Ah! c'est un petit jeu où l'on se ruine en s'amusant... On dit que c'est charmant, parce que ça va vite!... Moi, je trouve que ça va beaucoup trop vite; mais M. Auguste joue pour faire comme les autres... Ça le regarde. D'ailleurs, s'il veut se ruiner... vous entendez bien que... la subordination avant tout... A votre santé, mamzelle Denise!

Denise est très-étonnée de ce qu'elle vient d'entendre; elle ne sait si elle doit en croire Bertrand, qui boit et parle encore, lorsque Coco entre en sautant dans la salle.

— Quel est ce petit? demande Bertrand.

— C'est l'enfant auquel M. Auguste a donné tant de marques de générosité.

— Il est gentil ce petit... Viens ici, mon garçon... saute sur mes genoux : c'est ça. Est-ce que tu n'as ni père ni mère, mon petit blondin?

— Si, monsieur, j'ai papa Calleux, répond Coco en regardant Bertrand.

— Qu'est-ce qu'il fait ce père Calleux?...

— Il travaille à la terre.

— C'est un ivrogne, dit tout bas Denise à Bertrand.

— Tant pis!... c'est un vilain défaut... répond celui-ci en portant son verre à ses lèvres. Il faut boire... c'est une chose nécessaire... mais il faut savoir se modérer... et surtout ne jamais perdre la raison. Eh mais, en voyant ce petit, je me rappelle que c'est lui que mon maître est allé voir. Il m'a quitté en me disant : Je vais à la chaumière de l'enfant.

— Ah! mon Dieu, il ne trouvera personne, dit Denise. Et vous ne vous dites pas... Il faut aller au-devant de lui... Je le croyais chez madame Destival... Viens, Coco, viens; nous allons chercher ton bon ami... celui que tu aimes tant.

— Celui dont tu me parles tous les jours, Denise? dit l'enfant.

— Oui... ton bienfaiteur. Venez-vous avec nous, monsieur Bertrand?

— Ma foi! mamzelle Denise, je suis très-bien ici, et si vous n'avez pas besoin de moi...

— Non, non, ma tante vous tiendra compagnie. Viens, Coco, courons chercher ton bon ami.

L'enfant ne demande pas mieux que de suivre Denise. Tous deux laissent Bertrand faire un salut militaire à la mère Fourcy, qui vient d'entrer dans la salle basse, et prennent le chemin de la chaumière.

Mais Denise est agitée par divers sentiments; elle ne sait pas bien elle-même d'où vient son émotion; elle est contente, et pourtant elle tremble, elle respire avec peine; et comme on ne peut pas courir longtemps quand on respire mal, Denise ralentit ses pas, mais Coco continue de courir en avant, parce qu'à sept ans on ne connaît pas ces émotions-là.

Denise est tellement préoccupée de ce que lui a dit Bertrand, qu'elle ne s'aperçoit pas d'abord que l'enfant l'a quittée; mais Coco connaît très-bien les chemins; la jeune fille n'est donc pas inquiète, et elle s'arrête un moment sous un gros arbre, n'étant pas fâchée de se préparer à revoir le jeune homme de Paris. Mille pensées l'agitent; mais celle qui lui revient le plus souvent et doit frapper l'imagination de la petite, c'est qu'Auguste n'est revenu au village que parce qu'il pense qu'elle ne l'aime pas.

— Est-ce bien sûr qu'il pense cela? se dit Denise; ce M. Bertrand a peut-être mal entendu... Est-ce bien vrai que M. Auguste soit aussi trompeur qu'il le dit?... Un vieux militaire ne doit pas se connaître à tout ça... Mais, après tout, qu'est-ce que ça me fait?... puisque je n'aime pas ce jeune homme... Comme dit M. Bertrand, à quoi ça m'avancerait-il de l'aimer?... Il se moquerait de moi ensuite... Oh! il n'y a pas de danger que j'écoute un jeune homme de Paris... un coureur... un séducteur... un volage.

Et tout en disant cela, la petite rarrangeait son fichu, rajustait son bonnet, renouait son tablier, et se regardait en murmurant : — Mon Dieu! comme je suis chiffonnée... Si j'avais su ce matin... si j'avais pu deviner... Ce mons'eur ne me trouvera plus gentille... Oh! ça m'est égal; mais on n'veut pas non plus avoir l'air sans soin... sans goût...

Enfin Denise ayant achevé l'examen de sa toilette va quitter le gros arbre, lorsqu'une voix se fait entendre. C'est celle d'Auguste.

La petite l'a reconnu. Elle a besoin de s'arrêter encore pour reprendre sa respiration.

Mais Auguste n'est pas seul; il parle et rit avec une jeune villageoise fraîche et gentille, près de laquelle il marche en conduisant son cheval en laisse. Denise, masquée par le gros arbre, n'est pas vue par Dalville.

La paysanne s'arrête à cent pas de l'arbre qui cache Denise en disant à Auguste : — Adieu, monsieur; moi, j'vas par là... et vous, pisque vous allez à Montfermeil, vlà vot' chemin tout droit.

— Nous ne nous quitterons pas ainsi, ma belle enfant, dit Auguste en lâchant la bride de son cheval pour prendre la taille de la villageoise, il faut au moins nous dire adieu...

— Laissez donc, monsieur, laissez donc,... vous me serrez trop fort.

— Pas autant que vous me plaisez.

— Tiens! ça vous a donc pris comme ça, tout d'un coup, en descendant de cheval?

— Ça me prend toujours ainsi!...

— C'est pis qu'un coup de tonnerre!... Ah çà! voulez-vous ben me laisser?...

— Quand je vous aurai embrassée.

— Non, pas de ça... Prenez donc garde ; pendant que vous vous échauffez, vot' bidet va s'en aller...
— Je le retrouverai.
— Tenez, le vlà qui piaffe déjà dans les haricots de Nicolas...
— Laissons-le piaffer.
— Monsieur, je vous dis que je vas crier, si...

Le bruit d'un baiser interrompit la paysanne, et retentit jusqu'au cœur de Denise, qui entendait tout et ne bougeait pas. Ce premier triomphe allait peut-être être suivi d'un second, lorsque la voix de Coco se fit entendre ; il accourait vers Auguste, qu'il venait d'apercevoir en criant de toutes ses forces : — Vlà mon bon ami ! Bonjour, mon bon ami ! Viens-tu jouer avec moi ?...

A la voix de l'enfant, Auguste quitte la villageoise pour aller au-devant de Coco, et la paysanne s'éloigne par un chemin de traverse en disant : — C'est ben heureux que ce petit soit venu, quoique ça... car j'avais beau me défendre... c'est qu'il allait toujours !... Jarni ! queu farceur qu' ça fait !

Auguste prend l'enfant dans ses bras, il l'embrasse et reçoit avec joie ses innocentes caresses en lui disant : — Tu n'étais pas à la chaumière, Coco, je n'y ai trouvé personne ; est-ce que tu n'y demeures plus ?

— Non, je suis toujours avec ma petite Denise à présent ; depuis que grand'maman Madeleine est morte, je demeure avec Denise... Oh ! je suis bien heureux ! elle m'aime tout plein, Denise !... elle m'aime autant que Jacqueleine.

La jeune fille, après avoir essuyé ses yeux, d'où sortaient quelques larmes, a quitté le gros arbre, et s'approche d'Auguste en tâchant de prendre un air froid.

— Tiens... la vlà Denise, dit l'enfant en apercevant la petite laitière qui vient à eux ; aussitôt Auguste court au-devant de la jeune fille en s'écriant : — Vous voilà donc, ma chère Denise ! Que je suis aise de vous revoir !... Il y a si longtemps... Vraiment, vous êtes encore plus jolie.

Denise fait à Auguste une froide révérence, et lui répond d'un air contraint : — Vous êtes bien honnête, monsieur.

— Sans les occupations qui me retiennent à Paris, il y a longtemps que je serais revenu vous voir... J'en ai eu plus d'une fois le désir, car je pensais souvent à la petite laitière de Montfermeil ; et vous... pensiez-vous quelquefois à moi ?

— Oh !... pas souvent, monsieur, dit Denise en roulant le coin de son tablier.

— Voilà ce qui s'appelle de la franchise, dit Auguste avec un peu d'humeur ; mais bientôt il reprend sa gaieté habituelle et s'écrie : — Au fait, Denise, vous auriez eu bien tort de vous occuper de moi !... Est-ce que je mérite d'intéresser un cœur si neuf, si pur ?... Non, je me rends justice !... Décidément, Denise, je suis bien aise pour vous que vous n'ayez pas d'amour pour moi ; mais j'espère avoir votre amitié, et j'en serai digne malgré mes folies. N'est-ce pas, Denise ?... Vous serez mon amie, vous ; et lorsque quelques-unes de ces dames de la ville m'auront fait de nouvelles perfidies, c'est auprès de vous que je viendrai les oublier... Votre vue me raccommodera avec votre sexe ; vous me ferez croire de nouveau à la vertu, à la fidélité, à toutes ces qualités que nous cherchons chez les femmes, et... Ah ! Denise, je ne vous ai pas encore embrassée, et un ami a ce droit-là.

Denise tend sa joue en rougissant, et Auguste y cueille un seul baiser, parce que l'air froid et contraint de la petite laitière lui fait croire que ce n'est que par complaisance qu'elle lui accorde cette faveur.

— Il est donc arrivé bien des événements ici ? reprend Auguste. Coco m'a dit qu'il demeurait chez vous, que sa vieille grand'mère était morte...

— Oui, monsieur ; j'ai demandé au père Calleux à garder Coco avec nous, il y a consenti... J'ai pensé qu'auprès de nous Coco serait plus heureux. Ai-je mal fait, monsieur ?

— Est-ce que vous pouvez jamais faire mal ?...

— Et puis, ma petite Denise a bien soin de Jacqueleine, dit Coco, et elle me laisse jouer tant que je veux... à condition que, tous les matins et tous les soirs, je prierai le bon Dieu pour mon bon ami...

Denise rougit et baisse les yeux en disant : — N'est-il pas bien naturel de prier pour son bienfaiteur ?

Auguste se sent ému, il considère quelques instants la jeune fille et l'enfant, tout étonné qu'un peu d'or, donné pour faire du bien, lui procure un bonheur plus grand que celui qu'il répand à poignée pour payer des plaisirs. Puis, comme s'il eût été honteux de son attendrissement, il s'écrie :

— Me remercier pour une bagatelle !... Mais, maintenant que mon petit garçon est resté chez vous, je n'entends pas qu'il soit à votre charge. Il ne doit rien vous rester de la misère que je vous avais remise ; aujourd'hui nous réparerons mon oubli. Je veux que Coco fasse quelque chose, qu'il s'instruise...

— Oh ! Denise m'apprend déjà mes lettres, dit l'enfant.

— Comment, Denise, est-ce que vous savez lire ? dit Auguste.

— Oui, monsieur, et écrire aussi, répond la petite d'un air important.

Auguste sourit en disant :

— Mais, vraiment, cela est très-beau pour une laitière, et je suis sûr que vous êtes plus savante que toutes vos compagnes. En ce cas, je vous abandonne pour quelques années l'éducation de Coco. Plus tard... nous verrons... Je le ferai venir à Paris...

— Avec Jacqueleine, n'est-ce pas, mon bon ami ? dit le petit en prenant la main d'Auguste.

— Oui, mon garçon... Mais j'oublie ce pauvre Bertrand, qui m'attend dans quelque cabaret du village...

— Il est chez nous, monsieur ; je l'ai laissé avec ma tante.

— En ce cas, allons le rejoindre, car je vous avouerai, ma chère Denise, que je meurs de soif et de faim.

— Ah ! mon Dieu ! monsieur, et moi qui ne pensais pas à vous offrir... Venez vite... Oh ! nous serons bientôt arrivés.

On se met en marche ; Auguste offre son bras à la petite, qui l'accepte en rougissant, et ose à peine s'appuyer sur son compagnon de route, craignant que la plus légère pression de son bras ne fasse deviner au beau monsieur ce qu'elle voudrait se cacher à elle-même, et retenant jusqu'à sa respiration, parce qu'elle croit que tout doit la trahir. Heureux âge ! heureuse innocence ! où l'amour a toute sa pudeur, où celle qui l'éprouve, tout en cherchant à le cacher, le laisse paraître dans ses yeux, dans sa voix, dans ses moindres actions ! Certes, il eût été bien facile alors de lire dans le cœur de la jeune fille ; mais l'homme habitué au manége des coquettes de la ville peut-il se connaître au véritable amour ?

On arrive à la maisonnette ; on trouve la mère Fourcy assise près de Bertrand et ouvrant de grands yeux en regardant la petite bataille que l'ancien caporal arrose avec le petit vin du pays. La tante de Denise fait force révérences au monsieur de Paris ; Denise court, va, vient, met tout en l'air pour offrir sur-le-champ un joli déjeuner à Auguste ; et pendant qu'on le prépare, Coco mène son bon ami près de Jacqueleine, et la mère Fourcy le suit pour faire admirer au monsieur la beauté de ses coqs, la grosseur de ses œufs et la gentillesse de ses vaches. Après avoir visité la maisonnette, Auguste se rend dans le jardin, toujours guidé par la mère Fourcy et Coco ; on lui fait goûter des fruits, du raisin ; on lui offre les plus belles fleurs. Auguste trouve tout admirable, et chacune de ses approbations lui attire une nouvelle révérence.

Enfin le repas est préparé. Il est une heure après midi : c'est l'instant où l'on dîne au village. Denise a tant fait qu'elle offre à Auguste un repas complet. Les poulets, les canards, les lapins y ont passé. En voyant une table si bien servie, Auguste exige que ses hôtes y prennent place à côté de lui. Les villageoises font quelques façons ; mais le jeune homme déclare qu'il n'acceptera rien si on ne lui tient pas compagnie. On cède en faisant de nouvelles révérences ; Auguste se place entre Denise et son petit protégé, la mère Fourcy en face, et, sur l'invitation de son lieutenant, Bertrand prend place près de la tante.

Ce repas, égayé par les saillies d'Auguste, par les rasades de Bertrand, par la joie naïve de l'enfant, fait éprouver à chacun des convives un sentiment nouveau. La mère Fourcy, toute fière de dîner avec un beau monsieur, se tient à un pied de distance de la table, et ne prendrait pas son verre sans saluer la compagnie. Bertrand éprouve une vive satisfaction à être assis près de son lieutenant, et voulant prouver qu'il n'oublie point le respect qu'il lui doit, il conserve, tout en mangeant, la même tenue que s'il présentait les armes ; il ne lève pas les yeux de dessus son assiette, même pour verser à boire à sa voisine, ce qui l'expose quelquefois à verser à côté. L'enfant rit, bavarde, joue avec Auguste et donne à manger à sa chèvre. Denise parle peu ; elle est embarrassée, elle ne mange pas ; et cependant elle se trouve bien heureuse d'être assise près du jeune étourdi qui embrasse toutes les filles, et qui a le secret de se faire aimer même de celles qu'il ne courtise pas.

Auguste n'a jamais été si gai qu'à ce repas : il caresse l'enfant, il dit le petit mot pour rire à la mère Fourcy, il force Bertrand à trinquer avec lui ; il semble que l'air pur et frais des champs le dégage de toutes les sujétions du grand monde, et qu'heureux d'être un moment débarrassé d'étiquette et de galanterie, il respire avec plus de liberté.

— Bertrand, dit le jeune homme en se versant à boire, je crois vraiment que je suis plus content ici qu'à une table somptueuse, entouré de jolies femmes surchargées de bijoux et de parures, et servi par une armée de valets.

— Ici, monsieur, vous ne voyez que des gens qui vous aiment et qui ne vous ruineront pas en vous faisant des compliments et des politesses.

— Eh bien, Bertrand, quand les autres m'auront ruiné, c'est ici que je viendrai me consoler de l'ingratitude des hommes et de la perfidie des femmes. Mais vous ne me dites rien, Denise, est-ce que vous n'approuvez point mon projet ?

— Si, monsieur, répond la petite à demi-voix, et la tante s'écrie :

— Mais parle donc, mon enfant, tu ne manges plus et tu ne parles pas !... Décidément t'as queuque chose...

— En effet, dit Auguste, vous ne semblez pas partager notre gaieté. Qu'avez-vous donc, Denise ?

— Moi, monsieur ?... mais rien, je vous jure.

— Et moi, j' vous assure qu'elle a queuque chose, s'écrie la mère Fourcy. Pardi ! depuis queuque temps alle est toute retournée, elle n'aime pus la danse, elle n'aime pas les petits jeux, elle ne sait plus ce qu'elle aime... Oh ! mais je m'y connais, voyez-vous : une jeune fille qui devient comme ça, c'est signe qu'alle pense à queuque chose. Eh ben, faut pas rougir pour ça, mon enfant... t'es honnête, on le sait ben ; ça n'empêche pas de songer à se marier, et j'espère ben que monsieur nous fera l'honneur de venir à‑la noce.

— Oui, certainement, dit Auguste en faisant une légère grimace ; oui, Denise, je serai charmé d'être le témoin de votre bonheur... et puisque vous aimez quelqu'un... Ah ! vous ne m'aviez pas dit que vous aviez fait un choix...

Denise ne répond rien ; elle tient ses regards baissés et tâche de cacher son trouble en caressant la compagne fidèle de Coco.

Auguste se lève brusquement de table, et, sans dire un mot aux convives, sort de la salle d'un air de mauvaise humeur, et va se promener dans le jardin. Il ne veut pas s'avouer à lui-même ce qu'il éprouve, mais ce que vient de dire la mère Fourcy lui a fait mal ; tout en répétant qu'il ne songeait pas à Denise, il sent au fond du cœur que l'image de la jeune villageoise lui cause une émotion plus douce que celle des coquettes de Paris.

Auguste se promène au hasard dans les détours du jardin : il fait ce qu'il peut pour reprendre sa gaieté en se disant : — Je ne me conçois pas !..... prendre de l'humeur parce que cette petite aime quelqu'un... et que ce n'est pas moi. Moi !... Mais pourquoi m'aimerait-elle ?... Moi ! qu'elle n'a vu que trois fois... qu'elle ne connaît pas !... Il faut que j'aie bien de l'amour-propre pour penser que cette jeune fille pouvait m'aimer... Non, je sens là que ce n'est pas la vanité qui me le faisait désirer !... Allons, retournons à Paris, oublions cette petite laitière ! Ce ne sera pas difficile : qu'a-t-elle donc de si extraordinaire ?... Il y a dans Paris mille femmes plus jolies, plus piquantes, plus...

Auguste s'arrête, car en tournant la tête il vient d'apercevoir Denise à quelques pas de lui ; ses yeux contemplent la jeune villageoise qui semble craindre d'avancer et reste immobile contre un arbre : son embarras, sa rougeur, les regards furtifs qu'elle jette sur le jeune homme, donnent à toute sa personne une grâce, un charme que l'art ne peut imiter, et Auguste se dit tout bas : Non, il n'y en a pas une à Paris qui puisse lui être comparée.

Étonnée de voir leur hôte quitter la table si brusquement, Denise l'a suivi de loin dans le jardin. Elle se rappelle ce que lui a dit Bertrand, et comme son plus grand désir est qu'Auguste vienne souvent au village, elle se promet de bien cacher ce qu'elle éprouve en secret.

Auguste s'est approché de Denise ; pendant quelque temps ils restent en silence l'un devant l'autre ; enfin le jeune homme tâche de prendre un air indifférent, et lui dit :

— Vous aimez donc quelqu'un, Denise ?
— Oui, monsieur, répond la petite en rougissant et tenant ses yeux baissés.
— Il me semble que lorsque je vous ai rencontrée pour la première fois, dans le petit sentier du bois, vous m'aviez dit que vous n'aviez pas d'amoureux.
— C'est vrai, monsieur.
— C'est donc depuis ce temps que vous avez donné votre cœur ?

Denise soupire et se tait.

— Je n'ai pas le droit de vous questionner, reprend Auguste avec dépit ; mais c'est l'intérêt que vous m'inspirez... c'est... Tenez, Denise, je me trompais bien ! car je croyais que vous m'aimiez un peu...
— Oh ! non, monsieur, je ne vous aime pas !... pas d'amour.... Il faut bien que je vous dise cela, puisque vous ne viendriez plus au village s'il en était autrement. Mais venez-y, monsieur.... oh ! venez souvent voir l'enfant que vous avez adopté !... Je n'oublierai pas que je ne suis qu'une paysanne et que vous êtes un monsieur de la ville ; et je vous assure bien que je n'aurai jamais d'amour pour vous.

En achevant ces mots, la jeune fille se retourne pour qu'Auguste ne voie pas les larmes qui s'échappent de ses yeux ; mais celui-ci est déjà loin d'elle. Il marche à grands pas vers la maison, et entre dans la salle basse en disant :

— Allons, Bertrand, il faut retourner à Paris.
— Retournons à Paris, mon lieutenant ; me voici disposé à faire quatre lieues par heure.... Adieu, la maman ; votre vin est gentil,... un jour que Schtrack aura le temps, je l'amènerai jusqu'ici pousser une reconnaissance...

La petite revient ; elle voudrait lire dans les yeux d'Auguste, mais, sans la regarder, le jeune homme lui dit :

— Adieu, Denise ; nous partons.
— Déjà !... s'écrie Denise ; vous aviez l'air de vous trouver si bien ici !...
— Oui, je m'y trouve très-bien, en effet ; mais des affaires m'appellent... Je vous reverrai Denise ; je reviendrai vous voir....
— Vous ne serez plus si longtemps sans venir embrasser Coco.
— Non, je vous le promets. Prenez ceci, c'est pour lui... Je n'ai pas besoin de vous le recommander... vous êtes si bonne !
— Oh ! pour ça, monsieur, alle aime c't enfant comme si c'était son frère...

— Mais à quoi bon me laisser tant d'argent, monsieur ?
— Sa chaumière tombe en ruine, vous la ferez réparer. Vous ferez clore le petit jardin qui est derrière ; vous achèterez pour mon petit garçon...
— Mais, monsieur, ça fait mille écus que vous me donnez là, et il ne faut pas tant d'argent pour tout ça...
— Prenez, je le veux ; et, si cela ne suffisait pas, tenez, voici mon adresse à Paris ; écrivez-moi, Denise, et vous aurez sur-le-champ de mes nouvelles.

Auguste jette son adresse sur la table, et embrasse l'enfant.

— Adieu, mon bon ami ! dit le petit en passant ses bras autour du cou d'Auguste ; la mère Fourcy fait au jeune homme une révérence qui dure le temps que l'on mettrait à compter les mille écus. Denise le regarde avec embarras, attendant qu'il vienne l'embrasser ; mais il n'en fait rien. Après avoir dit adieu à l'enfant, il salue tout le monde, et remonte lestement à cheval, puis s'éloigne avec Bertrand, laissant la petite attristée de la froideur avec laquelle il vient de la quitter, et se disant : — Qu'a-t-il donc ?.... Il ne venait pas parce qu'il craignait de m'aimer ; il a l'air fâché parce qu'il sait que je ne l'aime pas. Comment faut-il donc faire pour le voir souvent ?

Tout en trottant près de son lieutenant, Bertrand se permettait, suivant l'usage, quelques réflexions, et disait :

— Certainement, il est beau d'être généreux... et l'on ne doit pas regretter l'argent donné pour faire le bien. Cependant, monsieur, il me semble que mille écus..... c'est beaucoup dans ce moment où notre caisse est peu garnie ; vous auriez pu vous gêner moins en donnant en plusieurs fois, cela serait revenu au même.

— Il est probable que je ne retournerai pas au village de longtemps, dit Auguste d'un ton pensif.

— Ah ! alors, c'est différent... c'est moi qui ai tort.

CHAPITRE XII. — Placement de fonds et jeux innocents. — Le Punch et le Lampion.

De retour à Paris, Auguste trouve chez lui M. Destival qui l'attendait, et qui court presser la main de son cher ami.

— Ce cher Dalville, que diable devenez-vous donc ? dit l'homme d'affaires en jetant en même temps par-ci un coup d'œil vers la fenêtre et regardant dans la rue.
— Vous m'attendiez, je suis désolé.
— Oh ! il n'y a pas de mal... A la vérité j'ai mille courses à faire dans Paris ; mais mon nouveau cheval est délicieux... Peste ! c'est un animal précieux... L'avez-vous remarqué à la porte ?
— Non ; je n'ai pas pris garde.
— J'ai fait repeindre mon cabriolet, et j'ai pris un nègre pour jockey ; il faut bien monter sa maison quand les affaires augmentent. J'ai donné une cuisinière à ma femme... un cordon bleu... Vous en jugerez ; je veux que vous veniez dîner demain ; j'ai quelques personnes... tous gens très-riches. Ce n'est pas que je tienne à cela, moi, je ne suis pas comme la Thomassinière, qui est toujours à nous étourdir avec sa fortune, ses maisons !... Cela est d'autant plus ridicule, que, quand on connaît comme moi l'origine du cher spéculateur, vous conviendrez que ses prétentions semblent risibles... Avez-vous remarqué mon nègre en bas ?
— Non, je n'y ai pas fait attention.
— C'est un garçon bien taillé... d'un noir superbe... J'aime mieux un seul nègre que tous ces grands laquais qui abîment une voiture... A propos, ma femme vous en veut, mon ami, elle dit que vous la négligez.
— Mais je vous assure...
— Oh ! vous ne venez presque plus ! ce n'est pas bien !... Plus de musique, plus de chant, plus de partie de spectacle ; vous nous oubliez, Dalville, et cependant vous savez si nous sommes vos véritables amis !... Mais parlons un peu d'affaires. Je me suis occupé de vos intérêts ; car, quoiqu'on ne vous voie pas, on n'en pense pas moins à vous.
— Vous êtes trop bon !...
— Vous êtes un étourdi, vous, et vous ne songez pas à gagner de l'argent ; mais moi je ne suis pas comme la Thomassinière, de ces égoïstes qui ne songent qu'à eux ; je trouve une occasion de tirer un grand bénéfice de mes capitaux ; mais je me suis dit : Pourquoi n'associerais-je pas ce cher Dalville à cette opération ? Pourquoi m'enrichir seul ? Le bonheur d'un ami double le nôtre... et puis je ne suis pas un ambitieux, je ne veux pas jeter de la poudre aux yeux et faire de l'embarras comme certaines gens de notre connaissance ; je veux m'arrondir, voilà tout. Bref, l'affaire dont je vous ai parlé il y a quelque temps peut se faire ; je réponds d'un bénéfice certain... mais il nous faut des fonds.
— Je puis réaliser deux cent cinquante mille francs.
— C'est assez ; avec ce que j'ai... nous marcherons ; en moins d'un an, je veux ces fonds vous rapportent vingt-cinq mille francs... C'est gentil, hein ?
— Je me fie à votre prudence ; je m'entends très-peu aux affaires, mais je ne voudrais pas hasarder ma fortune...

— Oh! soyez tranquille, mon ami ; pour la prudence je suis un vrai serpent! D'ailleurs, moi-même, pensez-vous que je veuille risquer mon bien ?... Et quand pourrez-vous avoir ces fonds ?
— Dès demain.
— Vous me les apporterez en venant dîner...
— Volontiers.
— C'est entendu ; le reçu en sera préparé... car il faut que tout se fasse avec ordre. Ce cher Dalville !... vous engraissez, mon ami, vous avez une mine charmante !...
— Vous trouvez ?... Aujourd'hui cependant je me sens un peu fatigué.
— Ma foi, il n'y paraît pas !... vous êtes un gaillard !... Au milieu de ses conquêtes toujours d'une santé de fer...
— Oh ! pas précisément de fer...
— Mais vous êtes encore si jeune auprès de moi !... Je serais votre père !... Quel âge avez-vous? vingt-deux ans, tout au plus ?...
— J'en ai bientôt vingt-sept.
— Oh ! c'est extraordinaire !... Mais je vous quitte ; j'ai tant d'affaires !... Il faut que j'aille chez Monin ; je lui ai vendu ma pharmacie. Je vais l'engager à dîner ainsi que son épouse : ce sont des gens qui n'ont pas inventé la poudre... surtout ce pauvre Monin, qui se laisse mener par sa femme comme un vrai bambin ; mais c'est honnête, oh ! c'est la probité même ; et moi je tiens à cela... je tiens essentiellement à cela. A demain donc, mon cher ami, et n'oubliez pas les fonds.
— C'est convenu.

Destival quitte Auguste, après lui avoir de nouveau pressé la main, comme s'il avait une convulsion. Dans l'antichambre, l'homme d'affaires rencontre Bertrand : nouvelles salutations de sa part à l'ancien caporal, auquel il serre aussi la main en disant : — Ce bon et brave Bertrand ! que je suis aise de le rencontrer... Et cette santé, mon ancien, toujours parfaite ?... toujours une tenue superbe !... Comme ça fait du bien d'avoir été militaire ! Mais je vous assure que la leçon que vous m'avez donnée m'a singulièrement servi !... J'espère qu'un de ces jours vous voudrez bien m'en donner une seconde, mon brave, et je serai toujours fier de les recevoir... Au revoir, estimable Bertrand.

Et sans avoir laissé à Bertrand le temps de répondre un mot, monsieur Destival ouvre la porte, descend l'escalier, et avant d'être au bas du dernier étage crie à tue-tête : — Domingo !... holà ! Domingo !, mon nègre !... ouvrez donc mon cabriolet.

Un nègre gros et trapu, vêtu d'une veste rouge et coiffé d'un petit chapeau de jockey, avec une avance de dix pouces, s'avance en trottinant avec peine dans une culotte de peau qui a servi dix ans à M. Destival, et dont il a jugé convenable de faire présent à son jockey, auquel elle est beaucoup trop étroite, en lui assurant qu'il ne serait pas deux ans à son service sans que la culotte lui soit devenue trop large.

A la vue de son nègre, Destival regarde à droite et à gauche pour voir si on le remarque ; mais comme personne ne s'arrête pour regarder Domingo, l'homme d'affaires se décide à monter dans son cabriolet, et après s'être assuré par le petit carreau que son nègre est derrière, M. Destival fouette son cheval, en criant gare ! même quand il n'y a personne.

— Mon cher Bertrand, tu ne me gronderas plus, dit Auguste à l'ancien caporal après le départ de M. Destival.
— Pourquoi cela, monsieur?
— C'est que je mets de l'ordre dans mes affaires... Je confie mes fonds à Destival, qui va les faire valoir de manière que dans quelque temps je sois aussi riche qu'autrefois.
— Vous confiez votre fortune à ce monsieur, qui est si poli?
— Oui, mon ami.
— Tout ?
— Mais à peu près : je lui remets deux cent cinquante mille francs ; il m'en restera environ vingt mille devant moi, pour vivre, pour m'amuser, en attendant que je compte avec Destival, ce que je ne veux pas faire avant quelque temps...
— C'est fort bien, monsieur ; mais avez-vous des sûretés? Car, enfin, deux cent cinquante mille francs, c'est une somme ! et quand on n'a plus que cela !...
— Sois tranquille ! j'aurai toutes les sûretés possibles ; d'ailleurs, Destival est un homme prudent, sage !... Oh ! j'aurais plus de confiance en lui qu'en la Thomassinière, qui cependant est beaucoup plus riche ; et puis, quand je voudrai mes fonds, je n'aurai qu'à le prévenir trois mois d'avance.
— Mais s'il voulait les garder, lui, vous préviendrait-il aussi, mon lieutenant ?
— Fi ! Bertrand, est-ce qu'il ne faut voir partout que des intrigants et des fripons ?...
— Dieu m'en garde, mon lieutenant, car alors il faudrait faire un feu de file continuel sur tous ceux qu'on rencontrerait.
— Au fait, je n'ai point à me plaindre du sort : je jouis de la vie, je ne me refuse rien, et ma fortune va s'augmenter... Si quelques coquettes me trompent, je le leur rends bien... Je suis fâché, cependant, contre cette petite Denise ; je sens que je l'aurais tant aimée !... Avoir donné son cœur sans me le dire !...
— Est-ce qu'elle avait besoin de votre permission, mon lieutenant?
— Non ! mais si j'étais devenu amoureux d'elle... si j'avais conçu l'espoir de m'en faire aimer... Tu conviendras, Bertrand, qu'il est fort désagréable pour un jeune homme qui a quelque mérite, de penser qu'une si jolie fille lui préfère quelque rustre, quelque lourdaud paysan !...
— Monsieur, ce rustre, ce lourdaud lui offrira sa main, il en fera sa femme, il chérira en elle la mère de ses enfants, et ne la quittera jamais... Croyez-vous que dans la balance tout cela ne l'emporte pas sur les œillades, les soupirs et les jolis propos du jeune homme de Paris ?
— Tu as raison, Bertrand : quelquefois je n'ai pas le sens commun ; ne parlons plus de Denise... J'irai la voir quand elle sera mariée... Mais jusque-là, je ne veux plus aller à Montfermeil, cette petite est trop séduisante...
— Bravo ! mon lieutenant, voilà qui est agir en homme d'honneur.

Auguste se rend chez son notaire ; en descendant l'escalier, il rencontre madame Saint-Edmond : c'est la première fois qu'il la revoit depuis l'aventure du Tournebride.

A l'aspect d'Auguste, Léonie s'arrête, s'appuie contre la muraille, tourne les yeux, tire son mouchoir, et n'omet rien de ce qui peut faire penser qu'elle va se trouver mal ; mais sans faire attention à la pantomime expressive de sa voisine, Auguste se contente de lui faire un grand salut, et passe sans s'arrêter.

Le notaire a remis à Dalville les fonds qu'il avait à lui ; celui-ci met en portefeuille deux cent cinquante mille francs, c'est bien sûr tout ce qui lui reste, en l'engageant à être moins économe dans ses dépenses, parce que leur fortune devant se doubler, il ne voit pas pourquoi ils se refuseraient quelque chose. Le lendemain Auguste prend le portefeuille et se rend à cinq heures chez Destival, en recommandant de nouveau à Bertrand de s'amuser. Pour obéir à son maître, l'ancien caporal va trouver son ami Schtrack, avec lequel il se propose de faire une petite promenade.

L'homme d'affaires a pris un logement plus grand que celui qu'il occupait précédemment. Il a monté sa maison avec plus de luxe, et quoiqu'il ne puisse encore rivaliser d'élégance avec monsieur de la Thomassinière, on voit qu'il fait tout ce qu'il peut pour en approcher ; mais généralement la peine que l'on se donne pour tromper les yeux produit rarement le résultat qu'on espère, et ne sert qu'à se faire moquer de soi. Dans les arts, il est rare que l'on réussisse en sortant de son genre, et dans le monde on est ridicule quand on veut se donner pour ce qu'on n'est pas. En vain la grisette voudra, sous son grand chapeau, rivaliser les minauderies d'une femme du beau monde ; en vain le garçon tailleur, habillé de neuf des pieds à la tête, croira, parce qu'il porte les modes les plus nouvelles, avoir l'air d'un agent de change ; le naturel perce toujours : on peut en imposer à la multitude, et, dans la foule, passer pour ce qu'on n'est pas ; mais au moindre examen.

Le masque tombe, l'homme reste,
Et le héros s'évanouit.

C'est ainsi que la société nous offre une foule de gens qui, en ne cherchant pas à faire plus qu'ils ne peuvent, seraient fort estimables et ne prêteraient point à la critique. Chez un petit commis à cent louis d'appointements, on veut donner des soirées, des bals ; on met la maison sens dessus dessous ; on démonte les lits pour avoir plus de place, on fait venir un piano, on prépare des carafes de sirop, on loue des quinquets, des lampes ; on donne du punch, on sert à souper. Mais, malgré tout le mal qu'on s'est donné, la société, beaucoup trop nombreuse pour le petit appartement, ne sait où se placer : il n'y a point assez de chaises ; à la place où était le lit, le papier est d'une autre couleur et fait deviner le déménagement du matin ; le piano n'est point d'accord ; les rafraîchissements, tout préparés, ne sont point assez sucrés, parce qu'on a économisé le sirop pour faire une carafe de plus ; les lampes ne vont pas, parce qu'on n'a pas l'habitude de s'en servir ; le punch est fait avec de l'eau-de-vie mauvaise, parce qu'on a pris la moins chère, et au souper vous ne trouvez que du pain rassis pour manger avec la volaille qu'on vous présente. Le monde aime à critiquer : on rit tout bas de tout ce qui a été mal, sans tenir compte de ce qui était bien. Au lieu de cela, ne valait-il pas mieux donner une soirée sans prétention, n'avoir pas tant de monde, et laisser son lit à sa place ; servir une pièce froide de moins, mais donner du pain tendre ; enfin ne pas montrer la prétention d'avoir une grande soirée, et ne chercher que l'occasion de réunir quelques amis?

Chez l'homme d'affaires, on n'a pas démonté les lits, parce qu'on a un salon assez vaste pour contenir une nombreuse société ; les lampes éclairent bien, parce qu'on s'en sert souvent, et le punch est bon, parce que madame Destival ne connaît point ces mauvaises économies avec lesquelles on ne fait jamais complètement bien. Mais Domingo, placé dans l'antichambre pour annoncer, et Baptiste, qui court sans cesse d'une pièce à l'autre pour exécuter les ordres de son maître, et qui murmure sur tout ce qu'on lui dit de faire, ont quelque chose de comique qui frappe, parce que Destival appelle sans cesse son nègre et son valet de chambre en leur donnant les épithètes de drôle et de faquin.

Lorsque Dalville arrive, plusieurs personnes sont déjà réunies dans le salon; notre étourdi reconnaît M. Monin et sa moitié, qui cette fois n'a pas un chapeau de bergère, mais un turban énorme sous lequel sa grosse figure ressemble parfaitement à celle d'un Turc. Auguste n'est pas à moitié du salon, que Monin lui a déjà demandé comment va l'état de sa santé. Madame Destival fait à Auguste l'accueil le plus gracieux, et les reproches qu'elle lui adresse sur la rareté de ses visites sont faits avec tant d'amabilité, qu'ils ne peuvent que faire naître le regret de les avoir mérités. Avant qu'Auguste ait examiné le reste de la société, M. Destival entre dans le salon, et en voyant Dalville pousse un cri de joie comme s'il le croyait ressuscité, puis va lui prendre les mains en disant : — Le voilà ce cher ami... c'est lui!... il ne nous a pas manqué!... Que c'est aimable de sa part!... Oh! c'est que c'est une faveur de l'avoir!... Il a tant d'invitations!... tant de connaissances!... il a de la peine à suffire à tout...

L'homme d'affaires ajoute plus bas :
— Avez-vous songé à notre placement?
— J'ai cela sur moi, dit Auguste.
— En ce cas, passons dans mon cabinet... et finissons cela avant dîner, pour ne plus songer qu'aux plaisirs.
— Volontiers.
— Mesdames, un million de pardons si je vous enlève ce cher Dalville; mais je vous promets de vous le rendre dans cinq minutes, sans quoi je conçois que vous m'en voudriez mortellement.

En disant cela Destival entraîne Auguste dans son cabinet. Là, ce dernier lui remet le portefeuille. L'homme d'affaires, après avoir compté les billets, les serre avec soin dans son secrétaire, et donne à Auguste une reconnaissance de la somme; Auguste la met dans sa poche en disant : — C'est fort bien : j'examinerai cela chez moi. Ces messieurs retournent au salon; Dalville empressé de faire connaissance avec quelques jolies femmes qu'il a entrevues, et Destival aussi radieux que s'il venait de trouver une mine de diamants.

La société s'est augmentée de plusieurs personnes, parmi lesquelles Auguste remarque trois sœurs jeunes et jolies, mais qui parlent, marchent et ne sourient qu'avec affectation; une jeune femme, fort gaie, fort causeuse, fort disposée à rire avec tout le monde, mais principalement avec les messieurs; une petite niaise de seize ans, bien timide, bien gauche, qui n'ose lui parler de sa maman ni regarder les gens auxquels elle parle. Un grand monsieur, à besicles, qui va mettre son nez sur les tableaux, les gravures, les écrans, les flacons, touche à tout, examine tout en secouant la tête, et laissant échapper deux ou trois : hum! hum! qui sans doute veulent dire quelque chose, tandis qu'un petit homme embarrassé de son gros ventre, de ses bras courts, de sa petite tête, ne sachant enfin que faire de toute sa personne, se dandine continuellement, tantôt sur la jambe gauche, tantôt sur la droite, joue avec sa chaîne de montre, tire la langue quand on le regarde, et se gratte le nez quand on ne le regarde pas.

En général, la société semble plus choisie en femmes qu'en hommes; mais lorsqu'on fait des affaires, on a des relations avec toutes les classes, et souvent ce n'est pas l'homme qui a meilleure tournure qui vous fait gagner le plus d'argent.

Au milieu de tout ce monde, Monin se tient presque constamment derrière la chaise de sa femme, et ne sortant de là que pour aller s'informer de l'état de la santé de chacun; puis, quand il a été adresser sa phrase à un nouvel arrivant, il revient en souriant se mettre derrière sa moitié, ouvre sa tabatière et la présente à Bichette, qui, malgré son turban, joute avec son mari et lui prendra la plus grosse prise.

Six heures sont sonné, Domingo vient en tortillant dire, dans un baragouin où il se perd toutes les langues : — Maître, soupe servie!... Et Monin, qui n'a pas remarqué le nègre dans l'antichambre, et croit que c'est un négociant de la côte de Guinée que l'on a invité à dîner, va quitter la chaise de sa femme pour aller demander à Domingo comment va l'état de sa santé, lorsque Bichette, qui devine l'intention de son mari, le retient par son habit en lui disant :
— Restez là... Où allez-vous donc, monsieur Monin? est-ce que vous ne voyez pas que c'est le nègre de M. Destival?...
— Ah! c'est un nègre, Bichette!...
— Comment, monsieur, vous ne vous en apercevez pas?
— Si fait, mais je vois là... J'ai cru qu'il parlait allemand... il a dit : Soupe servie...
— Eh bien! monsieur, c'est donc de l'allemand, cela?... Au reste, quand on fait tant que d'avoir un nègre, on devrait bien lui apprendre à marcher; est-ce que je voudrais d'un jockey qui a l'air d'avoir du plomb dans sa culotte!... Il est gentil leur Domingo!... c'est quelque méchant sauvage qu'on aura passé au jus de réglisse pour en faire un nègre.
— Le dîner est servi, et monsieur et madame de la Thomassinière n'arrivent pas! dit avec humeur madame Destival.
— Nous n'attendons plus que ça... ils sont terribles! jamais exacts!... il est six heures bien sonnées...

— Six heures dix, dit le grand monsieur à besicles.
— Je suis toujours avec le soleil; hum! hum!...
— Six heures sept, dit Monin en tirant sa montre.
— Vous retardez, monsieur!... Hum! hum!
— Mon mari se met toujours sur le canon du Palais-Royal, dit madame Monin en jetant un regard fier sur l'homme à lunettes, tandis que le petit monsieur aux bras courts, pour venir à bout de tirer sa montre de son gousset, se met deux fois sur la jambe gauche et trois fois sur la droite, et, parvenu enfin à faire sortir une montre d'argent après laquelle est attachée une chaîne d'or, regarde longtemps le cadran, et dit :
— Oui... il doit être bien à peu près ça.
— Ma foi, dit Destival, si la Thomassinière n'amenait pas madame, nous serions à table, parce qu'il est ridicule de faire attendre toute une société; mais une jolie femme trouve toujours quelque chose à refaire à sa toilette, il faut pardonner aux Grâces. Domingo, qu'on tienne les entrées chaudes... Baptiste, que les réchauds soient rouges... Allons, drôles... un peu de vivacité quand je commande!

Domingo n'en marche pas plus vite, parce que la culotte de peau y met ordre. Baptiste, toujours de mauvaise humeur, pousse brusquement le nègre en murmurant : — Allons donc, moricaud!... joli aide qu'on m'a donné là! il ne sait que casser des assiettes et voler de la liqueur!... Je voudrais qu'il en bût tant qu'il cassât tout le cabaret de porcelaine! ça leur apprendrait à donner une veste rouge toute neuve à ce vilain noiraud, tandis que, depuis trois ans, on me laisse avec un méchant habit râpé.

La demie a sonné, les visages s'allongent. Auguste cause avec un de ses voisins, qui lui dit : — Ne trouvez-vous pas, monsieur, qu'il est ridicule qu'une ou deux personnes fassent attendre toute une société, et que souvent des gens respectables soient aux ordres d'un faquin à qui il plaira de n'avoir pas d'exactitude? Chez moi, quand on dîne, on dîne à une heure fixe; jamais je n'attends deux minutes ceux que j'invite, et je vous réponds qu'ils sont exacts, parce qu'ils savent qu'on dînerait sans eux.

Auguste trouve que son voisin a raison. Madame Destival perd patience; monsieur va à chaque instant dans la salle à manger, et revient en s'écriant :
— Tout sera froid!... Les petits pâtés ne seront plus mangeables : c'est extrêmement désagréable!
— Oui, dit le monsieur aux besicles, la pâtisserie ne vaut rien réchauffée... hum! hum!... parce qu'elle n'est bonne que chaude... hum!

Monin paraît très-affecté de ce qu'on dit des petits pâtés; et le monsieur qui se dandine, se gratte le nez d'un air piteux. Enfin, à sept heures, on sonne avec violence, et bientôt monsieur et madame de la Thomassinière entrent dans le salon.

Athalie est resplendissante : sa toilette est magnifique; son cou, ses bras sont surchargés de diamants, et l'éclat qu'ils répandent se marie parfaitement avec l'expression piquante de ses traits. A sa vue, les hommes laissent entendre un murmure d'admiration; les femmes ne disent rien : elles examinent, elles scrutent sa toilette jusque dans les moindres détails, et leurs yeux ne peuvent cacher un petit mouvement de jalousie, parce que tout est bien et qu'il n'y a pas moyen de critiquer, ce qui est une bien grande jouissance dans la société, où l'on n'épargne pas même ses amis!... Jugez de ce qu'on dit des autres!

La Thomassinière, qui a encore gagné le matin une vingtaine de mille francs sur un terrain qu'il a revendu, et qui a presque tous les jours à sa table M. le marquis de Cligneval, fait plus l'important que jamais; il se gonfle dans son habit, se rengorge dans sa cravate, traîne ses pieds en marchant, et fait aller son corps comme le balancier d'une pendule. En entrant dans le salon, il jette des regards insolents sur tout le monde, ne salue personne, marche sur les pieds et sur les robes sans demander excuse, et ne répond pas à Monin, qui a quitté le derrière de la chaise de Bichette pour aller dire au spéculateur :
— Comment va l'état de votre santé?
— Que vous êtes cruel pour vous faire désirer, mon cher de la Thomassinière! dit M. Destival en tendant la main au parvenu, qui lui donne deux doigts d'un air protecteur en disant :
— Oui, c'est vrai... Que voulez-vous? quand on n'a pas un moment à soi!... Nous avons bien manqué ne pas venir... Mon ami le marquis voulait nous emmener à la campagne; mais j'ai pensé que ça vous ferait faute si nous ne venions pas, et j'ai dit : Allons-y... Mais, ma foi, ça a tenu à bien peu de chose!...

Pendant cette conversation, Monin est resté derrière M. de la Thomassinière; n'obtenant pas de réponse, il se décide à retourner près de sa femme. Mais Bichette, qui voit tout ce qui se fait dans les quatre coins du salon, a remarqué que la Thomassinière n'a pas rendu le salut à son époux, et elle fait des yeux furibonds au parvenu en disant à son mari :
— Pourquoi avez-vous été saluer ce grossier personnage?...
— Bichette, je
— Qu'avez-vous besoin de vous informer de la santé de tout le monde?

— Bichette, c'est parce que...
— Est-ce que vous êtes l'ami de ces gens-là?...
— Tu sais bien que nous les avons vus chez M. Destival... En uses-tu, Bichette?
— Est-ce que vous n'avez pas remarqué que cet insolent, ce malotru, qui fait un embarras si ridicule, vous a tourné le dos sans répondre à votre politesse?
— Il ne m'a peut-être pas vu, Bichette...
— Pas vu!... vous étiez sous son nez!... Vous êtes une poule mouillée, monsieur Monin!... Ces Thomassinière me payeront cela!... En attendant, avisez-vous encore de parler à cet homme ou à sa femme, et je vous retire votre tabatière pour huit jours.

Monin, effrayé de la menace, repasse derrière la chaise et prend trois prises de suite. Mais Domingo a crié de nouveau qu'on était servi, et tout le monde se rend dans la salle à manger. Dalville offre sa main à la maîtresse de la maison, un petit maître de province a donné la sienne à la brillante Athalie, le monsieur aux besicles s'approche des trois sœurs en disant qu'il se charge de conduire les Grâces; la Thomassinière va seul, trouvant sans doute que c'est bien

Domingo est le groom de M. Destival, et Baptiste ne peut pas le souffrir.

assez de présenter sa personne; Monin marche au pas avec une vieille douairière, et madame Monin se trouve la dernière dans le salon avec M. Bisbis (c'est le nom du petit homme qui se dandine); il vient en sautillant se présenter à la grosse dame au turban, lui offre sa main droite, puis sa gauche, puis représente la droite, et madame Monin, impatientée, finit par saisir son cavalier à bras-le-corps, comme si elle allait danser une sauteuse, et l'entraîne ainsi vers la salle à manger.

Dalville occupe une des places d'honneur à côté de la maîtresse de la maison, et auprès de lui est la jeune dame qui cause si facilement; la petite-maîtresse est entre le beau fils de province et le monsieur aux hum! hum! son mari près d'une vieille maman et d'une des trois sœurs; madame Monin a son conducteur pour voisin, et Monin se trouve près de la petite niaise qui n'ose lever les yeux, et à laquelle, avant qu'on ait servi le bœuf, il a déjà offert deux fois du tabac.

Le dîner est somptueux : trois services, quatre entrées à chacun. Monin n'a pas le temps de visiter sa tabatière; il est encore anchois que déjà le premier service a disparu. La Thomassinière a trouvé l'occasion de dire que le madère est mauvais, que les olives sont trop salées, que le beurre ne vaut pas celui de sa terre de Fleury, et enfin que ce n'est pas assez de deux domestiques pour servir vingt personnes. Il est vrai qu'on laisse souvent M. de la Thomassinière demander deux fois une assiette, parce que Domingo n'arrive jamais assez vite, et que Baptiste s'embrouille et perd la tête en courant autour de la table.

Au second service, Baptiste laisse tomber un macaroni sur madame Monin, et Domingo casse une pile d'assiettes en voulant courir. Madame Monin jette les hauts cris, on a taché sa robe de gros de

Naples; madame Destival tâche de la calmer, M. Destival gronde ses gens, et Monin n'ose plus se verser à boire, parce que Bichette est en colère.

Tout en buvant de tous les vins, la Thomassinière ne cesse de répéter qu'il a mieux que ça dans ses caves. Destival fait des yeux à sa femme, qui a assez d'esprit pour ne point avoir l'air de faire attention aux sottises que débite le parvenu. Athalie paraît s'ennuyer des fadeurs de ses voisins; madame Monin semble tenter la conquête de M. Bisbis, qui se dandine sur sa chaise, et ne sait comment manger de la charlotte russe, qu'il se décide à attaquer avec sa fourchette; Monin lorgne des yeux de la gelée au rhum, qu'il craint de ne pas voir arriver jusqu'à lui; et déjà il a dit deux fois à Baptiste : — Dites donc... le domestique, donnez-moi donc de ce plat qu'on sert là-bas... Mais Baptiste, toujours de mauvaise humeur, s'éloigne de Monin en murmurant entre ses dents : — J'ai bien autre chose à faire... Comme tous ces gens-là mangent! il ne restera rien pour nous!

Monin n'étant pas servi par Baptiste, se décide à s'adresser à Domingo, auquel il donne son assiette en lui disant : — Le nègre, demandez un peu de cette chose qui brille... pour une personne.

Domingo va présenter l'assiette à M. Destival, qui sert la gelée, en lui disant : — Un peu de chose qui brille, pour petit monsieur au gros nez.

Tout le monde se met à rire; madame Monin, seule, trouve fort mauvais que le nègre se permette de désigner ainsi son époux, et elle passe sa colère sur un troisième pot de crème, en disant à M. Bisbis :
— J'aimerais mieux me faire servir par quatre ramoneurs que par un nègre.

Après avoir pris le café et la liqueur, on sort de table à peu près aussi gaiement qu'on s'y est mis, c'est-à-dire que l'on s'est ennuyé, comme c'est l'ordinaire à un dîner de cérémonie. Mais déjà les personnes invitées pour le soir arrivent en foule; bientôt le salon est trop petit pour contenir toute la société, parce qu'on peut à peine marcher, et que chacun s'écrie : — Ah Dieu! que de monde, qu'il fait chaud ici!

Les parties se forment, M. de la Thomassinière s'est établi à une table d'écarté, sur laquelle il a jeté sa bourse en disant : — Je ne joue que de l'or. Mais les jeunes personnes, les jeunes dames et quelques hommes qui ont le bon esprit de préférer la conversation des dames à un jeu de cartes, se réfugient dans la chambre à coucher de madame Destival; Athalie s'y rend aussi, ainsi que Dalville et d'autres jeunes gens. On décide que les jeux de cartes ne seront point admis, et, pour faire quelque chose, on propose les petits jeux innocents.

La proposition est acceptée, on s'assied en rond. Madame Monin accourt pour se mêler aux jeux innocents, et veut que l'on commence par : dans mon trou, dans le trou commun et dans le trou du voisin, jeu qu'elle démontre à la société, en mettant, avec beaucoup de dextérité, son index à droite, à gauche et dans le centre du rond; mais malgré la gentillesse avec laquelle madame Monin met dans le trou du voisin, le jeu est rejeté, et on lui préfère le corbillon, qui fait toujours donner des gages, quoique madame Monin dise que ce soit trop facile, et qu'il ait des rimes en on plein la tête. Cependant, à la seconde tournée, elle reste court, parce qu'on a dit les mots qu'elle savait, et elle regarde M. Bisbis en lui disant : — Soufflez-m'en un. Et M. Bisbis lui dit à l'oreille : — J'en cherche un pour moi.

On se lasse du corbillon, et une demoiselle ayant proposé le colin-maillard assis, les messieurs adoptent ce jeu à l'unanimité. C'est la petite niaise qui commence; elle reconnaît la troisième personne sur laquelle elle s'assied; c'est son petit cousin, qui est venu après le dîner. Après le petit cousin, vient le tour du monsieur aux besicles, qui se pose avec précaution sur les dames, en disant : — Hum! hum!... Je puis deviner... Hum!... hum!... Je sais qui c'est... Hum!... Parbleu! si on mettait les mains, ce serait trop facile.

Cependant, il s'est assis sur toute la société sans deviner; heureusement il lui reste madame Monin, et celle-là est reconnaissable. Enchantée d'avoir été prise, madame Monin se laisse mettre le bandeau, et va se jeter au hasard sur la société; elle écrase du poids de son corps un beau fils, qui s'écrie :
— Nommez, madame! nommez donc, je vous en prie...
— Un moment, monsieur! vous êtes bien pressé, dit madame Monin en cherchant les moyens pour reconnaître.
— Madame, ôtez-vous, je n'en puis plus!... crie le jeune homme, qui devient écarlate.
— Il me semble, monsieur, que vous n'êtes pas bien malheureux de m'avoir sur les genoux.
— J'étouffe, madame!...

La grosse maman veut de l'obstination; mais comme chacun craint de la recevoir sur les genoux, on propose sur-le-champ de tirer les gages, malgré les réclamations de madame Monin, qui veut absolument s'asseoir sur M. Bisbis, lequel jure, cependant, n'y rien de reconnaissable.

Une des trois sœurs tient les gages enveloppés dans sa robe; un jeune officier y met la main pour tirer, et les mêle très-longtemps afin qu'il n'y ait pas de tricherie. C'est Athalie qui ordonne. Un monsieur doit faire une confidence, une dame doit faire un bouquet. On dit au jeune officier de tirer le gage ; mais probablement qu'il ne le tenait pas encore bien, car il a beaucoup de peine à se décider à retirer sa main cachée sous les plis de la robe de la jolie demoiselle. Enfin, le gage est amené ; il appartient à la jeune niaise. Il faut qu'elle fasse une confidence. Elle hésite, et ne sait à qui elle doit l'adresser, ou plutôt elle n'ose la faire au petit cousin, qu'elle a regardé en dessous en rougissant ; mais sa maman est là, et elle choisit M. Monin pour son confident.

Monin, qui s'était glissé derrière la chaise de sa femme, est tout surpris quand la jeune fille lui dit : Monsieur, voulez-vous venir avec moi?...

L'ex-pharmacien ne sait ce qu'il doit faire, et se baisse vers sa moitié, à laquelle il dit tout bas :

— Bichette, faut-il que j'aille avec elle?...

Il y a parmi les invités un grand monsieur à besicles, qui va mettre son nez sur les tableaux, les gravures...

— N'êtes-vous pas bien à plaindre, d'être choisi pour recevoir la confidence d'une jolie demoiselle? dit madame Monin en souriant à M. Bisbis.

Alors Monin se laisse prendre la main par la petite fille, qui le mène dans un coin du salon, où elle lui dit tout bas à l'oreille :

— Monsieur, il a fait bien beau aujourd'hui.

Monin regarde la demoiselle d'un air hébété en disant :

— Eh bien!... qu'est-ce qu'il faut que je réponde?

— Rien, monsieur, dit la jeune personne.

Et elle retourne à sa place, tandis que Monin gagne la sienne en disant aux personnes qui l'entourent :

— C'est un joli jeu!... Je ne savais pas que je savais y jouer.

Le gage suivant appartient à Athalie. Elle va bouder, et chacun s'empresse d'aller bouder auprès d'elle ; et tout en boudant, Dalville en obtient un rendez-vous. C'est une bien jolie chose que les jeux innocents! On défend aux demoiselles bien élevées de valser ; mais on leur permet de faire ou de recevoir des confidences, de se cacher avec un jeune homme, ou d'attendre dans un petit cabinet noir qu'on relève le portier du couvent ; et ce sont toujours des baisers à donner ou à recevoir, dans les petits coins, en cachette, derrière les rideaux. Si j'ai jamais une fille, je la laisserai valser sous mes yeux ; mais je lui défendrai les jeux innocents.

Le monsieur aux besicles est condamné à faire un compliment sans a. Après s'être gratté le front, il s'avance au milieu du rond, et prononce d'un air satisfait : La femme est le chef-d'œuvre du monde.

Le gage qui suit est à madame Monin, qui doit faire un voyage à Cythère. Elle se lève avec empressement, et tend la main à M. Bisbis lui disant : Venez voyager avec moi.

Le gros monsieur se laisse conduire dans un petit cabinet, dont madame Monin referme la porte sur eux ; et M. Monin, qui voit cela, dit à un de ses voisins :

— Qu'est-ce qu'ils vont donc faire là-dedans?

— Ils sont à Cythère.

— Ah! bon!... je vois ce que c'est!... c'est encore une confidence... Elle va lui dire qu'il a fait beau temps aujourd'hui!... Je connais le jeu à présent.

Après être restés assez longtemps, Bichette et son compagnon reviennent de Cythère ; et quelques dames remarquent que le turban est un peu dérangé, et que M. Bisbis ne sait plus sur quelle jambe se tenir ; ce qui n'empêche pas M. Monin de s'approcher de sa femme et de lui dire :

— Bichette, est-ce gentil?

— Quoi, monsieur?

— A Cythère?

— Fort gentil, monsieur... Et cette réponse est accompagnée d'un coup d'œil fripon à M. Bisbis, qui se gratte le nez plus longtemps qu'à l'ordinaire, tandis que Monin s'avance vers lui avec sa tabatière, en lui disant :

— Est-ce que vous en usez aussi?

Le jeu est interrompu par le punch que Domingo apporte. Le nègre présente le plateau aux dames, qui font des façons pour accepter un verre de punch qu'elles trouvent toujours trop fort, ce qui ne les empêche pas quelquefois d'y revenir. Les hommes entourent Domingo, et saisissent le punch au passage. Monin court après le plateau, qui a passé plusieurs fois devant lui sans qu'il ait pu parvenir à attraper un verre ; enfin, après avoir suivi Domingo dans tous les détours qu'il a faits au milieu de la société, Monin parvient à l'arrêter au moment où il retourne dans la salle à manger.

— Un instant donc, le nègre! dit Monin en avançant la main vers le plateau, que celui-ci tient toujours. Domingo s'arrête en murmurant :

— Vous voulez boire encore?

— Comment encore! s'écrie Monin ; eh bien! il est bon là le nègre!... Je n'en ai pas goûté, et j'aime beaucoup le punch.

M. Bisbis.

En disant cela, Monin porte les yeux sur le plateau : tous les verres sont vides. Le pauvre homme est stupéfait :

— Moi, revenir tout à l'heure avec punch tout chaud, dit Domingo en s'éloignant ; et Monin, pour se consoler, tire sa tabatière et retourne aux petits jeux en se disant :

— Il faudra que je tâche de l'attraper plus tôt tout à l'heure.

Madame Monin, que le voyage à Cythère a beaucoup échauffée, dit à son mari, qui revient près d'elle :

— Allez donc me chercher un second verre de punch, monsieur Monin ; celui que j'ai bu n'était pas à moitié plein ; je suis sûre que c'est calculé pour qu'on puisse en offrir plus souvent sans en faire davantage.

— Bichette, le nègre n'en a plus, mais il m'a dit qu'il reviendrait tout à l'heure avec punch tout chaud... Alors, je...

— C'est bon, c'est assez... Eloignez-vous; je crois que ce monsieur me cherche pour faire le *pont d'amour*.

Mais l'espoir de madame Monin est déçu, ce n'est pas à elle que s'adresse un jeune officier, qui est condamné à faire le *pont d'amour*; il prend Athalie qui se prête en riant à la pénitence, et Dalville remarque avec un peu de dépit que la petite-maîtresse fait le pont d'amour aussi volontiers avec d'autres qu'avec lui. Pour se consoler, il donne un *baiser à la capucine* à une jeune dame dont le mari fait le Chevalier de la triste figure; et la petite niaise reçoit une confidence de son jeune cousin, pendant que sa maman ordonne pour un autre gage; et la jolie demoiselle, qui les tient, fait la moue, parce que ce n'est plus le jeune militaire qui les tire; et le monsieur aux besicles cherche depuis une heure une pénitence nouvelle, tandis que, pour la plupart de ceux qui sont là, le jeu n'est que le prétexte qui permet à chacun de se rapprocher de la personne qui lui plaît. C'est ce que ne voient pas toujours les mamans et les papas, c'est ce dont s'inquiètent peu les maris; mais c'est ce que remarque fort bien l'observateur, qui cherche dans un salon autre chose qu'une table d'écarté ou une conversation banale, avec des gens qu'on rencontre pour la première fois, et que souvent on n'a pas envie de revoir.

Une nouvelle entrée de punch distrait des conversations particulières et des petits jeux, qui commencent à languir. Domingo est de nouveau entouré, et Monin se met encore à la piste du nègre; mais les jeunes gens, qui viennent en riant assiéger le plateau, écartent sans cesse l'ex-pharmacien, qui ne se trouve encore en face de Domingo que lorsque tous les verres sont vides.

Monin, fort contrarié, retourne près de sa femme, qui finit de vider son troisième verre, et le donne à son mari pour qu'il aille le reporter, en s'écriant :

— Il est assez agréable, n'est-ce pas, monsieur ?

— Je ne sais pas s'il est agréable, répond Monin avec humeur, mais je n'ai pas encore pu parvenir à le goûter.

— Parce que vous êtes un maladroit, que vous ne savez pas vous y prendre... Si vous aviez vu M. Bisbis, comme il s'est élancé sur le plateau! J'ai cru un moment qu'il allait prendre tous les verres!... mais vous êtes si lent!

— Bichette, je vas te dire... c'est le nègre...

— Otez-vous de là, monsieur... on va jouer à *la mer est agitée*... Il faut que j'en sois...

— Qu'est-ce qui est agité, Bichette?

Voyant que sa femme ne s'occupe plus de lui, M. Monin s'imagine d'aller se mettre en embuscade à la porte du salon; de cette manière, il espère être le premier à saisir le nègre au passage, et il ne manquera plus le punch. Enchanté de son idée, Monin va se placer en sentinelle à l'entrée du salon, se bourrant de tabac pour prendre patience; mais il attend depuis une demi-heure, et Domingo n'apporte plus rien. Monin risque un coup d'œil dans la salle à manger. Il sent l'odeur du punch, cette vapeur odorante annonce que l'on n'a pas tout consommé; Monin se glisse dans l'antichambre, et, toujours guidé par l'odeur, arrive contre une petite porte entr'ouverte, et aperçoit Domingo avalant du punch, non pas dans un petit verre, mais avec une grande jatte de faïence. Monin est resté tout surpris dans son coin, lorsque Baptiste paraît dans le fond de l'office avec une assiette pleine de biscuits; il repousse le nègre, boit plusieurs verres coup sur coup, et trempe des biscuits dans le punch, en se dépêchant de les manger, tandis que Domingo, pour se dédommager, fourre des macarons et des massepains dans les poches de sa veste.

Monin ne sait s'il doit s'en aller, ou demander aux domestiques la permission de prendre aussi quelque chose, lorsque M. Destival, qui appelle vainement dans le salon Baptiste et Domingo, arrive près de l'office et surprend ses gens.

— Ah! drôles! coquins!... je vous y prends! s'écrie l'homme d'affaires en courant sur ses valets. Domingo se sauve en trottinant; mais Baptiste reste, et répond sans se troubler :

— Ne criez pas tant!... pour un peu de punch! ne faites pas tant de tapage!... J'étais bien aise de le goûter, moi; je me suis donné assez de mal aujourd'hui!...

— Qu'est-ce à dire, coquin? tu te permets de raisonner!... Misérable!... il mangeait aussi mes biscuits!... Faquin! voleur!...

— Voleur! répond Baptiste en regardant M. Destival d'un air furieux; ne vous permettez pas de m'insulter... ça ne vous irait pas!... il faut que je sois bien bon pour rester dans votre baraque de maison!... où les domestiques n'ont ni à boire ni à manger... Et mes gages de deux ans dont je ne peux pas accrocher un sou!... sans compter les avances que j'ai faites...

— C'est bon, taisez-vous, Baptiste! reprend M. Destival d'un ton plus bas, en voilà assez... je ne vous dis plus rien.

— Et moi, je vous dis que ça m'ennuie! reprend Baptiste en criant plus fort. Ah! vous prenez un moricaud et vous ne me payez pas plus que le boulanger, le boucher, la fruitière, l'épicier dont je reçois les sottises tous les matins!... Eh ben! je veux mon argent... et si vous n'êtes pas content, ça m'est égal... avec vous mes embarras, moi, je sais ben de quoi i' retourne.

— Taisez-vous donc, Baptiste!... Qu'est-ce que c'est que c'est que ces folies-là?... Allons, mon garçon, mangez encore un biscuit et allez vous coucher...

Les cris de Baptiste ont attiré dans l'antichambre plusieurs personnes du salon.

— Qu'est-ce donc ? Qu'y a-t-il ? se dit-on ; et Destival s'empresse de répondre :

— Ce n'est rien, c'est mon valet de chambre qui est gris, et il ne sait plus ce qu'il dit.

— Non, je ne suis pas gris, crie Baptiste en s'avançant pour sortir de l'office, payez-moi mes gages au lieu de m'appeler voleur...

Destival s'empresse de pousser la porte de l'office sur le nez de Baptiste et la ferme à double tour en disant : — Ce pauvre garçon, quand il a bu il dit cent sottises... mais je lui pardonne, parce qu'il m'est très-attaché.

Les personnes qui sont venues là ont l'air de croire ce que dit M. Destival, parce qu'il ne serait pas honnête de faire autrement ; mais on se regarde en dessous, on rit, on chuchote, on fait tout bas des commentaires, et Baptiste, ne pouvant venir dans l'antichambre, tape comme un diable après la porte en criant d'une voix enrouée :
— Mes gages!... payez-moi et renvoyez-moi!... ça me fera plaisir!...ça m'ennuie d'entendre tous les jours les scènes que font vos créanciers.

Heureusement que la porte fermée couvre un peu la voix de Baptiste ; et pour qu'on l'entende moins encore, l'homme d'affaires crie plus haut que lui : — C'est bon, Baptiste ! c'est bon ! vous vous repentez, je vous pardonne... je sais que vous êtes fidèle... ça me suffit.

Dans tout cela, Monin s'est vu frustré de sa dernière espérance ; car il n'est pas présumable que les valets reparaîtront dans le salon pour apporter du punch; il retourne près de sa femme ; on se parle dans le salon de la scène de l'antichambre, on en cause même aux *jeux innocents*, et madame Monin s'écrie :

— Ah Dieu ! si je n'avais pas offert ma *Petite boîte d'amourettes* dans ce moment-là, je n'aurais pas perdu un mot de ce qu'a dit ce Baptiste!... Mais, je vous étiez, monsieur Monin, vous avez tout entendu... Que s'est-il passé?...

— Bichette, je guettais le nègre pour avoir du punch... et c'est lui qui le buvait...

— Qui, lui ?

— Le noir.

— Qu'est-ce que c'est que le noir ?

— Le valet en veste rouge...

— Après ?...

— Après, il a pris des macarons... C'est-à-dire, je crois que c'est l'autre qui a d'abord mangé les biscuits... Je ne suis pas bien sûr....

— Ah! que vous narrez mal, monsieur Monin!... Au lieu d'écouter ce qu'on disait, vous ne vous êtes occupé que des biscuits et des macarons... fi ! vous êtes d'une gourmandise !... Vous n'allez en société que pour boire et manger...

— Mais, Bichette, puisque je n'ai pas...

— Fi!... taisez-vous... et trouvez-moi mon châle, vous voyez bien qu'on s'en va.

En effet, le moment du départ est venu, déjà les mamans ont mis leur châle ou leur chapeau. Les jeunes personnes sont plus lentes à trouver ce qui leur manque, et toujours quelque jeune homme officieux est auprès d'une jolie demoiselle et s'offre de chercher avec elle. On a encore quelque chose à se dire avant de se quitter, on veut profiter de la confusion qui règne dans ce moment dans les salons.

Dalville n'a pas entendu parler de la scène de l'antichambre, occupé à baiser le *dessous du chandelier*, qu'il avait eu soin de placer sur la tête d'une fort jolie personne, il s'inquiétait fort peu de ce qui se passait ailleurs, et madame de la Thomassinière n'avait pas écouté les méchancetés que l'on débitait de tous côtés sur les maîtres de la maison.

Mais déjà le salon est dégarni, les dames partent; Auguste en fait autant, satisfait d'avoir passé sa soirée sans jouer à l'écarté, et s'apercevant qu'on peut s'amuser sans perdre son argent. Auguste est arrivé chez lui ; il monte, sonne, on ne lui ouvre pas. Comme ordinairement Bertrand attend son maître, le petit Toni emporte rarement une clef. Après avoir sonné de nouveau sans être plus heureux, Auguste pense que Bertrand, auquel il a dit de se divertir, pourrait fort bien ne pas être encore rentré. Il envoie Toni s'en informer chez la portière, et reste sur le carré en réfléchissant que quelques jours auparavant il eût facilement trouvé un endroit pour passer la nuit sans sortir de sa maison.

La voisine, qui probablement a entendu Dalville rentrer et sonner, passe un peignoir et sort de chez elle tenant un bougeoir à la main ; elle descend un étage et aperçoit le voisin qui se promène tranquillement sur le carré. Léonie descend encore quelques marches... tousse légèrement, et se décide enfin à descendre près d'Auguste. Une jolie femme est très-séduisante en peignoir ; les cheveux mollement enveloppés dans un fichu de soie, de dessous lequel s'échappent de grosses boucles qui retombent sur un sein très-blanc, que le peignoir ne cache jamais entièrement, parce qu'il y a toujours une ou deux épingles mal mises qui trahissent les secrets de la beauté... ou qui peut-être lui servent d'auxiliaires.

— Vous ne pouvez pas rentrer, monsieur Dalville? dit madame Saint-Edmond avec cette voix douce qu'elle sait si bien prendre quand on ne lui laisse pas une carte à payer. Auguste fait un salut profond à la voisine, et lui répond froidement :

— Comme vous voyez, madame...

— M. Bertrand s'est donc oublié quelque part... Il lui est peut-être arrivé quelque chose...

— J'espère que non...

— Ce serait bien malheureux ! un si brave homme, qui vous aime tant !...

Léonie pousse un gros soupir et ne dit plus rien. Auguste se penche sur la rampe pour écouter si Toni remonte. Léonie, voyant qu'Auguste garde le silence, se décide à renouer la conversation.

— Monsieur, si vous vouliez vous reposer chez moi jusqu'à ce que vous puissiez rentrer... Il me semble que vous seriez mieux que sur ce carré.

— Je vous remercie, madame; mais je ne veux pas vous déranger, ni troubler votre sommeil.

— Cela ne me dérangera pas, monsieur. Quant à mon sommeil, depuis plusieurs jours... je ne dors plus...

— Est-ce que vous avez encore perdu votre carlin, madame?

— Que vous êtes méchant !... Comme vous vous faites un jeu de ma douleur !...

Léonie pousse un soupir plus fort, et comme elle n'a pas de mouchoir, elle prend un coin de son peignoir qu'elle porte à ses yeux ; ce mouvement découvre des choses bien séduisantes ! mais quand on pleure, on ne songe pas à tout, et en cachant ses yeux on ne peut pas voir ce que l'on met à découvert.

Auguste, qui se défie de sa faiblesse, se penche toujours sur la rampe, et n'ôte pas ses yeux de dessus la loge du portier en criant :

— Eh bien, Toni ! est-ce pour aujourd'hui ?

Léonie se rapproche d'Auguste, et lui dit d'une voix touchante :

— Mon Dieu, monsieur ! que vous ai-je donc fait ?

— Ce que vous m'avez fait, madame? mais il me semble que vous le savez autant que moi...

— Ah ! monsieur... comment un homme d'esprit peut-il se fier aux apparences?...

— Madame, il me semble qu'il n'y avait pas besoin d'esprit pour voir ce que j'ai vu...

— Et qu'avez-vous donc vu, monsieur ?... Est-ce qu'on ne peut pas dîner chez le traiteur avec un homme sans avoir la moindre préférence pour lui ?... Et vous, monsieur, que faisiez-vous avec cette femme qui a eu l'impertinence de me mettre un moutardier sous le nez ?...

— Oh ! moi, madame, je suis plus franc que vous, j'avoue que je vous trompais.

— Ah ! que je suis malheureuse !

Léonie a recours à son expédient ordinaire, elle s'évanouit ; mais elle a soin de tomber sur Auguste, qui se trouve avec la voisine sur les bras. Dans ce moment, le petit Toni remonte et dit à son maître qu'il lui est impossible de comprendre ce que dit Schtrack, qui est gris. Auguste pose doucement Léonie sur les marches de l'escalier, dit à Toni d'avoir soin d'elle, puis il descend chez son portier, qui est à moitié endormi et peut à peine parler.

— Bertrand est-il rentré? dit Auguste en secouant le bras du vieil Allemand, qui lève la tête et envoie au jeune homme une bouffée de vin en balbutiant :

— Pertrand !... ah ! sacretié !... Pertrand !...

— Voyons, Schtrack, parlez donc... vous avez été avec lui ?

— Foui !...

— Où est-il ?

— Est-ce que fous l'avez bas troufé ?...

— Si je l'avais trouvé, vous le demanderais-je ?... Où est-il ? où l'avez-vous laissé ?... pourquoi n'est-il pas rentré avec vous ?

— Sacretié ! j'étais bas assez fort bour borter Pertrand... il ne bouvait blus marcher... mais nous afons cholimant bien bu !...

— Je m'en aperçois... Enfin, où trouverai-je Bertrand ?

— Oh ! fous le verrez pien !... il y a bas de danger !... il être en sûreté... là-bas... dans le haut de la rue. Montez !... montez touchours... auprès de la parrière Moutmartre...

— Il est donc au cabaret ?...

— Non, quand je fous dis que fous le verrez pien.

Auguste ne pouvant tirer de Schtrack d'autres renseignements, se décide à aller à la recherche de Bertrand ; il se fait ouvrir la porte, et sort au milieu de la nuit pour tâcher de retrouver son fidèle compagnon, guidé seulement par les faibles renseignements que Schtrack vient de lui donner ; Auguste, qui demeure rue Saint-Georges, prend la rue Saint-Lazare, et se dirige du côté de celle des Martyrs, parce qu'il sait que c'est ordinairement à Montmartre que Bertrand se promène.

Voulant profiter de la permission qu'Auguste lui a donnée, Bertrand avait en effet engagé Schtrack à venir faire un tour avec lui. Le vieil Allemand n'avait eu garde de refuser ; et, laissant sa femme à son poste, il avait ciré ses bottes, pris sa canne, et suivi l'ami Bertrand, qui, à peine hors de la porte cochère, avait entamé la bataille de Wagram, ce qui devait nécessairement les mener très-loin. En effet, l'affaire de Wagram durait toujours, et l'on était arrivé aux buttes de Montmartre sans s'être rafraîchi. Schtrack, qui n'avait encore risqué que des *sacretié*, proposa d'entrer dans un bouchon, ce qui s'exécuta sur-le-champ. Ces messieurs trouvèrent le vin mauvais, parce qu'ils étaient habitués à la cave de Dalville, et sortirent du cabaret pour en chercher un meilleur ; ils entrèrent dans un second, burent une autre bouteille, décidèrent encore qu'elle ne valait rien, et cherchèrent un autre cabaret. Au bout de quatre heures de promenade, ces messieurs avaient bu six bouteilles et fait six cabarets ; arrivés au septième, ils commencèrent à trouver le vin moins mauvais, ou plutôt ils ne furent plus en état de le juger. Là, Bertrand recommença ses campagnes; Schtrack fuma quatre cigares, et il était près de minuit quand on prévint ces messieurs qu'on allait fermer.

Bertrand paye sans compter, et se remet en route avec Schtrack ; mais le grand air achève de tourner la tête aux deux amis. Bertrand surtout, qui n'est plus habitué au mauvais vin, sent bientôt ses jambes qui fléchissent ; et tout en se donnant les épithètes de lâche, de paresseux, et en se disant : — Va donc, méchant buveur ! il tombe au coin de la rue des Martyrs et de celle du Faubourg-Montmartre.

Schtrack, qui a conservé plus de tête parce qu'il est habitué au vin de cabaret, pousse un *sacretié* en voyant tomber Bertrand, et essaye de le relever. Il n'en peut venir à bout. Après quelques minutes, pendant lesquelles Schtrack crie de temps à autre : — Allons, camarate Pertrand, en route ! le vieil Allemand s'aperçoit que le camarade ronfle déjà comme s'il était dans son lit.

— Tiens !... il dort, se dit Schtrack ; il faut bas le réveiller, il être très-bien là pour tormir... Mais pourtant, si quelque voiture allait baisser sans vrir le camarate...

Cette réflexion inquiète Schtrack, qui voudrait cependant aller dormir aussi, lorsqu'en jetant les yeux autour de lui, il aperçoit un épicier qui est encore ouvert ; notre Allemand se dirige aussitôt vers la boutique, et y demande un lampion. On le lui donne, et il a soin de le faire allumer ; tenant à la main son fanal, Schtrack revient vers Bertrand, qui dort toujours paisiblement étendu près de la muraille. Le vieux portier prend le chapeau du dormeur, le place contre sa tête, pose le lampion allumé dessus, et s'éloigne en se disant : À présent, il y a bas de danger, il pouvait tormir tranquillement.

Le lampion a été aperçu par Auguste, qui sans cela aurait passé près de Bertrand sans le voir. Le jeune homme ne peut s'empêcher de sourire à cette invention de Schtrack ; mais il secoue le bras de l'ancien caporal, qui ouvre les yeux, se lève à demi, repousse d'un coup de coude le lampion protecteur, et ne conçoit pas pourquoi il est dans la rue.

Auguste met Bertrand au fait ; celui-ci, que le sommeil a dégrisé, est désolé de s'être oublié au point de tomber dans la rue, et veut aller se jeter à l'eau pour se punir d'avoir bu tant de vin. Auguste parvient à le calmer, et tous deux regagnent leur demeure ; le jeune homme songeant à la fausseté de Léonie, à la coquetterie d'Athalie, à la dissimulation de Denise, et se promettant d'être plus sage ; Bertrand se rappelant le mauvais vin de cabaret, et jurant de ne plus boire.

CHAPITRE XIII. — Denise et Coco à Paris.

Dix jours s'étaient à peine écoulés depuis la visite de Dalville à Montfermeil, lorsqu'en revenant un soir du cabaret, le père Calleux, qui sans doute y voyait double, ou n'y voyait plus du tout, se laissa tomber dans un fossé nouvellement creusé près de la route ; dans ce fossé se trouvaient quelques pavés destinés à la réparation du chemin, et la tête du paysan se fendit dessus. Le lendemain, le petit Coco était orphelin.

Mais il lui restait Denise, qui l'aimait tendrement ; la mère Fourcy, qui s'était attachée à l'enfant ; et enfin, les bienfaits d'Auguste : au milieu d'amis qui nous donnent de tels preuves de tendresse, on ne se croit plus seul sur la terre. Combien d'infortunés dont les parents ne sont pas morts, et qui pourraient cependant se croire orphelins !

Denise paye quelques petites dettes qu'a laissées le père Calleux, et qui ne s'élèvent pas en tout à cent francs ; car on fait peu de crédit à un pauvre homme. La chaumière reste à l'enfant ; c'est son unique héritage ; mais elle est en si mauvais état qu'il serait dangereux de l'habiter ; le chaume est à moitié tombé, les murs badins menacent ruine, et les matériaux qui ont servi à la construction sont si mauvais qu'on ne peut en tirer parti. On n'a donc plus que le terrain ; mais avec l'argent que Dalville a donné, on peut élever là une petite maisonnette, l'entourer d'un jardin, et le cultiver. Voilà ce que Denise dit à sa tante, qui lui répond : I n' faut pas se presser, mon enfant... l' faut attendre que ce monsieur revienne, et lui demander son avis.

Mais à seize ans on n'aime pas attendre : Denise pense que le beau monsieur peut être fort longtemps sans revenir au village, et u

matin, en regardant l'adresse qu'Auguste a laissée, et sur laquelle elle portait souvent les yeux, elle s'écrie :
— Ma tante! si nous écrivions à ce monsieur!... Vous savez ben qu'il nous a donné son adresse pour que nous le prévenions si nous avions besoin de lui.
— T'as raison, mon enfant, dit la mère Fourcy; t'as toujours de bonnes idées!... Tu sais écrire!... C'est toi qui écriras, ma petite.
Denise reste pensive, et ne répond pas.
— Est-ce que tu ne sais plus écrire, mon enfant? reprend la mère Fourcy.
— Oh! si, ma tante... mais pas assez bien pour écrire à un monsieur de Paris.
— Alors, ma petite, fais-lui écrire par ce vieux bourgeois qu'est retiré ici, et qui écrit les lettres de toutes les nourrices... Il a joliment la plume en main, celui-là !... Il vous fait des phrases de deux pages pour vous dire que vot' enfant a eu la colique, ou qu'il a besoin d'un béguin. Ou ben, prie le voisin Manllard de te rendre ce service : c'est un ancien maître d'école; i' doit écrire comme un Barème !
Denise garde toujours le silence ; mais, au bout d'un moment, elle dit en baissant les yeux :
— Ma tante, est-ce qu'il ne vaudrait pas mieux aller à Paris parler à ce monsieur?... Est-ce que ça ne serait pas plus honnête que d'écrire?...
— T'as encore raison, mon enfant : au fait, il y a des petites voitures qui partent à huit heures du matin pour Paris, et vous en ramènent à quatre...
— Et vous savez ben, ma tante, que je suis déjà allée deux fois à Paris, et qu'il ne m'est jamais rien arrivé.
— Oui, mon enfant, va ; il n'arrive qu'à celles qui le veulent ben.
— Et puis, j'emmènerai Coco avec moi; n'est-ce pas, ma tante ?
— Oui, ma petite ; ça fera plaisir à ce monsieur. C'est une politesse à lui faire, et si je n'étions pas si occupée ici, j'aurions été avec toi demander à dîner à ce monsieur, parce que je sais vivre, vois-tu ?...
Denise aime autant que sa tante ne puisse pas venir ; mais, enchantée de ce qu'elle lui permet d'aller à Paris, elle court sur-le-champ retenir sa place et celle de Coco pour le lendemain matin, et pendant le reste de la journée fait les préparatifs de sa toilette ; Coco saute de joie en songeant qu'il va aller en voiture voir son bon ami, et la mère Fourcy met dans un grand panier deux paires de poulets, un quarteron d'œufs, des poires et une galette pour le jeune monsieur de Paris.
Denise s'est éveillée avant l'aurore : on est au commencement d'octobre, mais la journée est belle et rappelle à la petite celle où elle rencontra Auguste pour la première fois. Sa toilette est bientôt terminée : elle a mis un déshabillé tout neuf et son bonnet le plus élégant, celui avec lequel, le dimanche, elle fait la conquête de tous les garçons et le désespoir de toutes les filles du village. Mais, à Paris, ce joli bonnet aura-t-il le même pouvoir? Denise ne désire pas faire plusieurs conquêtes : il n'est qu'une seule personne à qui elle voudrait plaire, tout en se disant cent fois par jour : — Non, je n'aime pas ce monsieur.
Coco est habillé bien proprement ; la mère Fourcy leur donne le panier en disant :
— Vous lui ferez ben les compliments de ma part... et qu'il mange les poulets à mon intention, et i' me dira des nouvelles de c'te galette-là !...
Denise court avec Coco, de crainte de manquer la voiture ; enfin elle est dedans, l'enfant près d'elle, le panier entre ses jambes, et en part pour Paris.
La route n'est pas bien longue ; Denise a cependant trouvé qu'elle était éternelle, tandis que l'enfant, enchanté d'être en voiture, voudrait qu'on n'arrivât jamais. On arrive pourtant aux bureaux des voitures, rue Saint-Martin, et Denise, prenant le panier sous un bras et donnant la main à Coco, demande la rue Saint-Georges et se met en route pour la Chaussée-d'Antin.
Chemin faisant, la gentillesse de Denise, son costume villageois lui attirent plus d'un compliment ; mais la jeune fille n'y répond pas, et presse sa marche, quoique le panier soit bien lourd et que Coco commence à se lasser de marcher sur le pavé de Paris.
Quand on ne connaît pas une ville, on fait plus de chemin qu'il ne faut : Denise a souvent pris une rue pour une autre ; elle ne veut pas toujours demander, parce que ceux à qui elle s'adresse s'offrent pour lui donner le bras. La petite paysanne est en nage, Coco fait la moue et répète à chaque instant :
— Où donc que c'est mon bon ami? Et il y a plus d'une grande heure qu'ils marchent, lorsqu'ils se trouvent enfin dans la rue Saint-Georges.
— Nous y voilà, Coco, dit Denise avec joie; voilà la maison de M. Auguste ; il sera content de te voir... Oh! je suis sûre qu'il nous recevra bien !
L'enfant oublie sa fatigue, ils entrent sous la porte cochère ; Denise regarde avec embarras autour d'elle : elle n'est pas maîtresse de son émotion, et s'arrête devant l'enfant et son panier entre deux beaux escaliers, ne sachant de quel côté diriger ses pas, tandis que Coco se met à crier de toute sa force :
— Mon bon ami, c'est nous qui t'apportons de la galette et des poires.
— Qu'est-ce que c'est que ze train-là ? dit M. Schtrack en entr'ouvrant la porte de sa loge et regardant la jeune villageoise et l'enfant qui sont au milieu de la cour. — Tites donc, betite, est-ce que fous fenez crier des oies ici?
Denise rougit et regarde Schtrack en balbutiant :
— Par où faut-il monter, monsieur?
— Il ne faut bas monter ti tou, sacretié ! ça n'est bas un marché à folailles ici... Allez crier tehors avec le betit frère...
Déjà Schtrack s'avance pour mettre à la porte Denise et l'enfant, lorsque Bertrand descend l'escalier, et demeure fort surpris en apercevant la jeune fille.
— Comment, c'est vous! mon enfant... le petit Coco aussi!...
— Oui, monsieur Bertrand, c'est nous... Ah ! que je suis contente de vous voir !... on nous renvoyait de la maison!
— Comment, Schtrack ! tu renvoyais cette jolie fille?...
— Mais, sacretié, pourquoi qu'elle ne bas dire ce qu'elle veut?... Le petit criait comme un âne dans le cour : Pon ami, pon ami, te la calette!... Est-ce que je connais pon ami ?
— C'est ma faute, monsieur Bertrand ; c'est que je ne pensais pas... j'étais si troublée... Et M. Auguste, est-ce que nous ne pouvons pas le voir?...
— Si fait, répond Bertrand d'un air un peu embarrassé. Oh! vous le verrez... Venez, mamzelle Denise... montez avec moi.
La petite et l'enfant suivent Bertrand, qui les introduit avec précaution dans l'appartement, et les fait passer sur-le-champ dans le petit salon, en leur disant :
— Restez ici... reposez-vous... attendez un peu...
— M. Auguste est donc sorti?
— Non... mais il a du monde... il est en affaire pour le moment.
— Dites-lui que c'est nous, monsieur Bertrand ; je gage qu'il viendra tout de suite : nous ne le retiendrons pas longtemps...
— Oui, je lui dirai cela... Mais attendez, je vais revenir.
Bertrand s'éloigne et ferme la porte du salon. Denise examine les beaux meubles, les beaux tableaux qui ornent la pièce où elle est ; Coco se délasse sur un canapé ; mais le temps se passe et on les laisse-là. La petite sent son cœur se serrer ; elle espérait en secret que l'on aurait du plaisir à la revoir, et le peu d'empressement qu'Auguste met à se rendre près d'elle lui fait craindre de s'être trop flattée.
Denise n'ose pas sortir du salon ni ouvrir aucune porte ; Coco s'est déjà endormi ; la jeune fille, assise dans un coin, ne fait pas le moindre bruit, pour ne point réveiller l'enfant, et regarde tristement le panier renfermant les présents qu'elle apportait au monsieur de la ville.
Enfin Bertrand revient d'un air mécontent lui dire à demi-voix :
— Vous vous ennuyez... Mille baïonnettes!... Je conçois bien ça ; mais ce n'est pas ma faute, parce que, mamzelle, ma consigne avant tout ! Je ne connais que ça.
— Il n'est pas chez lui, M. Auguste?
— Si fait ; il est chez lui... mais il ne peut pas encore vous recevoir... attendu que... la consigne.
— Mais, monsieur Bertrand, ce n'est pas honnête de ne pas venir parler aux gens ; est-ce que chez nous on laisse comme ça ses amis tout seuls?...
— Ah! mamzelle, à Paris c'est différent. Je sais ce que mon lieutenant m'a promis ; si je le dérangeais quand il est... en affaires, et je ne peux pas manquer à l'ordre.
— Nous allons nous en aller alors...
— Attendez encore un peu... ça ne sera peut-être pas long.
Dans ce moment on entend du bruit dans l'antichambre ; et bientôt mademoiselle Virginie entre dans le salon en s'écriant : — Me voilà ! j'ai forcé la consigne, moi... Ce vieux reître de Schtrack qui ne voulait pas me laisser monter, en me disant : Monsir il y est bas. Mais je monte toujours, moi!... Tiens, qu'est-ce que c'est que cette petite fermière ?... c'est gentil ! Est-ce que c'est pour elle que M. Auguste fait défendre sa porte ?
Denise regarde Virginie avec étonnement, tandis que Bertrand fait signe à cette dernière de se taire en lui disant avec humeur :
— Mademoiselle, il me semble que lorsqu'un portier dit qu'on ne peut pas monter, on doit respecter la consigne.
— Laisse-moi donc avec ta consigne !... Il me disait qu'il n'y avait personne ; tu vois bien qu'il ment. Bertrand, qu'est-ce que c'est donc que cette beauté champêtre?
— C'est une jeune fille de la campagne.
— Pardi ! je vois bien qu'elle ne demeure pas rue Vivienne... Qu'il est malin ! Et que vient-elle faire ici ?... Est-ce que c'est son nourrisson qui dort sur ce canapé? Diable, il est déjà grand !
— Cette jeune villageoise est fort honnête, mademoiselle ; elle vient de dire bonjour à M. Dalville, et lui amène cet enfant, qu'il aime beaucoup ; il n'y a pas le moindre mal dans tout cela...
— Eh bien ! tant mieux, s'il n'y a pas de mal... Tiens ! est-il drôle

ce Bertrand, quand il prend un air sévère!... Au fait, elle a l'air très-ingénu cette jeune fille... Je suis sûre que son bonnet m'irait joliment.

Pendant cette conversation, qui a eu lieu à demi-voix, Denise tient ses yeux baissés ; elle s'aperçoit que mademoiselle Virginie la regarde beaucoup, et cela redouble son embarras.

— Et pourquoi donc M. Dalville fait-il attendre cette aimable enfant? dit Virginie en prenant un air agréable et s'approchant de Denise.

— Parce que monsieur est en affaires, et qu'il m'a défendu de le déranger.

— Ah oui ! j'entends... je comprends! *N'en demandez pas davantage!*

Bertrand fait signe à Virginie de se taire; mais celle-ci va s'asseoir près de Denise sans s'occuper de l'ancien caporal.

— Est-ce que vous venez de loin, mademoiselle ?

— De Montfermeil, madame, répond timidement Denise. Le mot *madame* paraît flatter Virginie, qui se rengorge et tâche de se donner un air respectable en reprenant :

— Montfermeil! c'est, je crois, du côté de Sceaux ?

— Non, madame, c'est près du Raincy.

— Ah! c'est juste, je me blousais. C'est votre frère, ce petit garçon qui dort?

— Non, madame, c'est un pauvre orphelin dont M. Dalville prend soin.

— Bah! comment, Auguste fait de ces choses-là!... C'est très-bien... J'en suis contente : cela lui donne une nouvelle place dans mon estime. Et vous vouliez voir Auguste ?

— Oui, madame; le père de Coco vient de mourir, et je voulais consulter M. Dalville...

— Qu'est-ce que vous avez dans ce panier-là ?

— Ce sont de petits présents de chez nous... des œufs, des poulets... de la galette que ma tante a faite elle-même.

— Ah! j'aime beaucoup la galette de village! voulez-vous me permettre d'en goûter, jeune villageoise ?

Denise aurait désiré offrir son gâteau tout entier à Auguste; mais elle n'ose refuser mademoiselle Virginie, qui, aussitôt, ouvre le panier, et se casse un gros morceau de galette, qu'elle mange, tout en continuant la conversation.

— J'ai bien peur, ma chère, que vous ne soyez venue pour des prunes!...

— Comment cela, madame ?

— Ah! c'est que ce mauvais sujet va vous laisser croquer le marmot jusqu'à demain !

— Qui cela, madame ?

— Eh ben, Auguste!... Elle est bonne, la galette, le beurre est délicieux... Ça me rappelle mon enfance ; j'en mangeais tous les soirs pour quatre sous, j'allais l'acheter sur le boulevard Saint-Denis... à cette petite boutique où l'on fait queue, c'est la renommée de la galette. Pour revenir, je vous disais, ma petite, que Dalville est sans doute avec quelque mijaurée, et voilà pourquoi on ne peut pas lui parler.

— Quoi! madame, vous pensez ?

— Oh ! j'en suis sûre ! est-ce que je ne connais pas tout ça?... l'air embarrassé de Bertrand... la consigne du portier... C'est même étonnant qu'on vous ait laissée monter.

— C'est M. Bertrand qui m'a fait entrer ; sans cela on me renvoyait.

— Moi, tout cela m'est fort indifférent, je regarde maintenant Auguste comme mon frère; mais vous pâlissez, ma petite ! est-ce que vous vous trouvez mal?...

— Non, madame, je n'ai rien...

— Que vous êtes heureuse, mon enfant, d'être sage, et de ne point connaître les passions !... Conservez toujours cette innocence... Bertrand, est-ce que vous ne voyez pas que je m'étouffe avec cette galette ?... donnez-moi donc à boire... cette petite prendra bien aussi quelque chose...

— Non, madame, je vous remercie...

— Ah! voilà le petit qui s'éveille !

Coco ouvre les yeux, regarde avec surprise autour de lui, puis court à Denise en disant : — Où est donc mon bon ami ?

— Ah! je crois bien que nous ne le verrons pas!... dit la petite d'une voix entrecoupée, en regardant à la pendule qui marque trois heures et un quart, puis portant sur Bertrand des regards suppliants comme pour l'engager à aller chercher Auguste.

— Il est gentil, ce petit! dit Virginie en passant sa main sur les cheveux de Coco. Je voudrais avoir un enfant comme cela, parce qu'un enfant c'est un porte-respect.

On entend sonner dans la pièce voisine.

— Monsieur appelle, dit Bertrand.

Et il sort vivement du salon. Au même instant le petit Toni descend rapidement l'escalier pour mettre le cheval au cabriolet.

Denise s'attend à chaque minute à voir entrer Auguste, Virginie joue avec Coco. Enfin Denise reconnaît la voix de Dalville, qui parle avec vivacité à Bertrand, et bientôt le jeune homme entre dans le salon; mais il a son chapeau sur la tête, ses gants à la main, et paraît très-pressé. La jeune fille court au-devant de lui avec l'enfant, en prenant son panier à la main.

— Bonjour, Denise ! bonjour, mon ami ! dit Auguste en embrassant l'enfant et sans faire attention à Virginie. Vous m'avez attendu?... Je suis fâché de ne pouvoir rester maintenant avec vous.

— Monsieur, ma tante vous fait bien des compliments, dit Denise, elle vous envoie ces poulets, ces œufs, ces poires... et...

— Merci, Denise... merci ; je...

— Venez donc, monsieur; je vous attends ! dit avec impatience une petite voix qui part de l'antichambre et ressemble beaucoup à celle de madame de la Thomassinière.

— Adieu, adieu, je vous reverrai, dit Auguste à Denise.

Et, sans lui laisser le temps de répondre, il quitte vivement le salon, dont il referme la porte, et sort de chez lui avec une jeune dame enveloppée dans un grand châle et couverte d'un voile épais, qui se cache dans le fond de son cabriolet.

Denise est restée immobile, ayant toujours son panier à la main ; mais de grosses larmes roulent dans ses yeux, et le panier lui échapperait, si Virginie, qui s'est approchée, ne le retenait en soutenant la jeune fille dans ses bras.

— Eh bien ! ma petite, qu'est-ce que vous avez donc ? Tiens ! elle pleure tout de bon!... Ah ! mon Dieu ! est-ce qu'elle va se trouver mal ?... Bertrand, apportez donc quelque chose ! Est-ce qu'il faut se faire du chagrin pour un homme, ma chère amie ? Ah ! ils n'en valent pas la peine ! Si vous les connaissiez comme moi ! Je conviens que M. Auguste n'a pas été très-poli ; vous répondre à peine, ne pas vous remercier !... Ah ! voilà ses couleurs qui reviennent un peu... Vraiment ça m'avait toute saisie de vous voir comme cela !

Denise tire son mouchoir, s'essuie les yeux, et appelle Coco en lui disant :

— Viens, mon ami ; allons-nous-en... retournons au village...

— Et mon bon ami ne viendra pas avec nous ? dit Coco en prenant la main de Virginie.

— Oh ! non... il n'a pas seulement le temps de nous parler... Viens, Coco... partons. Il faut être à la voiture pour quatre heures...

— Je vais vous reconduire, ma petite, dit Virginie, vous pourriez vous perdre dans Paris.

— Je vais vous offrir mon bras, mamzelle ? dit Bertrand.

— Non, monsieur Bertrand, ne vous dérangez pas; c'est inutile...

— Pourquoi donc cela, mamzelle Denise ?

— Nous retrouverons ben not' chemin... Quant à M. Auguste, dites-lui que nous ne le dérangerons plus.

— Mamzelle Denise, vous avez tort de lui en vouloir... et sans une personne qui l'attendait...

— Oui, vraiment, dit Virginie, c'est très-poli : ne pas seulement remercier cette jolie enfant pour son présent ! des poulets superbes ! de belles poires et des œufs frais ?... C'est si bon les œufs frais !... Voulez-vous me permettre d'en mettre trois dans mon sac pour mon déjeuner demain ?

— Tout ce que vous voudrez, madame, dit Denise ; car je vois bien que M. Auguste attache fort peu de prix à ce que nous avions tant de plaisir à lui offrir.

— Je vous dis, ma chère, que les hommes ne valent pas une pirouette, dit Virginie en fourrant quatre œufs dans son ridicule ; puis elle suit Denise, qui s'éloigne avec l'enfant sans vouloir accepter le bras de Bertrand.

Madame Saint-Edmond montait l'escalier avec un jeune homme au moment où Denise sortait de chez Dalville, le cœur gros, les yeux rouges et tenant Coco par la main. Léonie est furieuse contre Auguste, depuis qu'il l'a laissée évanouie sur le carré pour courir après Bertrand. Ayant perdu l'espoir de renouer avec lui, elle cherche toutes les occasions de lui faire des méchancetés; c'est toujours ainsi que se venge une femme qui n'a jamais aimé.

En voyant la petite paysanne sortir de chez Dalville, madame Saint-Edmond s'arrête, la regarde en ricanant, et dit à la personne qui l'accompagne :

— Ah ! la tournure est fort plaisante ; mais elle vient sans doute ici pour faire son éducation.

— Qu'est-ce que c'est, qu'est-ce qu'elle a dit ? s'écrie Virginie, qui suit Denise, et a entendu les dernières paroles de Léonie ; mais celle-ci monte bien vite l'escalier.

— Je ne sais pas, dit Denise, je ne connais pas cette dame, ainsi ce n'est pas à moi qu'elle parlait.

— Oh ! je la connais, moi, dit Virginie en montant lestement quelques marches et regardant en l'air. Oui ! oui ! je la connais... Je ne lui conseille pas de faire son embarras... *Nous n'irons plus au bois sans payer not' dîner.*

Mais déjà madame Saint-Edmond est rentrée chez elle et a fermé sa porte. Virginie descend avec Denise, qu'elle a prise en amitié, et la force à lui donner le bras pour faire le chemin jusqu'aux petites voitures.

Denise est triste, et répond laconiquement aux questions multipliées que Virginie lui adresse ; mais celle-ci sait faire à elle seule les frais d'une conversation. On arrive à la voiture, qui est prête à partir ; Virginie embrasse Denise en lui disant : — Adieu, ma petite ! ne soyez donc pas triste comme ça ! Ah ! vous êtes bien heureuse d'habiter la campagne, ça vaut mieux que ce coquin de Paris... Vous trouverez dans votre village des amoureux plus que vous n'en voudrez. Tiens ! c'est la voiture, ça ?... C'est un petit pot-de-chambre comme pour aller à Saint-Denis. Quand j'aurai le temps j'irai vous voir, vous m'apprendrez à faire du beurre. Adieu, ma chère amie... Cocher, prenez garde, n'allez pas verser en route ! songez que vous avez un Amour dans votre pot-de-chambre.

Denise et Coco repartent pour le village bien moins gais que lorsqu'ils l'ont quitté. C'est ainsi que souvent les événements trompent nos espérances; on trouve la peine où l'on croyait rencontrer le plaisir.

CHAPITRE XIV. — L'École des Parvenus.

— Cette pauvre Denise était bien triste en s'en allant, dit Bertrand à Auguste le lendemain du voyage de la petite à Paris.

— J'ai été fort contrarié de ne pouvoir lui parler plus longtemps, répond Dulville; mais ce n'est pas ma faute, cette dame m'attendait...

— Cette dame... Cette dame aurait peut-être pu attendre quelques instants de plus.

— Bertrand !

— Pardon, mon lieutenant ! c'est que vraiment j'ai été affligé de vous voir parler à peine à cette jeune fille, chez qui nous avons été si bien traités : rappelez-vous la manière dont on nous a reçus, la joie que l'on a témoignée en nous voyant !...

— Ah ! je ne l'ai pas oublié.

— Vous ne l'avez pas seulement remerciée de son présent !

— Je ne l'ai pas vu... Mais avant peu nous irons au village, je réparerai ma faute. Bertrand, je dîne aujourd'hui chez madame de la Thomassinière ; il doit y avoir beaucoup de monde, grande soirée. Je ne reviendrai sans doute que demain matin... A propos, mets en note que j'ai prêté cent louis à M. le marquis de Cligneval, qui dernièrement a été fort malheureux au jeu dans une maison où il se trouvait ; il doit me les remettre ces jours-ci.

Bertrand ne répond rien ; mais il retourne à sa caisse en se disant : — Encore de l'argent qui ne rentrera pas ; il prête sans cesse, et on ne lui rend jamais !

M. de la Thomassinière, qui voit chaque jour s'augmenter sa fortune, veut célébrer, par un grand festin, la fête de son épouse. Déjà, depuis huit jours, les invitations sont envoyées ; tout annonce que le repas sera un des plus brillants qu'ait encore donnés le spéculateur. Il doit avoir à sa table des chevaliers et des marquis qui veulent bien l'appeler leur ami ; des poètes qui lui ont promis de parler de lui dans leurs ouvrages ; et enfin quelques anciennes connaissances que l'on compte écraser par le luxe de la fête. M. et madame Destival sont de ce dernier nombre.

Tout le monde est en mouvement dans le superbe hôtel de M. de la Thomassinière. Les tapissiers ont décoré les salons, préparé les lustres, les girandoles. Les domestiques vont et viennent pour porter des ordres, les marmitons s'occupent ceux de leur chef. Trois femmes sont auprès de madame, qui n'est à sa toilette que depuis trois heures, et il n'en est encore que cinq. Mais Athalie est inconstante dans ses goûts : ce qui la charmait la veille lui déplaît le lendemain ; elle a déjà jeté de côté deux jolis bonnets, avec lesquels elle se trouve affreuse; elle s'impatiente, se dépite, trépigne des pieds, déchire un superbe tulle, met en pièces un bouquet, gronde ses femmes, et va avoir une attaque de nerfs, parce qu'on lui apporte une parure en pierres bleues lorsqu'elle lui voulait violettes. Enfin ses femmes parviennent à la calmer en lui assurant qu'elle est parfaitement coiffée; elle daigne se regarder encore dans sa psyché, se fait d'abord la moue, puis se sourit et dit enfin : — C'est vrai, je ne suis pas mal.

A cinq heures et demie les convives commencent à arriver. M. de la Thomassinière, qui est un peu moins insolent chez lui que chez les autres, va au-devant des personnes titrées qui veulent bien lui faire l'honneur d'accepter son dîner, et daigne accorder un sourire à celles qu'il a honorées de son invitation.

M. et madame Destival sont arrivés. Depuis qu'il a un nègre, l'homme d'affaires cligne des yeux, et prétend avoir la vue très-basse. Sa femme est d'une élégance qui peut rivaliser avec celle d'Athalie, et ses yeux spirituels semblent avoir quelque chose de plus malin en se portant sur le maître et la maîtresse de la maison.

Tous les convives sont arrivés, et Auguste est du nombre. La société est brillante : des petites-maîtresses, des élégants, des gens décorés garnissent le salon, dont Athalie fait les honneurs en mesurant cependant ses politesses au rang ou à la fortune des personnes à qui elle les adresse. M. de la Thomassinière se promène avec orgueil dans ses salons en disant : — On parlera beaucoup de cette fête-là !... Le marquis m'a promis d'en dire un mot à la cour ; il y a un poète, qui est journaliste, et qui m'a dit que mon nom serait dans un article de journal qui aura au moins une colonne !... Une colonne !... peste !... Comme je vais le être répandu ! Quand Destival donnera un dîner comme le mien, je lui permettrai de se croire quelque chose. Ces pauvres gens, ils crèvent d'envie, ça fait plaisir !

A six heures et demie la société se rend dans la salle à manger, où une table de quarante couverts est servie. M. Destival est placé tout au bout, entre un enfant de six ans et un vieux monsieur sourd. Il dévore cet affront en regardant sa femme, et leurs yeux, d'intelligence, semblent se promettre une douce vengeance.

Le potage venait d'être enlevé, lorsqu'un bruit, produit par des personnes qui semblaient se quereller, se fit entendre dans la pièce qui précédait la salle à manger.

— Qu'est-ce donc ? Lafleur ! Jasmin ! dit aussitôt M. de la Thomassinière en appelant ses gens. Qui donc se permet de faire du bruit chez moi ?... Renvoyez ! je ne suis visible pour personne : on m'apporterait des lingots d'or, que je ne les recevrais pas maintenant.

Les valets semblent embarrassés et n'osent répondre. Cependant le bruit continue ; on distingue la voix d'une femme qui crie :

— J'entrerai ! je vous dis que je peux entrer...

— Faites donc chasser cette canaille, Lafleur ! reprend M. de la Thomassinière avec colère.

Dans ce moment la porte de la salle à manger est poussée brusquement, et une femme d'une soixantaine d'années, grosse, courte, à la face réjouie, coiffée d'un bonnet rond et habillée comme une marchande d'oranges, entre en s'écriant : — Eh ben ! i' s'rait fort que je ne pusse pas entrer chez mon fils !... Sont-ils bêtes tous ces laquais de mes fesses !... Escusez, messieurs, mesdames !... Où donc t'es, Thomas ? Viens donc m'embrasser, mon fieu !... Est-ce que tu ne reconnais pas ta mère ?

Les changements à vue de l'Opéra sont moins prompts que celui qui s'exécute dans la salle à manger à l'entrée de la mère Thomas. M. de la Thomassinière est stupéfait ; il semble que la foudre vienne de le frapper et qu'il n'ait plus la faculté de faire un mouvement ni de prononcer un mot. La brillante Athalie pâlit, se trouble, et porte sur la mère Thomas des regards qui annoncent qu'elle doute encore de ce qu'elle entend ; on lit sur la figure de chaque convive l'étonnement que leur cause cette scène inattendue et un sentiment d'ironie, de malice et de satisfaction, qui n'égale pas cependant celle que Destival et sa femme éprouvent en ce moment.

La mère Thomas, qui ne s'occupe pas de la mine des convives, a reconnu son fils parmi toutes les personnes assises à table, et court à lui en disant : — Le v'là !... je le reconnais !... C'est lui... c'est mon Thomas... Oh ! c'est ben lui... avec son petit haricot sous l'œil gauche !... T'es pas trop changé, mon garçon !... Eh ben ! embrasse-moi donc ! est-ce que tu ne peux remuer ni pied ni patte ?...

En disant cela, la bonne femme prend son fils par la tête et l'embrasse à plusieurs reprises. La Thomassinière se laisse faire, comme quelqu'un qui ne sait plus où il en est, et Athalie s'écrie :

— Ah ! mon Dieu !... est-ce que c'est possible ?... Est-ce que ce n'est pas une comédie qu'on nous joue ?

— Tu ne m'attendais pas, n'est-il pas vrai, mon garçon ? Ah ! j'crais ben !... C'est z'une surprise, vois-tu ; c'est quequ'un de tes bons amis qui m'a écrit que ça te ferait ben plaisir de voir ta mère, et qu'il fallait tâcher d'arriver jusse pour aujourd'hui, que c'est la fête de ta femme...

Ici, les convives se regardent mutuellement pour tâcher de deviner quel est celui qui a fait cette surprise à M. de la Thomassinière, et parmi ceux qui n'en sont pas l'auteur, il s'en trouve plus d'un qui regrette de n'en avoir pas eu l'idée. Quant au maître de la maison, il est toujours trop abasourdi du coup qui vient de le frapper pour faire attention à ce que sa mère a dit ; et Athalie semble prête à se trouver mal.

— Là-dessus, reprend la mère Thomas, je me sommes dit : En avant la tirelire !... J'avais encore un petit magot de côté, qu'a m'a servi à payer ma place dans la diligence, ousque nous étions serrés, ni pus ni moins que des z'harengs, sauf vot' respect, messieurs, mesdames ; et me v'là dans ce Paris, ousque t'as si joliment fait tes orges !

Le marquis de Cligneval, qui est assis en face de M. de la Thomassinière, veut mettre un terme à l'embarras de son hôte, dans la bourse duquel il puise trop facilement pour ne point fermer les yeux sur le plus ou moins d'élégance de ses parents. Il s'empresse de prendre la parole, et s'écrie d'un air agréable : — C'est vraiment très-aimable à madame votre mère d'être venue vous surprendre ainsi !... Elle s'est tellement pressée, qu'elle est encore dans un négligé de voyage... Mais qu'importe ? vous êtes avec vos amis. Elle va se mettre à côté de moi.. je serai enchanté de faire sa connaissance... Elle a une figure bien respectable !... un profil grec. J'aime beaucoup les habitants de la campagne, moi, ils ont un naturel charmant.

La Thomassinière regarde le marquis d'un air qui veut dire : Vous me sauvez la vie, tandis que la mère Thomas s'écrie : — Quoi qu'il dit donc, celui-là, que j' suis venue en négligé ! Mais tu te trompes, mon fiston, j'ai ben mis mon déshabillé des dimanches.

— Taisez-vous... taisez-vous, de grâce, ma mère, murmure la Thomassinière. Prenez donc garde... vous parlez à un marquis...

— A un quoi ?... Comment que t'as dit, Thomas ?... Eh ben ! mais à propos, où qu'est donc ma bru ?... Présente-la-moi donc, mon garçon; est-ce qu'elle ne serait pas ben aise d'embrasser la mère de son homme?....

— Madame de la Thomassinière, embrassez donc votre belle-mère, dit madame Destival en regardant Athalie d'un air moqueur.

— Je n'en puis plus... Je me meurs!... dit Athalie d'une voix éteinte, et elle se laisse aller sur Auguste, qui est assis près d'elle.

— Ma femme se trouve mal! s'écrie la Thomassinière, enchanté d'un événement qui va distraire l'attention de la société; et il se lève précipitamment et court vers sa femme, que plusieurs personnes entourent, tandis que la mère Thomas s'écrie : — Tiens! c'est ta femme, c'te petite chiffon qui se pâme !... Elle aura déjà trop mangé, mon p'tit; c'est z'une *indigestion*, c'est sûr!... donne-lui un verre d'eau-de-vie, ça lui remettra le cœur.

On fait respirer des sels à Athalie, on la place au grand air; mais elle n'a garde de revenir. La mère Thomas repousse deux petites-maîtresses qui secourent sa bru en leur disant : — Prenez donc garde, mes petits choux, vous étouffez c't' enfant. Ah! mon Dieu! si on voulait la faire revenir tout d'suite, je sais t'un bon remède : deux ou trois claques sur l' derrière, ça vous ranime ben vite une femme; c'est z'infaillible!... Les élégantes se regardent, et s'éloignent de madame Thomas en se disant entre elles :

— Mais c'est affreux!... cela devient intolérable...

— Ma chère, elle m'amuse beaucoup, dit l'une.

— Oh! moi, elle me fait rougir : dès qu'elle ouvre la bouche, je tremble toujours qu'il ne lui échappe quelque vilain mot!...

— Mais cela ne commence pas mal.

— C'est une attaque de nerfs, dit la Thomassinière, il faut porter madame dans son appartement... Cela dure toujours deux ou trois heures au moins.

— Eh ben, ça ne laisse pas que d'être gentil! dit la mère Thomas.

On emporte la maîtresse de la maison dans sa chambre, et elle se promet de n'en pas sortir tant que madame Thomas sera avec la société.

Cependant, pour la plupart des personnes invitées, le dîner est la plus importante affaire, et madame de la Thomassinière est à peine emportée hors de la salle à manger, que chacun se remet à table en disant : — Ce ne sera rien, ce n'est pas dangereux, cela ne peut avoir de suite. Tout cela veut dire : C'est assez nous occuper de la maîtresse de la maison, à qui il a plu de s'évanouir; songeons maintenant à notre estomac, et ne laissons pas plus longtemps attendre les mets délicieux que l'on a préparés pour nous.

La Thomassinière aurait volontiers suivi sa femme; mais il sent qu'il serait malhonnête de quitter aussi la société, avec laquelle il a déjà entièrement changé de ton. Il revient donc se mettre à sa place en cherchant dans sa tête comment il pourra imposer silence à sa chère mère; et Destival, craignant qu'on ne fasse disparaître madame Thomas, a lui offrir la main pour la conduire auprès du marquis.

La mère Thomas accepte la main de Destival en lui adressant un :

— Merci, mon homme, et se campe sur une chaise, auprès de M. de Cligneval, en disant à son conducteur :

— Maintenant, galant, je n'ai pus besoin de vot' main; pour jouer des fourchettes et des quenottes, je vais ben toute seule, mon ami.

— Elle est pleine d'esprit! s'écrie le marquis, elle a vraiment des reparties délicieuses!...

La Thomassinière, qui n'ose plus lever les yeux, voudrait au moins faire presser le dîner. Mais les convives ne le secondent pas; ils se trouvent bien à table, et font fête au festin. Le marquis bourre la mère Thomas, il couvre sans cesse son assiette, espérant que cela calmera son caquet; mais madame Thomas est une luronne qui sait faire deux choses à la fois. Tout en mangeant, elle s'écrie à chaque instant :

— Ah! Dieu! que c'est bon! Ah! queu joli fricot!... j' n'avions jamais rien mangé de c' goût-là!... Ah! Thomas, mon garçon, on ne faisait pas de si bonnes fricassées à not' petit cabaret de *l'Ane savant*!... T'en souviens-tu, Cadet?

— Qui veut des truffes ?... qui n'a pas de truffes? s'écrie M. de la Thomassinière en tâchant de couvrir la voix de madame sa mère. Mais madame Destival, qui a fort bien entendu, lui dit :

— Comment! madame, est-ce que M. de la Thomassinière a jamais tenu un cabaret?

— La Thomassinière! répond la mère Thomas en vidant son verre. Qu'est-ce que c'est que ça, mon cœur?

— C'est monsieur votre fils, madame...

— Comment! est-ce que tu ne t'appelles pus Thomas, mon garçon? C'est donc ça que tous ces singes verts, qui sont brodés en or dans ton antichambre, disaient que ce n'était pas ici ta demeure!... Et pourquoi donc, Thomas, que t'as quitté le nom de ton père? Est-ce que tu ne le trouvais pas assez beau? Sais-tu ben que c'était un honnête homme, qui ne vendait du vin à six sous le litre sans mettre de la drogue dedans, comme tous vos sacripants de Paris!... Escusez! la société...

— Monsieur votre fils, dit le marquis, s'appelle maintenant de la Thomassinière... du nom d'une terre qu'il a achetée. C'est d'ailleurs l'usage à Paris : on ne change pas son nom, mais on l'allonge un peu; c'est plus agréable à l'oreille..

— Oui, sans doute, dit la Thomassinière en tâchant de reprendre de l'assurance. Quand on a fait une fortune aussi *conséquente* que la mienne... il est bien permis d'oublier... D'ailleurs, comme dit M. le marquis, cela se fait tous les jours,...

— Ah! c'est différent, reprend la mère Thomas, si t'as acheté des terres... C'est pis que le marquis de Carabas!... Mais, quoique ça, mon garçon, t'aurais ben pu me faire venir plus tôt z'avec toi; car je m'ennuyais un brin dans not' endroit, qu'est z'un véritable trou, et avec deux cents francs que tu m'envoyais tous les ans, je ne pouvais pas faire une fameuse ripopée.

— Ah! Dieu! quelle horreur! s'écrie une dame coiffée d'un béret orné d'un oiseau de paradis, en se reculant de la table, tandis que les hommes se regardent en riant, et que M. de la Thomassinière allonge ses pieds sous la table pour tâcher de rencontrer ceux de madame sa mère, qui est assise en face de lui, et à laquelle il fait en vain des signes pour l'engager à se taire.

— Quoi qu'elle a donc, c'te dame? dit la mère Thomas en regardant la dame au béret. Est-ce qu'elle se trouve mal aussi?.... Comme elle me fait des yeux, avec sa queue de cerf-volant sur la tête!...

— Ma mère.... je vous supplie!.... balbutie la Thomassinière en jouant des pieds.

— A bas !... à bas, donc !... i' gnia des chiens sous la table, Cadet. En v'là déjà deux ou trois qui me passent sur les jambes... Fais-leur donc donner la pâtée, et qu'ils nous laissent tranquilles... A boire !... Qu'est-ce qui boit..., est-ce toi, mon vieux ?

C'est au marquis que la mère Thomas s'adresse; celui-ci prend un flacon de madère placé devant lui, et remplit le verre de sa voisine, qui ne veut jamais boire sans trinquer.

— Qu'est-ce que c'est que ce vin jaune-là, mon petit?

— C'est du madère, madame.

— C'est-i bon, fiston?

— Parfait!... Celui-ci est le meilleur que j'aie encore bu.

— Alors, à la santé, l'éventé!... A la vôtre, vieux renard!

C'était à son voisin de gauche que madame Thomas s'adressait. Ce voisin était un vieux chevalier coiffé et poudré comme sous la régence, qui semblait fort mécontent de se trouver assis près de la mère de M. de la Thomassinière, retournant la tête toutes les fois qu'elle le regardait, et ne répondait pas quand elle lui adressait la parole.

Cette fois, madame Thomas tient son verre tendu dessus l'assiette du vieux chevalier : il n'y a pas moyen de la laisser ainsi sans lui répondre, et le voisin murmure avec un air de mépris : — Je ne trinque pas, madame.

— Ah! tu ne trinques pas, l'échalas!... Eh ben! on s'en passera, v'là tout. C'est pas l'embarras, t'as l'air aimable comme une clou de girofle!... A ta santé, mon fieu!... à la vôtre, messieurs, mesdames et toute la société... à la tienne aussi, singe vert qui ne voulais pas me laisser entrer.

C'est à Lafleur que ce compliment est adressé, et M. de la Thomassinière se frappe le front de désespoir, tandis que le marquis ne se tue de répéter : — C'est bien cela! les anciens usages patriarcals... on boit à la santé de chacun... Les enfants de Noé trinquaient toujours entre eux.

Madame Thomas a avalé le verre de madère d'un trait; mais lorsqu'il est bu, elle fait la grimace, et regarde le marquis en s'écriant :

— Ah Dieu ! que c'est mauvais ton madère !... Ah ! mes enfants ! ça sent le pissat d'âne à pleine bouche !...

Toutes les dames font un cri et se cachent la figure sous leur serviette; les hommes rient; madame Thomas, qui ne voit rien que de très-naturel dans ce qu'elle a dit, et croit que l'on partage sa gaieté, se fait verser d'un autre vin, tandis que monsieur son fils se laisse aller sur sa chaise en murmurant : Je suis un homme perdu.

Plus madame Thomas boit, plus elle devient bavarde; c'est en vain que le marquis emplit son assiette, que M. de la Thomassinière crie à ses valets : — Servez donc monsieur! desservez donc madame! la voix de la grosse maman perce par-dessus toutes celles des gens du bon ton, car les gens du bon ton n'ont pas pour habitude de parler haut.

Le vieux monsieur à ailes de pigeon, que la mère Thomas a appelé clou de girofle, n'a pas digéré cet outrage; il fait une mine épouvantable, tâche de tourner le dos à sa voisine, et murmure entre ses dents : — C'est indigne d'inviter des gens comme moi pour les compromettre avec de tels personnages... Ah! si jamais on m'y rattrape! Je suis désolé d'être ici.

Malgré cela, le vieux chevalier ne s'en va pas, et il mange et il boit comme quatre, parce qu'il faut bien se dédommager de la contrariété que l'on éprouve.

La mère Thomas veut de tout, elle se fait servir de tous les plats qu'elle aperçoit en disant au marquis :

— Qu'est-ce que c'est que ça, mon petit bel homme?

— Du poulet à la Marengo, madame.

— Ah! Dieu, comme il est déguisé! c'est égal, passe-moi-z'en une aile... Et ce ragoût noir, là-bas?

— Un salmis de perdreaux aux truffes.

— Ça doit être échauffant; donne-moi un peu de ton salmigondis aux truffes, je me risque. Et ce grand plat qui est tout couvert de sauce?...
— C'est une sultane à la Chantilly;...
— Une sultane!... Ah! cher ami! il nous prend donc pour des Turcs!... Tu m'en feras goûter aussi, pour que je connaisse la cuisine de ces mauvais chiens-là...
— Madame Thomas... vous vous ferez mal, dit à demi-voix la Thomassinière, qui voit avec effroi que les yeux de madame sa mère s'animent de plus en plus, et qu'elle veut goûter de tous les vins, comme de tous les plats.

La petite fille le mène dans un coin du salon, où elle lui dit tout bas à l'oreille : — Monsieur, il a fait bien beau aujourd'hui!

— Laisse donc, Cadet, j'ai z'un estomac d'autricho!... Tu ne te rappelles donc pas ce pari que je fis un jour avec not' cousin le gargotier... un brave homme!... Il est mort, il y a trois ans, ce pauvre Chabû!...
— Lafleur! Jasmin! Comtois!... servez... ôtez cela... le dessert donc!...
Monsieur de la Thomassinière a beau crier, madame sa mère n'en poursuit pas moins sa narration :
— Faut que vous sachiez, mes enfants, que Chabû était un des plus forts mangeurs de la Brie; c'était un gaillard à grosse tête, qui vous troussait, sauf votre respect, un dindon, comme nous avalons une mauviette; ne vl'à-t-il pas qu'un jour, il a t'évu l'envie de gager z'avec moi à qui mangerait le plus d'une gibelotte que j'avais préparée pour une noce de maçons. Moi, qui suis fine mouche, j'accepte; mais quand nous sommes à moitié du plat, je lui avoue en confidence que ce sont des chats que j'ai fricassés. Là-dessus, vl'à mon j... f... qui tourne de l'œil et fait un renard de deux aunes dans la chambre.
Les dames ne veulent pas en entendre davantage, elles se lèvent de table et vont se réfugier dans le salon. M. de la Thomassinière ne sait plus où il en est; il devient tour à tour rouge, jaune et blême : la sueur coule de son front, il se verse du vin dans son assiette et met sa fourchette dans son verre. Les jeunes gens rient de bon cœur, et Auguste est du nombre; car il trouve que son hôte mérite bien cette petite leçon. Destival est radieux, ses yeux brillent de plaisir; il les porte sur tout le monde, et les reporte ensuite sur la Thomassinière. Quant au marquis de Cligneval, il regarde son hôte d'un air qui veut dire : Ma foi, j'ai fait ce que j'ai pu; mais, vous le voyez, il n'y a pas moyen de le contenir.
— Eh ben, pourquoi donc que toutes ces jolies femelles s'en vont z'en même temps, dit la mère Thomas, est-ce qu'elles vont ensemble aux lieux à l'anglaise?... Tiens, c'est comme les poules chez nous... quand l'une y va faut que les autres la suivent.
Un jeune poëte, qui avait fait des vers pour madame de la Thomassinière, et qui était fort contrarié de ce que l'arrivée de la mère Thomas, en faisant évanouir Athalie et mettant en fuite les dames,

l'empêchait de réciter son quatrain, qui devait faire fureur, dit à la grosse maman, tout en grasseyant et en arrangeant son col : Madame, si les Grâces nous fuient... c'est un peu votre faute...
— Comment que tu dis ça, mon petit chat? répond la mère Thomas en mettant ses deux coudes sur la table pour mieux regarder le jeune homme.
— Je dis, madame, reprend le poëte, que les Grâces s'effarouchent facilement, et que...
— Qu'est-ce que tu me chantes donc avec tes Grâces, est-ce que c'est des oiseaux que tu veux apprivoiser?
— Madame, les Grâces sont les femmes; les Zéphyrs et les Amours volent sur leurs traces, les Plaisirs et les Ris forment leur cortége en semant des roses sur leurs pas...
— Mais!... mais! queu fricassée nous fais-tu là, mon garçon, avec tes roses que tu mets dans du riz?...
— Madame, c'est pour vous faire entendre qu'il est des mots dont la pudeur s'offense; et qu'il faut, en contant, gazer adroitement certains objets, car

Le latin dans les mots brave l'honnêteté,
Mais l'*auditeur* français veut être respecté :
Du moindre sens impur la liberté l'outrage
Si la pudeur des mots n'en adoucit l'image.

La mère Thomas rit aux éclats, et se tourne vers son voisin à ailes de pigeon, qui trempait un macaron dans du vin de Champagne; en faisant toujours une mine refrognée.
— Comprends-tu ça, toi, vieux sournois! lui dit-elle, ce monsieur qui nous dit qu'il a les *sens impurs*; ça n'est-il pas honnête, au dessert, de nous faire un aveu comme celui-là?...
— Ah! madame! s'écrie le poëte en devenant rouge de colère, on ne s'est jamais permis...

Denise et Coco à Paris.

— Quoi donc, Biribi? Allons, tu te fâches, mon garçon! t'es colère comme un dindon, je vois ça; mais moi j' suis bonne enfant, et je n'ai pas pus de fiel qu'une puce. Trinquons ensemble, ça vaudra bien mieux que de nous parler de tes grasses et de tes maigres, ousque je ne connais goutte. Du vin, marquis... de ce joli petit vin qui mousse. Ah! j' le connais, celui-là; c'est du champagne, à la bonne heure! c'est pas une attrape, comme ton nadère! A vot' santé, mes petits choux; à la tienne, Thomas. Quoi que t'as donc, mou fieu? tu ne dis rien, t'as l'air tout chose; est-ce que tu vas te trousser mal, comme ta femme? Faut chanter, mes enfants; au dessert, ça se fait toujours. Allons, qu'est-ce qui commence? Thomas, t'en savais tout plein autrefois; moi, j' vas vous chanter celle que la femme de Chabû nous a chantée pour ma noce...

J'entre en train quand il entre en train,
J'entre en train quand il entre...

Vous ferez *chorus*, mes enfants.

— Un instant, un instant, madame! dit le marquis; attendez donc la liqueur et le café.

— Ah! c'est juste, mon ami; ça m'éclaircira la voix.

En disant cela, le marquis s'est levé et va près de la Thomassinière, qui vient aussi de quitter la table d'un air désespéré.

— Cela devient de plus fort en plus fort! dit tout bas le marquis à son hôte.

— Ah! monsieur le marquis, vous me voyez au désespoir... Je suis confus... je n'ose plus me retourner!...

— Eh! mon cher, je ne vous en veux nullement, moi; tous les jours on a une mère... qui n'est pas positivement noble... Cela ne vous empêche pas d'être un homme que j'estime infiniment, et de nous avoir donné un dîner délicieux; mais, dans la société, il y a des gens qui n'ont pas mon esprit, et près desquels cela peut vous faire du tort. Avec cela que la chère maman se grise, et je ne sais pas trop ce qu'elle finira par nous chanter.

— Et moi qui attends ce soir plus de quatre-vingts personnes pour le bal, tout ce qu'il y a de plus élégant, de plus distingué dans Paris!... Sauvez-moi, monsieur le marquis; je mets à vos pieds ma caisse, ma bourse, mon crédit!...

— Mon cher la Thomassinière, l'amitié que je vous porte suffira pour... Malgré cela, je crois que j'ai une lettre de change de deux mille écus à rembourser demain.

— C'est moi seul que cela regardera, monsieur le marquis.

— Il faudrait trouver un moyen pour faire partir tout le monde.

— Oui, et le plus tôt possible!...

— Attendez..... je conçois... Oui, ma foi... L'idée est bonne.

— Ah! monsieur le marquis!..... ma reconnaissance...

— Cela vous coûtera peut-être un peu cher... mais je ne vois pas d'autre expédient...

— Je fais tous les sacrifices possibles.

— Il suffit.... laissez-moi faire..... Remettez-vous à table sans faire semblant de rien... Dites à vos valets d'exécuter mes ordres, et attendez-en l'effet.

— Lafleur, Jasmin, Comtois, obéissez à M. le marquis plus qu'à moi-même.

Le marquis sort de la salle à manger suivi des valets, et la Thomassinière se remet à table. On apporte le café, les liqueurs. Bientôt le marquis revient, et reprend sa place près de madame Thomas en jetant un coup d'œil rassurant sur son hôte.

La mère Thomas fredonne déjà en buvant son café. — Mes enfants, dit-elle, il faut que nous dansions ce soir; je me sens rajeunie de vingt ans. Thomas, t'auras ben un crincrin, j'espère?... Donne-moi donc un petit verre, marquis; mais pas de ces douceurs sucrées qui vous restent au gosier!... Donne-moi du roïde, mon ami, du dur, i' gnia que ça qui fasse du bien.

Madame Thomas a déjà pris deux petits verres d'eau-de-vie, un de rhum et un de kirsch; elle assure que cela la rafraîchit, et ne semble pas disposée à s'arrêter, lorsqu'une fumée épaisse sort de la cour et pénètre dans les appartements. Chacun se regarde avec inquiétude.

— I' m' semble qu'il tombe un brin de brouillard, dit la mère Thomas; ça sent le roussi, mes enfants : est-ce que vous avez un gueux de feu chez vous?...

Les valets entrent d'un air effrayé en s'écriant :

— Le feu est à la maison!

— Le feu! répètent tous les convives en se levant de table; la mère Thomas seule reste sur sa chaise en disant :

— Eh ben! gnia qu'à jeter de l'eau dessus, v'là tout!

— Le feu chez moi! dit M. de la Thomassinière en regardant le marquis. Mais comment se fait-il?... où donc a-t-il pris?

— Dans la cour... sous la remise... Il y avait de la paille, quelqu'un aura laissé tomber une lumière par là... Tenez, monsieur, voyez... voyez quelle fumée dans la cour!

Comme il est alors près de neuf heures du soir, les flammes que jettent plusieurs bottes de paille, auxquelles le marquis a fait mettre le feu, éclairent déjà toute la cour. Le cri Au feu! s'est bientôt répandu de tous côtés; il a pénétré dans le salon, et les dames, qui s'y étaient réfugiées pour fuir la compagnie de madame Thomas, en sortent en jetant les hauts cris, et en appelant leur père ou leur mari.

Ces messieurs tâchent de rassurer ces dames en disant : — Ce n'est rien... ce ne sera rien; mais il faut nous en aller le plus vite possible... prenez vos châles, vos chapeaux... dépêchez-vous, il ne faut jamais que les dames restent au milieu du désordre... nous vous accompagnerons.

Cependant le feu que le marquis a fait allumer pour faire fuir tout le monde, et que les gens de la maison ne songent pas à éteindre parce qu'ils savent que c'est une ruse de leur maître, se communique réellement à la remise, et de là à l'écurie; pendant que les dames courent après leurs châles, les hommes après leurs chapeaux, et que les valets parcourent les appartements en criant Au feu! le danger est devenu réel, et on ne s'en aperçoit que lorsqu'une partie de la cour est déjà la proie des flammes. Alors le tumulte, la confusion règnent partout : les dames se sauvent dans la rue; l'une perd son turban, l'autre son béret, plusieurs s'évanouissent. Auguste emporte Athalie dans ses bras, et va la déposer sur un banc de pierre de la rue voisine; au milieu de ce bouleversement, la mère Thomas se décide enfin à quitter la table, et, retroussant ses jupons jusqu'aux genoux, se met à courir en criant :

— Voyez-vous tous les amis de Thomas! se sauvent au lieu de faire la chaîne!... et i' me laisseraient griller ni plus ni moins qu'un marron!

Le résultat de la petite ruse du marquis fut une aile de l'hôtel de brûlée,

— Eh ben! i' s'raitf ort que je ne pusse pas entrer chez mon fils!.. sont-ils bêtes tous ces laquais!...

quatre chevaux rôtis, trois pompiers blessés, dix châles égarés, quinze chapeaux volés, six mèches de cheveux grillées, trois bracelets perdus et deux peignes cassés; mais avec vingt mille francs M. de la Thomassinière en fut quitte, et du moins madame sa mère ne fut pas connue de la nombreuse société qu'il attendait le soir.

CHAPITRE XV. — Ce qu'on avait prévu.

Le lendemain de la scène qui venait de se passer à son hôtel, M. de la Thomassinière partit avec Athalie pour l'Angleterre, où ils résolurent de rester jusqu'à ce qu'on eût oublié à Paris le scandale que la grosse maman avait causé; quant à celle-ci; on la fit repartir sur le champ pour son village, avec défense expresse de le quitter jamais, sous peine de se voir retirer les deux cents francs de pension que son généreux fils voulait bien lui faire.

La sottise de la Thomassinière, qui rougissait de sa mère depuis qu'il avait fait fortune, la petitesse d'Athalie, qui avait feint de se trouver mal pour ne point embrasser la mère Thomas, rendirent leur éloignement peu sensible à Auguste; mais ce n'était que chez eux qu'il voyait M. de Cligneval, et Bertrand disait :

— Il me semble, mon lieutenant, que nous n'entendons pas parler de ce marquis qui vous doit cent louis?

— Peut-être aujourd'hui aurai-je de ses nouvelles.
— Et la petite laitière, quand irons-nous la voir ? la remercier de ce qu'elle nous a apporté ? les poulets étaient excellents ! j'ai été obligé de les manger, moi, pendant que vous diniez en ville...
— Je ne crois pas que Denise songe beaucoup à nous !... n'a-t-elle pas un amoureux ?... ne doit-elle pas se marier ?
— Est-ce une raison pour ne point la remercier de ses poulets, mon lieutenant ?
— Elle venait peut-être à Paris pour m'inviter à sa noce.
— Je ne sais ce qu'elle venait faire... mais elle semblait pénétrée en s'éloignant. Elle a dit qu'elle ne vous dérangerait plus... et j'ai vu des larmes dans ses yeux ; ça m'a ému, moi, je l'avoue... cette petite est si gentille, et on voit bien que ses pleurs ne sont pas de contrebande.

Auguste semble réfléchir à ce que dit l'ancien caporal, lorsqu'on sonne avec violence. Bertrand vient annoncer qu'un vieux monsieur, qui a la figure toute renversée, demande M. Dalville, et Auguste reconnaît avec surprise M. Monin, dont les yeux, plus effarés que de coutume, semblent annoncer quelque événement extraordinaire.

— C'est vous, monsieur Monin ? dit Dalville en présentant un siège à l'ex-pharmacien, qui, malgré son trouble, répond en s'asseyant :
— Comment va l'état de votre santé, monsieur Dalville ?
— C'est à vous que je dois demander cela, monsieur Monin ; vous avez l'air d'avoir quelque chose... puis-je savoir ?...
— Oui, monsieur... j'ai quelque chose de moins !... c'est pour ce que je suis venu...
— Comment ! de moins, monsieur Monin !... je ne vous comprends pas.
— Est-ce que vous ne savez pas ça ?
— Quoi ! monsieur Monin ?
— Ce que je viens de vous dire ?
— Pas encore ; mais si vous vouliez vous expliquer...
— Monsieur, c'est que ça m'a donné un coup !...
— Il me paraît en effet que vous êtes un peu troublé...
— Est-ce que ça ne vous a pas fait le même effet ?...
— Je ne suis pas encore quel effet cela me fera, monsieur Monin, et en quoi me regarde ce que vous venez me dire...
— Ah ! monsieur Dalville... si nous avions pu deviner ; si nous avions pu prévoir... mais, dame ! on n'est pas sorcier ; c'est ce que j'ai dit à Bichette ce matin, parce qu'elle voulait me retirer ma tabatière...
— Je n'ai jamais présumé que vous étiez sorcier, monsieur Monin ; mais je vous avoue que je vous trouve dans ce moment incompréhensible...
— Monsieur, c'est que je n'en suis pas encore revenu...
— Revenu de quoi ?
— Et Bichette assure qu'il vous a mis dedans aussi...

Dalville perd patience, et regarde Bertrand, qui se promène dans la chambre en murmurant : — Si j'avais une compagnie d'hommes comme celui-là à former, je commencerais par les attacher à la queue d'un cheval que je ferais courir au grand galop.

Monin tire sa tabatière, se calfeutre les narines, et reprend :
— Je suis venu chez vous, monsieur Dalville, pour savoir si par hasard vous avez découvert de quel côté il est allé ?
— Mais qui cela, monsieur Monin ? Pour Dieu, expliquez-vous mieux ! depuis une heure vous me parlez sans que je comprenne un mot à ce que vous dites. Que vous a-t-on fait enfin ?
— On m'a volé, monsieur !
— Volé ?
— C'est-à-dire emporté vingt-cinq mille francs...
— Qui cela ?
— M. Destival.
— Destival !
— Oui, monsieur... il est parti, il est sorti de France, à ce qu'on assure... Voilà ce que j'avais l'honneur de vous dire.

Auguste a trop bien compris ; il est anéanti, et Bertrand s'approche de Monin en s'écriant :
— Que dites-vous là ?... Par la mort !... Ce M. Destival aurait pu... ?
— Ah ! c'est monsieur Bertrand !... Comment va l'état de votre santé ?...
— Il serait parti... avec nos deux cent cinquante mille francs !...
— Justement... Vous savez bien que vous lui apprenez à faire l'exercice !...
— Ah ! double coquin !... Nous sommes ruinés, mon lieutenant !...
— Calme-toi, Bertrand ; peut-être cette nouvelle est-elle fausse... Je ne puis croire que Destival...
— C'est ce que je disais à Bichette ; je ne pouvais pas croire non plus...
— Mais comment savez-vous ?... qui vous a dit que Destival fût parti ?
— Monsieur, je vas vous dire : il m'avait dernièrement vendu mon fonds, et il avait gardé les fonds pour les faire valoir, et je lui avais encore donné six mille francs il y a huit jours, parce qu'il disait que plus il en aurait, et mieux ça vaudrait... et cependant Bichette n'était pas trop d'avis de lui laisser notre argent... Mais M. Bisbis lui a conseillé de le laisser... alors... En usez-vous ?

— Je cours chez Destival, dit Auguste en laissant Monin au milieu de son discours.
— Oui, mon lieutenant, dit Bertrand, cela vaudra beaucoup mieux que d'écouter monsieur... Allez, ne perdez pas de temps... moi, je vais, de mon côté, tâcher d'obtenir quelques renseignements sur la route que le fripon a prise ; peut-être notre voleur n'est-il pas encore loin... et dussions-nous crever dix chevaux, nous le rattraperons.
— Si vous le rattrapez, monsieur Bertrand, vous savez que j'y suis pour vingt-cinq mille francs, dit Monin. Mais on ne l'écoute plus. Déjà Auguste est sur l'escalier, le caporal ne tarde pas à le suivre ; et Monin, se voyant seul avec le petit jockey se décide à sortir de chez Dalville, et à retourner chez lui se disant : — Du train dont ils courent, il n'y a pas de doute que ces messieurs parviendront à attraper notre homme, et je vas rassurer Bichette.

Auguste s'est rendu à la demeure de l'homme d'affaires. Il s'informe de Destival au portier, et celui-ci lui répond : — Depuis trois jours on n'a pas vu M. Destival, on ne sait ce qu'il est devenu... il n'a rien dit. Le nègre et Baptiste sont aussi partis ; mais madame est restée avec sa bonne : elle est chez elle.

Auguste monte, Julie lui ouvre. Le jeune homme ne remarque aucun changement dans les appartements, où règne seulement plus de tranquillité qu'autrefois ; on l'introduit dans la chambre de madame, qui paraît un peu troublée en apercevant Dalville.

— Le bruit que l'on répand serait-il vrai, madame ? dit Auguste ; on assure que votre époux est parti... qu'il a quitté la France !...
— Hélas ! monsieur !... il n'est que trop vrai, répond Émilie en se laissant aller sur un fauteuil.
— Comment, madame ! il est parti et ne doit point revenir ?
— Je ne le pense pas, monsieur : il m'a abandonnée... C'est un homme abominable !...
— Et savez-vous ce qu'il m'emporte, madame ?
— Non, monsieur, je n'étais nullement au fait de ses affaires.
— Deux cent cinquante mille francs : c'est à peu près tout ce que je possédais.
— Ah ! c'est affreux de sa part !...
— Dites donc que c'est un vol, que c'est une friponnerie exécrable ! s'écrie Auguste indigné du sang-froid de madame Destival ; et vous ignorez, madame, de quel côté il a porté ses pas ?
— Je ne sais rien du tout, monsieur : je suis accablée, anéantie comme vous !
— Votre époux me ruine, madame.
— Vous m'en voyez désolée, monsieur ; mais que voulez-vous que j'y fasse ?
— Il me semble, madame, que cet événement peut vous attirer, à vous-même, de fâcheuses affaires.
— Moi, monsieur, je n'ai rien à démêler avec les créanciers de M. Destival, nous étions séparés de biens ; le logement a été loué sous mon nom, tout ce qui est dedans est à moi. Est-ce ma faute si M. Destival a fait de mauvaises spéculations ? est-ce la première fois qu'une telle chose arrive ? ne suis-je pas la plus à plaindre ?... il m'emporte ma dot, monsieur, et certainement le mobilier qui me reste ne la vaut pas... D'ailleurs, monsieur, faites ce que vous voudrez, poursuivez-moi... mettez-moi sur la paille, si tel est votre désir !...

Auguste ne répond rien ; mais il sort brusquement de chez madame Destival, en maudissant la friponnerie de l'homme d'affaires.

Bertrand revient sans avoir découvert les traces du fugitif. Pendant trois jours il se met en campagne, tandis qu'Auguste fait de son côté toutes les démarches nécessaires ; mais il paraît certain que Destival est déjà hors de France, c'est tout ce qu'il apprend sur son compte.

Auguste tâche de rappeler sa gaieté pour supporter ce coup avec philosophie ; Bertrand se garde bien de faire, dans ce moment, des représentations à son maître, il sent que l'instant serait mal choisi. Mais lorsqu'on a perdu tout espoir de découvrir les traces du fripon qui emporte la fortune de Dalville, Bertrand songe à la petite créance du marquis de Cligneval ; et Auguste consent à ce qu'il se rende chez lui.

Bertrand y court et demande M. le marquis.
— Il ne loge plus ici, dit le portier.
— Et où demeure-t-il maintenant ?
— Il est allé prendre les eaux...
— Et quelles eaux, morbleu ?
— Ma foi, monsieur, il ne l'a pas dit.

Bertrand est furieux : il revient en jurant apprendre cette nouvelle à Auguste, qui la reçoit assez tranquillement.

— Quoi ! mon lieutenant, on vous emporte encore cent louis, et vous n'êtes pas plus en colère ? dit Bertrand.
— Ma foi, mon ami, quand on est ruiné, cent louis de plus ou de moins, ne vaut pas la peine de se chagriner.
— Avec cela on passe encore du temps... Ce maudit marquis !... j'en avais le pressentiment !...
— Je le retrouverai...

— Il ne vous payera pas...
— Bertrand, il faut faire l'état de ma caisse, que je sache ce qui me reste.
— Ce sera bientôt fait, mon lieutenant.
Bertrand s'achemine tristement vers le secrétaire, et revient présenter en soupirant l'état de leurs finances.
— Dix-huit mille six cent quarante francs, dit Auguste en lisant le total; ma foi, je ne pensais pas être encore si riche.
— Je n'ai pas compté les cent louis du marquis, ni ce que vous doivent plusieurs de vos amis.
— Je crois que tu as aussi bien fait. Mais il faut que je sache aussi ce que je dois; tu feras avertir mon tailleur, mon bottier, mon sellier,... tu payeras leurs mémoires. Quand j'étais riche, je pouvais devoir; mais lorsqu'on n'a plus de fortune, on ne doit pas se permettre de faire des dettes.
— Vous parlez comme le grand Turenne, mon lieutenant. Demain tous les mémoires seront acquittés.
Les mémoires payés, il reste à Auguste seize mille quatre cents francs. Bertrand dit :
— Ajoutons à cela un beau mobilier, du vin dans la cave, et avec de l'ordre, de l'économie, on peut encore attendre les événements.
— Bertrand, il faut maintenant ôter de cette somme cent écus, que j'ai promis de payer pour une jolie lingère, dont un barbare huissier voulait saisir les meubles; deux cents francs que je prête à Virginie, et dix louis pour les bracelets que j'achète ce soir.
Bertrand manque d'avaler la plume qu'il tenait à sa bouche et s'écrie :
— Mon lieutenant, vous n'y pensez pas; bientôt il ne vous restera rien.
— Ecoute, mon ami, j'avais promis de donner tout cela lorsque j'étais encore riche; parce qu'un fripon me ruine, faut-il que je manque à mes promesses?... Tu ne le voudrais pas toi-même; mais je te jure que ce sont mes dernières folies. Désormais, je veux être la sagesse même; d'ailleurs, songe donc que nous aurons encore le produit de la vente de mes deux chevaux et de mon cabriolet, car je ne dois plus me permettre d'avoir voiture!... Il faut que je diminue ma maison... que je renvoie Toni... et que j'aille à pied... Cela te chagrine, Bertrand?
— Pour vous, mon lieutenant!...
— Eh! mon ami, je m'en porterai peut-être mieux. L'exercice est nécessaire à la santé, je t'ai entendu dire cela cent fois. Crois-tu que les gens qui vont à pied ne valent pas ceux qui roulent carrosse?...
— Ah! mon lieutenant, vous ne me croyez pas si bête!
— Eh bien! mon ami, pourquoi donc regretter ce dont on peut si bien se passer?... Avec de l'argent, n'a-t-on pas toujours voiture ou cabriolet à ses ordres, sans avoir des chevaux et un jockey à nourrir? Vraiment, je ne conçois pas maintenant pourquoi j'avais un cabriolet...
— Mais toutes ces grisettes qui venaient vous conter leurs petits chagrins que vous consoliez, toutes les grandes dames dont vous faisiez la conquête... pensez-vous, mon lieutenant, que votre cabriolet n'était pas pour quelque chose dans la tendresse qu'elles vous témoignaient?
— Ce serait une raison de plus pour que je ne le regrettasse pas!... Je vais maintenant connaître le cœur de ces dames : je vais être certain d'être aimé pour moi-même... et, du moins, si je triomphe d'une jeune beauté, si je l'emporte sur un rival, je ne craindrai plus de ne devoir qu'à ma fortune la préférence qu'on m'accordera.
— Vous verrez tout à l'heure, mon lieutenant, que c'est pour votre bonheur que vous avez emporté votre bien!
— Ma foi!... que sait-on?... Après tout, ai-je donc tort de prendre la chose du bon côté?
— Non, certes; il y a bien des gens qui ne pourraient pas trouver un bon côté à un pareil événement; mais enfin... pardonnez mes craintes, monsieur; ce que vous possédez ne durera pas éternellement, malgré toute l'économie que nous pourrons mettre dans notre dépense... et alors... que ferez-vous, mon lieutenant? car on ne vit pas rien qu'avec sa gaieté.
— Ma foi, alors... nous verrons, mon cher Bertrand; j'ai quelques talents, eh bien! je les utiliserai, je travaillerai.
— Vous, travailler, monsieur!... dit Bertrand en se retournant pour essuyer une larme.
— Pourquoi pas, mon ami?
— Parce que vous n'y êtes pas habitué... parce que cela vous semblerait trop dur... parce que je ne le souffrirais pas, enfin... et... Mais ne parlons plus de cela... Nous verrons, il vaut mieux s'étourdir... Qui sait? nous retrouverons peut-être votre voleur!...
— C'est cela, mon cher Bertrand; va, il faut toujours espérer, on n'en est pas plus pauvre, et l'on s'en porte mieux.
Auguste sort pour aller se distraire près d'une petite lingère, et Bertrand descend lire à Schtrack la vie du grand Turenne.

CHAPITRE XVI. — Scène de société.

Le cabriolet est vendu, le petit jockey a trouvé une autre condition. Depuis que madame Saint-Edmond voit que son voisin diminue son train, elle ne daigne plus le regarder, et passe près de lui sans même le saluer. Bertrand est indigné de l'impolitesse de la voisine; Auguste en rit en disant : — Me voilà certain que cette femme-là ne m'a jamais aimé, et il est toujours agréable de savoir à qui l'on a eu affaire.
Mais Bertrand murmure tout bas : — Qu'elle perde encore son carlin!... et, si je le trouve, je lui fais faire une faction dont il ne sera pas relevé.
Auguste continue de chercher des distractions dans le monde, et comme ordinairement les distractions coûtent cher, tout en se promettant d'être raisonnable, il dépense beaucoup plus qu'il ne devrait; il se croit sage parce qu'au lieu de perdre cinquante louis dans une soirée, il perd que cinquante écus; parce qu'au lieu de louer des loges aux spectacles, il se contente de prendre des billets au bureau; et parce qu'il va en fiacre au lieu d'avoir son cabriolet. Mais ces dépenses sont encore trop considérables pour quelqu'un qui n'a qu'un faible capital et point de revenu. Bertrand voit avec effroi que leurs fonds ne dureront pas aussi longtemps qu'il l'espérait; il n'ose faire à Auguste des observations, mais il lui dit souvent : — Allons voir la jolie laitière, monsieur, et ce petit Coco que vous aimez tant; cela vous distraira. Nous passerons quelques jours au village, et les distractions y coûtent moins cher qu'à Paris.
Auguste diffère d'y aller, il ne dit pas à Bertrand le motif qui lui fait redouter d'aller à Montfermeil; mais il se sent peiné en songeant qu'il ne peut plus faire pour l'enfant tout ce qu'il espérait; il croit que l'on a employé ce qu'il a laissé pour lui; et, habitué à le suivre que le mouvement de son cœur, à donner avec profusion, il soupire à l'idée d'être obligé de calculer ses bienfaits. Ce chagrin est le plus vif que la perte de sa fortune lui ait encore fait éprouver.
Après six semaines d'absence, M. et madame de la Thomassinière sont revenus à Paris. Leur hôtel est de nouveau le rendez-vous des gens qui aiment les bons dîners, les soirées, les bals; et le vieux chevalier à ailes de pigeon n'est pas le dernier à y revenir, quoiqu'il ait juré au dernier dîner qu'on ne l'y reprendrait plus. Les marquis, les petits-maîtres, les élégantes, les poètes et les financiers n'ont garde de parler de madame Thomas à M. de la Thomassinière, et celui-ci se dit en se frottant les mains : — C'est oublié, on n'y pense plus... ce ne m'a fait aucun tort... Malgré cela, j'ai bien fait de passer six semaines en Angleterre; cela a laissé aux souvenirs le temps de s'effacer.
M. de la Thomassinière se trompe : la visite de madame Thomas n'est point oubliée; mais tant qu'il sera riche, tant qu'il donnera de belles fêtes et de grands dîners, on continuera d'aller chez lui et de lui faire accueil; qu'il cesse d'être opulent, et chacun le trouvera ce qu'il est, un fort sot, un très grossier personnage. Il n'avait donc pas besoin de faire le voyage d'Angleterre... Mais il est vrai qu'il ne s'est pas dit tout cela.
La fuite de Destival a fait du bruit. On en parle chez la Thomassinière, qui s'écrie : — J'étais certain que cet homme-là tournerait!... Il se croyait autant de moyens que moi; il prétendait faire fortune comme moi!... Comme si ma capacité était donnée à tout le monde!... On dînait très-mal chez lui... mauvaise chère, mauvais vins; et il se figurait donner des dîners comme les miens!... J'ai dit cent fois : Cet homme-là s'enfoncera, et, en effet, ça n'a pas manqué.
— Sa femme était fort coquette, dit Athalie, voulait suivre toutes les modes, porter des cachemires... elle avait pris ma couturière...
— Elle avait pris votre couturière, madame! s'écrie M. de la Thomassinière; vous conviendrez que cela n'avait pas le sens commun!... Ces gens-là avaient perdu la tête!... prendre votre couturière! la femme d'un petit homme d'affaires!...
— Mais elle est toujours à Paris, dit le marquis de Cligneval, qui est présent à cet entretien, je l'ai aperçue il y a quelques jours dans un boghey et plus élégante que jamais.
— Bah! vraiment! dit le spéculateur : elle était fort élégante? Au fait, elle avait beaucoup plus d'esprit que son mari!... Il paraît que les affaires de celui-ci lui sont étrangères... elle aura pris ses mesures d'avance... elle a bien fait, certainement on ne peut pas la blâmer.
Cette conversation est interrompue par l'arrivée de Dalville, qui n'avait pas encore été chez les Thomassinière depuis leur retour d'Angleterre.
— Eh! c'est monsieur Dalville! dit le spéculateur en allant au-devant du jeune homme d'un air empressé, tandis que le marquis court prendre la main d'Auguste en s'écriant :
— Que je suis charmé de vous voir, mon aimable ami! par Dieu! je comptais aller chez vous ces jours-ci... je me disais : On ne le voit plus!... que diable devient-il?
— En effet, dit Athalie en faisant à Auguste un sourire gracieux,

4.

vous ne vous êtes pas empressé, monsieur, de venir nous voir, depuis plus de dix jours que nous sommes revenus... c'est fort mal... vous savez toute l'amitié que nous vous portons.

— Vous êtes trop bonne, madame, dit Auguste en s'asseyant près de la petite-maîtresse ; mais j'ai eu des affaires... Vous avez sans doute appris que Destival...

— Nous en parlions à l'instant, dit la Thomassinière, et je disais à M. le marquis, mon ami, que son escapade ne m'avait nullement étonné !... Je crois même que je l'avais prévue !

— C'est vrai, vous me disiez cela, répond le marquis ; mais, moi, j'avoue que ces choses-là me passent toujours ! Faire faillite !... emporter l'argent des autres ! c'est affreux !... Qu'on emporte le sien ; pardieu ! tant qu'on voudra ! mais tromper des personnes qui ont confiance en notre bonne foi !... qui nous donnent leurs affaires à gérer !... qui s'en rapportent à notre probité !... oh ! je ne pardonnerai jamais ça !...

— Ni moi, s'écrie la Thomassinière, je ne pardonne jamais à quelqu'un de faire de mauvaises affaires ! je dirai plus, je ne le recevrais pas chez moi !... Oh ! du moment que votre crédit baisse, bien le bonsoir ! restez chez vous ! je ne connais que cela !... parce qu'enfin il faut de la probité, comme disait M. le marquis, et avec les gens riches on n'est jamais compromis.

Dalville sourit de la chaleur que ces messieurs mettent à soutenir leur amour pour la probité, et reprend au bout d'un moment :

— Savez-vous ce que Destival m'a emporté, à moi ?

— Non, dit la Thomassinière ; est-ce qu'il vous aurait dupé ?... Je vous croyais trop fin pour vous laisser attraper, monsieur Dalville !

— Eh ! monsieur, en affaires d'intérêt les plus fins sont ordinairement les plus sots !... Il n'y a pas besoin d'esprit pour s'enrichir : c'est une vérité dont le monde nous offre chaque jour la preuve.

— M. Dalville plaisante toujours ! dit Athalie en riant, tandis que la Thomassinière dit bas au marquis :

— Ce jeune homme-là n'entend rien aux affaires... Ça me fait de la peine pour lui.

— Et combien vous a emporté ce fripon ? dit le marquis.

— Deux cent cinquante mille francs.

— Peste ! s'écrie la Thomassinière, mais c'est une somme très-ronde ! Deux cent cinquante mille francs !... Il faut avoir les reins forts pour supporter une telle faillite...

— Ma foi, je la supporte le mieux que je puis !... C'est le cas d'être philosophe...

— J'entends ; cela veut dire que vous êtes encore très-riche !...

— Pas du tout, il ne me reste rien, au contraire, Destival m'a emporté mon capital, et dans quelques mois il faudra que je m'occupe aussi de faire fortune.

La figure de M. de la Thomassinière s'allonge, celle du marquis devient inquiète ; Athalie seule semble prendre intérêt à la position d'Auguste.

— Quoi ! vraiment, monsieur Dalville ? dit-elle ; ce vilain homme vous a ruiné ?

— Oui, madame, le fait n'est que trop certain.

— Et vous prenez cela aussi tranquillement ?

— Quand je me désespérerais, cela ne me rendrait pas mon argent !...

— Il est certain, dit le marquis, que la philosophie est une belle chose... Elle aide à supporter les événements... elle nous rend supérieurs à l'adversité, et... Mais je me rappelle qu'on m'attend quelque part pour manger une dinde aux truffes... J'ai promis de me trouver à l'ouverture, et un homme d'honneur n'a que sa parole... Au revoir, mes bons amis...

Le marquis se lève et va sortir du salon, lorsque Dalville court à lui et l'arrête en lui disant à l'oreille :

— Pardon, mon cher monsieur de Cligneval ; mais vous avez sans doute oublié une petite dette de cent louis. Si je me permets de vous la rappeler, c'est que vous devez penser que dans ce moment j'ai besoin de rentrer dans mes fonds.

— Ah ! mon cher ami, que me dites-vous là ?... Pardieu ! cela m'était sorti de la tête...

— Vous devriez me rendre cela dans la même semaine ; et comme il y a déjà plus de deux mois, j'ai pensé, en effet, que vous aviez oublié cette bagatelle.

— Entièrement, mon cher ami, entièrement ; je n'ai de mémoire que pour les choses importantes, et cent louis, vous sentez bien que c'est une misère... Envoyez chez moi...

— On n'a pas donné votre adresse à votre ancienne demeure.

— Ah ! c'est vrai, je suis en camp volant... J'enverrai cela chez vous, cela vaudra mieux... Mais on m'attend... la dinde doit être servie... C'est un déjeuner d'hommes... et j'ai promis d'être exact. Je tiens beaucoup à ma parole...

— Ainsi, je puis compter que bientôt...

— Oui, demain ou plus tard, vous aurez de mes nouvelles... Adieu... pardon... si je vous quitte si vite... mais une dinde aux truffes, cela n'admet aucun retard.

Et M. de Cligneval, qui tient essentiellement à sa parole lorsqu'il s'agit d'un dîner ou d'un déjeuner, se débarrasse de son créancier et s'échappe du salon ; mais comme il ne se soucie point de rencontrer souvent Dalville chez son ami la Thomassinière, arrivé dans l'antichambre, M. le marquis dit à un domestique d'aller tout bas annoncer à son maître que M. de Cligneval a quelque chose de secret à lui communiquer.

Le valet fait la commission. La Thomassinière s'empresse de quitter le salon et de venir rejoindre le marquis, dont il se croit trop heureux d'être le très-humble serviteur.

— Que me voulez-vous, mon cher marquis, je suis à vos ordres ? s'écrie le parvenu.

— Chut ! Passons dans votre cabinet, mon ami ; Dalville me croit parti, je ne veux pas qu'il me rencontre en sortant.

On se rend dans le cabinet de M. de la Thomassinière ; et là, le marquis semble hésiter et ne savoir s'il doit parler.

— Vous me voyez fort embarrassé ! dit-il enfin à la Thomassinière, qui attend humblement ce qu'il va lui apprendre.

— Embarrassé... vous !... est-ce qu'un marquis peut jamais être embarrassé ?... Allons, vous plaisantez !...

— Non, mon ami, non... Eh ! mon Dieu !... parce qu'on est né dans les grandeurs !... parce qu'on jouit de quelque considération... et qu'on a du pouvoir... est-ce que vous croyez qu'on n'en est pas moins homme, et soumis à toutes les faiblesses que la nature nous a départies ?

— Certainement, monsieur le marquis !... que...

— Eh mon Dieu !... nous ne valons pas mieux les uns que les autres !... Aux yeux des gens d'esprit, qu'est-ce qu'un peu plus ou un peu moins de noblesse ?... Quant à moi, je vous le déclare, vous seriez duc, que je ne vous en estimerais pas davantage !...

— Vous êtes trop aimable, monsieur le marquis.

— Non, je suis franc, voilà tout.

La Thomassinière cherchait dans sa tête comment cette dissertation pourrait conduire le marquis à la dinde aux truffes qui l'attendait, lorsque M. de Cligneval reprit :

— C'est au sujet de Dalville que j'ai voulu vous parler en secret. Ce jeune homme s'est laissé duper comme un sot !...

— Comme un véritable sot, monsieur le marquis.

— Il avait une assurance !... une suffisance !... Il ne voulait prendre conseil de personne... il croyait savoir conduire ses affaires... Cela fait pitié !...

— Cela fait, comme vous dites, pitié !...

— Confier tout son argent à ce Destival !... Il fallait avoir perdu la tête.

— D'ailleurs, monsieur le marquis, j'en reviens à mes principes : je ne pardonne pas à un homme de se laisser voler.

— Et vous avez raison ; qu'il vole les autres... c'est-à-dire qu'il se moque des autres, oh ! à la bonne heure !... c'est de la finesse, c'est du tact ! Mais enfin voilà ce Dalville dans une très-vilaine position !

— C'est ce que j'ai pensé dès qu'il m'a dit qu'il n'avait plus rien.

— Encore, s'il avait un certain rang... des titres... de ces choses qui mènent à tout...

— Oui, s'il était noble enfin !

— Oh ! alors il pourrait s'en tirer... mais du moment qu'on n'est pas noble, il faut être riche !

— C'est juste, cela rentre dans mes principes.

— Et cela revient au système d'égalité et philosophie que je vous démontrais tout à l'heure. Je m'intéressais à ce Dalville... mais l'amitié que j'ai pour vous passe avant tout ; c'est pourquoi je crois devoir ne vous rien cacher.

— Ne me cachez rien, monsieur le marquis !

— Savez-vous ce qu'il m'a dit tout bas, tout à l'heure, lorsque j'allais sortir du salon ?

— Non, je n'en sais rien.

— Vous n'en avez pas entendu un mot ?

— Pas un seul.

— Eh bien ! mon cher.... il m'empruntait de l'argent.

— Il vous empruntait de l'argent ?

— Oui, mon cher, ma foi, je vous avoue que cela m'a paru un peu leste de sa part !

— Comment l'este !... vous êtes bien honnête, monsieur le marquis !... c'est pis que cela...

— D'ailleurs, je ne le connais pas assez pour...

— Et quand même je le connaîtriez beaucoup !... est-ce qu'on prête de l'argent à quelqu'un qui est ruiné, et qui vient vous le dire en face ?... Moi, qui le connais plus que vous, je ne lui en prêterais point.

— Ensuite, c'est qu'il est du plus mauvais ton d'emprunter à quelqu'un chez un tiers...

— C'est un ton épouvantable !...

— Ne pouvait-il pas venir tout bonnement chez moi... attendre un autre moment... mais non... il me saisit dans votre salon !... Il a fallu que je promette de lui en prêter, sans quoi il ne voulait plus me laisser partir.

— C'est vrai, c'est ce que j'ai remarqué, et pourtant vous aviez bien annoncé qu'une dinde aux truffes vous attendait, et il me semble qu'une telle considération aurait dû lui imposer silence.

— Vous jugez que s'il va comme cela emprunter à toutes les personnes qu'il rencontrera chez vous, cela vous mettra dans une fausse position, et cela chassera de votre maison une grande partie de vos connaissances, parce que je ne connais rien qu'on redoute plus dans le monde que de s'entendre emprunter de l'argent.

— Ah! mon Dieu! s'écrie la Thomassinière en se promenant à grands pas dans son cabinet. Mais un homme comme cela serait une peste... un véritable fléau... Je crois que j'aimerais encore mieux voir arriver madame Thomas!

— Je vous assure, mon ami, que cela vous ferait moins de tort.

— Soyez tranquille!... je mettrai bon ordre à cela... Oh! je n'irai pas par quatre chemins... Dès demain, mon suisse recevra mes ordres; nous n'y serons jamais pour M. Dalville... Vous entendez bien, *jamais*.

— Mon ami, faites ce que vous jugerez convenable... Cela me fait de la peine pour ce jeune homme, que j'aimais beaucoup... Mais enfin j'ai dû vous instruire.

— Ah! monsieur le marquis, vous m'avez rendu un service éminent!... Un service que je n'oublierai de ma vie!... Recevoir chez moi un homme qui emprunte de l'argent à mes connaissances!... qui finirait par m'en demander à moi-même!... Songez qu'il n'est ruiné que depuis peu de jours, et s'il emprunte déjà, qu'est-ce qu'il fera donc dans quelque temps?... Est-ce qu'on peut savoir où cela s'arrêtera?...

— Je vous ai prévenu, j'ai fait ce que l'honneur m'ordonnait, maintenant je vais dire un mot à la dinde en question... Adieu, mon ami.

— Monsieur le marquis, j'espère que demain vous dînerez avec nous... Je vous assure que vous ne rencontrerez pas Dalville chez moi.

— En ce cas, je serai des vôtres. Vous sentez qu'il est pénible de fermer sa bourse au malheur; mais, avec la meilleure volonté du monde, on ne peut pas donner tout ce qu'on a... A demain, mon cher la Thomassinière.

— Votre très-humble serviteur, monsieur le marquis.

Le marquis éloigné, la Thomassinière se consulte pour savoir s'il rentrera dans le salon. Il se décide à retourner près de Dalville, et pense même qu'il est de son devoir de commencer à lui faire mauvaise mine, afin qu'il ne lui prenne pas fantaisie d'enfreindre la consigne qu'il compte donner à son suisse.

Dalville est resté avec Athalie. La petite-maîtresse, tout en plaignant le jeune homme, et lui assurant qu'elle prend part à son infortune, s'est rappelé qu'on donnait le soir une pièce nouvelle aux Français, et elle s'écrie :

— Je ne puis pas manquer d'aller là ce soir... Avez-vous loué une loge, monsieur Dalville?

— Je ne loue plus de loges, madame, répond Dalville, je prends modestement mon billet au bureau. Quelquefois même je me mets à la queue... et je ne me permets plus la brillante avant-scène...

— Se mettre à la queue! dit Athalie, dont la figure devient moins riante. Fi donc! quelle horreur!...

Quelques moments après, la jeune coquette s'aperçoit que les bottes de Dalville ont quelques légères taches de boue, et elle s'écrie :

— Comment, monsieur, vous que je vois toujours si parfaitement chaussé!... vous avez aujourd'hui reçu des éclaboussures! Vraiment, je ne vous reconnais plus là...

— Madame, ceci est encore une suite de mon adversité. Lorsque j'avais cabriolet, il m'était bien facile d'avoir toujours des bottes parfaitement luisantes; mais quand on va à pied, il faut s'attendre à être moins correct dans sa toilette.

— Quoi! vous n'avez plus votre cabriolet?

— Non, madame, je l'ai mis à la réforme, ainsi que mon petit jockey, et n'ai gardé que mon fidèle Bertrand, car celui-là est plutôt un ami qu'un serviteur, et on ne se sépare pas d'un ami parce qu'on est malheureux.

— Comment donc! mais c'est très-juste ce que vous dites-là... répond Athalie en allant devant une glace arranger les boucles de ses cheveux. Ah! mon Dieu! comme je suis pâle aujourd'hui! je fais peur!... je vais avoir mes maux de nerfs... je le sens...

C'est dans ce moment que M. de la Thomassinière rentre dans le salon, se donnant un air plus important, une démarche plus lourde, et fronçant déjà le sourcil, de crainte qu'on ne lui emprunte de l'argent.

— Qui est-ce qui vous faisait donc demander, monsieur? dit Athalie en continuant de se regarder dans la glace.

— Madame, c'est une personne qui avait un avis très-important à me communiquer, et qui ne voulait pas entrer, sachant que j'avais du monde... car il est certain que quand on a toujours du monde... ça gêne... et je veux me mettre sur le pied de ne recevoir personne quand je serai chez moi.

— Parbleu! monsieur la Thomassinière, dit Auguste en riant, il faut faire mieux; il faut imiter une dame de ma connaissance, qui, lorsqu'elle n'avait pas mis son rouge, son blanc, son bleu, et fini de s'embellir enfin, répondait elle-même en ouvrant sa porte : Je n'y suis pas.

— Ah! c'est fort drôle, dit Athalie; mais je me sens mal à mon aise... je vais me jeter sur ma chaise longue.

La petite-maîtresse s'éloigne en faisant une légère inclination de tête à Auguste, et la Thomassinière continue de se promener dans son salon en fronçant le sourcil.

— Eh bien! monsieur de la Thomassinière, comment vont les affaires? dit le jeune homme en se balançant sur sa chaise, tandis que le parvenu ne sait que faire de lui.

— Les affaires, monsieur... Ah! vous voulez dire les spéculations!...

— Vous gagnez toujours beaucoup d'argent?

— Oui, monsieur; certainement on doit gagner de l'argent... c'est un devoir, on est fait pour cela...

— Parbleu, il faudra que vous m'appreniez votre secret, car je n'ai qu'à dépenser, moi, et cependant il faut que je change de conduite; il faut que je m'occupe de faire fortune aussi ; il me semble que, pour cela, je ne puis mieux m'adresser qu'à vous.

La Thomassinière, qui est persuadé qu'Auguste veut en venir à lui emprunter de l'argent, feint de ne point l'avoir entendu, et dit en regardant son portefeuille : — Il me manque trente mille francs pour l'achat des créances qu'on vient de me proposer... c'est une affaire superbe... Je sais bien que je trouverai facilement cette somme, et que je n'ai qu'à ouvrir la bouche, qu'à dire mon nom; mais ça me contrarie, parce que je ne puis pas souffrir avoir recours à personne, quand cela ne serait que pour une heure!... Ah! je suis d'une délicatesse outrée sur cet article-là!

Cette comédie amuse quelque temps Auguste, qui dit enfin :

— A propos, monsieur de la Thomassinière, comment se porte madame votre mère,... cette chère madame Thomas, dont l'arrivée vous a fait tant de plaisir la dernière fois que j'ai dîné chez vous?

Le parvenu rougit, se mord les lèvres et balbutie : — Monsieur... elle se porte fort bien... elle doit se porter bien... mais depuis que j'ai été en Angleterre... certainement on a en autre chose à penser... Et... Ah! Dieu!... je me rappelle... j'ai trois lettres à écrire à Londres : des milords qui attendent de mes nouvelles; étourdi que je suis!... Monsieur Dalville, je ne puis rester plus longtemps... mes affaires m'appellent... et les affaires avant tout.

En disant ces mots, la Thomassinière sort brusquement et sans saluer Auguste, qu'il laisse seul dans le salon.

— Le sot! dit Dalville en prenant son chapeau, croit-il donc que je n'ai pas vu le changement de ses manières depuis qu'il sait que je suis ruiné?... Et Athalie!... je la croyais plus sensible!... Mais qu'attendre d'une femme pour qui la parure et le plaisir sont tout?... Et voilà ce monde où chacun veut briller, dont on recherche le suffrage, avec lequel on passe une partie de sa vie!... Tous ces gens-là valent-ils donc la peine qu'on leur donne un regret!

Et Dalville sort de l'hôtel de M. de la Thomassinière en se promettant de n'y plus rentrer.

CHAPITRE XVII. — Le cinquième étage.

Mon lieutenant, dit un matin Bertrand à Dalville, nous avons oublié quelque chose dans nos réformes, mais l'époque du terme m'y a fait songer : c'est le logement. Vous conviendrez, mon lieutenant, qu'un appartement de quinze cents francs est trop fort sur notre budget, où l'article des dépenses marche toujours, tandis que le côté des recettes est encore vierge.

— Tu as raison, Bertrand, il faut donner congé.

— Comme je causais de cela hier avec Schtrack, il m'a dit qu'un Anglais prendrait sur-le-champ notre logement si nous avions intention de le quitter; il me semble, mon lieutenant, qu'il serait plus sage de déménager tout de suite.

— Fais ce que tu voudras, Bertrand.

— D'autant plus qu'il y a au cinquième un petit logement de garçon qui pourrait nous convenir : deux pièces et un grand cabinet... Il est vacant, et il ça ne vous contrarie pas de rester dans cette maison...

— Et pourquoi?... Ai-je donc à rougir de mon changement de fortune? Je suis la dupe des fripons, mais je n'ai point fait de dupes... Nous monterons quatre étages de plus... Arrête le logement de garçon.

— Il suffit, mon lieutenant. Demain nous y serons installés; je me charge du déménagement : point de voitures à payer, c'est encore une économie.

Bertrand était bien aise de rester dans la maison de son ami Schtrack, et, dès le lendemain, aussitôt que Dalville est sorti, il transporte avec le portier les meubles du premier au cinquième; mais comme ce qui meublait six belles pièces ne peut pas tenir dans deux petites, on laisse tout ce qu'on juge de luxe dans l'ancien appartement, et le nouveau locataire achète cette partie du mobilier, dont le produit sert à propos regarnir la caisse de Bertrand.

En rentrant chez lui, Auguste s'est arrêté par habitude au premier; il sonne et attend en vain qu'on lui ouvre; alors il se rappelle que ce n'est plus là qu'il loge et continue de monter l'escalier; mais, malgré lui, un soupir lui échappe en s'éloignant de son ancien logement, et lorsqu'il entre dans le nouveau, la petitesse du local, les toits qui de chaque croisée frappent sa vue, lui arrachent un nouveau soupir. On est homme avant d'être philosophe, et ce qu'on acquiert avec sa raison ne triomphe pas facilement des penchants de la nature.

Cependant Auguste s'efforce de sourire lorsque Bertrand lui dit :
— N'est-il pas vrai, mon lieutenant, que nous serons très-bien ici?... C'est petit, mais on a tout sous la main ; et puis, à quoi bon tant de pièces inutiles?... Car, depuis que nous ne sommes plus riches, il ne nous vient presque personne. Si on veut se promener, on sort. Mais ici l'air est meilleur qu'au premier... Et la vue donc!... nous dominons sur toutes les maisons...
— Oui... c'est tout ce qu'il nous faut, dit Dalville; et Bertrand, qui s'aperçoit que le sourire de son maître est un peu forcé, s'empresse d'ajouter :
— J'ai déjà aperçu en face... là-bas à cette fenêtre sur les toits, une figure de jeune fille... qui était tout à fait bien.
— Où donc? s'écrie Auguste en courant à la fenêtre.
— Tenez, là, tout près... où la croisée est ouverte... Nous pouvons voir jusqu'au fond de la chambre, ce qui est tout à fait commode... Je m'imagine que j'avais aperçu tout à l'heure... Elle aura remarqué qu'elle avait un nouveau vis-à-vis, et elle n'est pas fâchée de se faire lorgner...
— Elle est vraiment gentille... la taille bien prise... l'air mutin... n'est-ce pas, Bertrand ?
— Ça me fait cet effet-là, mon lieutenant.
— Elle travaille sur un carreau..... C'est une ouvrière en dentelles.
— Ah! vous pensez bien que ce ne sont pas positivement des duchesses que nous verrons sur les toits...
— On ouvre encore une fenêtre... plus loin, vois-tu... où il y a du linge pendu à une corde ?...
— Oui, mon lieutenant.
— Ah Bertrand ! la jolie blonde !... vois-tu ?
— Je ne vois pas aussi bien que vous, mais je crois que c'est encore une jeune fille.
— Je l'assure qu'elle est charmante, beaucoup mieux même que la première qui nous regarde toujours... Bertrand, décidément nous serons parfaitement ici, et ce logement me plaît beaucoup...
— N'est-ce pas, mon lieutenant, qu'il est gentil ?...
— La vue seule me charme; est-ce que je pouvais apercevoir tous ces jolis minois?...
— C'eût été difficile.
— Je suis enchanté de loger au cinquième.
— Et moi je suis ravi que vous en soyez content, mon lieutenant.

Bertrand se frotte les mains, parce qu'en flattant le faible d'Auguste, il lui a rendu sa gaîté ; et celui-ci, auquel la vue des toits avait d'abord inspiré de la tristesse, ne peut plus se résoudre à quitter sa fenêtre, parce qu'il plonge dans la chambre de deux jolies femmes.

La voisine à l'œil mutin et à l'air dégagé n'a pas toujours les yeux sur son carreau ; elle regarde le jeune élégant qui est venu loger sur les toits. Quoique moins riche, Auguste n'avait rien de changé dans sa toilette, car celle d'un homme comme il faut est toujours la-même, soit qu'il ait plus ou moins de revenu. Mais Auguste avait fort jolie tournure et des manières distinguées, et cela semblait piquer la curiosité de la jeune ouvrière, qui ne voyait pas toujours si bonne compagnie en face d'elle.

Bientôt la demoiselle quitte son ouvrage ; elle va et vient dans sa chambre, range ses tiroirs, allume son feu, se mire, arrange son fichu et fait son dîner; chacune de ses actions a été accompagnée d'un regard en face. Auguste, qui voit tout ce qui se passe dans la chambre de la demoiselle, reste à sa croisée en répétant de temps à autre : — Vraiment, Bertrand, c'est très-amusant de loger au cinquième.

Il regarde aussi la fenêtre où il a aperçu une jolie blonde; mais là on s'est contenté d'ôter du linge qui séchait, et on a refermé la croisée sans donner un coup d'œil chez ses voisins.

Cependant la nuit est venue, il est l'heure du dîner. Auguste quitte sa fenêtre et descend gaîment ses cinq étages; mais le soir il rentre plus tôt que de coutume et ouvre sa croisée, quoiqu'on soit au milieu de l'hiver. Il aperçoit de la lumière chez ses voisines. L'ouvrière a des petits rideaux qui ne vont pas jusqu'à un second carreau, et comme sa croisée est située plus bas que celle de Dalville, celui-ci voit par-dessus les petits rideaux dans la chambre, qui est bien éclairée, et aperçoit la jeune fille, qui souvent de son miroir à sa cheminée, et paraît tout occupée de son petit bonnet et d'une casserole, qui est sur le feu.

— Cette jeune fille ne pense donc qu'à sa cuisine? se dit Auguste : tantôt elle faisait son dîner; maintenant elle fait probablement son souper... Il paraît que sous les toits on ne manque pas d'appétit. Oui, Bertrand m'a dit que l'air était plus vif. Ah ! la voilà qui retourne à son miroir... Elle est coquette, je m'en étais déjà aperçu ; mais sa coiffure est plus soignée que ce matin... Attendrait-elle de la société?... Pourquoi pas? est-ce qu'il n'est pas permis de s'amuser dans les mansardes comme ailleurs? et les riches auraient-ils seuls l'avantage de recevoir leurs amis?... Leurs amis ! qu'est-ce que je dis là !... C'est bien plutôt au cinquième qu'on les reçoit; et les flatteurs, les parvenus, les parasites ne viennent pas nous y déranger... Vraiment, c'est très-avantageux de loger au cinquième... Ah! qu'est-ce que je vois!...

Auguste voyait la jeune ouvrière, qui, après avoir fini de placer son bonnet, ôtait sa camisole, son petit jupon, et passait une chemise blanche ; et le jeune homme, les yeux braqués sur sa petite chambre, répétait avec feu : — C'est bien gentil !... fort gentil, ma foi !... Je n'ai jamais rien vu de mieux à un premier !... Ah ! mon logement est impayable !

La toilette achevée, la demoiselle dresse son souper sur une petite table ; elle place deux couverts. — Diable ! se dit Auguste, la compagnie qu'elle attend ne se compose que d'une personne, et la société ne sera pas plus nombreuse que celle des cabinets du Tournebride... N'importe ! voyons toujours ce qui en arrivera.

Il arrive un jeune garçon en veste et en casquette de loutre, que l'on reçoit en faisant un bond de joie, auquel le jeune homme répond par un baiser si bien appliqué, que Dalville croit en entendre le bruit parvenir jusqu'à lui ; et il se gratte l'oreille en se disant : — Diable !... diable !... regarderai-je toujours !... Pourquoi pas?... on sait du moins à quoi s'en tenir.

Le souper était sur la table ; mais le cavalier à bonnet de loutre avait encore plus d'amour que d'appétit. Il continuait de prendre des baisers en batifolant avec la jeune fille, qu'il ne conduisait pas positivement du côté de la table. — Diable ! disait Auguste, je vois que sous les mansardes on fait l'amour tout aussi bien qu'au premier... Voilà un gaillard en veste qui en sait autant que le plus habile séducteur de boudoir... Diable... diable !...

Et Auguste finit par quitter la fenêtre avec dépit en murmurant : — Il n'est pas bien nécessaire que j'en voie davantage : ces demoiselles qui donnent à souper à leur bon ami devraient faire en sorte que leurs rideaux allassent jusqu'au haut de leur croisée.

Auguste se promène quelque temps dans son appartement, dont il a bientôt fait le tour. Bertrand est dormi déjà ; Auguste, en examinant son nouveau local, ne voit plus divers meubles qui d'ordinaire frappaient ses yeux, mais qui n'ont point été transportés au cinquième, où l'on n'a conservé que ce qui est absolument nécessaire. Dalville sent bien que cette réforme était indispensable ; cependant son front se rembrunit... il se jette sur une chaise, et des réflexions pénibles viennent l'assaillir. Il est fort tard lorsque, voulant éloigner de tristes pensées, il retourne à sa fenêtre ; il n'y a plus de lumière chez la jeune ouvrière ; Auguste n'en est pas fâché ; il en a assez vu de ce côté. Ses yeux se portent vers la fenêtre où il a aperçu une jolie blonde ; mais là, quoiqu'on y distingue quelque peu de clarté, un méchant rideau, qui semble déchiré en plusieurs endroits, empêche cependant qu'on ne voie dans la chambre.

Après avoir pendant quelque temps regardé plusieurs maisons voisines en songeant au Diable boiteux, que ce tableau lui rappelle, Auguste, n'ayant point d'Asmodée qui l'aidât à voir sur les toits, va quitter sa croisée. Minuit est sonné depuis longtemps, le plus profond silence règne dans la rue, et ce qui était gai vu à neuf heures du soir devient quelquefois fort triste quelques heures après.

Mais en jetant encore un regard sur la maison qui lui fait face, Auguste voit s'ouvrir la fenêtre de la chambre dont un mauvais rideau cache l'intérieur; un mouvement de curiosité assez naturel engage le jeune homme à regarder encore, et, quoique la lumière vienne de s'éteindre, il ne se dérange pas pour la rallumer, sans songer que cette circonstance lui permet au contraire de voir sans être vu.

La chambre, qu'il aperçoit alors parfaitement, offre l'aspect le plus triste : des murs à nu, une mauvaise paillasse jetée dans un coin, une table, quelques chaises, c'est tout ce que l'on trouve dans ce réduit, où la misère et le malheur semblent habiter, et où la lumière vacillante d'une lampe ne répand qu'une faible clarté.

Un homme âgé est seul dans la chambre ; sa mise, quoique pauvre, n'est point celle d'un ouvrier ; ses cheveux sont blancs, ses traits paraissent altérés ; et tout, dans sa personne, dans sa démarche, dénote le désespoir et une sombre agitation.

En considérant ce vieillard, Auguste sent son cœur se serrer; déjà ce n'est plus une simple curiosité qui le guide, c'est l'intérêt, c'est une secrète inquiétude qui le porte à suivre tous les mouvements de la personne qu'il aperçoit.

Après avoir ouvert la fenêtre, le vieillard est allé vers le fond de la chambre ; il marche avec précaution, il semble écouter. Il ouvre doucement la porte d'un petit cabinet, dans lequel Auguste aperçoit un lit. Sans doute quelqu'un est couché-là et repose, car le vieillard s'arrête et reste quelques moments immobile à considérer la personne qui sommeille ; puis il essuie avec sa main des larmes qui coulent de ses yeux...

Après quelques instants, il s'avance en ayant soin de ne faire aucun bruit, et dépose un baiser sur le front de la personne qui repose ; il semble ne pouvoir s'arracher d'auprès d'elle et ne point se lasser de la considérer. Il tombe à genoux, ses mains s'élèvent vers le ciel, il paraît l'implorer pour cet être dont il a peine à se séparer ; enfin il s'est relevé, il s'éloigne avec effort du cabinet, et va tomber sur une chaise, comme accablé par la douleur. Dans ce moment, Auguste ne peut plus rien distinguer... Ses yeux étaient pleins de larmes, et ses pleurs coulaient sans qu'il s'en aperçût.

Mais tout à coup le vieillard, paraissant ne plus écouter que son désespoir, se lève brusquement, se dirige vers la croisée, jette un dernier regard autour de lui, puis s'élance...

Déjà son pied est posé sur le toit.. Un cri d'effroi se fait entendre :
— Arrêtez!... arrêtez!... Tels sont les seuls mots qu'Auguste puisse prononcer ; il a lui-même le corps à moitié hors de sa fenêtre ; il voudrait retenir le malheureux, et n'ose quitter sa croisée, dans la crainte que, pendant le temps qu'il mettrait à descendre, le vieillard n'accomplisse son fatal dessein.

Le cri d'Auguste a frappé l'infortuné ; il s'est arrêté, il a tourné la tête vers le cabinet... Il croit que c'est de là que sont partis les accents qui ont pénétré jusqu'à son cœur... Sa force l'abandonne, cette sombre fureur qui l'agitait fait place à la faiblesse, à l'accablement qui succède toujours aux mouvements nerveux. Il se laisse aller sur un siége, le nom d'une femme sort de sa bouche, ses pleurs coulent de nouveau. — Je puis descendre, se dit Auguste ; j'ai le temps de me rendre près de lui.

Courant précipitamment à son secrétaire, Auguste y prend son portefeuille, puis saute quatre à quatre son escalier. Il réveille Schtrack, se fait ouvrir et va frapper à la porte de la maison du vieillard. Aux coups redoublés qu'il donne sur la porte cochère, le portier croit que le feu est dans sa maison, et qu'un passant officieux vient l'en instruire, il se lève vivement, court en chemise ouvrir sa porte, et encore à moitié endormi balbutie :
— Dans quelle cheminée? D'où cela sort-il?... Est-ce qu'il est déjà violent?... Ma femme... Les pompiers!...
— Calmez-vous, ce n'est rien, dit Auguste ; mais il faut absolument que je parle à ce vieillard qui loge au cinquième... Tenez...

Et Auguste met une pièce de cent sous dans la main du portier, et monte rapidement l'escalier, laissant le concierge se frotter les yeux, regarder la pièce qu'on lui a donnée, puis sortir dans la rue afin de s'assurer encore s'il n'aperçoit point de fumée quelque part.

Auguste est arrivé au dernier étage ; la lumière de la lampe qui passe sous une porte mal jointe le guide pour passer.
— Qui est là? demande le vieillard étonné que quelqu'un vienne chez lui aussi tard.
— Ouvrez, de grâce ! répond Auguste ; c'est un ami, c'est quelqu'un qui veut sécher vos pleurs.

Ce mot un *ami* semble frapper d'étonnement le malheureux. Il se décide cependant à ouvrir, et regarde avec surprise le jeune homme qui vient à une heure du matin lui offrir ses services, et dont les traits lui sont entièrement inconnus. Mais la figure d'Auguste respire la douceur, ses yeux expriment un tendre intérêt pour le vieillard, et celui-ci le laisse pénétrer dans son réduit en balbutiant :
— Que voulez-vous, monsieur?
— Vous consoler... vous sauver du désespoir...
— Monsieur... qui vous a dit?...
— Je vous ai aperçu tout à l'heure... Vous alliez exécuter un affreux projet...
— Ah ! monsieur... C'est donc votre voix!... Pauvre Anna ! et j'ai cru que c'était la tienne ! Mais elle dormait. Elle repose encore ; ah! monsieur, je vous en supplie, qu'elle ne sache jamais... Et pourtant que faire encore sur la terre, sans pain... sans ressources?... Elle se tue pour me nourrir!... Elle se prive de tout pour moi!...

L'infortuné s'abandonnant à sa douleur ne s'apercevait pas qu'il élevait la voix. — Chut! lui dit Auguste, vous allez la réveiller... Parlons bas... Contez-moi vos peines, je vous le répète, je veux les faire cesser.

Le ton d'Auguste, la douceur de sa voix, inspirent de la confiance au malheureux père, il s'assied près du jeune homme, le plus loin possible du petit cabinet, et commence à demi-voix son récit :
— Je ne suis pas né dans l'indigence, monsieur, et c'est peut-être un malheur pour moi. Ma famille était considérée, et son nom...
— Je ne vous le demande pas, monsieur, je n'ai pas besoin de savoir votre nom pour désirer vous être utile ; je ne veux connaître que vos malheurs.

L'étonnement du vieillard a redoublé ; après avoir regardé de nouveau Auguste, il reprend son récit :
— Je reçus une éducation superficielle ; mais je devais avoir vingt mille livres de rente, et l'on m'assurait que j'en saurais toujours assez. Je me trouvai de trop bonne heure maître de moi-même ; j'aimais les plaisirs avec ardeur!... J'aimais surtout le sexe séduisant... dont je ne dois pas dire de mal, puisqu'il est celui de mon Anna. Mais je m'abandonnai aveuglément à mes passions, et je dissipai ma fortune avec des maîtresses qui me trompaient, et de faux amis qui m'aidaient à me ruiner.

Ici Auguste ne peut s'empêcher de pousser un soupir, mais il fait signe au vieillard de continuer.
— Je voulais quelquefois être sage, mais je ne savais point écouter les conseils de la raison. Arrivé à l'âge de trente-neuf ans, j'avais dissipé tout mon bien, et je n'avais aucune habitude du travail.

Alors une femme aimable, qui m'aimait pour moi-même, voulut bien associer son sort au mien. Elle possédait quelque aisance ; elle m'épousa, et me donna mon Anna. Je pouvais être heureux, mais l'habitude des plaisirs, du grand monde, m'avait fait un besoin de la dépense. Je voulais procurer à mon épouse les parures brillantes que je voyais porter à d'autres ; j'étais outré de voir des cachemires à des femmes qui ne la valaient point. En vain elle me disait que mon amour seul lui suffisait, je me persuadais qu'elle me cachait ses désirs, et souffrait mille privations. Pour augmenter notre fortune, je fis des folies, je jouai... j'engageai notre bien... et je réduisis à la misère celle qui m'avait confié le soin de sa destinée. Alors, reconnaissant mes erreurs, je voulus trouver un emploi, mais je n'étais plus jeune, je ne pus parvenir à être placé. Les regrets déchiraient mon cœur, ils blanchirent de bonne heure mes cheveux ; je vous parais bien vieux, et je n'ai pas encore soixante ans. Mon épouse ne me fit aucun reproche ; elle mourut en me recommandant notre fille, alors âgée de huit ans. Je tâchai d'utiliser quelques talents... mais ils étaient bien légers et je devenais vieux, je trouvai rarement à m'occuper. Cependant mon Anna grandissait, et déjà elle travaillait pour soutenir son malheureux père. Si vous saviez, monsieur, tout ce que je lui dois !... Combien de nuits elle a veillé afin de gagner davantage !... Pour elle, jamais de repos... jamais de plaisir... et cependant aucune plainte ne lui échappe ; c'est elle qui me console lorsqu'elle me voit plus affecté, lorsque je me reproche mon inconduite... Ah ! monsieur, je ne cherche point à cacher mes torts... Ce sont mes folies qui m'ont fait perdre ma fortune et dissiper celle de ma femme... Ma fille pourrait être heureuse, et depuis dix ans le travail et les larmes sont devenus son partage !... Seul, j'en suis cause !... Pensez-vous encore que je sois digne de votre pitié?

— Oui, monsieur, dit Auguste en serrant la main de l'inconnu... Mais qui vous portait cette nuit à une si funeste résolution?

— Malgré mes fautes, monsieur, j'ai toujours respecté l'honneur ; j'ai dissipé ma fortune, mais du moins je n'ai pas à me reprocher d'avoir jamais manqué à mes engagements. Il y a deux ans, j'ai rencontré un homme que j'avais connu au temps de mon opulence ; il est venu à moi, il m'a nommé encore son ami. Je lui ai conté mes peines ; il m'a offert sa bourse, et m'a prêté douze cents francs. Vous prendrez, me dit-il, tout le temps que vous voudrez pour me les rendre. Hélas ! une longue maladie m'empêcha de rien gagner ; cependant mon créancier ne me demandait rien, mais ce brave homme, qui est maintenant dans le commerce, a fait lui-même de mauvaises affaires et éprouvé plusieurs faillites. Il y a deux mois il est venu savoir si je pouvais le rembourser, cela m'était impossible... Il ne m'a fait aucun reproche et n'est plus revenu ; mais j'ai appris hier qu'un créancier barbare le fait mettre en prison pour une somme de mille francs : cette nouvelle m'a désespéré!... Si j'avais payé ma dette, cet honnête homme jouirait encore de sa liberté... Hélas ! j'ai fait le malheur de tous ceux qui se sont intéressés à moi !... Mon Anna se prive de tout pour son père... Eh ! monsieur, dois-je encore conserver une existence qui est un fardeau pour moi?

Auguste a tiré son portefeuille de sa poche ; il y prend trois billets de mille francs, qu'il met dans la main du vieillard en lui disant : — Payez les douze cents francs que vous devez, et avec ce qui vous restera achetez un petit établissement à votre fille. Je suis persuadé que maintenant des jours plus heureux luiront pour vous.

Le vieillard ne sait s'il est le jouet d'un songe ; ce qui lui arrive lui semble tellement extraordinaire, qu'il n'ose encore se livrer à sa joie. Il regarde tour à tour Dalville et les billets de banque que celui-ci lui a mis dans la main ; il ne peut que balbutier :
— Mon Dieu ! se pourrait-il?... Ce bonheur inattendu!... Bon jeune homme !... Pardon, monsieur !... Mais vous êtes donc un ange que le ciel envoie vers nous !...
— Non,... je ne suis point un ange ! dit Auguste en souriant, j'ai, au contraire, toutes les faiblesses des mortels, mais je me trouve heureux de pouvoir, avec si peu de chose, être utile à deux infortunés.
— Mais, monsieur, cette somme est considérable !...
— Elle ne saurait payer la leçon que vous venez de me donner...
— Comment!...
— Adieu, monsieur, il est bien tard, livrez-vous au repos, vous en avez besoin, et j'espère que vous allez en goûter un plus doux.
— Eh quoi ! vous voulez déjà nous quitter !... Ah! laissez moi apprendre à ma fille ce que nous vous devons. Permettez-lui de remercier aussi notre bienfaiteur. Ah! vous ne connaissez pas mon Anna, aussi belle que bonne... Sa vue vous fera sentir tout ce que vous avez fait pour moi en me donnant les moyens de rendre heureuse cette chère enfant !...

Le vieillard se dirigeait vers le cabinet, Auguste l'arrête en lui disant à voix basse :
— Je vous en prie, ne la réveillez pas... Une autre fois je la verrai,... ne troublez pas son sommeil.
— Vous le voulez, monsieur... je vous obéis ; mais, de grâce, votre nom! que je sache à qui je dois...
— Je vous le dirai demain.

— Le mien est Dorfeuil, monsieur; je veux que vous connaissiez celui que vous rendez à la vie, à l'honneur.

Auguste se dérobe aux remercîments du vieillard, et sort enfin de cet asile où il a porté la joie et le repos. Il descend gaîment les cinq étages, et, plus content qu'il ne l'a jamais été, se dit : — Voilà deux personnes que j'ai sauvées du désespoir... et, pour cela, je n'ai qu'à me figurer que Destival m'a emporté mille écus de plus.

De retour à son cinquième, Auguste se couche aussi et ne se réveille que tard dans la matinée.

— Il me semble, mon lieutenant, que vous n'avez pas mal dormi dans votre nouveau logement? dit Bertrand en entrant dans la chambre d'Auguste.

— En effet, je crois que je n'ai jamais si bien reposé à mon premier. Cependant l'ancien caporal voit avec étonnement que son maître ne se met pas une seule fois à la fenêtre; à la fin de la journée, il lui en témoigne sa surprise.

— Est-ce que notre vue ne vous plaît déjà plus, mon lieutenant?

— Non, mon ami, j'ai réfléchi... et je pense qu'il est dangereux de voir chez les autres.

Le vieux chevalier que la mère Thomas appelle clou de girofle.

— Il me semble cependant que vous aviez aperçu de jolies petites choses, mon lieutenant?

— J'en ai vu aussi de fort tristes... Tout bien considéré, je crois qu'il vaut mieux ne pas s'occuper de ce qui se passe chez ses voisins.

Auguste avait une autre raison pour ne plus se mettre à sa fenêtre : il ne voulait pas être aperçu du vieillard, qui l'aurait reconnu, et chez lequel il ne voulait plus retourner. Auguste savait que la fille du pauvre Dorfeuil était charmante; il redoutait sa propre faiblesse, et ne voulait point s'exposer à gâter sa bonne action.

CHAPITRE XVIII. — Les Grisettes au village; la Veillée et le Revenant.

— Nous n'irons plus chez M. Auguste, avait dit Denise en retournant à son village; et lorsque sa tante lui demanda si le beau monsieur de Paris les avait bien reçus, la petite ne put que pleurer en murmurant :

— Nous sommes restés plus de trois heures chez lui, et il ne nous a parlé qu'une minute!...

— Quoi! ma chère amie, il ne t'a pas remerciée de tes poulets, il ne t'a pas fait compliment de ma galette?

— Oh! si, ma tante...

— Quoi que tu voulais donc de plus, mon enfant? A Paris, vois-tu, on est toujours si pressé qu'on n'a pas le temps d'y faire la conversation; ça n'est pas comme cheux nous.

Denise ne dit pas à sa tante que M. Dalville ne l'a pas seulement remerciée de son présent, car cela aurait fâché la mère Fourcy, et la petite espère encore que le jeune homme viendra les voir, et il est si aimable au village, qu'elle oubliera alors sa froideur de la ville.

— Et pour l'emploi de c't' argent, demande la mère Fourcy, que t'a-t-il dit, mon enfant?

— Rien, ma tante... c'est-à-dire que nous en ferons ce que nous voudrons.

— Alors il faut faire bâtir la maisonnette, cultiver le jardin, ça sera la propriété de Coco.

— Oui, ma tante.

La jeune fille laisse agir sa tante; elle n'a plus de cœur à rien, chaque jour sa tristesse semble augmenter, les caresses de l'enfant ne peuvent la distraire. Elle cherche dans le travail l'oubli de ses ennuis; mais au milieu de ses travaux champêtres, qui faisaient autrefois son bonheur, Denise s'arrête, soupire et reste souvent plusieurs minutes immobile et pensive.

Lorsque la mère Fourcy la surprend dans cet accès de tristesse, elle court à elle en s'écriant :

— Quoi que t'as donc, ma petite?...

— Rien, ma tante, répond Denise en s'efforçant de sourire.

— Mais tu étais là sans remuer... et tu ne me parlais pas...

— C'est que j'pensais, ma tante...

— A quoi donc, mon enfant?

— Je ne m'en souviens plus...

— C'est une maladie que t'as là !

— Je n'en sais rien, ma tante.

— Pardi! je le vois ben !... tu maigris, tu pâlis... tu ne manges plus... Faudrait te marier, ma petite...

— Oh! non, ma tante, je ne veux pas !

— Alors il faudrait prendre médecine, car enfin, mon enfant, il faut ben prendre queuque chose.

La mère Fourcy ne voit qu'un mari ou une médecine qui puisse rendre à Denise ses couleurs; mais la petite assure qu'elles reviendront avec la belle saison, parce qu'elle espère que le retour du printemps ramènera Auguste au village.

En hiver, les journées sont bien longues, surtout pour la jeune villageoise, qui ne prend plus de plaisir à la veillée, qui n'écoute qu'avec ennui les propos des garçons, et qui n'a personne pour qui elle désire se parer. Si l'on trouve encore quelque charme à rêver sous l'ombrage d'un chêne, si l'aspect de la verdure, des bocages adoucit les peines de l'amour, l'intérieur d'une ferme, le bruit des oies et des canards doit être insupportable à un cœur qui cherche le silence et la solitude. Denise, forcée de cacher sa tristesse à sa tante, reste dans sa chambre, et regarde la route qui mène à Paris.

Un jour qu'une belle gelée avait séché la terre, et que le soleil donnait encore du charme aux vieux arbres dépouillés de feuilles, Denise, qui était à la fenêtre de sa chambre, entend parler et rire dans le sentier qui conduit à leur maison. Ces voix ne sont pas du village; en effet, ce sont deux dames mises comme celles de Paris, qui viennent par le chemin bordé de saules, regardant autour d'elles, paraissant ne pas trop savoir où elles vont, et s'arrêtant à chaque instant pour rire et pour se reposer contre la haie qui borde le chemin.

Denise reconnaît une de ces dames pour celle qu'elle a rencontrée à Paris chez Auguste, et qui l'a reconduite jusqu'à la voiture en lui témoignant le plus vif intérêt. La vue de quelqu'un qui connaît Dalville, qui vient peut-être lui donner de ses nouvelles, cause un grand plaisir à la jeune fille, qui sort aussitôt de sa chambre pour courir au-devant des voyageuses.

Denise ne s'était pas trompée : Virginie, qui pensait quelquefois à la jolie villageoise qu'elle avait rencontrée chez Auguste, avait parlé d'elle à une de ses amies; cette amie était une grande brune de trente ans, bien taillée, mais dont le regard aurait intimidé un sapeur; couturière de son état; mais aimant la comédie avec passion, elle négligeait son fil et son aiguille pour aller jouer sur les théâtres de société les princesses tragiques et les héroïnes de mélodrame. Malgré son air décidé, le sentiment était le faible de mademoiselle Cézarine, qui avait toujours une grande passion en train, et se serait mise tout à son théâtre si elle avait pu parvenir à vaincre un zézaiement qui lui faisait dire à son amant : — Ze vous aime et ze vous zéris.

Du reste, mademoiselle Cézarine était fort bonne enfant, et incapable de chercher à séduire l'amant d'une de ses amies.

Une belle journée d'hiver avait donné à Virginie l'idée d'aller à Montfermeil; au premier mot de campagne, Cézarine s'était écriée :

— Ze vais avec toi, ma zère, z'ai zustement besoin de me distraire auzourd'hui !... Théodore m'a fait des traits... Ah !... allons voir ta petite paysanne, nous boirons du lait, ça calmera peut-être mes idées...

— Allons-y, avait répondu Virginie; je ne sais pas bien l'adresse, mais je sais que c'est à Montfermeil... et je n'ai pas ma langue dans ma poche.

— Ah! nous aurons bientôt trouvé... Moi, qui découvrirais Théodore à l'autre bout de Paris... est-ce que tu crois que ze n'aurai pas bientôt fait la revue du vilaze ?

— Je te présenterai comme une de mes parentes... parce qu'il faut avoir l'air de quelque chose.

— Sois tranquille... Est-ce que ze n'ai pas zoué *Sémiramis?*... est-ce que ze n'ai pas un port de reine?
— Je sais bien que tu as joué Sémiramis, mais quelquefois on ne s'en douterait pas.
— Allons prendre les petites voitures, et partons.
— C'est ça... Oh! je suis sûre que la petite me recevra joliment. Ma chère, c'est une vertu véritable que nous allons voir...
— Tant mieux, ze n'aime plus que l'innocence depuis que ce coquin de Théodore m'a trahie...
— Ah, Dieu! est-ce que tu vas me parler de ton Théodore tout le long de la route? ça sera amusant!... A propos, une difficulté : je n'ai pas le sou, moi.
— Oh! z'ai de l'arzent pour nous deux... Attends que ze compte... Z'ai encore cent quinze sous.

Le cavalier en casquette de loutre.

— Avec ça, nous irions au *Mississipi*; mets la capote des dimanches, le cachemire indigène, et en route!
Mademoiselle Cézarine avait mis la capote oiseau-de-paradis, que le soleil avait changée en couleur nankin, et le châle jadis amarante, dont les palmes se fondaient tellement avec le fond qu'il devenait difficile de les distinguer; mais quand on a souvent de grandes passions, on fait quelquefois des sacrifices, et mademoiselle Cézarine préférait un regard de l'homme de son choix aux diamants d'un prince russe; c'est en quoi elle différait essentiellement avec mademoiselle Virginie.
Ces demoiselles ont eu des places dans la voiture; il n'y avait dedans que deux vieux paysans, auxquels on a tiré la langue tout le long du chemin, parce qu'elles ont trouvé qu'ils sentaient mauvais. Enfin, elles sont arrivées à Montfermeil; et Virginie ayant demandé où logeait Denise, on les a envoyées dans le sentier où la jeune fille vient de les apercevoir.
— Ma zère amie, disait Cézarine, ze ne vois pas le toit zampêtre de ta petite connaissance, et ze commence à avoir une faim solide.
— Attends... ça doit être par ici...
— Que la matinée est belle!... Si cet ingrat Théodore était venu avec nous...
— Oui, pour te manger tes cent quinze sous en un repas!... Dieu! que tu es bête de t'amouracher comme ça d'un homme qui te ruine! Avançons encore...
— Ma zère, c'est plus fort que moi; z'ai beau me dire : *Faut l'oublier!*...
— Si tu veux, je te le chanterai; ça te fera peut-être plus d'effet.
— Ah! il a de si beaux favoris!... Ce sont ses favoris qui m'ont séduite d'abord.
— Il fallait les lui faire mettre en cravate.
— Tu plaisantes touzours. Que tu es heureuse, Virzinie!... tu ne sais pas ce que c'est qu'une passion violente...

— Bath! j'en ai eu bien plus que toi!... Ah! vois-tu cette jolie maison?... cette ferme... C'est sans doute là...
— Ze ne crois pas que ta villazoise soit si bien lozée.
— Pourquoi donc pas?... Si tu avais vu les beaux poulets qu'elle avait apportés à Auguste, ça ne t'étonnerait plus.
La présence de Denise met fin à l'incertitude de ces dames. La petite court au-devant de Virginie, l'embrasse, et fait des révérences respectueuses à Cézarine, qui s'écrie :
— Comment! c'est là ta zeune villazoise... ah! qu'elle est zentille!... Dieu! quelle zolie figure!... Ah! je suis bien aise à présent que Théodore ne soit pas venu...
Virginie donne un coup de pied à Cézarine pour la faire taire, et dit à Denise :
— Vous voyez, ma chère amie, que je ne vous ai pas oubliée.... je suis venue vous voir sans façon. J'ai amené avec moi ma parente.... cela ne vous gêne pas?...
— Oh! non, madame; au contraire, je suis bien contente.... C'est bien aimable à vous d'être venue.... Ma tante sera charmée de vous voir... ainsi que madame.
— Voulez-vous permettre que ze vous embrasse aussi, mon enfant? dit Cézarine.
— Oui, madame, avec plaisir... Mais, venez donc... entrez chez nous... Vous n'avez peut-être pas encore dîné?
— C'est tout comme, ma zère... ze n'ai pris qu'un morceau de saucisson en me levant...
— Oui, dit Virginie en marchant encore sur les pieds de Cézarine, ma parente et moi, nous sentions que le grand air ouvre l'appétit.... mais nous allions aller à l'auberge...
— Ah! madame, j'espère bien que vous resterez avec nous.... Ça serait bien mal de nous refuser...
— Dieu! qu'elle est zentille!... elle a le nez de Théodore...
— Nous acceptons, ma chère Denise, puisque cela ne vous gêne pas... D'ailleurs, la moindre chose des personnes qu'on affectionne... cause toujours plus de plaisir... que les mets recherchés qu'on ne trouverait pas ailleurs...

Dorfeuil et sa fille.

Denise, pour toute réponse, court en avant avertir sa tante, et Virginie dit à son amie :
— Prends donc garde à ce que tu dis, et songe à prendre une tenue respectable... Avec ton Théodore que tu glisses partout!...
— Et toi, qui te perds dans tes phrases, dont tu ne peux plus sortir!...
— C'est égal... des phrases, ça convient aux paysans; ils ne comprennent pas, mais ils trouvent que c'est superbe.
— Eh bien, Théodore, je dirai que c'est mon mari qui est à l'armée.
Tout en parlant, ces dames sont arrivées dans la cour de la maison, et les oies, les canards, le chien et la chèvre les saluent par un petit concert impromptu.

— Ah! que j'aime la campagne! s'écrie Virginie en courant embrasser Coco, tandis que Cézarine fait ce qu'elle peut pour retirer son châle de la gueule du chien. Pendant ce temps, la mère Fourcy vient recevoir les voyageuses, que sa nièce lui a annoncées comme de belles dames de Paris de la connaissance de M. Auguste, et auxquelles la bonne femme croit devoir beaucoup de considération.

— Voilà ma tante, madame, dit Denise à Virginie, et celle-ci fait un salut de femme comme il faut à la paysanne en disant :

— Je suis fort aise de faire connaissance avec cette respectable tante... Dieu! quelle figure à l'antique!... J'aime beaucoup les personnes âgées... Que je vous embrasse, madame!

Virginie, après avoir embrassé la mère Fourcy, appelle Cézarine :

— Ma parente... voulez-vous venir, que je vous présente à notre bonne tante?...

— Un instant, donc! dit Cézarine, que ze me débarrasse de ce polisson de zien, qui a empoigné mon cazemire. Ah! ze sais bien pourquoi : c'est qu'avant-hier z'ai enveloppé un zigot dedans...

Virginie tousse pour couvrir les paroles de Cézarine, qui se débarrasse enfin du chien, et vient faire un salut de reine à la mère Fourcy.

— C'est ma parente, dit Virginie en présentant son amie à la tante de Denise. Je lui ai parlé de votre aimable nièce, et elle n'a pu résister au désir de faire sa connaissance et la vôtre, respectable tante; nous avons quitté nos hôtels et grimpé dans le léger pot-de-chambre, dans lequel nous n'avions pour toute société que deux vieux malotrus qui sentaient le rance; mais quand on vient voir des gens qu'on estime et qu'on aime, on saute à pieds joints sur ces petites contrariétés ; n'est-ce pas, ma parente?

— Oui, mon amie, dit Cézarine en marchant comme *Sémiramis*.

— C'est bien honnête à vous, madame, dit la mère Fourcy, et nous sommes ben sensibles à vot' politesse... Mais vous allez prendre queuque chose...

— Nous avons déjà dîné à la fourchette,..... mais nous ne voulons pas vous refuser...

— Moi, à la campagne, ze manzerais toute la journée.

Ces dames entrent dans la maison, et pendant qu'on met le couvert, Cézarine caresse Coco en s'écriant :

— Le bel enfant!... quel zoli profil!... Il ressemblera à Théodore... Est-ce que c'est à vous, ma belle?

C'est à Denise que mademoiselle Cézarine adresse cette question ; la petite rougit en disant :

— Comment, madame?...

— Ma parente, vous êtes furieusement bête! s'écrie Virginie; aller demander ça à cette enfant, comme si elle était d'âge à... ! D'ailleurs, est-ce qu'on pense à la bagatelle!

— Ecoute donc, ma zère, ze ne sais pas au zuste son âze... D'ailleurs, z'ai eu une sœur qui était mère à treize ans !

— C'était donc une créole?

— Oui, une créole du Pont-aux-Zoux.

Heureusement la mère Fourcy est alors à la cave, ce qui l'empêche d'entendre ces dames. Denise voudrait bien avoir des nouvelles d'Auguste, mais elle n'ose pas se permettre d'en demander à Virginie; elle craint qu'on ne devine tout l'intérêt qu'elle lui porte, et la pauvre petite serait bien honteuse si les dames de Paris, qu'elle croit toutes deux de la connaissance de Dalville, savaient le secret de son cœur. Pour l'aimable enfant, l'amour est tout ; elle est loin de se douter que pour ces dames ce n'est plus que peu de chose.

Pendant que Denise est allée faire les apprêts du repas, Virginie prétend aider la mère Fourcy à mettre les assiettes, ce que celle-ci ne veut pas souffrir, et pendant cette lutte entre la paysanne et la demoiselle de Paris, une bouteille pleine s'échappe de dessous le bras de la tante et se brise aux pieds de Cézarine, dont la robe reçoit plusieurs éclaboussures.

— Ah, Dieu! mon mérinos est tout tazé! s'écrie Cézarine; comment donc que ze ferai? ze n'en ai pas d'autre...

— Tu mettras une robe de velours, dit Virginie en faisant signe à son amie de prendre garde à ce qu'elle dit ; mais Cézarine, tout occupée de sa robe, ne l'écoute pas et continue de se lamenter.

— C'est zustement celle qui m'allait le mieux et que z'avais quand z'ai fait la conquête de Théodore.

— C'est son mari qui est à l'armée!... il est général. Allons, ma parente, c'est assez nous occuper de votre robe... Vous n'en manquez pas, il me semble...

— Il est certain que si z'avais toutes celles que z'ai mises en plan...

— En plan, madame Fourcy, ça veut dire qu'on les coupe pour en faire des essuie-mains. Ah! c'est qu'à Paris nous sommes si changeantes!... il nous faut une robe neuve toutes les semaines!... Nous jetons notre argent par les fenêtres!... Oh! c'est un bien vilain séjour que ce Paris!... Heureux les habitants du village!... Ah! la campagne!... des arbres, des bêtes, du pain bis, voilà le bonheur... J'espère bien que je finirai par acheter un petit château ou une chaumière; ça m'est égal, pourvu que ce soit dans les champs. Quant à Denise, que j'aime comme si j'étais sa mère, si j'ai un conseil à lui donner, c'est de rester ici, de ne plus aller à Paris... D'ailleurs je crois bien qu'elle ne s'en soucie guère, et la manière dont M. Dalville l'a reçue la

dernière fois... Ah! j'en étais outrée! Cette pauvre petite qui lui apportait des œufs et une si bonne galette!...

Denise, qui vient de revenir avec une grande soupière pleine, entend les dernières paroles de Virginie, et s'arrête derrière Cézarine en lui faisant signe de ne rien dire à sa tante. Habituée à dissimuler, Virginie comprend les signes de la petite, et voulant tâcher de réparer sa gaucherie, elle reprend : — Après tout..., le jeune homme est excusable... parce que, voyez-vous, madame Fourcy, à Paris, il y a des gens qui n'aiment pas la galette : ce n'est pas comme au village, où ça tient lieu de salade... Du reste, Auguste est un peu étourdi, mais le cœur est bon!... le cœur est excellent... je le connais mieux que personne!... D'ailleurs, c'est dans ce moment que je voudrais dire du mal de lui... et quoiqu'il soit ruiné...

— Ruiné! s'écrie Denise, et dans son saisissement la petite laisse tomber la soupière, dont le contenu achève de moucheter la robe de Cézarine.

— Dieu! ze suis bien malheureuse auzourd'hui!... s'écrie Cézarine en considérant son mérinos; comment voulez-vous que ze revienne à Paris, et que ze zoue lundi *Andromaque* avec cette robe-là?...

La mère Fourcy se confond en excuses; mais Denise ne s'occupe pas de l'accident qui lui est arrivé; elle court à Virginie en répétant :

— Ruiné!... M. Auguste ruiné!... Ah! mon Dieu! madame, et comment donc cela lui est-il arrivé?

— Je vous dirai cela tout à l'heure, ma chère amie...

Virginie commence par se mettre à table ; Cézarine en fait autant, et oublie les accidents arrivés à sa robe en mettant les morceaux doubles. La mère Fourcy se tient respectueusement debout devant ces dames, et la pauvre Denise, les yeux fixés sur ceux de Virginie, attend avec impatience qu'elle veuille bien lui apprendre ce qui est arrivé à Auguste.

— Asseyez-vous donc, respectable tante, dit Virginie à la mère Fourcy, qui croit avoir chez elle des dames de la cour.

— Je n'en ferai rien, madame, assurément!...

— Ze ne manzerai pas si vous restez debout, dit Cézarine en avalant son troisième œuf frais.

— J'savons trop ce que je vous devons, madame.

— Vous ne nous devez rien du tout, madame Fourcy; c'est nous, au contraire, qui devrions vous servir!

— Ah! bah! par exemple!...

— Respect aux personnes ridées... voilà ma devise... Asseyez-vous donc...

— Comme madame zouerait bien la mère de *Coriolan*!...

— Ma parente, laissons là Coriolan... et donnons un siège à madame Fourcy...

En disant cela, Virginie se lève de table, va prendre la mère Fourcy par le bras, et la conduit devant une chaise. Comme la paysanne se défend toujours, Virginie la pousse en arrière, et finit par la prendre par les épaules et la faire asseoir à côté de la chaise ; la bonne femme tombe presque sous la table, et Virginie, qui est allée reprendre sa place et croit que la villageoise est assise, dit en ne la voyant plus : — Je crois que je vous ai donné une chaise un peu basse... mais, au moins, vous serez mieux que debout.

— Il est zoli ton sièze! dit Cézarine en aidant la mère Fourcy à se relever.

— Comment, vous étiez tombée?... Voilà ce que c'est que de faire des façons! Vous êtes-vous fait mal?

— Vous êtes ben honnête, madame, un peu... à la hanche...

— Ça ne peut que vous faire du bien, ça fouette le sang... Asseyez-vous donc.

La mère Fourcy ne se fait plus prier, et le calme étant établi, Denise dit de nouveau : — Et M. Auguste, madame?...

— Ah! c'est vrai, je ne vous ai pas dit pourquoi il était ruiné. La première raison, c'est que je ne sais rien; mais ensuite c'est facile à deviner : ce jeune homme-là agissait comme un étourdi, jouant, faisant beaucoup de dépenses, payant des maîtresses!... Moi, je lui ai dit vingt fois : Auguste, tu vas trop fort! Je lui ai dit cela très-souvent... et je le tutoyais, parce que je l'ai vu si petit!...

— Je croyais que ce monsieur était de votre âge, dit la mère Fourcy.

— Oui, à peu près; mais nous avons été élevés ensemble, nous avions la même nourrice; aussi je lui suis bien attachée, et s'il loge maintenant au cinquième, ça ne m'empêchera pas d'aller déjeuner avec lui... c'est ce que je disais hier à Bertrand, qui m'apprenait que les fonds étaient bas.

— Mais M. Auguste doit avoir bien du chagrin, il doit être bien triste d'être ruiné, dit Denise en soupirant.

— Lui! ma chère amie; pas du tout : oh! vous ne le connaissez pas ! il est toujours aussi fou, aussi insouciant... C'est Bertrand qui me disait cela hier... Ce pauvre Bertrand j'ai vu une larme dans ses yeux pendant qu'il me parlait des folies de son maître! Ah! il a un fidèle serviteur, un ami véritable... Donne-moi à boire, Sémiramis, car, pendant que je cause, je m'aperçois que tu ne fais que verser. Sémiramis, c'est le nom d'une terre appartenant à ma parente; elle en a dans tous les environs de Paris.

— Dis donc, Denise, s'écrie la mère Fourcy, si ce monsieur est pauvre à c't' heure, ne devrions-nous pas lui rendre ce qu'il a laissé pour Coco?... Quou dommage que c'te maisonnette soit bâtie à présent!...

— Madame Fourcy, ce qui est donné est donné, dit Virginie, c'est un principe dont je ne me suis jamais écartée... Il ne faut pas se mettre sur le pied de rendre ce qu'on a reçu!...

— Ah! si z'avais tout ce que z'ai donné à Théodore!...

— C'est un mari de ma parente... Elle lui a donné deux fois la rougeole, et vous concevez qu'elle ne serait pas charmée de la ravoir... Donnez-moi à boire, Sémiramis.

Denise ne se mêle plus à la conversation, elle est rêveuse, et tout occupée de ce qu'elle vient d'apprendre au sujet de ce jeune homme de Paris. Les deux demoiselles, qui se trouvent bien à table, bavardent à qui mieux mieux. La mère Fourcy ouvre de grands yeux et de grandes oreilles, ne comprenant pas toujours les belles choses que ces dames lui racontent; mais comme on ne lui laisse pas le temps de placer un mot, elle n'a pas autre chose à faire que d'avoir l'air émerveillé.

Ces dames étaient à table depuis assez longtemps, et la mère Fourcy, assise entre elles, ne faisait que tourner la tête à droite et à gauche. Denise a quitté la salle sans être remarquée; la pauvre petite a le cœur gros... elle croit Auguste malheureux, elle a besoin de laisser couler ses larmes, et veut les cacher aux dames de Paris. Coco, qui jouait dans la cour, la voit passer près de lui.

L'enfant s'aperçoit que la jeune fille a du chagrin : il quitte sa Jacqueline pour aller près de Denise, en lui disant :

— Qu'est-ce que tu as, ma petite Denise?

— Tu ne sais pas, Coco, que ton bon ami... celui qui t'a donné tant de choses, est à présent pauvre, malheureux... peut-être...

— Ma petite Denise, il faut lui porter encore des œufs et de la galette; ça lui fera plaisir, s'il est pauvre... Quand j'étais dans not' chaumière avec grand'maman, j'étais si content quand tu m'apportais du pain blanc!... Je n'en mangeais pas souvent alors...

Denise embrasse Coco, ce que l'enfant vient de lui dire lui a fait concevoir une secrète espérance; elle s'essuie les yeux et retourne dans la salle, où la société vient de s'augmenter par l'arrivée d'un habitant du village, ancien maître d'école, qui venait rendre visite à la mère Fourcy et, à la vue des deux demoiselles de Paris, avait manqué défoncer une armoire pour faire un plus beau salut, tandis que Virginie regardait Cézarine, qui se cachait la figure sous sa serviette, pour ne pas rire au nez du nouveau venu, dont la figure rappelait exactement les masques grotesques qu'on vend en carnaval.

— Bonjour, voisin Manflard, dit la mère Fourcy à l'ancien maître d'école.

— Bonjour, voisine Fourcy...

— Comment ça va-t-il, voisin Manflard?

— Très-bien, voisine Fourcy... Ma foi, je n'avais rien à faire, je me suis dit : Faut aller voir la voisine Fourcy...

— C'est bon honnête à vous, voisin...

— Mais si vous avez du monde... je ne veux pas déranger...

— Restez donc, monsieur Manflard, dit Virginie, nous serions désolées de vous faire fuir.

— Ze ne pense pas que le beau sexe s'effraye monsieur...

— Pour toute réponse, le voisin fait un nouveau salut, dans lequel il pourrait ramasser une pièce de six liards avec ses dents, puis il prend une chaise et s'assied.

— Vous boirez ben un coup, voisin Manflard?

— Volontiers, voisine Fourcy.

Le verre de vin versé, le voisin Manflard le boit après avoir salué toute la compagnie, puis se replace sur sa chaise en murmurant :

— Il est bon... très-bon... c'est toujours le même.

— Qu'est-ce que c'est que le voisin Manflard? dit tout bas Virginie à la tante Fourcy.

— Oh! c'est un ben brave homme... Il a tenu autrefois une école dans le village; mais les dernières années, comme il n'avait pus de deux enfants, il s'est retiré.

— Z'en sais Fourcy, ze lui aurais envoyé Hécube...

— Qu'est-ce que c'est que ça, Hécube?

— C'est la fille de ma parente, un enfant charmant qui n'a pas encore trois ans et qui mord à tout.

— Oh! ça, c'est vrai; elle manzerait du marbre!...

— Le voisin Manflard est une des fortes têtes de l'endroit.

— On s'en aperçoit en le regardant; mais il ne dit plus rien... Encore un coup, monsieur Manflard?

Le voisin ne répond que par un ronflement prolongé; suivant sa coutume, il s'était déjà endormi.

— Comment, il dort! dit Virginie.

— Oh! oui... c'est son habitude; à peine entré, il s'assied et tape de l'œil.

— Ça ne laisse pas de faire une petite société bien gentille !

— C'est comme ce polisson de Théodore, qui s'endormait tout de suite après qu'il m'avait... dit une bêtise...

— C'est le mari de ma parente, qui voulait faire la sieste... Il avait rapporté ça d'Espagne avec du chocolat.

— Eh mais! Denise, s'écrie la mère Fourcy, je vois ben pourquoi le voisin Manflard est venu aujourd'hui cheux nous; hier à la veillée, chez Claudine, n'a-t-on pas dit qu'on veillerait ce soir ici?...

— Ah! mon Dieu!... c'est vrai, répond Denise tristement; vous avez eu là une bien mauvaise idée.

— Une veillée villageoise! dit Cézarine en se levant de table; oh! que ça doit être zoli!... On m'en a souvent parlé, et ze n'en ai zamais vu.

— Ni moi, dit Virginie, et j'ai pourtant vu assez de choses. Tiens!... si nous couchions ici, nous serions de la veillée... Qu'en dites-vous, ma parente?

— Ze dis qu'au fait, les voitures ne seront pas plus zères demain matin que ce soir...

— Il n'est pas question de voitures... Je sais bien que nous n'avons pas amené la nôtre pour ne point fatiguer nos chevaux; mais il faut savoir si ça ne gênera pas la respectable tante de nous coucher cette nuit?...

— Oh! j'avons de quoi, mesdames...

— Vous serez bien aimables de rester! dit Denise, qui espère encore parler d'Auguste avec Virginie.

— Mais faudra que ces dames se contentent d'un lit un peu dur...

— Nous serons toujours très-bien.

— Moi, ze ne suis pas difficile... z'ai couzé plus d'une fois sur la paille.

Virginie pousse Cézarine et se hâte d'ajouter :

— Ah! oui, à la campagne... pour plaisanter, par farce.

— Oui; et puis z'aime bien ça, c'est amusant, ça picote.

— Oh! je n'entends pas que vous soyez piquée, dit la mère Fourcy, j'allons vous arranger un lit dans la petite chambre du fond...

— Pas le moindre dérangement, dit Virginie, nous en prie, le plaisir de rester avec vous, de voir le tableau d'une veillée, c'est tout ce que nous voulons, dit Virginie. Mais la villageoise ne l'écoute pas et va préparer une chambre pour ces dames tandis que Denise allume une grande lampe qui doit éclairer la salle; car la nuit tombe, et la veillée va bientôt commencer.

Pendant ces apprêts, Virginie dit tout bas à son amie :

— Ces bonnes gens nous prennent pour des princesses...

— Mais ze crois que z'ai une assez belle tournure...

— Oui, mais ne dis pas de bêtises à la veillée; moi, je me plais bien ici : j'y passerais volontiers quinze jours...

— Au fait, ça ne serait pas zer vivre...

— Mais si tous les hommes sont aussi aimables que le voisin Manflard, ça doit faire des gaillards bien dégourdis.

La nuit est venue, et les amateurs de veillées, qui se sont donné rendez-vous chez la mère Fourcy, commencent à arriver. La vieille femme apporte son rouet, une autre son tricot; beaucoup n'apportent rien, parce qu'elles doivent conter des histoires, et que ce n'est pas de peu d'importance à une veillée. Les hommes tiennent des bouteilles, des cruches, et chacun a son souper.

Virginie et Cézarine, placées dans un coin de la grande salle, où il ne fait pas très-clair, malgré la lampe, examinent les villageois et font leurs commentaires, qu'heureusement ceux-ci n'entendent pas.

— Ah! les drôles de figures! dit Virginie, ont-ils l'air rustique!... je voudrais faire voir à tous ces gens-là des étoiles au plafond!...

— Tu crois ça?... mais les villageois sont plus malins qu'ils ne le paraissent!...

— Oh! je gage qu'ils vont jouer une farce et que je les attrape tous...

— Virzinie, tu sais bien qu'il faut être saze !

— C'est bon, Sémiramis, je sais... ce que j'ai à faire.

— Tiens! voilà un grand zeune paysan qui est bel homme... Il a la cuisse de Théodore!...

— Il a l'air furieusement bête!

— C'est égal, il n'est pas mal du tout.

Les villageois, en entrant, n'avaient pas d'abord aperçu les deux dames de Paris; mais en les voyant ils se rassemblent et se mettent à chuchoter entre eux. Cézarine s'avance vers le groupe en disant d'un air gracieux :

— Nous ne voulons point vous zêner, bons villazeois; nous venons nous mêler à vos zeux!...

— Nous avons un grand amour pour la vie champêtre, dit Virginie; et avant d'acheter une ferme, nous voulons savoir ce qu'on fait dedans.

L'arrivée de la mère Fourcy achève de mettre les paysans au fait :

— Ce sont de grandes dames de Paris, dit-elle aux villageois. Elles ont des hôtels, mais elles ne sont pas fières du tout; elles ont voulu coucher ici pour être de la veillée. Vous verrez comme elles sont polies.

Les paysans font de grands serviteurs aux deux dames; quelques jeunes malins de l'endroit, pour faire aux gentils devant les étrangères, vont se pousser et se donner quelques coups de poing près d'elles, puis jettent de grands cris de joie quand leur camarade tombe par terre. Et les vieux paysans disent :

— V'là nos gaillards qui commencent à rire! Et Virginie dit à son amie :

— S'ils commencent comme ça, comment finissent-ils?

Au milieu du brouhaha, M. Manflard continue de ronfler sur sa chaise, et l'un des espiègles de l'endroit s'écrie :
— V'là le père Manflard qui dort!... Ah! faut faire une niche au père Manflard... Ça va-t-il?...
— Moi ze suis pour les nizes, dit Cézarine en allant se mettre à côté du grand dadais qu'elle trouve bel homme et qui baisse les yeux en devenant rouge jusqu'aux oreilles quand la dame de Paris le regarde.
— Qu'est-ce que nous allons faire au père Manflard? dit un paysan.
— Faut lui prendre son chapeau!
— Ah! c'est pas assez drôle!...
— Faut lui prendre son mouchoir...
— Sa tabatière.
— Oh! il devinera ben que c'est nous qui lui avons pris ça... C'est pas encore une bonne niche.
— Voulez-vous une bonne niche, dit Cézarine; ça serait de lui ôter tout doucement sa culotte...
Tous les villageois se regardent avec surprise, trouvant un peu forte la niche que propose la belle dame de la ville; et Virginie marche sur les pieds de son amie en lui disant tout bas :
— Veux-tu te taire!... à quoi donc penses-tu?... Est-ce qu'on fait des bêtises comme ça, ici?
— Mes enfants, reprend Virginie en s'adressant aux villageois, ma parente a dit cela parce qu'elle suppose que le père Manflard porte un caleçon.
— Oh! oui, mais il n'en porte pas! dit en riant une grosse commère. Aussitôt tous les paysans s'écrient :
— Tiens! Fanchon qui sait ça!... Ah! comment donc que tu sais ça, Fanchon?... Ah ben! il paraît que Fanchon... Tu sais ça, toi, Fanchon ?
Fanchon continue de rire et ce tapage réveille enfin le père Manflard, qui se frotte les yeux en demandant ce qu'il y a.
Mais la tante de Denise rétablit l'ordre en faisant placer tout le monde en rond. Les places d'honneur auprès du foyer sont offertes aux deux dames. Cézarine, qui s'est assise à côté du grand dadais, dit qu'elle se trouve bien, et que la chaleur lui fait mal. Virginie est placée entre deux vieillards. Denise a pris Coco sur ses genoux; seule elle ne prend point part aux plaisirs de la veillée, et son cœur comme ses pensées la transportent loin du village.
Une vieille femme commence une histoire de voleurs, une autre en conte une de revenants; et comme tout cela n'amuse pas Cézarine, pendant que les bonnes gens se serrent en tremblant l'un près de l'autre, elle joue à pigeon-vole avec le grand dadais, et lui donne de petites tapes sur le menton en disant : — Comme il a un faux air de Théodore!
Un vieux paysan prend la parole, et annonce qu'il va chanter la complainte faite sur la mort extraordinaire d'Etienne de Garlande, ancien seigneur de Livry, qui a pris le parti d'Amaury de Montfort contre Louis le Gros; la complainte n'a que soixante et douze couplets.
Comme chaque couplet, chanté sur un air lamentable et avec le mouvement de *Malbrouk*, dure près de cinq minutes, au second Virginie se lève, prend une chandelle, et dit tout bas à la mère Fourcy qu'elle va se coucher, et s'éclipse sans que cela ait distrait les paysans de l'attention qu'ils portent à la complainte.
Mais Cézarine, qui ne se soucie pas d'entendre les soixante et douze couplets, interrompt la paysanne au milieu du quatrième, en disant :
— Mes zers amis, votre zanson est bien zolie, mais elle va finir par endormir tout le monde comme le voisin Manflard, qui ronfle depuis une heure. Si vous voulez, pour vous réveiller un peu, ze va vous zouer une scène de trazédie ? Zavez-vous ce que z'est que la trazédie, mes amis ?
— Non, madame, disent les villageois.
— Et la comédie, y avez-vous été?
— Non, madame.
— Oh! moi, je suis ce que c'est! dit un des malins; j'y suis t'été à Paris. C'est z' onsque on voit des hommes et des femmes derrière une toile qui se lève, et puis il y a des quinquets, et puis y viennent dire des bêtises en faisant des gestes, et on n'y comprend rien du tout; mais c'est fièrement beau.
— C'est cela même, mon zer ami; vous êtes au fait. Alors, vous expliquerez à la société ce qu'elle ne saisirait pas tout de suite. Ze vais vous zouer une scène d'*Andromaque*. Venez avec moi, bel homme; vous allez faire Pyrrhus.
Cézarine prend le grand dadais par le bras, place un banc de bois dans le fond de la salle, déploie son châle et le drape autour de son corps, et ôte une de ses jarretières, qu'elle noue en bandeau autour de la tête du jeune villageois, qui se laisse coiffer et n'ose bouger. Les paysans, les yeux fixés sur Cézarine, attendent avec impatience ce qu'elle va faire. Après avoir ôté son chapeau, et remonté ses cheveux sur le haut de sa tête, Cézarine fait grimper le grand dadais sur un bout du banc, et se place sur l'autre en disant :
— Nous allons commencer... Mais avant, ze crois pourtant qu'il faudrait que ze vous dise un peu le suzet de la pièce. Écoutez : *An-dromaque*, c'est une reine dont le mari a été tué; *Pyrrhus*, que voilà, veut l'épouser, et elle ne veut pas. Voilà tout, vous comprenez bien ?
— Oui, oui! disent les paysans; d'ailleurs, Jean-François nous expliquera le reste.
— C'est cela... Ze commence; et vous, *Pyrrhus*, faites-moi le plaisir dene que vous n'ayez pas vos yeux sur vos orteils... parce que Pyrrhus ne doit pas avoir l'air d'un zobard.
Le grand dadais, pour obéir à la belle dame qu'il n'ose pas regarder, lève les yeux en l'air, et ne les ôte plus de dessus le plafond.
Cézarine prend une belle pose, et commence :

Et que veux tu que ze lui dise encore!
Auteur de tous mes maux, crois-tu qu'il les ignore?
Seigneur, voyez l'état où vous me réduisez...
Z'ai vu mon père mort, et nos murs embra-és;
Z'ai vu tranzer les zours de ma famille entière
Et mon époux sanglant traîné sur la poussière...

— C'te pauvre femme! comment, elle a vu tout ça! disent les paysannes. Est-ce vrai, Jean-François?
— Oui! oui! que c'est vrai!... Puisqu'elle vous dit qu'elle l'a vu.
— Mes enfants, dit Cézarine, si vous m'interrompez, ze ne serai plus inspirée; un peu de silence, s'il vous plaît :

Ze re-pire, ze sers;
Z'ai fait plus, ze me suis quelquefois consolée
Qu'ici plutôt qu'ailleurs le sort m'eût exilée;
Qu'heureux dans mon malheur le fils de tant de rois,
Puisqu'il devait servir, fût tombé sous vos lois;
Z'ai cru que sa prison deviendrait son azile;
Zadis Priam soumis fut respecté d'Azile;
Z'atten-lais de son fils encor plus de bontés.
Pardonne, zer Hector...

— Mon ami Pyrrhus, soyez donc à votre affaire. Est-ce que vous zerzez des araignées au plafond ?...
Le grand garçon jette les yeux sur la porte d'entrée de la salle, et Cézarine reprend :

Pardonne, zer Hector...

— Silence, mes enfants! dit-elle en s'arrêtant encore; que celui qui ronfle si fort me fasse le plaisir de s'en aller.
Cézarine va recommencer sa tirade, lorsqu'un gémissement prolongé se fait entendre de nouveau. Tous les villageois se regardent en disant :
— Qui donc qui fait comme ça?
— Ci n'est pas moi.
— Ni moi...
— Ce n'est pas non plus le père Manflard...
Un nouveau gémissement sourd retentit dans la salle! la terreur se peint sur tout les figures, les paysans se serrent les uns contre les autres en répétant :
— Mon Dieu!... quoique c'est donc que ça?...
— Vous vous effrayez pour rien, dit Cézarine; c'est quelque bête qui rôde dans la cour...
— Oh! ça n'est pas une voix de bête, ça!... C'est plutôt l'âme de queuque défunt...
— Tiens! c'est peut-être Jacques Ledru, qui est mort il y a huit jours!...
— Ça scrait-i' pas plutôt l'esprit de la mère Lucas, qui était si méchante de son vivant, et qui veut encore nous tourmenter ?
Cézarine, pour rassurer les villageois, va recommencer sa tirade, lorsque le grand dadais, qui avait les yeux fixés sur la porte, pousse un cri épouvantable et se laisse tomber à bas du banc; ce qui fait rouler Andromaque sur lui.
— Qu'y a-t-il ? qu'est-ce que c'est ? disent tous les paysans effrayés.
Le grand dadais, qui n'a pas la force de parler, leur montre la porte d'entrée, puis cache sa figure dans ses mains. Tous les villageois regardent à l'endroit désigné : la porte venait de s'entr'ouvrir, et laissait voir sur le seuil un fantôme blanc d'une grandeur extraordinaire et dont les yeux lançaient du feu.
A cet aspect horrible, toutes les femmes poussent des cris terribles, et se jettent les unes sur les autres en s'éloignant de la porte; la plupart des hommes en font autant en criant : *Sauvons-nous!* Mais, comme on ne peut pas se sauver par la porte, où le fantôme paraît faire sentinelle, chacun se pousse vers le fond de la salle; et dans ce tumulte, les chaises les bancs sont renversés ainsi que la table sur laquelle était la lampe, qui s'éteint en roulant sur le carreau. Cette obscurité subite augmente la terreur générale; ceux qui n'ont pas vu tomber la lampe, croient que c'est le fantôme qui vient, par sa présence, de faire naître cette nuit effrayante; les cris redoublent; on ne se voit plus, on tombe les uns sur les autres... et chacun croit que c'est le diable qui lui tombe sur le corps. Pour augmenter encore l'effroi des paysans, le fantôme pousse des *hou hou* sinistres et des gémissements douloureux.
Ce désordre durait depuis plusieurs minutes, les villageois jetaient

de temps à autre des cris d'effroi en adressant leurs prières au ciel; il n'y avait que mademoiselle Cézarine que l'on n'entendait pas se plaindre, quoique cependant elle fût tombée avec le grand dadais. Celui qui avait le courage de détourner la tête vers l'entrée de la salle apercevait le fantôme avec ses yeux étincelants, et disait tout bas aux autres : — Il est toujours là! il ne s'en va pas! Et on entendait alors mademoiselle Césarine qui disait d'une voix étouffée : — Que personne ne bouze, mes enfants... et surtout qu'on n'allume pas de zandelles!... ou le diable viendra nous emporter.

Mais tout à coup on entend dans la cour les aboiements du chien; ils sont bientôt suivis des cris du fantôme qui se débat avec le caniche, et c'est le revenant qui appelle les villageois à son secours en criant : — Mère Fourcy, faites donc finir votre chien... Est-il méchant!... il me mord le mollet... Cézarine, viens donc le chasser!

Cette voix, que l'on a reconnue pour celle de Virginie, met fin à la terreur des villageois, qui commencent à deviner qu'ils ont été joués par une des dames de Paris; pour achever de les rassurer, le caniche fait tomber le drap dont Virginie s'était couverte, et prend dans sa gueule une lanterne qu'elle avait placée sur sa tête en l'entortillant avec le drap, et d'où la lumière sortait par deux petits trous.

Le chien accourt dans la salle avec sa lanterne, et la lumière éclaire un burlesque tableau. Ces messieurs étaient pêle-mêle avec ces dames; et, sans songer à la malice, les convenances n'avaient pas toujours été respectées, parce que, quand on a peur, on se cache où l'on peut. La position de Cézarine et du grand dadais était la plus équivoque; mais la lumière de la lanterne n'éclairant que faiblement la grande salle, il y a beaucoup de choses que l'on n'a pas le temps de voir. On commence par débarrasser le père Manflard, qui avait sur lui une table, deux bancs et trois nourrices; puis on rallume la lampe, et chacun se reconnaît. Au milieu de ce tumulte, Denise était restée blottie dans un coin avec Coco; mais aux cris de Virginie, elle a volé à son secours, et l'a aidée à se débarrasser des draps dans lesquels elle était enveloppée.

— Comment! c'est vous qui faisiez le fantôme? lui dit la jeune fille.

— Oui, ma petite, j'ai voulu vous jouer une scène de fantasmagorie; et sans votre maudit chien, je vous aurais encore fait bien d'autres peurs!... mais il m'a sauté au... au bas du dos... pendant que je poussais un hou hou!

— Ah! quel dommage! dit Cézarine en regardant le grand dadais, c'était si gentil!... Z'aime beaucoup les scènes de fantasmagorie.

— Vot' fantasmourie est cause que je suis tout meurtri, dit le père Manflard.

Les paysans, fâchés qu'on se soit moqué d'eux, ne veulent pas prolonger la veillée, et s'en vont de chez la mère Fourcy en disant : — Quoi que c'est donc que ces belles dames comme ça!... l'une veut voir le... caleçon du père Manflard, l'autre se déguise en revenant; elles ont l'air hèrement déluré!

Les voisins partis, on ne songe plus qu'à se reposer. Virginie et son amie se rendent dans leur chambre, se couchent et ne tardent pas à s'endormir, l'une en tâtant sa morsure, l'autre en balbutiant que le grand dadais a beaucoup de choses de Théodore. La mère Fourcy et Coco sommeillent aussi. Denise, seule, ne peut trouver le repos; elle pense sans cesse à Auguste, au changement de sa fortune, et à ce qu'elle pourrait faire pour lui prouver son amitié. Mais elle n'a plus envie de demander de conseils aux dames de Paris, parce que toutes les folies qu'on leur a vu faire ont un peu diminué la considération qu'elle avait pour elles. Denise sent que c'est son cœur seul qui doit la guider; elle sait bien qu'il ne lui conseillera jamais rien dont elle aurait à rougir.

Le lendemain matin, après le déjeuner, ces dames, qui s'ennuient déjà de la campagne où elles voulaient passer quinze jours, disent adieu à la mère Fourcy et à Denise, et remontent dans la voiture qui va à Paris, en se disant :

— Ah! ma chère, qu'il me tarde d'arriver!... il me semble qu'il y a six mois que je n'ai vu ma rue Montmartre et l'Ambigu-Comique!...

— Et moi, donc!... qui n'ai pas aperçu Théodore depuis vingt-quatre heures!

— On a beau dire : il n'y a que Paris pour les agréments, la toilette, les spectacles, le punch!...

— Ah! s'il me fallait vivre à la campagne, z'y mourrais.

CHAPITRE XIX. — Un Homme sur mille.

Après sa visite chez le vieillard du cinquième étage, Auguste s'était promis d'être sage et de profiter de la leçon que le savoir, l'infortuné Dorfeuil lui avait donnée; mais un ancien proverbe dit : « Chassez le naturel, il revient au galop, » et le naturel d'Auguste le poussait toujours à faire des folies. D'ailleurs, ne pouvant plus se procurer de distraction à sa fenêtre, par un sentiment de délicatesse dont on ne peut le blâmer, il fallait bien qu'il en cherchât ailleurs. De son ancienne fortune, Auguste avait conservé l'habitude d'agir grandement, de ne point calculer, de ne suivre que son premier mouvement; il était généreux avec les malheureux comme avec ses maî-

tresses : faire plaisir aux autres est une si douce habitude, qu'il est bien difficile d'y renoncer. Il y a pourtant des gens qui n'ont jamais connu cette jouissance-là.

En faisant l'inspection de sa caisse, Bertrand s'était aperçu de l'énorme déficit qui provenait de la visite d'Auguste chez le vieillard. Ne pouvant présumer que son maître eût mangé tant d'argent en si peu de temps, Bertrand s'imagine qu'ils ont été volés, et fait un tapage infernal; il veut descendre battre Schtrack et sa femme pour leur apprendre à laisser pénétrer des fripons dans la maison; mai Auguste l'arrête en lui disant :

— Calme-toi, mon ami, on ne nous a pas volés.

— Comment, monsieur... il nous restait une dizaine de mille francs il y a trois jours, je n'en trouve plus que sept, et nous ne sommes pas volés?

— Non, Bertrand; c'est moi qui ai pris cet argent.

— Ah! pardon, mon lieutenant; si vous l'avez, c'est différent.

— Je ne le dis pas que je l'ai; je te dis que c'est moi qui l'ai..... employé.

— Mille écus en trois jours!... ça va bien, mon lieutenant; je ne vois pas trop alors pourquoi nous sommes montés au cinquième, car vous n'en dépensiez pas plus au premier.

— Bertrand...... j'ai rencontré un ancien ami..... il était dans la misère...

— Nous pourrons bien finir par y être aussi, et ça ne tardera pas si nous allons de ce train-là... Excusez, mon lieutenant, je sais combien vous êtes généreux, je connais votre bon cœur, mais il faudrait cependant songer que vous n'avez plus vingt mille livres de rente; et quand on ne peut manger qu'un morceau de bœuf à son diner, il me semble que ce n'est pas le cas de donner une perdrix aux autres.

— Ne te fâche pas, Bertrand; je vais être sage... avare même......

— Avare! ah! fi donc, mon lieutenant! vous n'aurez jamais ce défaut-là... Je crois, d'ailleurs, qu'il nous serait maintenant inutile.

— Je ne suis pas sans espérances; on doit me faire obtenir une place dans une administration.

— Vraiment?

— Avec six mille francs d'appointements.

— Pas possible!

— C'est très-possible, au contraire..... mais tu vois tout en noir, toi.

— C'est que vous voyez tout en rose, vous, monsieur.

— Si la place dans une administration me manquait, il est probable que j'entrerais dans une maison de banque, comme teneur de livres...

— Est-ce que vous en avez déjà tenu, monsieur?

— Non; mais qu'est-ce que cela fait? Est-ce que tu crois qu'il faut étudier une place comme on étudierait un art mécanique? Avec une jolie écriture, la connaissance des changes, des mathématiques, et de l'intelligence, on peut remplir tous les emplois. Je sais bien qu'il y a des gens qui s'étudient pendant plusieurs années à savoir copier une lettre, et d'autres qui se croient des Archimède, des Newton ou des Galilée, parce qu'ils passent leur vie à faire des additions...

— Monsieur, quand on a un emploi, il me semble qu'il faut travailler.

— Eh bien! je travaillerai, Bertrand; oh! cela ne me coûtera pas : je ne faisais rien, parce que je n'avais rien à faire; mais, du moment que j'aurai un emploi, tu verras avec quelle ardeur je me rendrai à ma besogne... Ah! je voudrais déjà m'y voir.

— Et moi, monsieur; d'abord parce que cela vous fera gagner de l'argent, ensuite parce que, quand un homme est occupé, il fait bien moins de folies. Et qui donc doit vous faire obtenir ces places?

— Pour la première, c'est une femme charmante, qui a un cousin qui est très-bien avec le secrétaire du ministre... Ah! mon cher Bertrand, les femmes, vois-tu, il n'y a qu'elles pour tout obtenir; et, quoi que tu en dises, leur connaissance n'est pas toujours onéreuse; quand elles protégent quelqu'un, elles y mettent tant de zèle, tant d'ardeur... qu'il faut qu'elles réussissent.

— Et l'autre place, mon lieutenant, est-ce aussi d'une femme que cela vous viendra?

— Non, c'est par un jeune homme avec lequel j'ai souvent dîné; un fort brave enfant, très-obligeant; son oncle est associé dans une maison de banque : il doit lui parler pour moi, et la première place vacante me sera donnée...

— Ça arriverait bien à propos, monsieur.

— Mais je conçois que pour se faire bien venir de ceux dont on a besoin il y a toujours quelques dépenses à faire; avec la jolie dame, c'est une partie de spectacle, ce sont des bagatelles à offrir; avec le jeune homme, des déjeuners, des dîners qu'il faut payer; car on n'oblige les gens que tant qu'on les croit à leur aise.

— J'entends; il faut se ruiner tout à fait avant d'avoir une ressource.

— Tout cela s'appelle semer pour recueillir...

— Il y a longtemps que vous semez, monsieur...

— Je te dis qu'avant quinze jours je serai placé.

— Ce jour-là, j'irai faire une promenade avec Schtrack.
— Donne-moi de l'argent, Bertrand.
— De l'argent, monsieur?
— Oui, je donne aujourd'hui à dîner à Eugène : c'est le jeune homme dont l'oncle est chef de bureau. Ce soir, j'irai chez cette jolie femme dont le cousin doit parler pour moi... On jouera sans doute, et si j'avais l'air d'un malheureux, qui craint de perdre quelques écus, on ne daignerait pas s'occuper de moi...
— Ah! j'entends... c'est pour semer que vous voulez de l'argent?
— Oui, mon ami.

Après avoir rempli sa bourse, Auguste va rejoindre l'ami auquel il a donné rendez-vous, et qu'il traite, ainsi que quelques autres qui pourraient lui être utiles. C'est chez un des meilleurs traiteurs que Dalville conduit ses convives; on rougirait d'aller dîner dans un endroit où l'on serait aussi bien et où l'on payerait moins cher, mais qui ne serait pas renommé dans le beau monde. En dînant, on ne songe qu'à rire, qu'à s'amuser, et Auguste se garde bien de parler de son désir d'être placé, cela semblerait annoncer qu'on est mal dans ses affaires, et cela ferait un mauvais effet. Ce n'est qu'au dessert, en sablant le champagne, qu'Eugène dit à Auguste :
— As-tu toujours envie de faire quelque chose?...
— Mais oui..... je m'ennuie de mon oisiveté..... je suis las de plaisir!...
— Au fait, travailler, ça change un peu, et puis cela range la jeunesse... Mon oncle te trouvera cela... Je lui en parlerai... quand je le verrai.

Auguste n'ose pas dire qu'il devrait voir cet oncle exprès. Les jeunes gens, qui ont fait un excellent dîner, quittent Auguste en lui faisant mille offres de services, en lui renouvelant leurs assurances de dévouement; et celui-ci se rend chez la jolie dame qui veut le protéger, et qui doit avoir parlé pour lui à son cousin.

Les dames sont en effet de meilleurs protecteurs que les hommes; il est vrai qu'il leur est bien plus facile de réussir ; avec un sourire, elles obtiennent ce que l'on a souvent refusé au mérite obscur, au pauvre honteux : si cela ne fait pas honneur à notre justice, cela en fait du moins à notre galanterie, et il est dans la nature de se laisser séduire par la beauté.

Madame Valmont s'intéressait beaucoup à Auguste, qui l'accompagnait très-bien au piano et chantait chez elle des nocturnes avec un goût exquis. Elle avait tenu parole en invitant ce soir-là son cousin, dont elle voulait faire faire la connaissance à Auguste. Le cousin était un homme à la mode, très-répandu dans le grand monde, promettant beaucoup, qui ont fait un excellent dîner, et oubliant le lendemain ce qu'il avait promis la veille; mais voulant faire le protecteur, même lorsqu'il ne protégeait pas, et se croyant un être supérieur devant lequel chacun devait s'incliner. Cependant, après avoir entendu chanter un nocturne à Auguste, il déclara à sa cousine qu'il serait charmé de faire quelque chose pour lui, et qu'il avait chanté divinement bien. . Après avoir dit cela, le cousin s'attendait aux très-humbles remercîments d'Auguste; mais celui-ci n'était pas homme à aller faire des courbettes pour obtenir la protection de quelqu'un : l'homme qui sait ce qu'il vaut ne se décide jamais à s'humilier devant son semblable, et à prodiguer de lâches flatteries à des gens qui souvent n'ont pour tout mérite que leur rang et leur fortune; mérite bien mince aux yeux de ceux qui en ont un véritable, et bien grand pour la multitude qui se met à genoux devant les habits, les décorations, les écus, et irait danser sous les fenêtres d'un singe, si ce singe lui jetait de l'argent. *Numerus stultorum est infinitus*.

Auguste, qui ne se sentirait pas d'humeur à danser pour un singe, ne va pas faire quelques compliments au cousin en ayant l'air d'implorer sa protection, et le cousin, habitué à être loué, flagorné par les pauvres diables qui ont besoin de lui, est tout étonné de ce que monsieur qu'on lui a recommandé ne se range pas à son devoir en venant lui faire sa cour. Il commence alors à trouver que Dalville ne chante plus si bien; pour achever de le scandaliser, Auguste, qui a parié de son côté lorsqu'il s'est mis à l'écarté, se permet de critiquer sa manière de jouer et de vouloir lui prouver qu'il a tort de jouer un coup par sa faute. Le cousin est outré, et il sort de chez sa cousine en lui déclarant que le jeune homme qu'elle protége est incapable de remplir le plus mince emploi dans une administration.

— Eh bien! dit Auguste à madame Valmont à la fin de la soirée, quand puis-je me présenter chez le secrétaire du ministre?

— Vraiment, je ne sais... Mon cousin n'a pas paru très-bien disposé en s'en allant; mais aussi vous êtes un singulier homme!... Au lieu de chercher à lui plaire, vous avez été plusieurs fois d'une opinion différente de la sienne... vous ne lui avez rien dit d'agréable... Vous le contrariez au jeu...

— Ah! j'entends, madame, je ne suis plus digne d'être placé parce que je n'ai point fait de courbettes, et que je me suis permis de prouver à ce monsieur qu'il avait tort de jouer une seconde...

— Je ne dis pas cela, mon cher Auguste. Au reste, c'est un mouvement d'humeur; je reverrai mon cousin, je lui parlerai, et j'espère...

— Non, madame, ne vous donnez plus cette peine. Je suis sensible à l'intérêt que vous me témoignez, mais je préfère être sans emploi, à me faire le très-humble serviteur de la sottise et de la fatuité.

Auguste rentre chez lui, irrité contre la vanité, l'orgueil, la petitesse des hommes. Bertrand, qui l'attendait avec impatience, s'écrie en le voyant :

— Eh bien! monsieur, cette place dans une administration?...

— Mon ami, dit Auguste en serrant avec force la main de Bertrand, nous mangerons du pain noir, nous boirons de l'eau, mais je ne me ferai pas le valet de gens que je méprise, je n'encenserai point l'insolence et la sottise!... Je ne m'abaisserai point devant mon semblable.

— Non, mille escadrons!...... Vous ne le devez pas, mon lieutenant... Et je vois que la place est au diable?...

— Il fallait faire la cour à un monsieur qui se donnait des tons protecteurs, il fallait approuver tout ce qu'il disait... lors même qu'il n'avait pas le sens commun; enfin il fallait trouver qu'il avait bien joué lorsque, par sa faute, il me fait perdre trente francs que je pariais...

— Trente francs d'un coup!... c'était jouer bien gros jeu, mon lieutenant!...

— Que veux-tu,... je voulais tenter la fortune!...

— Mais du pain noir et de l'eau... c'est un triste repas!...

— J'ai encore quelque espérance : Eugène va parler à son oncle; peut-être de ce côté serai-je plus heureux!...

Quelques semaines s'écoulent et Auguste revoit enfin son ami, qui lui dit : — J'ai parlé à mon oncle; tu peux aller le voir, je crois qu'il a justement une place à donner.

Dès le lendemain Auguste se rend chez la personne qu'on lui a indiquée. Il pénètre dans des bureaux, et arrive à celui de l'oncle d'Eugène, qui est assis, occupé à écrire, et, sans se déranger, fait signe à Auguste d'attendre.

Auguste, auquel on n'a pas dit de s'asseoir, commence par prendre un siège et s'étale dedans, regardant déjà de travers le monsieur qui n'a pas eu la politesse de lui en offrir un.

Cinq minutes s'écoulent et le monsieur écrit toujours. Auguste, qui s'impatiente, dit enfin :

— Monsieur, je suis venu pour une place... et Eugène a dû vous dire...

— Un moment... tout à l'heure, je suis à vous, monsieur... je suis très-pressé...

Cinq minutes s'écoulent encore, et Auguste se dit : — Diable!... j'ai bien mal choisi mon moment... Est-ce que ce monsieur va écrire comme cela pendant une heure?... Il faut que ce soit bien important.

Mais, au bout de cinq autres minutes, une autre personne entre dans le bureau et s'approche du monsieur qui écrit en disant : — Bonjour, mon cher... Ah! vous avez affaire... Eh bien! je reviendrai.....

Le monsieur quitte aussitôt sa plume, se lève et retient le nouveau venu en disant : — Eh! c'est vous, mon ami! restez donc! que diable!... on ne vous voit plus!... J'ai dîné hier chez quelqu'un qui me parlait de vous... Eh bien! avez-vous vendu cette partie de café martinique dont j'avais prévu que le cours baisserait?...

Le nouveau venu allait répondre, lorsque Auguste, se levant, va se placer entre lui et le chef de bureau, puis, après avoir placé son chapeau sur sa tête, dit à ce dernier : — Monsieur, il y a une demi-heure que vous me faites attendre sans trouver une minute pour me répondre, et vous auriez l'impertinence de faire devant moi la conversation avec monsieur qui vient d'arriver! Je n'ai plus qu'une chose à vous dire, c'est que vous êtes un drôle et un faquin. Si vous trouvez maintenant le temps de répondre à cela, voici mon adresse, j'attendrai de vos nouvelles.

En disant ces mots, Auguste sort, laissant le monsieur *pressé* tout étourdi du compliment qu'on vient de lui faire, et incapable de trouver un mot pour y répondre.

Bertrand attendait encore le retour de son maître; mais en le voyant arriver il devine le résultat de sa démarche. Les yeux d'Auguste exprimaient de la colère.

— Du pain noir et de l'eau, n'est-ce pas, monsieur? dit Bertrand.

— Oui, mon ami, oui... Ah! les hommes!... Vraiment, il y aurait de quoi devenir misanthrope. Je n'ai jamais si bien connu le monde que depuis que je suis ruiné!.... Des parvenus qui se croient tout permis parce qu'ils sont millionnaires ! des gens d'esprit qui ne s'occupent que d'eux, et qui, pourvu qu'on les choie, qu'on les amuse, montrent sur tout le reste la plus complète indifférence! des gens très-polis qui vous escroquent votre argent! des fats qui veulent qu'on les adule, des sots qui vous flagornent, des parasites qui vous grugent, des intrigants qui vous ruinent, et des amis qui vous tournent le dos quand vous êtes malheureux!... Voilà ce que je vois maintenant... Et c'est, dit-on, ce qu'on a vu de tout temps!... Il y a de l'homme partout, ils n'étaient pas meilleurs avant le déluge qu'aujourd'hui, et l'étude de l'histoire n'est que celle des passions qui depuis des siècles font mouvoir le genre humain.

— Dans tout cela, mon lieutenant, vous avez oublié les femmes, qui...

— Ah! n'en disons pas de mal, mon ami, elles valent cent fois mieux que nous... Même près de celles qui nous trompent n'avons-nous pas trouvé le plaisir ?... C'est du moins un doux souvenir que l'infortune ne peut nous ôter.

— Cela me fait rappeler, monsieur, que mademoiselle Virginie est venue aujourd'hui pour vous voir.

— Cette pauvre Virginie! elle ne savait pas encore mon changement de fortune. Eh bien! qu'a-t-elle dit, Bertrand?

— Elle a d'abord dit que pour monter jusqu'ici il ne fallait pas être asthmatique, ensuite elle m'a demandé si c'était pour descendre en parachute que nous étions logés si haut; mais lorsque je lui ai appris l'escroquerie dont vous avez été victime, oh !... je dois lui rendre justice, elle a paru très-émue; elle a versé quelques larmes... et elle m'a demandé un petit verre de kirsch pour se remettre; enfin elle doit venir déjeuner avec vous un de ces matins.

— Je la verrai avec plaisir; celle-là du moins ne m'évitera pas quand elle me rencontrera...

— Et ces bonnes gens de Montfermeil, cette gentille Denise, est-ce que vous croyez, monsieur, qu'ils ne vous reverront pas avec plaisir ?...

— Je crains que la froideur avec laquelle j'ai reçu Denise lorsqu'elle est venue à Paris...

— Elle ne s'en souviendra pas, monsieur, lorsqu'elle saura que vous êtes malheureux... Et cet enfant que vous aimiez... que vous trouviez si gentil !... pourquoi ne pas l'aller voir ?

— Pourquoi ?... tu ne songes pas, Bertrand, que je ne puis plus rien faire pour lui !... J'avais promis de l'élever, de me charger de son avenir... et tous mes projets sont détruits !...

— Eh! mais, monsieur, il me semble que vous aviez déjà fait pas mal pour ce petit mioche; au lieu de venir à Paris, il restera au village, il n'en sera pas plus malheureux.

Auguste ne peut se résoudre à reparaître ruiné chez ces bonnes gens qui l'ont vu répandant l'or avec profusion; une fausse honte l'empêche de retourner au village, et celui qui déclamait un instant auparavant contre les passions des hommes n'est pas lui-même exempt d'orgueil et de vanité.

Auguste a quitté Bertrand pour chercher des distractions et chasser l'humeur noire que ses réflexions font naître. Bertrand, resté seul, songe que toutes les espérances de places sont évanouies, et se dit :

— Comment ferons-nous quand nous n'aurons plus rien, ce qui ne tardera pas ? lui laisserai-je manger du pain noir et de l'eau ?... Non, sacrebleu! ça ne sera pas... Je ne suis pas capable d'occuper une place... d'ailleurs il ne voudrait pas que je le quittasse... mais ne puis-je travailler sans qu'il s'en doute?...

Bertrand réfléchit quelques moments, se frappe le front, et fait un mouvement de joie en s'écriant : — Pourquoi diable n'y ai-je point songé plus tôt? puis il descend lestement l'escalier, et va trouver son ami Schtrack.

— Mon vieux, dit Bertrand au portier, tu fais des culottes... tu es tailleur, enfin...

— Foui.

— As-tu toujours de l'ouvrage?

— Foui... chen ai blus que j'en beux faire.

— Parce que tu ne travailles pas souvent... Veux-tu m'en donner?

— Des quilottes?

— Ce que tu voudras, pourvu que je travaille. J'irai mal d'abord, mais tu me montreras et je ferai mieux ensuite; d'ailleurs j'ai le désir de travailler, je ne suis pas plus bête que toi, et ce que tu fais, il me semble que je pourrai le faire aussi. Voyons, me donneras-tu de l'ouvrage?

— Comment, sacretié! monsieur Bertrand... fous foulez !...

— Eh! oui, je veux faire quelque chose, je m'ennuie toujours d'avoir les bras croisés, je croiserai les jambes, ça me changera... est-ce dit?

— Foui, monsieur Bertrand.

— C'est bien. Mais pas un mot de cela devant mon maître, ou je commence mon apprentissage par te coudre la langue.

— Che tirai rien.

Dès le même soir, aussitôt que Dalville est sorti, Bertrand descend chez le portier, et, se plaçant dans une petite salle qui est derrière la loge, il se met avec ardeur à son travail. L'ancien caporal a d'abord beaucoup de peine à tirer une aiguille, et il se l'enfonce souvent dans les doigts; mais lorsque Schtrack lui dit : — Fous êtes blessé, camarate? Bertrand lui répond : — Est-ce que tu crois qu'une baïonnette ne faisait pas plus de mal que ça?

Bertrand passe à travailler une grande partie de la journée, et il veille quelquefois fort tard. A force d'application, il commence à se rendre utile; il gagne bien peu encore, mais il espère, avec le temps, devenir plus habile.

Auguste ne se doute de rien; il est rarement chez lui, et ne s'informe jamais de ce que fait Bertrand. Cependant, en regardant son fidèle compagnon, il remarque que depuis quelque temps il a les yeux fatigués et l'air fatigué.

— Serais-tu malade, mon ami? dit-il à Bertrand.

— Moi, monsieur, je ne me suis jamais si bien porté...

— Tu as l'air fatigué, tes yeux paraissent affaiblis...

— Ah! c'est que je lis souvent le soir.

— Je ne te croyais pas si grand amateur de la lecture.

— C'est selon, monsieur... je lis la vie du grand Turenne.

— Tu dois la savoir par cœur.

— Je ne m'en lasse jamais, monsieur.

Auguste n'en demande pas plus. Quelque temps après, ne pouvant pendant une nuit trouver le repos, parce que, malgré toute sa philosophie, ses réflexions commencent à devenir moins gaies, Auguste se lève et veut aussi essayer de la lecture. Il va dans la chambre de Bertrand pour se procurer de la lumière, et, en sortant de l'obscurité, s'aperçoit avec étonnement que son compagnon est absent. Le lit de Bertrand n'est pas défait, il ne s'est donc pas couché; et cependant, lorsque Auguste est rentré, il était tard, et Bertrand semblait n'attendre que son retour pour se livrer au repos.

Cette absence au milieu de la nuit inquiète Auguste. Dans la situation où ils se trouvent, il ne présume pas que son fidèle serviteur soit allé au cabaret avec Schtrack; voulant savoir à quelle heure Bertrand est sorti, il descend, décidé à réveiller Schtrack s'il le faut : il veut savoir ce qu'est devenu Bertrand.

Il est trois heures du matin, tout le monde dort dans la maison, et cependant Auguste aperçoit encore de la lumière chez le portier; la porte de la loge est entr'ouverte, et la clarté vient de la pièce du fond. Auguste y entre, et aperçoit Bertrand, assis sur une table près de Schtrack endormi, travaillant avec ardeur à une étoffe de drap dans laquelle ses yeux fatigués ont peine à suivre les fils qui lui servent de guide.

A l'aspect de son maître, Bertrand s'arrête interdit; Auguste lui-même est si ému, qu'il reste quelques moments sans pouvoir parler. Enfin, il s'écrie :

— Quoi! Bertrand... tu travailles... tu t'es fait tailleur?

— Et pourquoi pas, monsieur?... J'ai longtemps manié un fusil, maintenant je me sers d'une aiguille; on dit qu'un honnête homme honore tout ce qu'il touche.

— Et tu passes la nuit !... tu te perds la vue pour travailler davantage !...

— Monsieur... c'est un ouvrage pressé... et j'ai voulu... mais c'est la première fois, je vous le jure...

— Ah! ne cherche plus à me tromper!... C'est pour moi que tu veilles, que tu te prives de repos... C'est pour prolonger de quelque temps nos ressources que tu uses ta santé... Et moi, je passe mes journées dans l'oisiveté... Je dépense en quelques heures ce que tu t'efforces de gagner en plusieurs nuits...

— Non, monsieur, non... je travaille parce que ça me plaît... parce que ça m'amuse... et quand je chercherais à vous être moins à charge, serait-ce donc un mal? Depuis longtemps ne faites-vous pas tout pour moi?... et voulez-vous défendre à votre vieux compagnon de faire quelque chose pour vous?...

Auguste ne peut répondre, mais il ouvre ses bras à Bertrand et le presse quelque temps contre son cœur; puis il force son fidèle serviteur à remonter avec lui et à se livrer au repos.

Le lendemain, dès le point du jour, Auguste fait chercher un tapissier.

— Quel est donc votre dessein, monsieur? dit Bertrand.

— Je veux vendre nos meubles, réaliser ce que nous possédons, et avec ce qui nous restera quitter Paris, et aller sous un autre ciel chercher quelque ressource dans mes talents. Tu me suivras, n'est-il pas vrai, Bertrand?

— Ah! partout, monsieur, partout où vous voudrez; mais pourquoi cette prompte détermination ?... Sans quitter Paris, ne pourriez-vous?..

— Non, mon ami; dans cette ville, où j'ai connu l'opulence, il m'en coûterait, je le sens, de chercher à tirer parti de mes faibles talents... Pardonne-moi cette dernière faiblesse.

— Avant d'en venir là, n'est-il plus d'espérance de vous trouver quelque place?

— C'est avec des espérances que j'achève de dissiper le peu qui me reste. Ici d'ailleurs je ne suis pas assez maître de résister à quelque goût pour le plaisir. Dans un autre pays, peut-être deviendrai-je plus sage... Si cette épreuve ne me réussit pas, du moins est-il juste de la tenter.

— Mais, mon lieutenant!...

— Point d'objection, Bertrand... Ta conduite m'a dicté la mienne, ma résolution est prise. Demain nous quitterons Paris.

Bertrand voit bien que c'est en vain qu'il essayerait de combattre le projet de son maître, il sent d'ailleurs que ce parti est en effet le seul qui leur reste, car ce n'est pas avec vingt sous qu'il gagne en faisant le tailleur qu'il pourrait soutenir longtemps l'existence de son maître. Il fait donc aussi ses préparatifs de départ.

Auguste, qui aime à exécuter promptement ce qu'il a résolu, termine dans la journée la vente de son mobilier, dont le montant joint à ce qui lui restait lui fait une somme de deux mille écus.

— Avec cela, dit-il à Bertrand, ne pouvons-nous pas aller chercher fortune au bout du monde?

— Il est certain, mon lieutenant, qu'il y a bien des gens qui ont commencé la leur avec beaucoup moins.

Tout est terminé. Auguste, qui veut d'abord se rendre en Italie, a retenu des places dans la diligence de Lyon. Bertrand va faire ses adieux à Schtrack en lui disant :

— Adieu, mon vieux; nous allons faire le tour du monde. Si j'en reviens, je boirai encore un coup avec toi...

— Sacretié !... atieu, monsieur Pertrand.

CHAPITRE XX. — Pauvre Denise.

Auguste et Bertrand étaient partis depuis quelques heures, et Schtrack, debout sur le seuil de la porte, regardait s'il les voyait encore, lorsqu'une jeune villageoise, tenant à la main un gros sac d'argent, entre précipitamment dans la cour de la maison, et demande M. Dalville.

— Voulez-vous lui faire une bonne niche, dit Cézarine; ça serait de lui ôter tout doucement sa culotte.

— M. Dalville? dit Schtrack en tirant sa pipe de sa bouche; il n'est plus ici, mamzelle.

— Plus ici !... comment, monsieur ?... c'est pourtant ici qu'il logeait.... C'est ici que je suis venue.... Vous souvenez-vous d'une fois que vous ne vouliez pas me laisser monter ?...

— Ah ! foui !... que fous étiez un betit garçon, alors ?

— Oui, monsieur..... Mais où demeure donc monsieur Dalville, maintenant ?... Le savez-vous, monsieur ?..... Il faut absolument que je le voie, que je lui parle... Ah ! si j'avais pu réaliser plus tôt cet argent... que je lui dois !... Mais, dites-moi, monsieur, faut-il que j'aille loin encore ?

— Ma betite mamzelle, je crois bas que fous rencontriez facilement M. Dalville...

— Pourquoi donc cela, monsieur ?... Ah ! j'irai n'importe où.

— Che vous dis qu'il être trop tard... Comment foulez-fous troufer l'adresse d'un homme qui fait le tour du monde ?

— Que dites-vous ?... Quoi ! monsieur Auguste...

— Il est barti aujourd'hui même avec mon camarade Pertrand.

— Parti !

— Et foui !... Il était ruiné ici... il était allé tâcher de faire fortune là-bas...

— Il est parti !... Et vous ne savez pas où il est ?

— Si fait, bisque che vous dis qu'il fait le tour du monde...

— Ah ! malheureuse !... Je suis arrivée trop tard !

En disant ces mots, Denise tombe privée de sentiment; mais Schtrack la reçoit dans ses bras, et, après avoir d'abord posé sa pipe sur la borne, il emporte la jeune fille dans la maison.

Schtrack a porté Denise dans sa loge; la petite, en perdant connaissance, a laissé tomber le sac qu'elle tenait à la main; le sac s'est crevé, les pièces de cent sous roulent dans la cour, et Schtrack, fort embarrassé parce qu'il est seul en ce moment, court de Denise aux écus, des écus à sa pipe, en s'écriant : — Sacretié !... c'te betite qui fient chistement se troufer mal ici quand mon femme y être has !... Allons, voilà mon bibe qui s'éteint.... les écus qui roulent.... sacretié !...

Heureusement pour le vieil Allemand et pour Denise qu'une dame entre alors dans la maison. C'est mademoiselle Virginie, qui venait demander à déjeuner à Auguste, et qui en apercevant les écus épars dans la cour fait un mouvement de surprise en disant :

— Ah ! mon Dieu ! quel luxe !... on jette de l'argent par les fenêtres, ici !... J'arrive à propos, moi...

— Touchez bas, touchez bas ! crie Schtrack de sa loge; c'était à c'te betite qui foulait bas oufrir les yeux...

— Eh bien ! vieil Allemand, est-ce que j'y touche, à tes écus ?... Est-il malhonnête, ce méchant Suisse !... Pour qui me prenez-vous, monsieur l'Helvétique ?... De quelle petite parle-t-il donc ?...

En disant cela, Virginie s'est approchée de la loge du portier, et elle pousse un cri de surprise en apercevant la jeune fille de Montfermeil, que Schtrack arrose de vinaigre.

— C'est Denise !... c'est ma pauvre Denise ! dit-elle en courant repousser Schtrack et en prodiguant des soins à la petite.

— Pauvre Denise !... elle était bas bauvre, bisque che vous dis que c'est à elle le sac d'écus, dit Schtrack en retournant dans la cour reprendre sa pipe et ramasser l'argent.

Les soins de Virginie parviennent bientôt à faire revenir Denise, qui en ouvrant les yeux les porte sur Virginie, et s'écrie en sanglotant :

— Ah ! madame, il est parti !

— Qui donc, ma chère amie ?

— Monsieur Auguste...

— Auguste est parti ?... bah !... mais il reviendra, sans doute ?

— Vous, Pyrrhus, dit Cézarine, faites-moi le plaisir de ne pas avoir touzours les yeux sur vos orteils...

— Oh! non, madame !... je ne le reverrai plus !... Il est allé bien loin...

— Dites donc, l'Allemand, est-ce vrai qu'Auguste soit parti de Paris ?

— Foui, foui... il être allé faire le tour du monde avec Pertrand.

— Le tour du monde !... Ah ! mon Dieu !... et moi qui venais lui demander à déjeuner !... Allons, ma petite Denise, ne pleurez pas comme ça...... Pauvre enfant ! elle me fait de la peine... Vous aimiez donc Auguste, ma chère amie ?

— Oh ! oui, madame !

— La ! voyez-vous, elle l'aimait !... Je m'en doutais !... Et il vous avait juré qu'il vous aimait aussi, sans doute, car ces coquins d'hommes, ça jure ça comme si ça disait bonjour !

— Non, madame; M. Auguste ne m'aimait pas... j'en suis bien sûre !...

— Alors, vous êtes bien bonne de le pleurer !...

— Ah ! je ne puis pas m'en empêcher.
— Oh ! je sais bien que c'est plus fort que soi ! Je connais ça !... j'ai passé par là. Il y a des gens qu'on s'obstine à aimer !... Et vous étiez venue à Paris pour le voir ?
— Oui, madame, et pour lui remettre cet argent. Quand vous êtes venue me voir il y a trois semaines, vous nous avez appris que M. Auguste était ruiné ! car je l'ignorais...
— Oui, oui, je me rappelle, et j'ai fait le revenant... et sans votre caniche qui m'a mordu le mollet, je mettais tout le village en l'air....
— L'été dernier, M. Auguste m'a remis mille écus pour le petit Coco, mais il était riche alors ; aujourd'hui qu'il ne l'est plus, j'ai pensé que je devais lui rendre cette somme. Nous l'avions employée à faire élever une maisonnette, faire planter un jardin ; mais j'ai fait comprendre à ma tante que nous ne dirions pas à M. Auguste que nous avions employé l'argent. Ma tante est bonne aussi.... D'ailleurs, ce n'était que faire notre devoir. Ayant achevé hier de compléter la somme, je suis partie pour apporter bien vite l'argent. J'étais venue seule afin que rien ne retardât ma marche, et cependant j'arrive encore trop tard !... Il est parti... et pour ne plus revenir !

Denise recommence à pleurer, tandis que Schtrack revient avec le sac, qu'il lui présente en disant :
— Il en plus manquer un seul ; comptez, mamzelle.
— Hélas !... que vais-je en faire maintenant ?... C'était à lui cet argent, dit Denise.
— Vous le reprendrez, ma petite, on n'en a jamais de trop, répond Virginie tandis que Schtrack tient toujours le sac en répétant :
— Comptez, mamzelle, s'il vous blaît.
— Eh ! tu vois bien qu'on ne veut pas compter, vieil entêté, dit Virginie. D'ailleurs on sait bien que l'Allemand est honnête.
— C'est égal, comptez toujours, mamzelle, si vous blaît.

Virginie se décide à compter l'argent, sans quoi Schtrack ne les laisserait pas tranquilles. Pendant ce temps, Denise dit au portier :
— Monsieur, lorsqu'il est parti, M. Auguste avait-il l'air bien triste ?
— Triste ? non, mamzelle, il était beaucoup fort content de s'en aller, à ce qu'il disait.
— Je parie qu'il est allé toucher un héritage, dit Virginie, et c'est pour cela qu'il sera parti si vite... Aurait-il dit ça, l'Allemand ?
— Non, lui bas barler héritache... mais lui afait fendu tous ses meubles ?...
— Qu'est-ce que vous dites ? Il a fendu tous ses meubles ?... Il avait donc le transport ?...
— Che vous dis qu'il afait fendu tous ses meubles bour faire de l'argent.
— Ah ! vendu ses meubles ! Expliquez-vous donc ?... Avec son français de Zurich !...
— Vous voyez bien, dit Denise, qu'il était malheureux, puisqu'il a vendu tout ce qu'il avait !...
— Ça ne prouve rien, ma chère amie ; d'abord, puisqu'il quittait Paris, il n'avait plus besoin de meubles ; ensuite, il y a des gens qui se mettent par goût en garni : moi, j'ai vendu mes meubles quatre ou cinq fois, et cependant je restais à Paris : ça se voit tous les jours. Mais enfin, de quel côté est-il allé, ce jeune homme ? Est-ce qu'il ne vous l'a pas dit, monsieur le Suisse ?
— Si fait, il être allé faire le tour du monde.
— Eh ben ! voilà une jolie adresse ! Écrivez donc : A monsieur un tel, qui fait le tour du monde !... Et il a emmené Bertrand avec lui ?
— Foui, et chen être pien fâché, barce que Pertrand il commençait à travailler choliment.
— Bertrand travaillait ?... et à quoi donc ?

— A faire des quilottes, des bantalons... c'était moi qui lui avais montré.
— Mon cher ami, je crois que vous rêvez dans ce moment-ci... Bertrand, le vieux soldat, le fidèle serviteur d'Auguste, faisait des culottes ?
— Comme un cheval.
— Vous êtes fou !...
— Et non, non, Pertrand il travaillait, il bassait toutes les nuits à l'oufrache, et mon femme disait à moi que c'était bour aider son maître qui mangeait tout.

Virginie reste muette et Denise s'écrie :
— Je ne vous comprends que trop, moi !... Ce bon Bertrand ! je savais bien que c'était un brave homme !... il travaillait pour aider M. Auguste, qui sans doute n'en savait rien.
— Oh foui, lui devait coudre mon langue si che disais un mot de za !
— Eh bien ! madame, si M. Auguste n'eût pas été sans ressources, est-ce que Bertrand aurait travaillé, passé les nuits ?...
— Ma foi, ma chère amie, je n'y comprends plus rien... La dernière fois que j'ai rencontré Auguste, il m'a encore fait prendre un quart de punch, et cependant il devait déjà demeurer à son cinquième ; il est vrai qu'il avait si bon cœur, il était si généreux !... Allons, la voilà encore qui pleure !... Ma chère Denise, vous vous ferez venir les yeux comme un lapin ; et ça ne fera pas revenir Auguste !... Pauvre enfant !... comme elle l'aime ! ces mauvais sujets ont de la poudre de perlinpinpin pour faire comme ça des passions. Calmez-vous donc, Denise, il reviendra, il n'est pas parti pour toujours... Vous le reverrez, j'en suis certaine ; et quand il saura combien vous l'aimez, je veux qu'il vous aime, qu'il vous chérisse, je lui dirai, moi, la peine, les tourments qu'il vous a fait éprouver ; je lui dirai combien vous êtes bonne, douce, gentille... Allons, ne pleurez plus... embrassez-moi, Denise ; Auguste vous aimera, car vous le méritez bien !...

Virginie était vivement émue, la douleur de Denise l'avait attendrie ; pour la première fois, depuis bien longtemps, des pleurs véritables coulèrent de ses yeux en pressant la jeune fille dans ses bras.

M. le marquis de Cligneval.

Ce qui calme le plus vite les infortunés, c'est de voir qu'on partage leur peine. Denise écoute les prières de Virginie ; elle s'efforce de rappeler son courage, elle essuie ses yeux, se lève, et dit en poussant un gros soupir :
— Je vais donc retourner à mon village...
— Oui, ma chère amie, c'est le plus sage.
— Mais s'il revenait, madame ?
— Eh bien ! je vous le ferais savoir, j'irai vous le dire ; je vous promets de faire tout mon possible pour avoir de ses nouvelles.
— Ah ! madame ! que vous êtes bonne !...
— Eh ! non, c'est vous qui êtes une petite fille à mettre sous verre.
— Monsieur le portier, dit Denise, si vous entendez parler de M. Auguste, n'oubliez pas de demander où il est... de vous informer où l'on pourrait lui écrire.
— Foui, mamzelle.
— Soyez tranquille, ma petite Denise ; je viendrai souvent m'informer à l'Allemand s'il sait quelque chose... C'est un bon enfant, quoiqu'il fume toujours, que monsieur... Comment vous nomme-t-on ?
— Schtrack.
— Schtrack !... Ah ! ce nom !... Schtrack !... Je crois qu'en allemand ça veut dire une polissonnerie. C'est égal, au revoir, monsieur Schtrack. Venez, ma petite, je vais vous reconduire jusqu'à la voiture.

Denise quitte la demeure d'Auguste, et, appuyée sur le bras de

Virginie, regagne le bureau des voitures en tenant le sac d'argent qu'elle est obligée de reporter au village. Virginie lui offre de faire la route avec elle, mais la jeune fille la remercie ; et, après l'avoir priée de tâcher d'avoir des nouvelles de celui qu'elle espérait trouver à Paris, elle monte en voiture, et fait tristement la route qui la ramène à Montfermeil en se disant : — Hélas ! je ne suis pas heureuse dans mes voyages à Paris.

CHAPITRE XXI. — Première aventure de voyageurs.

Auguste et Bertrand avaient pris la diligence de Lyon. Le jeune homme était dans l'intérieur de la voiture, et son compagnon sur l'impériale, pour avoir plus d'air, à ce qu'il avait dit à Auguste, mais dans le fait par mesure d'économie.

C'était la première fois qu'Auguste se trouvait dans une voiture publique ; habitué à voyager dans son léger cabriolet, à conduire des chevaux fringants, à ne suivre que sa volonté en s'arrêtant où bon lui semblait, ce n'est pas sans éprouver un sentiment pénible qu'il se voit forcé de faire route avec des gens qui lui sont inconnus, d'être poussé par l'un, coudoyé par l'autre, et obligé d'entendre des conversations qui n'ont aucun intérêt pour lui.

A sa gauche est un gros papa d'une cinquantaine d'années, qui a sur sa tête un bonnet de coton, surmonté d'un mouchoir rouge, et par-dessus tout cela une casquette bordée de poil qui rabat par devant et par derrière. A sa droite est une vieille femme dont le visage est heureusement caché sous un méchant chapeau de satin noir, sur lequel on a jeté un voile vert que personne n'est tenté de lever.

A peine la voiture a-t-elle commencé à rouler, que le monsieur de gauche fait connaissance avec le voisin Manflard, et que la dame de droite l'a imité. Mais, tout en dormant, le gros papa enfonce ses coudes dans les côtes d'Auguste, et la vieille dame laisse tomber sa tête sur l'épaule du jeune homme ; celui-ci, qui n'est occupé qu'à repousser le bras de l'un et à se débarrasser de la tête de l'autre, se dit : — C'est bien amusant de voyager en diligence !... Oh !... mon joli cabriolet que Bébelle faisait voler si lestement sur la poussière !... où es-tu ?... Hélas ! si j'avais été plus sage, je te posséderais encore ; car si je n'avais pas commencé à anticiper sur mon revenu, si je n'aurais point touché à mon capital ; en n'y touchant pas, je n'aurais point songé à reprendre mes fonds qui étaient solidement placés, et j'aurais trouvé que vingt mille livres de rente bien assurées valent mieux que trente mille qu'on ne doit qu'à l'agiotage... Madame, tenez donc votre tête, s'il vous plaît... Alors, je n'aurais point remis mon argent entre les mains de ce fripon de Destival, qui par conséquent ne me l'eût point emporté ; et alors je serais encore aussi riche qu'autrefois ; je pourrais faire du bien, je serais retourné à Montfermeil, j'aurais tenu mes promesses à cet enfant, qui est si gentil... je n'aurais pas fait la cour à Denise, puisqu'elle aime quelqu'un du village que sans doute elle a maintenant épousé, mais je l'aurais revue mariée... et en riant avec elle, en lui rappelant cette chute à bas de son âne dans le milieu du bois... peut-être... Ah ! monsieur, pour Dieu, tenez vos bras tranquilles, vous m'enfoncez les côtes !...

Le vis-à-vis d'Auguste se compose de deux messieurs et d'une dame. La dame, placée au milieu, est précisément en face d'Auguste ; mais comme elle a une capote très-grande et qu'elle tient sa tête baissée, on ne peut apercevoir sa figure, et notre voyageur se dit : — Elle n'est sans doute pas jolie, sans quoi elle aurait déjà levé la tête. La mise de cette dame est du reste simple : c'est une toilette de diligence. Les deux hommes qui l'entourent sont des commis-voyageurs, l'un est dans les vins, l'autre dans les toiles ; ces messieurs ont commencé une conversation qui paraît ne devoir finir qu'à Lyon.

Auguste est étourdi par les deux parleurs, qui ne sortent pas des pièces, des feuillettes, des veltes, des jouys, des rouenneries, des bonnes années et des faillites, et fatigué du voisinage de ses dormeurs, regrette de ne s'être pas placé près de Bertrand et soupire après la première halte, lorsque la dame en capote avance son pied et attrape celui d'Auguste : un *pardon, monsieur*, est aussitôt prononcé par une voix fort agréable ; cela tire Auguste de son abattement, et lui donnant le désir de voir la figure de son vis-à-vis, et comme ses jambes se croisent avec celles de cette dame, il les avance doucement, en se plaignant de la gêne que l'on éprouve dans les voitures, manière d'entrer en conversation. La dame répond par un *oui, monsieur*, mais sans lever la tête ; et la curiosité de notre jeune homme en devient plus vive. On ne semble pas disposée à causer, mais on ne retire pas ses genoux, qui touchent ceux de son vis-à-vis. Auguste éprouve le désir de presser légèrement un de ces genoux entre les siens, mais il est arrêté par cette idée : — Si elle était laide !... comme je serais fâché d'avoir cherché à faire connaissance !

Malgré cela, le jeune homme se hasarde à serrer légèrement un genou ; on ne le retire pas, mais on ne lève pas la tête, et Auguste, qui éprouve un secret plaisir à jouer des genoux, se dit : — Il vaut peut-être mieux que je ne voie pas ses traits... du moins je puis me la figurer charmante, adorable... Avec cette idée, le simple froissement de sa robe me cause une agréable sensation, et tout cela me fait oublier les ennuis de la route... Ah ! madame, si vous êtes laide, de grâce ne levez pas la tête, vous feriez évanouir de trop douces illusions.

En descendant une côte, un cahot violent manque de faire verser la diligence. Le gros papa et la vieille dame se réveillent en sursaut ; alors la dame en capote pousse un cri d'effroi et lève la tête ; Auguste aperçoit une jolie figure de vingt-cinq ans, de la fraîcheur, de la régularité dans les traits, de l'expression dans les yeux, enfin un charmant ensemble qui le ravit et lui fait serrer bien plus tendrement le genou qu'il tient entre les siens.

Mais déjà on a rebaissé la tête. L'effroi s'est calmé ; les commis-voyageurs ont repris leur conversation, les voisins d'Auguste referment leur paupière, et lui, enchanté de ce qu'il vient de voir, se rapproche de plus en plus de son vis-à-vis, qui laisse le jeune homme mettre ses pieds sur les siens.

— Elle est charmante, se dit Auguste... mais sa conduite est bien singulière... Pour se laisser presser ainsi les genoux, il faut que cela lui convienne ou qu'elle n'ose pas s'en fâcher... Dans le premier cas, c'est quelque femme qui ne fuit pas les aventures ; dans le second, c'est une jeune innocente qui se trouve pour la première fois en diligence... Persuadons-nous que la seconde conjecture est fondée ; il faut toujours voir les choses du bon côté.

La diligence s'arrête à Corbeil. Les deux commis se précipitent hors de la voiture ; le gros papa se détache avec peine de son coin ; la vieille dame au voile vert se laisse aller dans les bras d'un homme qui ouvre la portière, et Auguste, étant descendu, offre la main à la jeune dame en capote ; mais celle-ci lui répond, en poussant un léger soupir :

— Merci, monsieur, je ne descends pas.

— Elle ne descend pas ! se dit Auguste, qui est resté debout contre la portière, pauvre dame !... Elle ne vient pas dîner à l'auberge... cela annonce ordinairement une économie forcée !...

— Venez-vous dîner, mon lieutenant ? dit Bertrand, qui est descendu de son impériale et attend Auguste à la porte de l'auberge.

— Oui, oui, me voici...

— Est-ce que vous avez oublié quelque chose dans la voiture ?

— Non... c'est que... j'aurais voulu...

— Entendez-vous ? on dit aux voyageurs de se dépêcher...

Bertrand s'avance pour voir ce qui retient son maître contre la diligence ; il aperçoit la jeune dame et murmure :

— Allons ! morbleu !... encore du nouveau !... J'aurais dû penser qu'il y avait par là quelque jupon ! quelque bonnet !... Mon lieutenant, rappelez-vous que nous quittons Paris pour être sages... pour nous ranger...

— Tu as raison, mon ami, répond Auguste, et il s'éloigne à regret de la voiture pour suivre Bertrand dans l'auberge.

Le dîner des voyageurs est bientôt terminé ; chacun, pressé par le conducteur, va reprendre sa place dans la voiture, où la vieille dame emporte son dessert. Auguste regarde avec plus d'intérêt la jeune femme, qui probablement a dîné avec un modeste petit pain, et il replace avec plus de respect ses genoux contre les siens, parce que l'idée du malheur impose silence aux pensées du plaisir.

La vieille dame prie Auguste de lui casser des noisettes qu'elle a emportées de l'auberge ; le gros monsieur lui offre du tabac, les commis-voyageurs lui adressent aussi la parole, chacun cherche à se lier davantage avec ses compagnons de voyage. La petite dame en capote garde seule le silence. Mais la nuit vient ; Auguste la désirait ; ses voisins se rendorment, les commis en font autant, et il avance ses genoux pour essayer de s'entendre, par ce moyen, avec son vis-à-vis, en se disant : — Si elle est malheureuse, il faut tâcher de la consoler... D'ailleurs, je lui serrais les genoux ce matin ; parce qu'elle n'a pas de quoi dîner à l'auberge faut-il qu'elle n'ait l'air de la trouver moins gentille ?... ce serait digne de M. de la Thomassinière.

Ne voulant point donner de lui cette idée, le jeune homme s'approche de son vis-à-vis, presse avec tendresse ce qu'on lui abandonne, et se hasarde même à prendre une main qu'on ne retire pas. La nuit n'amène pas toujours des pensées sombres, et Auguste pensait à obtenir un baiser de la petite dame, qui paraissait d'une humeur si facile ; mais ses deux voisins se gênaient : au moindre mouvement qu'il faisait pour se pencher en avant, la vieille dame et le gros papa tombaient sur son dos, et il ne pouvait plus retrouver sa place qu'après avoir remis le monsieur et la dame dans leur coin ; en dormant les deux commis se laissaient aussi aller sur la jeune femme, qui les séparait, et leur tête froissait souvent sa capote.

— Ce n'est pas tout plaisir d'aller en diligence, disait Auguste à demi-voix.

Et la jeune dame répétait : Oh ! non, monsieur !... ce n'est pas tout plaisir.

Mais, pour en avoir davantage, le jeune homme s'avance encore, et embrasse bien tendrement... un des commis voyageurs dont la figure se trouvait alors penchée sur la capote. Celui-ci s'éveille en cherchant à deviner d'où peut lui venir cette marque d'amour, et Auguste s'étonne de n'avoir pas trouvé le menton de la jeune femme aussi doux que sa main.

Le commis ne voit que sa voisine qui puisse l'avoir embrassé pendant son sommeil ; et, quoique peu habitué à faire des passions, il se persuade qu'il en a inspiré une à la jeune femme qui est auprès de lui. Ne voulant pas être en reste avec elle, le monsieur, qui n'a pas encore pensé qu'à ses échantillons et aux droits d'entrée de ses marchandises, s'avise de penser à autre chose, et de jouer aussi des mains sur les genoux de la petite femme. Celle-ci laisse faire ces messieurs, qui ont l'air de jouer au pied de bœuf, et qui, s'étant pris la main, se la serrent avec une force qui les étonne mutuellement.

Les premiers rayons du jour surprennent les voyageurs dans cette situation. Auguste part d'un éclat de rire, le commis retire sa main avec humeur, la jeune femme retire son genou ; mais elle regarde Auguste en dessous, et celui-ci se promet de se dédommager des quiproquo de la nuit.

Le lendemain on déjeune à Auxerre ; la jeune femme reste encore dans la voiture ; le soir on s'arrête à Avallon, où l'on doit dîner. La jeune femme est descendue, mais elle n'entre pas dans l'auberge, et, après avoir acheté un petit pain et quelque chose, elle va s'asseoir à quelques pas de l'auberge. Auguste, qui la suit des yeux, laisse entrer Bertrand en lui disant qu'il n'a pas encore d'appétit, et rejoint la voyageuse, avec laquelle il entre en conversation.

— Vous quittez Paris, madame ?
— Oui, monsieur (et un soupir).
— L'habitiez-vous depuis longtemps ?
— J'y suis née, monsieur.
— Et vous abandonnez votre pays ?
— Il le faut bien, monsieur... (nouveau soupir).
— Vous allez vous fixer à Lyon, madame ?
— Je ne sais pas, monsieur.
— Ah !... vous n'avez pas de projet déterminé ?...
— Je suis si malheureuse, monsieur !
— Vous m'intéressez beaucoup, madame ; mais pour causer nous serions mieux ailleurs que sur cette route... Si vous vouliez, madame, accepter mon bras, nous ferions un tour dans cet endroit en attendant qu'on parte ?
— Je veux bien, monsieur.

La dame prend le bras d'Auguste, et ils s'éloignent de l'auberge en jasant.

— Si je ne craignais pas d'être indiscret, madame, je vous demanderais ce qui vous fait quitter Paris.
— Oh ! volontiers, monsieur. Je suis fille de marchands très-honnêtes ; on m'a mariée de très-bonne heure à un homme que je n'aimais pas ; mais j'ai dû obéir pour faire plaisir à mes parents...
— C'est très-bien de votre part, madame.
— Il y avait un monsieur fort aimable, qui m'avait fait la cour avant mon mariage... je ne l'aimais pas non plus ; mais je l'écoutais pour lui faire plaisir...
— J'entends, madame.
— Mon mari ne me rendait pas heureuse ; il ne voulait jamais que je sortisse, et je restais à la maison parce que ça lui faisait plaisir... mais il m'y venait quelquefois des visites... entre autres, ce monsieur qui m'avait fait la cour autrefois.
— Et ça ne faisait pas plaisir à votre mari ?
— Apparemment, monsieur ; car dernièrement, l'ayant trouvé avec moi... il l'a mis à la porte. J'ai voulu me fâcher, il m'a battue, monsieur !... en me disant qu'il en ferait autant toutes les fois que cela lui ferait plaisir !...
— Voilà un homme qui a une bien vilaine manière de s'en procurer.
— Comme je ne veux plus être battue, j'ai quitté mon mari, et je suis partie pour Lyon ayant à peine de quoi payer ma place...
— Vous connaissez donc quelqu'un à Lyon, madame ?...
— Ah !... c'est ce monsieur qui venait me voir... qui m'a dit qu'il y allait... Du reste !... je ne tiens pas plus à lui monsieur à Lyon qu'ailleurs !... Je n'ai voulu que m'éloigner de mon mari, qui me rendait si malheureuse !...

Tout en se promenant, les voyageurs sont arrivés devant un petit traiteur. Auguste, qui se rappelle que sa compagne n'a pas dîné, lui propose d'entrer prendre quelque chose, et elle accepte pour lui faire plaisir.

On entre. Auguste demande un cabinet, parce qu'on n'a pas besoin de témoin pour consoler une jeune femme que son mari a battue ; il commande un dîner aussi délicat qu'il est possible, parce qu'il oublie toujours qu'il n'est plus riche, et se laisse volontiers à ses habitudes d'autrefois. Le petit traiteur d'Avallon s'est piqué d'honneur pour offrir un joli repas aux étrangers qui viennent de lui arriver. Le dîner est servi ; Auguste presse la jeune dame d'y goûter, et celle-ci, tout en disant qu'elle n'accepte que pour lui faire plaisir, mange de tout, et ne se fait pas prier pour boire d'un petit vin que le traiteur assure être de l'année de la comète.

Tout en dînant, on se lie davantage. Auguste s'est d'abord assis vis-à-vis de la jeune dame, mais il réfléchit qu'ils étaient beaucoup plus près de cela en diligence, et qu'il est au moins extraordinaire de se tenir à une distance respectueuse dans un cabinet et en tête-à-tête lorsqu'on s'est pressé les genoux devant témoins. Il va s'asseoir tout près de la jeune dame, qui soupire encore de temps à autre,

mais ne repousse pas le jeune homme, qui paraît avoir grande envie de la consoler.

Auguste presse tendrement une main bien douce, en s'étonnant qu'un mari puisse être assez barbare pour faire de la peine à une femme si gentille.

— Les hommes sont des méchants, dit la jeune femme, qui tient toujours ses yeux baissés.
— Ce sont des tyrans, répond Auguste en portant ses lèvres sur la main potelée.
— Ils font notre malheur ! reprend la jeune femme en se laissant embrasser par son vis-à-vis.
— Ah ! ils font encore bien autre chose ! s'écrie Auguste en l'enlaçant ses bras.
— Ils font !... ils font !... murmure la jeune femme, qui paraît ne plus savoir ni ce qu'ils font ni ce qu'elle fait ; mais après plusieurs repas frugals, il n'était pas étonnant que le vin de la comète lui fît perdre la tête.

En retrouvant la sienne, Auguste dit enfin :
— A propos, et la diligence ?
— Ah ! c'est vrai !... et la diligence ? répond la jeune femme en poussant un soupir, probablement par habitude.
— Je crois, ma chère amie, qu'il est bien temps d'aller la retrouver...
— Eh bien ! allons la retrouver, mon ami...

Vous voyez que le vin de la comète avait établi une très-bonne intelligence entre les voyageurs. Mais en général on mène très-promptement les affaires quand l'on traite en voiture.

Auguste appelle le traiteur et paye le dîner ; la jeune dame remet sa capote, qui n'était plus sur sa tête, je ne sais pourquoi ; puis on descend du cabinet, et l'on s'achemine bras dessus bras dessous vers l'auberge où l'on a laissé la voiture.

Tout en marchant, Auguste cause avec sa compagne, qui lui paraît avoir un caractère fort doux, mais dont l'esprit ne répond pas à l'idée qu'en donnait sa figure assez expressive : il y a des femmes qui ont tout leur esprit dans leurs yeux, il faut se contenter avec elles de jouer la pantomime.

En approchant de l'auberge, Auguste aperçoit Bertrand, qui marche à grands pas devant la maison, regardant à droite et à gauche en donnant des signes d'impatience, et lâchant de temps à autre quelque juron énergique. En apercevant Auguste, il court au-devant de lui, et fait une grimace horrible à la jeune femme qui est pendue au bras de son maître.

— Enfin vous voilà, monsieur !... Sacrebleu !... j'ai cru que vous me laissiez ici pour chasser les hirondelles !...
— Calme-toi, Bertrand ; me voilà... Tu vois bien que je n'étais pas perdu ; eh bien ! partons-nous ?
— Partir ?... Et pour quel endroit, monsieur ?
— Mais pour Lyon, je pense !...
— Et c'est pour cela que vous laissez en aller la diligence, que vous vous faites appeler, attendre, chercher de tous côtés ?...
— Comment ! la diligence est partie ?
— Eh oui, morbleu !... et il y a plus d'une heure de cela ; mais il paraît que le temps ne vous a pas semblé long.
— La diligence est partie ! répète Auguste en lâchant le bras de sa compagne ; mais celle-ci, qui paraît tenir beaucoup à son bras, le lui reprend aussitôt en disant :
— C'est bien drôle ! n'est-ce pas, mon bon ami ?
— Je ne trouve plus que ce soit si drôle !... dit Auguste ; et Bertrand s'éloigne de quelques pas, et murmure en jurant et en frappant du pied :
— Son bon ami !... Allons ! mille baïonnettes, voilà encore du gentil !...
— Mais, Bertrand, reprend Auguste, est-ce qu'on ne pouvait pas nous attendre un peu ?
— On vous a attendu deux minutes, monsieur, et c'est beaucoup pour une diligence.
— Et tu n'es donc pas parti ?
— Est-ce que j'ai voulu m'en aller sans vous ?... N'est-ce pas à vous seul que je suis attaché ?... Qu'ai-je besoin d'être à Lyon si vous n'y êtes pas ?
— Tu as bien fait, Bertrand... Mais nos valises ?
— Oh ! les voilà... Me doutant bien qu'il y avait du nouveau, je ne les ai pas laissées partir sans nous.
— Ma foi, mon ami, il faut se consoler de cet événement... Après tout, peu m'importe d'aller à Lyon ou ailleurs, et d'y arriver demain ou dans huit jours.
— Ah ! mon Dieu, mon bon ami, cela m'est bien égal aussi à moi, dit la jeune femme.

Bertrand fronce le sourcil, et fait signe à son maître qu'il désire lui parler en particulier. Auguste parvient à faire entendre à la jeune dame qu'il faut qu'elle lui quitte un moment le bras, et s'avance vers l'ancien caporal, qui lui dit d'un air sévère :
— Pardon, mon lieutenant, mais quelle est cette femme qui se colle à votre bras comme si vous aviez de la glu à votre habit ?
— C'est une jeune femme qui était avec nous dans la diligence.

5.

— Et pourquoi n'y est-elle pas restée?
— Parce que je l'ai emmenée faire un tour de promenade avec moi...
— Qu'est-ce que c'est que cette femme-là?
— C'est une personne fort intéressante...
— Elle ne vous a pas dit ce qu'elle faisait?
— Si fait... elle va à Lyon... pour ne pas rester à Paris.
— Ah! diable! si c'est là son seul motif, je conçois qu'il lui est indifférent d'aller autre part. Mais pourquoi quitte-t-elle Paris?... Une jeune femme ne voyage pas ainsi seule... pour l'unique plaisir de voyager...
— Oh! elle avait un motif très-puissant... son mari la battait.
— Il avait peut-être raison, monsieur.
— Ah! Bertrand!
— Pourquoi vous appelle-t-elle déjà son bon ami?
— Parce que... parce que...
— Ah! oui, parce que! je comprends bien. Mais enfin, monsieur, que comptez-vous faire de cette femme-là?
— Je n'en sais trop rien... mais tu conçois bien que je ne puis pas l'abandonner ici, après lui avoir fait manquer la diligence.
— C'est bien plutôt elle qui vous a fait manquer la voiture à vous contant des histoires... en vous attendrissant par le récit d'aventures qui ne sont pas vraies, je le gagerais. D'ailleurs, monsieur, une femme qui prend ainsi le premier venu pour consolateur ne peut être qu'une aventurière!... Je parie que vous ne savez pas seulement son nom?
— Ma foi, non... Mais qu'importe le nom?... est-ce qu'on ne peut pas se donner celui qu'on veut?... Que cette jeune femme m'ait dit ou non la vérité, je ne la laisserai pas sans argent loin de l'endroit où elle se rendait.
— Ah! elle n'a pas d'argent!
— Puisque cette pauvre petite ne dînait qu'avec des petits pains.
— Voilà une bien jolie trouvaille que vous avez faite là! Ainsi, monsieur, quand nous quittons Paris pour être sage et économiser, à peine à soixante lieues de la capitale nous voilà avec une femme sur les bras!...
— Eh! que veux-tu?... est-ce ma faute?... Allons, Bertrand, ne gronde pas... à l'avenir, je réfléchirai un peu plus; en attendant, abandonnons-nous à notre destinée.
Auguste va rejoindre la jeune femme, et Bertrand le suit en se disant : — Je crains bien qu'il ne soit incorrigible.
La jeune femme a bien vite repris le bras d'Auguste, qui lui dit :
— Ma chère amie, puisque la diligence est partie sans nous, rien ne nous presse maintenant.
— Oh! rien du tout!...
— Nous pouvons même passer ici un jour ou deux?
— Volontiers, si cela vous fait plaisir.
— Nous aviserons ensuite de quelle manière nous voulons continuer notre route... soit par des occasions, des petites voitures... soit même en nous promenant pour admirer le pays, dans le cas où il serait admirable.
— Tout ce qui vous fera plaisir, mon ami.
— Vois-tu, Bertrand, dit tout bas Auguste, cette petite femme-là est la complaisance même, elle ne veut que me faire plaisir.
— Elle ne m'en fait pas du tout, à moi, monsieur.
— Parce que tu y mets de la mauvaise volonté.
— Ah çà, puisque nous restons ici, reprend Auguste, nous logerons à cette auberge. Bertrand, tu nous feras préparer un logement.
— Oui, mon lieutenant, et pour madame aussi?...
— Cela va sans dire... Ah!... comme il faut économiser... une seule chambre suffira pour madame et moi... N'est-ce pas, ma chère amie?
— Oh! mon Dieu, oui... si cela vous fait plaisir.
— A propos, ma chère amie, vous ne m'avez pas encore dit votre nom?
— Je m'appelle Adèle... ou madame Florimont, comme vous voudrez.
— Ce sera plutôt comme vous voudrez vous-même...
— Appelez-moi Adèle, ça me fera plaisir.
— Adèle, c'est convenu.
— Madame Florimont! murmure Bertrand en haussant les épaules, c'est un nom de comédie, ça!... elle a pris ce nom-là dans quelque coulisse.
— Moi, ma chère Adèle, je m'appelle Auguste, car il faut aussi que vous sachiez qui je suis.
— Oh! mon Dieu! c'est égal!...
— Je vois que vous tenez plus à la personne qu'au titre, et que vous jugez les gens sur leur physionomie; si cette science ne vous trompe jamais, je vous en félicite. Mais il fait encore jour, le temps est beau; avant de souper, ce que nous aurons de mieux à faire, je crois, c'est de nous promener. Viens-tu avec nous, Bertrand?
— Non, mon lieutenant; je n'ai pas envie de me promener, moi.
Auguste s'éloigne avec la sensible Adèle. Ils parcourent en tout sens la jolie petite ville d'Avallon. Auguste fait ses observations sur ce qu'il voit, la jeune femme est toujours de son avis, et le jeune homme finit par trouver qu'une femme qui ne sait qu'approuver tout sans jamais rien observer par elle-même, est une société un peu monotone. Mais madame Florimont a de bien jolis yeux, et il n'y a pas encore longtemps qu'elle les fixe sur Auguste, et quand celui-ci a parlé quelque temps sans obtenir autre chose que des réponses insignifiantes, il joue des yeux avec Adèle, qui alors lui dit en pantomime les plus jolies choses du monde.

Il n'y a que devant les boutiques que la jeune femme trouve d'elle-même à observer. Elle s'arrête pour contempler un châle, et pousse un grand soupir.
— En as-tu envie? lui dit Auguste.
— Ah! ça me ferait grand plaisir!
— Eh bien! achetons-le.
Le jeune homme, cédant à ses anciennes habitudes, achète le châle à madame Florimont, qui le met sur-le-champ sur ses épaules, et s'empresse de rouler sous son bras le petit fichu qui était sur son cou. Un peu plus loin elle s'arrête et soupire en regardant un joli bonnet; Auguste le lui fait essayer, et comme il va à merveille sous la grande capote, le bonnet est acheté. C'est ensuite devant un bijoutier que la jeune femme soupire : elle voudrait une petite bague qui lui rappelât le jour où elle a connu Auguste; celui-ci trouve ce désir trop aimable pour ne pas le satisfaire. Mais ensuite il ramène sa compagne à l'auberge sans la laisser s'arrêter nulle part, de crainte qu'elle ne soupire encore.

La jeune femme est très-jolie avec le châle et le bonnet. Mais en la voyant ainsi, Bertrand prend encore Auguste à part et lui dit : —Monsieur, elle n'avait pas cette toilette-là ce matin.
— Tu conviendras, Bertrand, qu'elle est beaucoup mieux ce soir?
— Mais, monsieur! à quoi pensez-vous?
— Je pense à souper, car j'ai très-faim; et vous, ma chère amie?
— Je souperai avec plaisir aussi.
Bertrand ne dit plus rien; mais il va dans un coin et se cogne la tête contre le mur. Cependant on apporte le souper; Auguste se met à table avec Adèle et engage Bertrand à se placer avec eux, en disant à la jeune femme que Bertrand est son factotum, son caissier, et non pas son domestique.

Bertrand fait la grimace au mot caissier; mais enfin il se décide à venir se placer respectueusement à l'autre bout de la table. Pour le remettre de bonne humeur, Auguste fait apporter quelques bonnes bouteilles de vin. Ce moyen réussit. En buvant, Bertrand retrouve sa gaieté, et il ne regarde plus la jeune femme de travers.

Cependant en voyant Auguste se retirer après souper avec madame Florimont dans une chambre où il n'y a qu'un lit, il lui dit tout bas : — Décidément, monsieur, on va vous prendre pour le mari de cette dame.
— Ma foi, Bertrand, ça ressemblera beaucoup cette nuit.
— Mais ensuite?...
— Oh! mon ami, le plus pressé pour moi, dans ce moment, c'est de me coucher; fais-en autant, bonsoir; demain il fera jour.
— Oui, se dit Bertrand en retournant se verser à boire, demain il fera jour, et nous aurons encore cette péronelle sur les bras!... Il valait tout autant rester à Paris et me laisser avec Schtrack faire des culottes!... Et Bertrand s'endort en finissant la bouteille.

CHAPITRE XXII. — Ruse de Bertrand.

Une nuit de sommeil suffit pour dissiper les fumées du vin et rendre le calme à notre esprit; une nuit d'amour suffit souvent pour dissiper bien des illusions et ramener le calme dans nos sens. Auguste et Bertrand, après la nuit passée à l'auberge avec madame Florimont, pensèrent avec plus de sang-froid à leur position : le dernier ne s'était jamais dissimulé le nouvel embarras dans lequel Auguste venait de se jeter; et celui-ci, qui se lassait bientôt peut-être déjà de faire de la pantomime avec la jeune voyageuse, sentit qu'il avait fait une sottise. Mais comment se débarrasser honnêtement d'une dame qui lui dit à chaque instant : — Mon ami, j'irai où ça te fera plaisir.

Après le déjeuner, Auguste demande si l'on peut avoir une voiture pour aller à Lyon. Prendre la poste coûterait trop cher à des gens qui veulent voyager avec économie, et dont à la vérité on ne se douterait pas, car Auguste se fait toujours traiter en seigneur.

Un marchand de cuir, qui a un grand cabriolet à deux banquettes, propose d'emmener avec lui les voyageurs. A la vérité il mettra quatre jours, parce que ses affaires le forcent à s'arrêter en divers endroits, mais on n'est pas pressé, et on s'arrange avec le marchand de cuir, qui emballe dans sa voiture nos trois voyageurs.

Auguste est avec la sensible Adèle sur la banquette du fond; Bertrand se place près du marchand sur celle de devant, et on se met en route, traîné par un seul cheval qui en vaut deux pour la grosseur, mais qui ne sera pas d'humeur à prendre le mors aux dents.

Bertrand cause avec le marchand, grand gaillard de vingt-huit à trente ans, qui passe une partie de sa vie dans son cabriolet, connaît mieux les auberges que sa maison, où il n'est pas le quart de l'année, et prétend que pas une servante, à trente lieues à la ronde, n'a été indifférente avec lui.

Auguste regarde la campagne, et tâche de faire parler madame Florimont.
— Comment trouvez-vous ce site ?...
— Mais c'est bien vilain.
— Comment?... Cette colline couverte de bois... cette vallée sur la gauche, cette rivière qui l'arrose, et ce joli village au fond... Ce point de vue vous semble vilain ?
— Ah! non, c'est très-joli.
— Cela vous plairait-il de voyager ?
— Mais je ne sais pas, mon ami.
— Vous n'avez jamais quitté Paris ?
— Oh, si! j'avais été à Saint-Cloud, à Passy.
— Aimeriez-vous aller en Italie ?
— Si ça vous faisait plaisir !...
— Mais ce monsieur qui vous attend à Lyon...
— Ah ! je ne sais pas s'il m'attend !
— Je pourrais être forcé par les circonstances de vous quitter.
— Oh! moi, je ne vous quitterai pas, mon ami.
— Mais si je retournais à Paris ?
— J'y retournerais aussi.
— Et votre mari qui vous battait ?
— Oh ! je ne lui dirais pas que je suis revenue.

Auguste se dit en lui-même : — Vous verrez que je ne pourrai plus me débarrasser de cette femme-là !... Maudite diligence !... Cette grande capote... ces genoux contre les miens !... cette nuit en voiture, tout cela vous monte l'imagination... On se figure qu'on a fait une superbe rencontre !... On croit être amoureux! on l'est pendant vingt-quatre heures ! mais après !... Ah ! mon Dieu ! où me suis-je fourré !...

Bertrand, qui a entendu une partie de la conversation entre Adèle et Auguste, se penche vers ce dernier et lui dit à l'oreille :
— Pardon, mon lieutenant, mais cette femme-là me fait l'effet d'être bête comme un pot.
— Cela m'en a assez l'air aussi, Bertrand.
— Est-ce que nous allons faire le tour du monde avec cette poupée ?
— J'en ai peur, mon ami. Elle est décidée à ne plus me quitter.
— Je vous réponds que je la ferai changer de résolution, moi.

Bertrand ne dit plus mot. On voyage pendant quelque temps en silence. Le marchand de cuir lançait de temps à autre, à la dérobée, un regard d'amateur sur madame Florimont, et en passant devant chaque bourg, chaque village, disait à Bertrand :
— J'ai connu une jolie femme là !... j'ai eu une aventure ici... J'ai fait parler de moi là-bas !...
— Il paraît que vous êtes un luron ?
— Oh ! oui... on me connaît dans le pays.

On s'arrête à la nuit dans un petit bourg où l'on doit coucher. On entre dans une mauvaise auberge; le marchand sort pour ses affaires, et après avoir soupé, Auguste, qui pense que ce qu'on peut faire de mieux avec la sensible Adèle est de se coucher, se retire avec elle, laissant Bertrand devant une table et une pipe.

Le marchand revient, Bertrand lui propose de boire un coup avec lui; on ne refuse pas une telle proposition. Le marchand boit presque aussi bien que Schtrack; après la seconde bouteille, la confiance s'établit, et Bertrand dit à son compagnon :
— Vous m'avez l'air d'un bon enfant.
— Vous êtes bien honnête !
— Vous devriez nous rendre un service à mon lieutenant et à moi.
— Si ça ne me coûte rien, je suis votre homme.
— Non-seulement ça ne vous coûtera rien, mais encore je vous offrirai cinquante écus de pot de vin !...
— Parlez donc vite, alors.
— D'après tout ce que vous m'avez dit, vous n'êtes pas ennemi du beau sexe ?
— J'en suis très-ami, au contraire !
— Comment trouvez-vous cette jeune femme qui voyage avec nous ?
— Mais...
— Allons, parlez franchement.
— Ma foi, je la trouve fort gentille ! elle a des yeux qu'elle fait joliment travailler !...
— Enfin elle vous plaît ?
— Sans doute, elle me plairait si elle était libre; mais vous entendez bien que je ne songe pas à...
— Eh bien ! écoutez-moi; le plus grand service que vous puissiez nous rendre serait de nous enlever cette beauté-là.
— Vous plaisantez?
— Non; voici le fait : mon maître est un étourdi; il voyage pour devenir sage, et vous comprenez bien que ce n'est pas en ayant une petite compagne de voyage qui, comme vous dites, fait si joliment travailler ses yeux qu'il en prendra. Mais je dois avoir de la raison pour lui : or, ce que je vois de mieux à faire, c'est de le séparer de cette héroïne de grandes routes, qui, j'en suis certain, ne lui témoigne de l'attachement que parce qu'elle le croit riche.
— Elle ne vient donc pas de Paris avec vous ?
— Eh non ! c'est une belle rencontre que nous avons faite dans la diligence de Lyon. Elle aurait cent fois mieux fait de nous verser que de renfermer cette princesse !... Mais vous, qui êtes toujours en route, ça ne vous gênera pas de la garder dans votre cabriolet ; d'ailleurs, j'ai cru remarquer que vous la regardiez en amateur...
— Je ne dis pas non... mais comment voulez-vous...
— Vous êtes bel homme, vous êtes un gaillard de bonne mine !...
— Il est certain que je ne suis pas mal, dit le marchand en se regardant avec complaisance dans un petit morceau de miroir cassé placé sur la cheminée de la salle.
— Demain, reprend Bertrand, j'aurai soin pendant la route de faire entendre que nous sommes mal dans nos affaires; vous, au contraire, faites sonner vos écus. En arrivant à l'endroit où nous devons coucher, mon lieutenant fera le malade et déclarera qu'il ne peut se remettre en route. Le lendemain, il se mettra au lit ; pendant ce temps, saisissez l'occasion du tête-à-tête, glissez votre déclaration, et proposez à la jeune dame de l'emmener avec vous avant notre réveil... elle acceptera... je gagerais mes moustaches, si je les avais encore.
— C'est entendu, mon brave... et cinquante écus...
— Je vous les compterai en vous voyant partir. Vous pourrez aller à Lyon ; pour ne point vous rencontrer, nous n'irons pas dans cette ville.
— Touchez là, j'enlève votre belle... et, comme vous dites, elle ne me résistera pas, parce que, quoique votre compagnon soit gentil, ça n'a pas cette taille... cette encolure... cet air séducteur enfin... convenez-en ?
— Je crois bien ! vous me faites l'effet d'un tambour-major.

L'affaire étant terminée, Bertrand et le marchand, après avoir bu un coup à la réussite de leur projet, vont aussi prendre du repos.

Le lendemain, on se remet en route. Auguste semble encore plus ennuyé de la société de madame Florimont : il n'ose le dire à Bertrand ; mais celui-ci remarque les bâillements mal dissimulés, les soupirs étouffés du jeune homme, pendant que la sensible Adèle lui répète que ça lui fera bien plaisir d'être toujours avec lui. Au bout de quelque temps, Auguste cède au sommeil qui s'empare de lui. Il s'endort dans le fond du cabriolet, près de la jeune femme, qui ne dit plus mot. Bertrand, feignant de croire qu'elle dort aussi, dit à demi-voix au marchand :
— Le pauvre jeune homme !... si le sommeil pouvait calmer ses inquiétudes et payer ses dettes !
— Il a des dettes ? dit le marchand.
— C'est pour cela que nous quittons Paris, et j'ai bien peur qu'à Lyon nous ne soyons bientôt poursuivis...
— C'est fâcheux !... parlez-moi d'un commerce comme le mien ! ça va toujours... Le cuir ne passera jamais ! c'est comme le pain, ça...
— C'est absolument la même chose. Aussi vous êtes riche ?
— Mais... je suis à mon aise.

Bertrand a remarqué que madame Florimont levait sa capote pour mieux voir le marchand ; il ne souffle plus mot, mais il regarde sur la route pour ne point gêner les œillades que son voisin lance à la jeune femme, et que celle-ci reçoit en souriant, probablement pour lui faire plaisir.

On arrive à l'endroit où l'on doit passer la nuit. Bertrand n'a pas encore parlé de son projet à Auguste, mais le hasard semble le servir : celui-ci, en quittant le cabriolet, se sent atteint d'une violente migraine, et en entrant à l'auberge se retire dans sa chambre pour chercher le repos, engageant madame Florimont à se faire servir ce qu'elle désirera.

Bertrand prend un prétexte pour laisser le marchand en tête-à-tête avec leur compagne de voyage; il va se promener, et ne rentre que fort tard. Le marchand était seul et se mirait devant une glace.
— Eh bien ? dit Bertrand.
— Vous pouvez me compter les cinquante écus.
— En vérité ?
— L'affaire est arrangée; demain dès le petit point du jour j'emmène votre belle : elle doit dire à votre compagnon qu'il a le temps de dormir, et que nous ne partons qu'à dix heures.
— Morbleu ! une victoire ne me ferait pas plus de plaisir !... Mon pauvre maître ! Je voudrais tant le voir raisonnable !... le voir revenu de ses folies !... Je paye une bouteille... deux bouteilles par-dessus le marché.
— J'accepte.
— Elle n'a donc pas fait trop de façons ?...
— Laissez donc ! j'avais fait sa conquête : elle m'a dit d'ailleurs que sa délicatesse ne lui permettait pas de voyager avec quelqu'un qui a des dettes.

Dans sa joie, Bertrand fait encore sauter quelques bouchons, et compte sur-le-champ les cinquante écus au marchand : il ne se couche pas, afin d'être un secret témoin du départ de madame Florimont, qui, au point du jour, se lève sans réveiller Auguste, et s'éloigne avec le cabriolet du marchand de cuir.

— Bon voyage ! dit Bertrand en regardant la voiture s'éloigner : après l'avoir perdue de vue, il court dans la chambre d'Auguste, qu'il réveille en criant :
— Victoire ! mon lieutenant !... j'ai chassé l'ennemi de la place !..
— Qu'y a-t-il donc ? dit Auguste en se frottant les yeux.

— Ce qu'il y a, c'est que je vous ai débarrassé de votre sensible voyageuse, qui s'en est allée ce matin avec notre marchand de cuir...
— Serait-il possible, Bertrand?
— Eh oui! monsieur, je vous dis qu'elle est partie... j'espère que vous n'avez pas envie de courir après elle?
— Dieu m'en garde!... Elle ne m'aimait donc plus?
— Est-ce que cette aventurière vous a jamais aimé?... Elle suit le premier venu qui lui semble riche!... Et voilà pourtant, monsieur, la femme que vous aviez encore sur les bras!... Vous devenez amoureux en diligence!... et crac!... vous faites connaissance... Tenez, lieutenant, je ne suis pas un séducteur, moi; mais il me semble qu'on doit se dire deux choses dans les voitures publiques : Si cette femme-là est honnête, elle ne m'écoutera pas; si elle ne l'est pas, ce n'est pas la peine que je lui parle.
— Tu as raison!... cent fois raison! mais cette folie sera la dernière.
— Savez-vous qu'avec toutes les dépenses de voiture, de cadeaux, de frais de voyage, votre aventure nous coûte au moins cinq cents francs? Joli début pour des gens qui vont chercher à faire fortune!
— Ah! tu verras maintenant, Bertrand, que je serai d'une sagesse...
— Ainsi soit-il!... Mais pour ne plus rencontrer cette dame, si vous m'en croyez, nous ne passerons pas par Lyon.
— Volontiers, allons sur-le-champ en Italie... C'est sous le beau ciel qui vit naître Virgile et Tibulle, c'est dans la patrie des arts, que, plein d'une noble émulation, je veux tirer parti de mes talents, et tâcher d'en acquérir de nouveaux. Peut-être la fortune sourira-t-elle à mes efforts!... La musique, la peinture, m'offrent des ressources que je ne dois point rougir d'employer!... Nous dépenserons peu, je tâcherai de gagner beaucoup; car, en tous pays, plus les gens se font payer cher, et plus on leur croit de mérite : enfin, lorsque j'aurai amassé une jolie somme, nous reviendrons en France jouir du fruit de mes travaux.
— C'est cela, mon lieutenant; et plus heureux que le grand Turenne, qui fut tué sur le champ de bataille, nous jouirons après la guerre des douceurs de la paix.

CHAPITRE XXIII. — La Noce.

Les voyageurs ont laissé au marchand de cuir tout le temps de s'éloigner, ne se souciant pas de se retrouver avec madame Florimont. Le propriétaire d'une petite carriole leur offre de les mener où ils voudront, se disant voiturin, et assurant que sa voiture est en état de les conduire jusqu'à Naples, dont elle a déjà fait quinze fois le voyage.

Quoique la carriole ne ressemblât nullement à la berline d'un voiturin, nos voyageurs s'y accommodent; mais avant de monter dedans, Bertrand s'assure qu'elle ne renferme point de femmes; une robe lui fait peur : il ne voudrait pas même laisser son maître dans la compagnie d'une nourrice.

La carriole ne renferme qu'un bon paysan d'une cinquantaine d'années, que Bertrand examine fort longtemps, afin de s'assurer que ce n'est pas une femme déguisée, et Auguste se place dans la voiture en souriant de la crainte de son compagnon.

— Est-ce que vous allez aussi en Italie, brave homme? dit Auguste au paysan.
— Oh! nenni, monsieur, répond celui-ci; j' n'allons pas si loin que ça; je me rendons seulement cheux ma sœur, qui demeure à trois petites lieues de Lyon, et qui marie son fils cadet Eustache, qu'est mon neveu.
— Ah! vous allez à une noce!... C'est charmant cela!... on s'y amuse, on y rit...
— Oh! oui, monsieur, car cheux nous je sommes tous des farceurs!... et des malins!...
— Cela se voit en vous regardant.
— Et je buvons! pour que sa bénédiction...
— C'est très-bien cela, dit Bertrand; vous avez donc de bons vins?
— Oh! fameux!... Ma sœur a des vignes; c'est une des plus grosses fermières de l'endroit; et dame! quand on marie son fieu, vous entendez ben qu'on fait sauter les futailles. La noce durera au moins huit jours. Ça peut vous être agréable, messieurs, faut venir avec moi; vous serez bien reçus, vous verrez de bons enfants. Ma sœur sera charmée de vous voir, et Cadet aussi, car il aime ben les gens de la ville... Vous êtes Parisiens, n'est-ce pas, messieurs?
— Comme vous dites, monsieur...
— Rondin, pour vous servir. Eh ben! acceptez-vous?

Auguste regarde Bertrand : l'idée d'aller à une noce villageoise lui sourit assez; de son côté, l'ancien caporal éprouve une secrète tentation de connaître le vin de M. Cadet Eustache; mais la crainte que son maître ne fasse encore quelque connaissance avec les dames de la noce lui fait résister à cette envie, et il dit tout bas à Auguste :
— Refusez, mon lieutenant; croyez-moi, c'est le plus sage; si nous nous arrêtons sans cesse en route, notre tour du monde se bornera à un petit voyage en Bourgogne, qui n'est pas la terre des Virgile et des Tibulle, et nous reviendrons à Paris sans avoir fait fortune.

— Je suis fâché de vous refuser, monsieur Rondin, dit Auguste, mais mon compagnon m'a fait souvenir que nos affaires nous appelaient au plus tôt en Italie... A la vérité, si nous gardons cette voiture, je ne pense pas que nous y arrivions de longtemps; je crois que le drôle nous mène au pas; c'est sans doute pour que sa mauvaise carriole puisse faire une seizième fois le voyage de Naples... Holà! cocher! vous dormez, mon ami. Plaisantez-vous de nous conduire ainsi?

Le cocher se retourne et répond tranquillement aux voyageurs que ses chevaux ont leur pas ordinaire, dont ils ne changent jamais; mais qu'il répond de les faire arriver sans accident à leur destination.

— C'est bien gentil, dit Bertrand; c'est-à-dire que nous allons aller en Italie comme si nous suivions un enterrement; si le cocher a déjà fait le voyage quinze fois de ce train-là, il faut qu'il ait commencé bien jeune. Et vous qui allez à la noce, monsieur Rondin, vous devez être pressé?
— Oh! on m'attendra... D'ailleurs i' faut que Cadet se repose avant de se marier.
— Est-ce que le marié vient aussi de voyager?
— Oui, monsieur, il vient de Paris, c'est de là qu'il ramène sa future.
— Ah! il a été chercher une femme à Paris?
— J' vous dirai, messieurs, c'est un finot qui ne se laisse pas attraper!... Les filles de son endroit sont joliment délurées : et pour être sûr d'avoir queuque chose de bon, il est allé chercher une femme à Paris...
— Voilà un gaillard qui doit être bien spirituel!
— Oh! c'est le plus fin séducteur à six lieues à la ronde; sa mère le laisse faire tout ce qu'il veut : il est donc parti pour Paris, où d'ailleurs il avait affaire. Au bout de queuque temps il a écrit chez lui qu'il avait trouvé la femme qui lui convient... Dame! vous entendez ben qu'il faut que ce soit une vertu et l'innocence même! car Cadet est joliment connaisseur en fait de sexe.
— Et c'est à Paris qu'il a trouvé ce trésor?
— Non pas justement à Paris, mais dans les environs. Si bien qu'ayant plû à sa belle, il la ramène avec lui et va l'épouser. V'là pourquoi j'aurais ben voulu que vous fussiez de la noce pour me dire aussi vot' sentiment sur le choix de mon neveu.

Auguste ne serait pas fâché de connaître la fiancée que M. Cadet Eustache a été chercher dans les environs de Paris; il pense à Denise, et se figure que le neveu de M. Rondin a trouvé quelque jeune villageoise aussi jolie, aussi fraîche, aussi séduisante que la petite laitière. Cette idée le fait soupirer. — Elle aussi est peut-être mariée! se dit-il, car elle aimait quelqu'un; elle me l'a dit... en m'avouant qu'elle ne m'aimerait jamais...

Auguste ne rit plus depuis que ses souvenirs le reportent à Montfermeil. Le paysan, surpris de la tristesse de son voisin, n'ose plus lui proposer de venir à la noce, et Bertrand se dit tout bas : — Certainement, ça serait fort amusant de rester à table pendant huit jours; mais à noce il y a toujours quelque joli minois, et il ne faut pas exposer mon lieutenant à enlever encore quelqu'un, parce que je ne rencontrerai pas toujours des marchands de cuir.

On ne dit plus rien, la carriole continue de rouler. En quatre heures on fait une lieue. Au bout de ce temps, le père Rondin, qui aime à causer, dit à Auguste :
— Il est certain que si vous allez en Italie pour affaires, vous n'arriverez pas à temps. Est-ce que vous êtes procureur?
— Non, je suis peintre et musicien.
— Peintre et musicien! jarni, comme ça ferait notre affaire! vous feriez danser nos filles et vous feriez le portrait de la mariée... Ça serait une jolie surprise pour Eustache!
— Parbleu! se dit Auguste, il serait assez drôle en effet, que je fisse le premier essai de mes talents avec ces bonnes gens... Qu'en dis-tu, Bertrand? faire le portrait de la mariée, cela me sourit assez.
— D'abord Cadet m'a écrit que c'était un superbe brin de fille, dit le père Rondin. Attrapez-vous bien. Attrapez-vous la ressemblance des visages?
— Mais je n'ai encore essayé que celle-là; du reste, je peindrai tout ce que vous voudrez. Allons, Bertrand, voilà qui me décide. Nous irons à la noce.
— Va pour la noce, monsieur. Mais, pour Dieu! n'y faites pas de folies, et souvenez-vous de vos résolutions.
— Sois tranquille, tu seras content de moi.

Le père Rondin est enchanté d'avoir décidé les voyageurs à venir à la noce, il est même au moment d'inviter aussi le cocher, lorsque la voiture, qui allait au pas, verse dans un fossé, le seul qui se trouvât alors sur la route, et les voyageurs roulent les uns sur les autres.

Heureusement, on en est quitte pour quelques contusions, et le cocher s'occupe tranquillement à relever ses chevaux, en disant aux voyageurs qu'il est fâché de ne point les avoir prévenus, mais que depuis le temps qu'il passe en cet endroit, il est très-rare qu'il n'y verse point, parce que ses chevaux en ont pris l'habitude.

Cet accident achève de dégoûter les voyageurs de la méchante carriole. — Il n'y a que pour une journée de marche d'ici cheux nous, dit le père Rondin, allons-y à pied !... Nous serons plus vite arrivés. Etes-vous de force à faire ce trajet?

La proposition du paysan est acceptée. On laisse là la carriole. Bertrand prend une valise, Auguste veut absolument porter l'autre, et l'on se met en marche.

Le pays est charmant. On se réjouit de voyager à pied. Le père Rondin connaît les chemins. On ne s'arrête que pour se restaurer une fois, et le lendemain, dans la matinée, on arrive à la ferme de M. Cadet Eustache.

On n'est plus qu'à cent pas, lorsqu'un grand garçon en sort et court se jeter au cou du père Rondin en s'écriant :

— V'là mon oncle !... arrivez donc, mon oncle ! Je n'attends pas que vous pour me marier ! et dame ! c'est que j'en ai fièrement envie !...

— Bonjour, Cadet. Tiens, je t'amène deux bons enfants, mon garçon ; v'là monsieur qui fait des peintures et de la musique, et puis M. Bertrand, qui boit sec, je t'en avertis.

M. Cadet Eustache fait de grands saluts aux voyageurs, puis dit à son oncle :

— Est-ce que vous ne nous amenez que ça ?

— Comment, que ça, mon garçon ?

— Oh ! dame ! c'est que si vous en aviez eu encore d'autres, ça n'aurait été que mieux, parce que nous voulons nous amuser, voyez-vous ! Mais c'est égal, ça fait toujours deux de plus.

— Est-ce que tu n'as pas beaucoup de monde à ta noce ?

— Ah ! nous sommes déjà quatre-vingts.

— I' m'semble que c'est pas mal.

— Ah ! c'est qu'il faut rire !... je veux rire !... Et il faut être beaucoup pour rire ; d'abord, moi, je ne ris jamais à moins d'être une douzaine !...

— Je vous avais ben dit que mon neveu était un farceur ! dit le père Rondin à Auguste, qui regarde Bertrand en souriant tandis que celui-ci murmure :

— Voilà un marié qui m'a l'air d'un grand imbécile !

— Mais conduis-nous donc, Cadet, nous sommes fatigués, et nous avons besoin de nous rafraîchir.

— Ah ! pardon, mon oncle, c'est que, voyez-vous, ma future ne me sort pas de la tête...

— Oh ! vous verrez, messieurs, je ne vous dis que ça ; vous verrez une femme d'une fraîcheur !... Ah ! comme une betterave ! et des appas ! oh ! mais je dis des appas de tous les côtés !...

— Ah ! coquin ! il paraît qu'en l'amenant de son pays ici, tu as jugé tout cela ?

— Oh ! mon oncle !... Quant à ça, je m'en serais ben gardé... parce que c'est l'innocence même, voyez-vous, et elle m'aurait baillé queuque bon soufflet ! avec ça qu'elle est solide, ma future. C'est une vertu joliment ronde... Enfin c'est de mon choix, et puisque vous v'là, nous ferons dès demain la noce.

Tout en parlant, on est arrivé à la ferme, qui est belle et annonce des gens à leur aise. M. Cadet dit à un de ses garçons : — Jérôme, va annoncer dans tout le pays que c'est pour demain la noce, et que tout se prépare pour le repas, le bal ; tu iras prévenir les ménétriers que j'avons retenus... Mon oncle, j'vas chercher ma future : elle est avec ma mère chez un de nos voisins ; mais je veux que vous la voyiez tout de suite, et ces messieurs aussi.

— Ce garçon-là est terriblement amoureux, dit le père Rondin en conduisant les voyageurs dans une salle où il les fait asseoir.

Bientôt madame Eustache arrive ; elle embrasse son frère et va embrasser les nouveaux venus, parce qu'à la campagne c'est comme cela que l'on commence à faire connaissance.

— Et où donc est la future ? dit le père Rondin, est-ce que nous n'allons pas la voir ?

— Tout à l'heure, mon frère ; elle est allée faire un brin de toilette pour la société... Ah ! ma fine ! c'est une belle fille, et Cadet s'y connaît.

— Et a-t-elle des écus ?

— Elle a un petit magot ben gentil que lui a donné le seigneur chez lequel elle était, en disant à not' fieu que c'était une vraie rosière qu'il lui donnait-là ; et vous savez que Cadet est un malin qui ne se laisserait pas attraper.

— Morbleu ! dit Bertrand à Auguste, si la rosière répond au futur, je gage que nous allons voir quelque grosse vachère de Pontoise.

Enfin on entend la voix de Cadet Eustache, qui vient présenter sa future à la société ; et Auguste n'est pas peu surpris de reconnaître dans la fiancée du fermier mademoiselle Tapotte, la jardinière de M. de la Thomassinière.

Mademoiselle Tapotte est grandie, et elle est toujours très-grasse ; ce qui en fait effectivement une belle fille, qui, comme autrefois, marche les yeux baissés et salue sans regarder personne.

— Superbe ! s'écrie le père Rondin ; bravo, Cadet ! ma fine, t'as joliment trouvé ça, mon garçon !... et c'est qu'on voit encore sur ses joues le duvet de la pudeur.

M. Cadet reçoit les compliments en souriant, et dit : — J'ai l'honneur de vous présenter mamzelle Suzanne Tapotte, qui sera demain madame Eustache si Dieu nous prête vie.

On embrasse la future, c'est encore l'usage ; et Bertrand, qui ne connaît pas l'aventure d'Auguste à la campagne de Fleury, se rassure en voyant la mariée, et se flatte qu'elle ne lui fera pas faire de folies.

Cependant, quand est venu le tour d'Auguste d'embrasser mademoiselle Suzanne Tapotte, celle-ci, malgré son ingénuité, lève les yeux, et un petit cri lui échappe en reconnaissant le jeune homme.

— Je suis bien maladroit, dit aussitôt Auguste ; aller mettre mon pied sur le vôtre ! pardon, belle fiancée.

— Ah ! c'est ça qui l'a fait crier !... dit Cadet en riant ; oh ! quand on marche sur le pied aux filles d' cheux nous, elles ne crient pas !... alles savent ben ce que ça veut dire... C'est pas comme Suzanne. A propos, monsieur, mon oncle m'a dit que vous faisiez des portraits ; est-ce que vous faites aussi des figures ?

— Que voudriez-vous que je fisse ?

— Ah ! j'veux dire une tête avec des yeux, un nez, et cétera...

— Je n'en trouve ordinairement que comme cela.

— Pardi, monsieur, si vous aviez le temps de m'attraper la ressemblance de ma future... le visage seulement, ça me ferait ben plaisir.

— Je n'ai en voyage que mes crayons, mais je puis essayer de la dessiner...

— La dessiner ! ça sera-t-y elle tout de même ?

— Sans doute.

— Mamzelle Suzanne Tapotte, monsieur va faire vot' portrait, i' vous va attraper.

La future fait des façons pour se laisser dessiner, mais M. Cadet y met de l'obstination ; et elle consent enfin à prêter sa figure à Auguste, qui demande une chambre où il puisse travailler tranquillement et sans être dérangé.

On conduit Auguste dans une petite chambre dans le haut de la maison, on lui donne tout ce qui lui est nécessaire ; et M. Cadet lui amène sa future, qui s'assied, les yeux baissés, devant la table sur laquelle Auguste travaille. M. Cadet se dispose à regarder comment on attrapera sa belle, lorsque Auguste lui dit :

— Je suis bien fâché de vous renvoyer, mais je ne puis dessiner devant du monde. Si vous voulez avoir le portrait de votre femme, il faut me laisser seul avec elle ; c'est d'ailleurs l'usage : un peintre n'aime pas être regardé quand son ouvrage n'est pas qu'il soit terminé.

— Ah ! c'est juste, dit Cadet ; au fait, si je regardais, il n'y aurait plus de surprise.

— C'est cela même.

— Allons, je m'en vas... Mamzelle Tapotte, faut pas avoir peur de rester avec monsieur... c'est un artiste... il va vous attraper et me surprendre... Ah ! que ce sera gentil !

Mademoiselle Tapotte sourit dans les yeux, et M. Cadet la laisse seule avec Auguste, et va ordonner tous les préparatifs de la noce.

Bertrand est déjà à table avec le père Rondin. Bientôt plusieurs fermiers des environs viennent les rejoindre. Les voisins, les voisines, les parents, les amis, viennent dès la veille s'installer à la ferme d'Eustache. On dresse de grandes tables, on les couvre de viandes et de brocs. On rit, on chante, on crie, on fait du tapage, car la gaieté des paysans est bruyante. On se croirait déjà à la noce ; et Bertrand, qui trouve le vin bon, et ne remarque pas parmi les figures qui puissent enflammer son maître, pense que l'on pourra sans danger passer huit jours à la ferme.

Cependant tout le monde demande la future, et M. Cadet dit :

— On l'attrape dans ce moment-ci, on me fait une surprise... on imite sa figure... Quoique ça, je vais voir si ça avance.

M. Cadet monte à la chambre où il a laissé Auguste et mademoiselle Tapotte. Mais on s'est enfermé, sans doute pour ne pas être dérangé. Le futur frappe doucement à la porte en disant :

— C'est moi... est-ce fini ?

— Non, pas encore ! répond Auguste.

— Ça avance-t-il un peu ?

— Oui, cela va bien.

— Qu'est-ce que vous lui faites maintenant ?

— Une oreille.

— Est-elle ressemblante ?

— Elle sera frappante.

Cadet redescend trouver la société en criant : — Je n'ai pas pu entrer, il était en train de lui faire une oreille qui sera parlante... Oh ! il paraît que c'est un malin c' peintre-là... J'ai voulu regarder à travers la serrure, mais apparemment que son pose était de profil, car, au lieu d'une oreille, il m'a semblé voir un œil. J' mettrai le portrait de ma femme dans not' grande salle...... en face de celui de ce sanglier qui a été tué par mon grand-père.

Enfin, au bout de deux heures, Auguste revient donnant la main à la future, qui ne lèverait les yeux pour voir un diamant, et est encore plus rouge qu'à l'ordinaire. Chacun se récrie sur sa beauté, sa fraîcheur et son air d'innocence, et M. Cadet fait jabot.

Le futur demande à voir le portrait. Auguste lui présente alors une tête qui ressemble comme deux gouttes d'eau à celle de la dame de pique ; et chacun s'extasie en disant que c'est frappant, et que, de plus, cela a l'avantage de ressembler aussi au marié et au père Rondin. M. Cadet est enchanté, et Auguste reçoit les compliments de toute la compagnie.

Le reste de la journée se passe en danses, en plaisirs; beaucoup ne quittent la table que pour aller se mettre au lit, et Bertrand est de ce nombre.

Enfin le jour de l'hymen est venu. Dès le point du jour on est sur pied à la ferme. M. Cadet a un costume qu'il s'est fait faire à Paris : habit, veste et culotte brou de noix. La maman Eustache va habiller la mariée. Bientôt mademoiselle Suzanne Tapotte est amenée avec le bouquet virginal; puis on se met en marche pour l'église, ayant les ménétriers en tête du cortége.

Bertrand s'amuse beaucoup à la noce, Auguste paraît aussi ne point s'y déplaire : il fait danser les filles tandis que son compagnon fait sauter les bouchons. La nuit entière se passe en jeux, en repas, en festins. Mais, à minuit, M. Cadet a emmené sa femme dans la chambre nuptiale, et on continue de boire et de danser. Au bout de deux heures on est fort étonné de voir le mari arriver en pet-en-l'air et en bonnet de coton dans la salle du bal, où il se met à crier à la société :

— Mes amis! je suis le plus heureux des hommes, je ne vous dis que ça.

Le gros monsieur de qui Dalville venait solliciter la protection.

Et M. Cadet retourne près de son épouse au bruit des compliments et des plaisanteries de tous les amis, et le père Rondin dit à Auguste :
— Quand je vous disais que mon neveu était un malin... et que c'était quasiment une rosière qu'il nous avait amenée de Paris!

Auguste joint ses compliments à ceux de la société; puis au point du jour, las de danse et de repas, il va se coucher, laissant l'intrépide Bertrand tenir tête à trois fermiers dont deux sont prêts à glisser sous la table.

Auguste et son fidèle compagnon passent les huit jours que dure la noce à la ferme de M. Eustache; et pendant ce temps le jeune homme donne encore quelques séances à la mariée, qui trouve toujours quelque chose à refaire à son nez, à son œil ou à son oreille.

Au bout de ce temps, les voyageurs se remettent en route, non sans que M. Cadet les ait invités à venir le revoir, et Auguste dit en s'éloignant de la ferme : — *Beati pauperes spiritu!* A quoi Bertrand répond : — Oui, mon lieutenant. Au moins voilà un endroit où vous avez été sage.

CHAPITRE XXIV. — Esquisse d'Italie.

Auguste et Bertrand sont arrivés à Turin sans qu'aucune aventure nouvelle ait retardé leur voyage. Ils se logent dans un hôtel modeste; avant de poursuivre leur route, Auguste désire faire connaissance avec cette jolie ville d'Italie, où l'on peut encore se croire en France, et où règne un aimable mélange des manières françaises aux mœurs italiennes.

Les dames de Turin sont jolies, aimables, piquantes; elles joignent à la grâce des Françaises plus de feu dans le regard, plus de volupté dans la voix, plus d'abandon dans le maintien. Bertrand, qui s'aperçoit que son maître regarde beaucoup les Italiennes, ne cesse de lui répéter :

— Prenez garde à vous, mon lieutenant : nous voyageons pour faire fortune, et non pour tenter des conquêtes; nous ne sommes pas venus en Italie pour admirer des yeux noirs et des nez à la grecque.

— Non, Bertrand; mais puisque nous les y trouvons, rien ne nous empêche de les admirer.

— Songez, monsieur, que les beaux-arts seuls doivent vous occuper.

— La vue d'une belle femme enflamme le génie! Raphaël était amoureux du modèle de sa Madone.

— Ce n'est peut-être pas ce qu'il faisait de mieux, mon lieutenant.

— Bertrand, tu n'entends rien aux arts.

— C'est possible, mais je m'entends assez bien à calculer.

— Je veux peindre une de ces jolies têtes qui ont séduit mes yeux, je veux prendre pour modèle un de ces visages piquants que m'offrent les jeunes filles de ce pays.

— Alors vous ferez comme M. Raphaël, vous deviendrez amoureux de votre modèle.

— Tant mieux, si cela me fait enfanter un chef-d'œuvre!

— J'ai peur que cela ne vous fasse enfanter autre chose!

— Les as-tu entendues chanter, Bertrand?

— Qui cela, monsieur?

— Les jeunes filles des environs, les villageoises, les simples ouvrières; toutes chantent avec un goût, une harmonie!... en me promenant, j'entends tous les soirs des concerts délicieux. Nous sommes dans le pays de la musique, mon ami.

— J'aimerais mieux être dans celui des mines d'or.

— Ici, les gens du peuple, les ouvriers, sont nés musiciens; la petite marchande se délasse le soir de ses travaux en prenant sa guitare. Le batelier comme le grand seigneur; la paysanne comme la riche citadine, unit sa voix aux accords qu'elle tire de cet instrument.

— Il paraît que tout le monde en prise, alors.

— Et les Italiennes ont en chantant une nonchalance qui forme un contraste si piquant avec le feu de leurs yeux...

— Décidément, monsieur, je retournerai faire des culottes.

Auguste quitte Bertrand et va se promener dans les environs de la ville. La saison, plus précoce dans ce beau climat, offre déjà de la verdure, des bocages, des bosquets odorants que l'Italien regarde avec l'indifférence de l'habitude, mais qui font l'admiration de l'étranger qui voit pour la première fois ce beau ciel, ce charmant paysage, et ces orangers qui répandent autour d'eux un parfum délicieux.

Dans un séjour riant tout doit inspirer du plaisir : le climat de l'Italie semble être celui des amours. La vue d'un site sauvage, d'une nature âpre et stérile porte l'âme à la tristesse, à la mélancolie; celle d'un frais bocage, d'une vallée émaillée de fleurs fait plus doucement battre notre cœur, et n'enfante que des idées de plaisir et d'amour.

Auguste, qui n'avait pas besoin d'être en Italie pour se monter l'imagination, éprouve cependant la douce influence du climat, il soupire en regardant des femmes charmantes qui passent près de lui; et comme le jeune Français est joli garçon, on répond à ses soupirs par des œillades très-expressives.

Parmi les jolis minois qui ont passé près de lui, Auguste a remarqué une jeune femme dont la mise est décente, mais modeste, et qui donne le bras à une femme âgée. La figure de la jeune personne est ravissante; ses regards timides, loin de provoquer ceux du jeune étranger, se baissent avec pudeur lorsqu'ils se rencontrent. Cependant Auguste suit les deux dames; la vieille se retourne quelquefois, et, en apercevant le jeune homme, fait doubler le pas à sa compagne. On arrive dans un faubourg retiré de la ville, ces dames entrent dans une petite maison isolée. La jeune personne a laissé encore une fois entrevoir ses traits charmants, ses yeux se sont furtivement portés sur Auguste; mais la vieille a fermé la porte sur elles, et l'image enchanteresse a disparu.

Auguste est resté quelque temps devant la maison où vient d'entrer la jolie Italienne; mais, las de regarder une porte et des fenêtres qui ne s'ouvrent pas, il regagne sa demeure en se disant : — C'est un ange! c'est le beau idéal; c'est le modèle de la *Vénus-Médicis*, de la *Galatée* de Girodet, de la *Psyché*, de la *Didon*... et il faut que je fasse connaissance avec tout cela.

Le lendemain il retourne à la promenade, et revoit les deux dames de la veille. Plus hardi cette fois, il s'approche de la plus âgée et, comme étranger, demande quelques renseignements sur tout ce qui frappe sa vue. On lui répond avec politesse, et la jeune personne, sans se mêler à la conversation, porte quelquefois ses beaux yeux sur le Français. La vieille dame, qui est causeuse, a bientôt appris au jeune Français qu'elle se nomme la signora Falenza, que la jeune personne est sa nièce et se nomme Cécilia; qu'elles sont peu fortunées et sont pour cela logées dans un quartier reculé, et qu'elles louent une partie de leur logement quand il se présente des gens tranquilles, parce que cela augmente un peu leur faible revenu.

La vieille n'a pas achevé, qu'Auguste demande à louer le petit logement en disant : — Je viens en Italie pour me livrer à l'étude de la peinture, que j'ai un peu négligée; je n'ai avec moi qu'un ancien militaire; nous sommes sages comme des demoiselles. Je me flatte que vous n'aurez pas à vous plaindre de nous avoir pour locataires.

La signora Falenza fait quelques façons; mais Auguste est si pressant qu'elle consent à lui montrer le logement. On arrive à la petite maison; on fait voir au jeune Français l'appartement qu'on peut lui céder. Il se compose de deux pièces, assez mesquinement meublées; il est vrai que le prix qu'on en demande est très-médiocre. Auguste trouve le local charmant; il s'arrange de tout, et après avoir jeté un regard passionné à la belle Cécilia, court faire ses dispositions pour revenir le même soir habiter près de ces dames.

La vieille conduit les étrangers dans leur logement en leur faisant beaucoup de politesses. En traversant un couloir, on rencontre la belle Cécilia, qui fait un salut gracieux au jeune Français. Alors Bertrand pousse un soupir en se disant : — Voilà l'économie dont mon lieutenant m'a parlé.

Les voyageurs sont installés dans leur appartement, et la signora Falenza les quitte en leur disant :

— Quand ces messieurs auront besoin de quelque chose, ils n'auront qu'à passer chez moi; moi et ma nièce nous nous empresserons de leur offrir nos services.

— J'espère bien alors, se dit Auguste, que j'aurai souvent besoin de les réclamer.

Bertrand fait l'inspection des deux pièces, et à chaque objet qu'il examine fronce le sourcil en murmurant :

— C'est bien soigné!...
— N'est-ce pas, Bertrand?
— Oui!... un méchant lit.. point d'oreiller.
— Tant mieux!... nous irons en demander.
— Des chaises cassées.
— Tant mieux! j'irai les changer.
— Des armoires qui ne ferment pas...
— Oh! pour ce que nous avons à y mettre...
— Un secrétaire où je ne vois pas de clef.
— J'irai la chercher chez ces dames.
— Pas un flambeau sur la cheminée!
— Ces dames nous en donneront.
— Pas seulement un pot à l'eau.
— Ce n'est peut-être pas l'usage du pays.
— Eh bien! il est gentil l'usage du pays, s'il ne permet pas de se laver les mains! Enfin, monsieur, nous manquons de tout ici.
— Nous ne manquerons de rien en demandant à ces dames.
— Ces dames!... ces dames!...

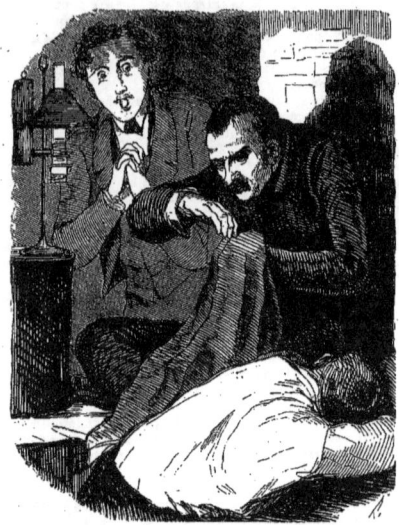

Auguste entre, et aperçoit Bertrand assis et travaillant près de Schtrack endormi.

— Fais nos valises et paye notre hôte, Bertrand; nous déménageons.
— Est-ce que nous quittons Turin, monsieur?
— Oh! non pas, mon ami; je m'y plais plus que jamais!...
— Et pourquoi donc alors quitter cet hôtel, où nous sommes bien et pas trop chèrement?
— Par économie, Bertrand; j'ai trouvé un logement bien plus agréable et qui nous coûtera moitié moins; j'espère que cette fois tu ne me blâmeras pas.

Bertrand fronce le sourcil en disant tout bas : — Il y a du cotillon là-dessous, je le gagerais!...

Cependant il fait la valise, paye l'hôte et suit son maître, qui le conduit dans le faubourg.

— Il me semble, monsieur, que nous n'allons pas dans le beau quartier? dit Bertrand.
— Que nous importe, pourvu que le logement nous convienne?
— C'est juste.
— Tiens! voilà la maison!
— Elle est bien éloignée de toutes les autres. Souvenez-vous, monsieur, que nous sommes en Italie... Ça me fait l'effet d'un coupe-gorge, ça!
— Est-ce que tu as peur, Bertrand?
— Ah! mon lieutenant!
— Tu deviens d'une méfiance ridicule. Cette maison est très-agréable; la vue donne sur des campagnes, des jardins. On y est fort tranquille; c'est ce qui me convient.
— Ah! vous aimez la tranquillité, maintenant?
— Beaucoup.

Auguste frappe. La signora Falenza vient lui ouvrir, et à son aspect Bertrand se dit : — S'il n'y a que des visages comme ça ici, certainement nous y serons fort tranquilles.

— M. Dalville? dit Schtrack en tirant sa pipe de sa bouche, il n'est plus ici, mamzel'e.

— Et le bon marché, Bertrand, comptes-tu cela pour rien?
— S'il n'y avait eu que la vieille hôtesse dans cette maison, vous n'auriez pas été tenté d'y habiter.
— C'est possible; mais si je puis jouir de la société d'une jolie femme, et mettre de l'économie dans ma dépense, il me semble, Bertrand, que tu ne peux rien trouver à redire à cela?

Bertrand ne dit plus mot : il va dans un coin bourrer sa pipe, et, comme le jour baisse, Auguste se rend chez ses hôtesses pour demander de la lumière. La vieille dame est absente, mais la nièce y est, et notre Français, enchanté d'avoir un tête-à-tête avec la belle Cécilia, va s'asseoir près de la demoiselle, qui semble moins timide chez elle qu'à la promenade, et répond en souriant aux doux aveux qu'on lui adresse. Cette conversation se prolonge fort tard; Auguste a oublié Bertrand, qui est sans lumière : il serait disposé à oublier bien des choses, si la signora Falenza ne venait par sa présence lui rendre la mémoire : il remonte chez lui. Bertrand s'était jeté sur son lit et endormi. Auguste ne juge pas à propos de le réveiller, et tout plein de l'image de la séduisante Cécilia, s'endort aussi en se persuadant qu'il n'a jamais été mieux couché.

Trois jours se passent dans le nouveau logement : Auguste ne sort presque pas ; il guette l'occasion d'un tête-à-tête avec Cécilia ; mais la tante s'absente moins, et veille beaucoup plus sur sa nièce. Cependant Auguste a obtenu un doux aveu ; il sait qu'il est aimé ; mais cela ne lui suffit pas, et les yeux de Cécilia semblent lui promettre davantage.

Bertrand s'est habitué à sa nouvelle demeure ; mais il dit chaque jour à son maître :

— Monsieur, vous êtes venu en Italie pour étudier et travailler ; au lieu de cela, vous passez votre temps à courir après notre jeune hôtesse...

— Bertrand, Cécilia m'apprend à mieux parler italien ; et moi, je lui enseigne le français.

— Je ne vois pas ce que ce petit enseignement mutuel vous rapportera.

— Et le plaisir, Bertrand, n'est-ce donc rien ?

— C'est donc pour avoir du plaisir que nous voyageons ?

— Pas tout à fait ; mais, quand il se présente, pourquoi ne pas en profiter ?

— Songez, monsieur, que vos plaisirs vous ont toujours coûté cher.

— Tu ne diras pas qu'ici je dépense mon argent ; je n'ai jamais été si rangé, si tranquille ; je ne sors pas. Ces dames, à qui j'ai offert de les mener au spectacle, n'ont pas voulu accepter...

— Je conviens qu'elles sont sédentaires, et ne cherchent pas à vous faire courir la ville... Mais je n'aime pas cette vieille Falenza... avec ses révérences, ses politesses...

— Ah ! décidément, Bertrand, tu deviens trop difficile. Quand on voyage, mon ami, il faut s'accoutumer à rencontrer d'autres usages, d'autres mœurs.

— Oui, monsieur ; mais j'ai bien peur que le fond ne soit le même partout !... Des hommes égoïstes, des femmes coquettes ; des intrigants qui affichent un grand luxe pour mieux faire des dupes ; des fripons qui n'ouvrent la bouche que pour mentir ; et, par-ci par-là, quelques bonnes gens qui cependant considèrent leur intérêt avant tout. Je crois que c'est ce que nous verrons en tous pays.

— Bertrand, les voyages te rendent déjà très-éloquent. Ecris tes réflexions ; tu les liras... à notre retour en France.

— Il sera bien temps, monsieur !

Auguste n'écoute plus son compagnon, il a entendu la voix de la belle Cécilia, et se rend près d'elle. Mais la jeune Italienne n'a qu'un moment pour lui parler ; car sa tante va revenir. Cédant aux instances du jeune homme, elle lui accorde un rendez-vous pour le lendemain. Un joli bois situé à un quart de lieue de la ville est l'endroit où Cécilia doit se rendre en secret. L'heure est convenue, et l'on se quitte pour ne point éveiller les soupçons de la tante.

Auguste retourne dans son appartement avec cette satisfaction intérieure que l'on éprouve toujours à l'approche d'un moment désiré. Jamais soirée ne lui sembla plus longue, et il se couche de très-bonne heure pour être plus tôt au lendemain.

Enfin le jour a paru. Auguste se lève, soigne sa toilette, et sort, laissant encore Bertrand endormi. L'endroit qu'on lui a assigné pour rendez-vous est extrêmement éloigné de la demeure de la signora Falenza ; mais Auguste pense que c'est par prudence que Cécilia a choisi ce lieu. Il traverse une partie de la ville, suit les bords du Pô, et arrive enfin au petit bois, où il espère voir bientôt sa jeune hôtesse.

Auguste attend pendant longtemps avec patience ; l'espoir le soutient : quelque obstacle a pu retenir Cécilia à sa demeure. Mais plusieurs heures s'écoulent, et la belle Italienne ne vient pas. Auguste, las de se promener sans cesse dans le même cercle, se décide enfin à regagner sa demeure en maudissant l'événement qui s'est opposé à ce que Cécilia vînt au rendez-vous.

En approchant du faubourg où il habite, Auguste aperçoit devant lui Bertrand, qui semble aussi regagner leur logis ; il double le pas pour le rejoindre. En le voyant, l'ancien caporal pousse un cri de joie en disant :

— Ah ! morbleu !... vous n'êtes pas blessé ?...

— Pourquoi diable serais-je blessé ? dit Auguste.

— Qu'y a-t-il d'étonnant, monsieur, puisque vous venez de vous battre ?

— Je viens de me battre, moi ?

— Du moins, c'est ce que m'a dit ce matin notre hôtesse, en m'assurant qu'un jeune homme était venu vous chercher au point du jour, et qu'à quelques mots qui vous étaient échappés, elle avait deviné qu'il s'agissait d'un duel.

— Parbleu ! voilà qui est singulier !...

— Elle m'a même enseigné plusieurs endroits où elle supposait que vous pouviez vous être rendus pour vider votre querelle ; en sorte que depuis ce matin je cours de tous les côtés, et que je me fais rire au nez par tous ceux à qui je demande s'ils ont vu deux hommes se battre.

— Je n'y comprends rien, Bertrand.

— Tout cela n'est donc pas vrai ?

— Il n'y a pas un mot de vérité...

— Ah ! la vieille signora apprendra qu'on ne se joue pas ainsi de moi.

— Bertrand, doublons le pas.

— Qu'avez-vous donc, mon lieutenant ? vous paraissez inquiet ?

— Oui... J'ai peur que la nièce ne se soit aussi moquée de moi. Voilà trois heures et plus que je l'attends en vain à l'autre bout de la ville...

— Ah ! mille boulets ! il y a du louche dans cette promenade qu'elles nous ont fait faire... Quand je vous disais, mon lieutenant, que la vieille faisait trop de révérences.

— Nous nous alarmons peut-être à tort... Mais nous voici arrivés... frappe, Bertrand.

Bertrand a frappé, et personne ne vient ouvrir. Il frappe de nouveau, de manière à ébranler les vitres, et on ne répond pas.

— Qu'est-ce que cela veut dire, mon lieutenant ? s'écrie-t-il en regardant Auguste.

— Mais cela veut dire qu'il n'y a personne, sans doute.

— Il faut pourtant que nous rentrions.

En disant ces mots, d'un coup de pied il enfonce la porte, et, suivi de son maître, entre dans la maison. Elle est déserte ; excepté quelques mauvais meubles, on a tout emporté, et l'appartement des deux voyageurs est également dégarni.

— Nous sommes volés, monsieur ! dit Bertrand.

— Ça m'en a tout l'air, mon ami.

— Vous aviez laissé notre argent ici ?

— Hélas ! oui ! dans le secrétaire !... Excepté ces dix pièces d'or que j'ai sur moi... tout était là...

— Ah ! les scélérates !... Au diable les signoras ! les beaux yeux ! les révérences ! Pourquoi avons-nous quitté notre hôtel ?

— C'est ma faute, Bertrand , je le sens bien... C'est encore mon étourderie qui est cause de ce malheur... Mais que veux-tu ?... le mal est fait.

— Il faut aller nous plaindre, monsieur ; il faut nous faire rendre justice.

— Nous plaindre, mon ami, dans un pays où nous sommes étrangers, et lorsque nous n'aurions pas de quoi payer les frais de la justice, qui coûte fort cher partout.

— Ainsi, monsieur, il faut se laisser voler et ne rien dire ?...

— C'est le plus sage ici, Bertrand.

— C'est bien amusant !

— Il faut même nous hâter de quitter cette maison, dont nous avons enfoncé la porte, et que l'on avait sans doute louée à ces intrigantes ; car on pourrait encore nous demander de quel droit nous y sommes, et nous punir d'y être entrés ainsi.

— Il ne manquerait plus que cela ! Ah ! mon pauvre Schtrack ! il valait bien mieux rester avec toi !...

— Du courage, Bertrand, soyons au-dessus des revers. Nous n'avons plus rien ! eh bien ! cela me force nécessairement à travailler. Nous voyagerons à pied... ce qui n'expose pas à faire de mauvaises connaissances comme en diligence... Enfin, notre bagage est plus léger ; mais chacun de nous pourra dire comme ce philosophe de la Grèce : *Omnia mecum porto*.

— Il paraît que cela veut dire qu'il n'avait pas le sou, n'est-ce pas, mon lieutenant ?

— A peu près, Bertrand.

— En ce cas, nous devenons terriblement philosophes.

— Quittons Turin, et allons ailleurs chercher la sagesse.

— Ah ! monsieur, où nous arrêterons-nous ?

CHAPITRE XXV. — Qui dure trois ans.

Laissons Auguste et Bertrand courir le monde, l'un en promettant de ne plus se laisser séduire par les œillades du premier joli minois qu'il rencontrera ; l'autre se damnant parce qu'on n'écoute pas ses conseils, et pestant contre un sexe qui fait faire tant de folies à son maître. Il faut excuser Bertrand, mesdames, et lui pardonner sa mauvaise humeur : il avait bien quelque raison de se méfier de la beauté... Mais s'il avait eu vingt ans de moins, et que de jolis minois eussent entrepris sa conquête, qui sait si, comme son maître, il n'eût pas succombé ? Retournons au village, près de la petite laitière, dont les folies d'Auguste nous ont trop souvent éloignés, et que le tableau de l'amour vrai, de l'innocence, nous délasse de celui des passions, des intrigues des villes, de la fausseté, de l'égoïsme du monde. C'est passer à un joli paysage de Regnier après avoir considéré une tempête de Gudin ; mais si la vue du combat des éléments nous cause de vives émotions, celle d'un ciel pur, d'une riante prairie, repose doucement notre âme, et nous fait souvent éprouver des sensations plus agréables.

Denise a rapporté à sa tante les mille écus qu'elle voulait faire re-

LA LAITIÈRE DE MONTFERMEIL.

prendre à Auguste ; elle lui a remis le sac d'argent en poussant un profond soupir.
— Il n'en a donc pas voulu ? dit la mère Fourcy.
— Hélas ! ma tante !... il n'était plus temps !... il était parti !... Il est allé faire le tour du monde !..... et Dieu sait quand il reviendra !....
— Ça n'est pas notre faute, ma petite ; nous nous sommes pressées tant que nous avons pu pour réaliser cette somme ; mais, dame, mille écus !... ça ne se fait pas comme un fromage !... Puisqu'il est allé voyager, c'est que sans doute il n'avait pas besoin d'argent ; du moins nous n'avons rien à nous reprocher, et quand il reviendra nous voir, il verra que j'avons fait bâtir une jolie maisonnette à Coco.

Denise se flatte que Virginie tiendra sa promesse, qu'elle parviendra à savoir où Auguste a porté ses pas, et qu'elle lui donnera de ses nouvelles ; cette espérance fait le seul charme de sa vie. Ce sentiment est toujours pour beaucoup dans la somme de bonheur que nous devons goûter sur la terre... Combien de gens n'en ont jamais eu d'autre que celui qu'il procure !

Virginie avait dit à Denise pour la consoler : — Vous reverrez Auguste, et quand il saura combien vous l'aimez, je veux qu'il vous chérisse.

Ces paroles sont gravées dans le cœur de la jeune fille, qui se dit tous les jours : — Cette dame lui apprendra que je l'aime ; quand il viendra ici, comme il rougira !... Je n'oserai plus le regarder... ça le fâchera peut-être... mais c'est sa faute : pourquoi m'a-t-il dit qu'il m'aimait, lui ?... Est-ce qu'on devrait dire de ces choses-là quand on ne les pense pas ?... J'avais l'air de rire en l'écoutant... mais au fond du cœur je sentais que ça me faisait tant de plaisir !... Sans doute il ne songeait qu'à plaisanter avec moi ;... il me parlait comme à toutes celles qu'il trouve gentilles... Il ne sait pas le mal qu'il m'a fait !

Sur l'emplacement de la masure occupée par la famille Calleux, on a élevé une jolie maisonnette composée seulement d'un rez-de-chaussée et de greniers ; derrière cette petite habitation est un jardin assez vaste entouré de palissades. C'est avec les mille écus laissés par Dalville qu'on a bâti cette maisonnette, qui appartient à Coco, quoiqu'il soit trop jeune pour y loger encore. Mais Denise se plaît à embellir cet asile, que l'enfant doit à son bienfaiteur ; c'est là que chaque jour, après avoir terminé ses occupations du matin, elle va passer une partie de son temps, rêvant à celui dont elle attend sans cesse le retour. C'est là que, seule avec l'enfant, elle l'entretient d'Auguste, lui enseigne à l'aimer, à se rappeler que c'est à lui qu'il doit tout, et à ne pas entrer sous le toit de la maisonnette sans donner une pensée à la reconnaissance.

Le jardin est entretenu avec soin. Denise y met des fleurs ; elle se souvient de ce qu'elle a vu dans les jolies maisons bourgeoises où elle a été ; elle veut que le jardin de la maisonnette soit planté sur ce modèle ; elle veut qu'en entrant dans cet endroit, Auguste soit agréablement surpris, et lui fasse compliment de son goût. — Il verra ce bosquet... ces carrés de verdure, se dit-elle ; il sera étonné que des paysans aient arrangé tout cela comme les gens de Paris...

Mais au bout d'un moment, la jeune fille soupire tristement en se disant : — S'il est allé au bout du monde... il sera bien longtemps avant de venir voir mon jardin !

L'hiver a fait place aux beaux jours, et Denise n'entend pas parler de Virginie. — La mère n'a rien appris sur son sort, se dit la petite ; sans cela, elle serait venue m'en instruire !...

L'espoir d'apprendre des nouvelles d'Auguste engage Denise à faire encore un voyage à Paris. Elle en obtient facilement la permission de sa tante, et, un matin, arrive dans la maison où Auguste a demeuré.

Suivant sa coutume, Schtrack fumait sur un banc devant sa loge. Il reconnaît la jeune fille, et quoiqu'il y ait près de quatre mois que la petite se soit évanouie dans ses bras, il s'écrie en la voyant :
— Est-ce que le compte il était bas dans le sac ?
— Comment, monsieur ?... Quel sac ?... Est-ce que M. Auguste est revenu ? dit Denise en regardant le vieil Allemand avec anxiété.
— Oh ! non, non... Le cheune homme est touchours en foyage avec Pertrand... Mais je croyais que fous feniez pour le sac d'écus qui afait roulé dans la cour... et que fous afiez voulu troufer votre compte !... Ah ! sacretié !... c'est que Schtrack blaisante bas sur l'honneur !...
— Ah ! monsieur, est-ce que je viendrais pour cela ?... Et vous n'en avez pas eu de nouvelles, monsieur ?
— De quoi, mon betite ?
— De M. Auguste.
— Qui diable foulez-vous qui m'en donne, bisqu'il est autour du monde ?
— Et cette dame... l'avez-vous vue ?...
— Un dame ?
— Celle qui était ici avec moi dans mon dernier voyage... qui eut la bonté de me sécourir...
— Ah foui !... le démon !...... le maufaise tête !..... la betite grenadier !...
— Est-elle venue, monsieur ?

— Oh foui !... elle est venue deux fois demander aussi des noufelles du cheune homme.
— Et elle ne vous a rien appris sur M. Auguste ?
— Mais sacretié ! bisque che fous dis qu'elle est fenue bour demander des noufelles... Vous comprenez bas ?
— Savez-vous son adresse, monsieur ?
— A la betite maufaise tête ?
— Oui, monsieur.
— Non, che ne savais bas.

Schtrack s'est remis à fumer, et Denise ne pouvant rien savoir du portier, s'éloigne en regrettant de ne pas connaître la demeure de Virginie ; elle eût été la voir, non qu'elle la croie plus instruite qu'elle sur le sort des voyageurs, mais du moins elle lui aurait parlé d'Auguste, et c'est un si grand plaisir de parler de la personne qu'on aime, surtout avec quelqu'un qui nous comprend !

Plusieurs mois se sont écoulés sans que personne ait aucune nouvelle d'Auguste, et sans que Virginie soit venue au village ; l'espoir s'affaiblit dans le cœur de Denise, mais l'amour ne s'éteint pas : ce sentiment, quand il est vrai, brave les obstacles, le temps, et seul ne passe pas, lorsque tout passe autour de lui.

Denise a dix-sept ans accomplis. Sa taille n'est pas plus élevée, mais ses traits semblent avoir plus de charme, sa physionomie plus d'expression ; le sentiment secret qui l'occupe donne à ses regards une douceur mélancolique qui sied à sa jolie figure ; les villageois ont rarement cet air-là ; c'est peut-être pour cela que les jeunes gens de Montfermeil et des environs trouvent à Denise quelque chose qui les séduit, qui leur tourne la tête. Cependant elle leur parle peu, elle ne rit plus avec eux, elle fuit leurs danses, leurs jeux ; et les autres jeunes filles se moquent de la petite laitière en se disant :
— Elle fait sa fière... Elle se donne des airs de dame... Elle veut singer les gens de la ville... Mais avec son air de mauvaise humeur elle ne trouvera pas d'amoureux.

En dépit du pronostic des paysannes, Denise, sans le vouloir, sans le chercher, fait chaque jour des conquêtes, et les villageoises, malgré leur gros rire, leur gaieté et les bonnes tapes qu'elles distribuent aux beaux garçons de l'endroit, les voient soupirer pour celle qui ne fait rien pour les captiver. Enfin, comme Denise, outre sa jolie figure, est un très-bon parti, plusieurs villageois la demandent pour épouse à la mère Fourcy.

La bonne tante s'aperçoit bien que depuis longtemps sa nièce a quelque chose d'extraordinaire ; mais elle est persuadée que le mariage lui ôtera ce quelque chose qui la fait soupirer nuit et jour. La mère Fourcy se flatte d'avoir beaucoup d'expérience, et se rappelle que nombre de jeunes filles ont, en prenant un mari, recouvré leurs couleurs qui commençaient à se passer. Un beau matin, elle va trouver sa nièce, qui était, suivant sa coutume, seule dans le jardin de la maisonnette de Coco.

— Ma petite, dit la mère Fourcy en s'asseyant près de Denise, je viens te parler pour quelque chose.
— Tout ce que vous voudrez, ma tante, répond la jeune fille en regardant toujours une marguerite qu'elle venait de cueillir, et dans laquelle elle avait vu que le jeune voyageur l'aimait beaucoup.
— Ma petite, t'as dix-sept ans à la Saint-Pierre. Une fille de dix-sept ans n'est plus un enfant !... comprends-tu ça, Denise ?
— Oh ! oui, ma tante !...
— D'ailleurs, il y a longtemps que tu es au fait du ménage, tu travailles à l'aiguille que c'est un charme !... et tu fais des fromages qu'on en mangerait toute la journée sans qu'il y paraisse !... enfin tu connais le tracas d'une maison, t'es active, laborieuse ; t'as trois fois plus d'esprit qu'il n'en faut pour mener un homme qui voudrait aller dans le travers ; et morguenne ! celui qui t'aura ne s'en repentira pas !...

Denise porte sur la mère Fourcy des regards surpris, en balbutiant :
— Je ne vous comprends plus, ma tante.
— Alors, c'est différent, ma petite, j' vas couper au court. T'es en âge de te marier, et v'là plusieurs partis qui se présentent pour toi. D'abord, le gros Fanfan Jolivet, et puis le neveu du voisin Manflard, puis le grand Claude-Jean-Pierre-Nicolas Lathuille, qui vient d'hériter de son père ; il y en a ben encore d'autres qui voudraient de toi, mais ces trois-là sont les plus solides. Ce sont de braves garçons, de bons travailleurs... Ça fera ben ton affaire ; choisis lequel tu veux pour ton mari.

Denise est devenue pâle et embarrassée pendant le discours de sa tante ; mais elle regarde de nouveau les débris de sa marguerite, et répond bien bas :
— Je n'en veux pas, ma tante.
— Comment que t'as dit, ma petite ?
— Je dis que... je ne veux pas me marier.
— Tu ne veux pas te marier ? allons donc ! c'est pour rire que tu dis ça : est-ce qu'il ne faut pas que les filles se marient ?... J' te dis, au contraire, que le mariage te fera du bien. Depuis longtemps tu n'es plus la même, tu n' ris plus, tu n' chantes plus... Un mari ça fait chanter, mon enfant, ça rend la gaieté, et... Ah ! mon Dieu ! tu pleures, ma Denise ! est-ce que tu crois que je veux te faire du chagrin ? oh ! non pas ! j'enverrai plutôt tous les épouseurs au diable...

Ma pauvre enfant qui pleure!... je n' voulons pas de ça... Allons, dis-moi tout de suite ce qui te fait pleurer...
— C'est de vous refuser, ma tante.
— Est-ce qu'il faut pleurer pour ça?... est-ce que j' te forçons jamais à faire ce que tu ne veux pas?
— Oh! non, ma tante, vous êtes si bonne!...
— Mais si tu pleures, je te gronderai!... tu n' veux pas de ces maris-là, n'en parlons plus, mon enfant; mais, jarni! t'as queuque chose pourtant!... une fille ne soupire pas toute la journée en pensant à des mouches.
— Ah! ma tante!...
— Dis-moi ce que tu as, ma petite...
— Je n'ose pas...
— J' voulons que tu oses, moi. Tu as du chagrin dans le cœur... c'est sûr.
— Ah! je suis bien bête! je le sais bien!...
— Toi, bête! toi la fille la plus spirituelle! la plus subtile! la plus adroite!... D'ailleurs, ma chère amie, on ne pleure pas parce qu'on est bête... Est-ce que tu serais amoureuse de queuqu'un, par hasard?
Denise pousse un gros soupir, et répond enfin en baissant les yeux :
— Oui, ma tante.
— Eh bien! ma petite, ça n'est pas défendu! et si ça n'est pas un de ceux qui se présentent pour t'épouser, c'est égal, pourvu que ce soit un honnête garçon... et qu'il te rende heureuse... car il t'aime ben aussi sans doute?
— Non, ma tante, il ne m'aime pas du tout... il ne pense plus à moi...
— Jarni!... j'irai lui arracher les yeux!... il t'aurait oubliée!... il t'aurait trompée... il serait aimé de ma Denise, et il ne se trouverait pas trop heureux de l'épouser!...
— Mais il ne m'a jamais parlé de m'épouser, ma tante.
— C'est donc un enjôleur... un mauvais sujet?
— Non, ma tante... mais c'est... c'est ce monsieur de Paris...
— M. Dalville?
— Oui, ma tante.
— Ah! mon Dieu!... à quoi donc vas-tu penser, Denise? Tu aimes un beau monsieur de Paris, un homme du grand monde! un homme qui ne doit pas regarder une paysanne!
— Oh! si, ma tante, je vous assure qu'il me regardait beaucoup!...
— Mais tu n'y songes pas, mon enfant, aimer M. Dalville!
— Hélas! ce n'est pas ma faute, c'est bien malgré moi.
— Et comment donc que c't amour-là t'est venu, ma petite?
— En tombant de mon âne, ma tante!
— C'est i' possible!
— Mon Dieu! oui; j'ai rencontré M. Auguste sur la route; il était dans son cabriolet, et moi j'allais à pied derrière Jean le Blanc.
— Tu m'as dit cela, mon enfant.
— Il me regardait souvent, et je n'avais pas l'air d'y faire attention... Il est descendu de voiture, et m'a suivie dans le petit sentier du bois : il me disait que j'étais jolie, et moi je riais de ses compliments.
— Tu m'as encore dit cela.
— Il a voulu m'embrasser, et moi, en me défendant, je lui ai griffé la figure!
— Tu ne m'avais pas dit cela, ma petite.
— Oh! j'étais alors bien en colère!... Je détestais ce monsieur! je suis montée sur mon âne pour m'éloigner plus vite, mais Jean le Blanc a pris le galop et m'a jetée par terre... Je suis tombée... je ne sais comment...
— Ah! mon Dieu! mon enfant, et après?
— Ce monsieur est accouru, mais il m'a relevée si honnêtement... il avait l'air si fâché de ma chute... il était plus pâle, plus tremblant que moi... Alors, je ne sais pas comment cela s'est fait, mais sur-le-champ ma colère s'est passée... et je crois que je l'aimais déjà.
— Ensuite?
— Dame! vous savez bien, ma tante, que nous avons appris ce qu'il avait donné à Coco et à sa grand'mère, et ça m'a senti que cela me le faisait aimer encore davantage. Je l'ai revu chez madame Destival, il m'a chargée d'avoir soin de Coco, et depuis ce temps, vous savez, ma tante, qu'il n'est venu nous voir qu'une seule fois.
— Est-ce que tu lui as dit que tu l'aimais?
— Non; au contraire, comme M. Bertrand m'avait dit que cela l'empêcherait de venir nous voir, je lui ai bien assuré que je n'aurais jamais d'amour pour lui.
— T'as bien fait, ma petite.
— Oh! non, ma tante, je crois plutôt que j'ai mal fait, et que cela l'a fâché, car depuis ce temps il n'est pas revenu, et il est parti sans nous dire adieu!
— Allons, la voilà qui pleure encore!... Mais, ma petite, à quoi ça t'avance-t-il c't amour-là?
— A rien, ma tante.
— M. Auguste n'aurait pas épousé une petite fille de village. A présent le v'là parti, sans doute nous ne le reverrons jamais.
— Est-ce qu'il ne peut pas revenir?... est-ce qu'il ne voudra pas revoir... Coco?... Il reviendra, ma tante, ah! je l'espère toujours.

— Quand même il reviendrait, songe donc que c'est un monsieur, vois-tu, c'est habitué aux belles dames; tandis que toi... Eh ben! que regardes-tu donc sur cette fleur...?
— Elle m'a dit que M. Auguste m'aimait beaucoup.
— Qui t'a dit cela?
— Cette marguerite, ma tante.
— Effeuilles-en une autre, ma petite, demain elle te dira le contraire.
— Oh! j'en effeuille tous les matins, ma tante.
— Et la fleur te dit toujours qu'il t'aime?
— Quand l'une ne le dit pas, j'en questionne une autre, et je ne m'arrête qu'à celle qui me répond ce que je désire..
— V'là comme les jeunes filles se disent leur bonne aventure, Mais tiens! mon enfant, il serait bien plus sage d'oublier un homme qui ne pense pas à toi.
— Je ne pense pas, ma tante.
— Si tu prenais un mari, au lieu d'effeuiller des marguerites, je te réponds que ton amour se passerait.
— Non, ma tante, je ne veux pas me marier... Laissez-moi libre de penser à lui, de consulter les fleurs... et je vous promets que je ne pleurerai plus.
— Comme tu voudras, ma chère Denise; et puisque c'est ton goût... reste fille... Mais étant si gentille, si bien tournée!... Ah! ça serait dommage si tu passais ta jeunesse à consulter des fleurs.

La bonne tante ne parle plus à Denise de mariage, et les prétendants sont congédiés. Les gens du village font des conjectures sur la conduite de la jeune fille. Les paysannes se moquent des galants qui ont été refusés; ceux-ci espèrent qu'avec le temps Denise sera moins cruelle: mais le temps s'écoule, et Denise ne change pas de résolution. La mère Fourcy devient infirme, sa nièce lui prodigue les plus tendres soins; et Coco, qui en grandissant a appris à chérir ses bienfaitrices autant qu'il chérissait sa chèvre, cherche déjà à se rendre utile, et par son babil enfantin distrait souvent Denise de sa mélancolie; elle aime à regarder, à caresser l'enfant qu'Auguste aimait, elle lui fait apprendre tout ce qu'on peut enseigner au village, elle forme son cœur à la vertu, et veut qu'il fasse honneur à son bienfaiteur.

Deux années sont passées depuis qu'Auguste est parti avec Bertrand; pendant cet espace de temps, Denise a été six fois à Paris pour demander des nouvelles des voyageurs; jamais Schtrack n'a pu lui en donner, et elle n'entend plus parler de Virginie. Au bout de ce temps, la mère Fourcy tombe malade, et malgré tous les soins de sa nièce, meurt bientôt dans ses bras.

La perte de sa tante afflige vivement Denise; on doit tant regretter ceux qui, pendant toute leur vie, n'ont cherché qu'à nous rendre heureux, sans jamais nous reprocher le bien qu'ils nous ont fait; manière d'obliger qui exclut la reconnaissance! car il y a beaucoup de gens qui font du bien, mais il y a bien peu de bonnes gens.

Denise se trouve seule sur la terre avec Coco, qui n'a encore que huit ans. Elle loue sa maison, qui lui devient trop grande, et va se loger dans la maisonnette de Coco, qu'elle fait agrandir en y ajoutant un nouveau pavillon. Là, Denise se trouve mieux, il lui semble qu'elle se rapproche d'Auguste. La jeune fille n'a plus besoin d'être laitière, elle prend avec elle une vieille paysanne qui se charge des travaux de la maison. Denise s'occupe du son jardin, et cherche dans des livres des connaissances nouvelles. Du vivant de sa tante, Denise ne pouvait que rarement se livrer à son goût pour la lecture, parce que la mère Fourcy trouvait que sa nièce était déjà trop savante pour une paysanne; mais maintenant rien n'empêche la jeune fille de suivre son penchant et de chercher à former son esprit.

Peu à peu, Denise quitte le gros jupon de laine, le tablier, le corset de bure; elle prend des vêtements simples, mais qui se rapprochent de la mise des dames de la ville. Alors les villageois se disent :
— Décidément, Denise Fourcy veut faire la dame; voyez-vous, depuis la mort de sa tante, elle ne se met plus comme nous; elle se donne une tournure, et elle fait des phrases en parlant.

Denise s'inquiète peu de ce que pensent les habitants du village; son seul désir serait de plaire à celui qu'elle attend toujours, et elle se dit en se regardant dans son miroir : — Peut-être m'aimera-t-il mieux comme cela... Il ne me trouvera plus si gauche, si embarrassée; mais cela ira bien bien égal, car il ne m'aime pas, et il croit que je ne l'aime pas non plus!... Mon Dieu! pourquoi lui ai-je dit cela!... C'est M. Bertrand qui en est cause.... il m'a trompée en me disant qu'Auguste ne reviendrait pas si je l'aimais... Oh! oui... je suis sûre qu'il m'a trompée; car c'est depuis ce temps qu'Auguste m'a reçue si mal à Paris, et n'est plus venu ici. Mais quand je le reverrai, ah! je lui dirai la vérité; on a toujours tort de mentir... et je le prierai bien de ne pas me mentir non plus...

Une année s'écoule encore; Denise a vingt ans, et Coco en a neuf. L'enfant est heureux; la gaîté, la santé brillent sur son joli visage. Denise est toujours triste, et veut en vain éloigner de sa pensée le souvenir d'Auguste, qu'elle commence à ne plus espérer revoir. — Peut-être est-il fixé dans un pays étranger!... se dit-elle; peut-être est-il marié... et il ne reviendra jamais!...

Alors des larmes mouillent ses paupières, et les caresses de l'enfant ne font qu'augmenter son chagrin ; car il lui dit sans cesse : — Reverrai-je bientôt mon bon ami ?

Souvent Denise se promet d'être raisonnable, d'éloigner de son cœur une folle passion, et de ne plus penser à Auguste. Alors elle sort pour chercher dans la campagne quelque distraction ; mais, soit hasard, soit préférence, elle se retrouve toujours dans le petit sentier du bois où elle a fait la culbute.

CHAPITRE XXVI. — Le Retour.

Par une belle soirée de printemps Denise lisait dans un bosquet du jardin et Coco jouait, devant la porte de la maisonnette, près de la vieille paysanne, qui dormait sur un banc.

En regardant sur la route, l'enfant aperçoit un homme arrêté qui semble considérer l'habitation, et tellement absorbé dans ses pensées, qu'il ne voit pas l'enfant qui joue près de là.

Cet homme n'est pas mis en paysan ; une veste de toile grise, un pantalon à guêtres et un paquet attaché à son dos, semblent annoncer un voyageur ; sur sa tête est un mauvais chapeau rond, et il tient à la main un bâton sur lequel il paraît avoir besoin de s'appuyer ; car sa figure est pâle et fatiguée, et il a la barbe longue, l'expression de ses yeux semblent annoncer la pauvreté et le chagrin.

Coco s'approche doucement ; il regarde l'inconnu avec une curiosité enfantine, et voit avec surprise que des larmes coulent de ses yeux pendant qu'il considère la maisonnette.

L'enfant a appris de Denise à compatir aux peines des malheureux. Il se place devant l'inconnu en lui disant d'une voix naïve et avec l'expression de la bonté :

— Monsieur, est-ce que vous avez du chagrin ?... Si vous voulez vous reposer chez nous, venez, nous vous donnerons à souper.

La voix de l'enfant a frappé l'étranger, il fait un mouvement de surprise et considère Coco avec attention ; puis il lui prend la main et la lui presse tendrement, en prononçant d'une voix altérée par l'émotion :

— Quoi ?... c'est toi, mon ami !...

Le petit, étonné de s'entendre appeler ainsi, répond à l'étranger en souriant :

— Est-ce que vous me connaissez, monsieur ?

Le voyageur pousse un soupir, et répond au bout d'un moment :

— Oui... je t'ai vu autrefois... ici... à cette place ; mais alors, au lieu de cette jolie maisonnette, il n'y avait là qu'une vieille masure tombant en ruines !... Quel changement s'est opéré en ces lieux !...

— Ah ! c'est mon bon ami qui m'a donné de quoi avoir tout cela..., car c'est ma maison, ça, monsieur ; mais quand il reviendra, je le remercierai bien !...

L'étranger presse encore tendrement la main de l'enfant, qui reprend :

— Voulez-vous entrer ?... Venez, je vais dire à Denise que vous souperez avec nous...

— Denise !... quoi ! Denise est là ? dit l'inconnu en retenant l'enfant.

— Oui, monsieur ; nous demeurons ensemble depuis que sa bonne tante est morte.

— Et Denise, est-elle mariée ?...

— Non, monsieur... Eh bien ! venez-vous ?

Après un moment d'hésitation, l'étranger se décide à suivre l'enfant, qui lui prend la main, et le fait entrer avec lui dans la maison.

— Denise ! Denise ! crie Coco, voilà quelqu'un !... voilà un monsieur qui a faim ?... n'est-ce pas que vous avez faim ?... Denise, viens donc !

La jeune fille était au fond du jardin et n'entendait pas la voix de l'enfant ; il court la chercher dans les bosquets, et l'inconnu le suit lentement.

— Ma petite Denise, dit Coco, je viens de voir sur la route un monsieur qui paraissait bien triste... je l'ai engagé à entrer chez nous ; nous lui donnerons à souper, n'est-ce pas ?

— Oui, mon ami.

— J'ai bien fait de l'amener... car il a l'air pauvre... et pourtant il ne demandait rien.

— Oui, tu as bien fait... allons le rejoindre...

— Tiens, il m'a suivi... le voilà...

L'étranger s'était arrêté à quelque distance, et considérait Denise ; les derniers rayons du jour portaient alors sur sa figure, et la jeune fille le regardait avec intérêt en s'avançant vers lui. Mais elle n'a pas fait quatre pas qu'un cri lui échappe, elle court, elle vole vers l'étranger. — Auguste !... monsieur... c'est vous... Voilà tout ce qu'elle peut dire ; et Auguste, car c'était bien lui, la reçoit dans ses bras.

— Bonne Denise ! dit Auguste en pressant contre son cœur celle que la joie, la surprise ont presque privée de sentiment ; enfin Denise recouvre la parole. — Coco, c'est ton bon ami, s'écrie-t-elle, c'est ton bienfaiteur qui est revenu !... viens donc l'embrasser.

L'enfant regarde Auguste avec étonnement, il a de la peine à se faire à l'idée que c'est son bienfaiteur qu'il revoit avec une grande barbe et une mise pauvre ; mais, si ses yeux n'ont pas reconnu son bon ami, en revanche son cœur n'a pas été muet, quelque chose le poussait vers l'étranger : c'est donc avec joie qu'il court embrasser Auguste, et pendant quelques instants celui-ci se livre au plaisir de presser l'enfant et la jeune fille dans ses bras.

— Vous m'avez donc reconnu, Denise ? dit enfin Auguste.

— Oh ! toujours ! toujours je vous reconnaîtrai !... quand même votre figure ne serait plus la même, mon cœur me dirait bien vite que c'est vous.

— Chère Denise !

— Moi, mon bon ami, je ne t'ai pas reconnu, dit Coco, parce que tu as de la barbe... et puis que tu pleurais...

— Hélas ! vous ne m'attendiez pas dans ce triste équipage, n'est-ce pas ?...

— Oh ! nous vous attendions n'importe comment ! Pour nous, n'êtes-vous pas toujours bien ?... mais, en vous voyant ainsi, je crains que vous n'ayez été malheureux, et voilà ce qui me fait de la peine.

— Oui, Denise, oui, j'ai été malheureux... mais je l'ai mérité !... ce sont mes folies qui m'ont mis où me voilà !... Mais puisque j'ai encore votre amitié... celle de cet enfant, je sens que je n'ai pas tout perdu !...

— Ah ! monsieur, est-ce que vous pouviez douter de nos cœurs ?...

— Que voulez-vous, l'infortune rend souvent injuste : j'avais tort, je le vois. Je vous conterai tout ce qui m'est arrivé, Denise, je vous dirai franchement ce que j'ai fait... ce n'est point à vous que je voudrais cacher mes fautes, car je suis sûr d'avance que vous me pardonnerez.

— Ah ! monsieur, je suis si contente de vous revoir !... Mais venez donc vous asseoir, vous reposer dans la maison... vous devez avoir besoin de prendre quelque chose...

— Il est vrai que depuis hier je n'ai rien pris.

— Depuis hier ! s'écrie Denise, et aussitôt une pâleur mortelle couvre son visage, ses yeux deviennent gros de larmes, elle ne peut plus parler... elle appuie sa tête sur l'épaule d'Auguste et donne un libre cours aux pleurs qui la suffoquent.

— Denise, chère Denise, calmez-vous !... je suis auprès de vous !... j'ai déjà oublié une partie de mes chagrins, rassurez-vous ! D'ailleurs je n'étais pas dénué de toute ressource. Si je n'ai rien pris depuis hier, c'est que de tristes réflexions m'avaient ôté l'appétit. Il me restait encore quelque argent, mais je le ménageais pour me loger à Paris ; car rien ne rend économe comme le malheur ! Ah ! la perte de mes richesses n'est point ce qui m'a le plus affligé ; vous le savez ; doué d'un heureux caractère, l'espérance et la gaieté voyageaient encore avec moi lors même que ma bourse était légère ; mais l'ingratitude des hommes, l'abandon de celui que j'aimais comme un frère, voilà ce qui m'a fait le plus de mal ! voilà ce qui m'a ôté le courage !... J'ai senti qu'on pouvait avoir de la philosophie pour supporter les coups du sort, mais je n'en ai pas trouvé pour la perte d'un ami, pour les peines du cœur...

— Oh ! mon Dieu ! dit Denise, se pourrait-il !... mais, en effet, vous êtes seul... Qu'est donc devenu Bertrand ?

— Il m'a abandonné !... il s'est lassé de mes folies... il a quitté celui qui... dans l'opulence le traitait comme un ami et non comme un serviteur...

— Bertrand vous a quitté !... il vous a laissé lorsque vous étiez malheureux et loin de votre pays !... Oh ! non, monsieur, non, cela n'est pas possible !... il vous aimait, il vous honorait !... Bertrand est un vieux soldat, il n'a pas oublié tout ce qu'il vous doit, je répondrais de son cœur comme du mien.

— Cependant, Denise, je vous ai dit la vérité. Mais entrons chez vous, plus tard je vous conterai le reste de mes voyages.

— Ah ! pardon, monsieur... moi qui oubliais... Entrons vite, ah ! venez vous reposer.

Denise conduit Auguste dans la maison. Coco les suit en sautant et en criant avec joie : — V'là mon bon ami revenu, Denise ne sera plus triste à présent ! La jeune fille court réveiller sa vieille servante. Elle s'empresse de mettre tout en l'air pour offrir au voyageur ce qu'elle a de mieux, et en allant et en venant autour d'Auguste, s'arrête encore pour le regarder, pour s'assurer que ce n'est point une illusion ; puis s'écrie : — Le voilà !... il est revenu enfin !... il ne nous avait pas oubliés !... Et la petite essuie une larme que l'émotion lui arrache, et qu'au même instant un sourire fait disparaître. Auguste est vivement touché du plaisir que son arrivée cause dans la maisonnette. Il ne peut se lasser de regarder Denise, il remarque le changement qui s'est fait dans son langage, dans ses manières, dans sa mise ; et reportant un coup d'œil sur lui-même, soupire en disant :

— Les trois années qui se sont écoulées ont produit de grands changements : au lieu de laitière, d'une villageoise un peu gauche, je retrouve en vous une jeune femme pleine de grâces ; et moi, que vous avez vu si brillant, si élégant !... me voilà fait comme un pauvre diable, qui voyage à pied, sans avoir toujours de quoi payer un gîte !...

— Qu'est-ce que cela fait ! en êtes-vous moins le bienfaiteur de Coco... et celui qui contait si bien Fleurette à la petite laitière ?

— Vous conviendrez, Denise, que, dans ce costume, je n'ai pas trop l'air d'un bienfaiteur et d'un séducteur.

pos; à défaut de rêves, son imagination enfante mille tableaux charmants: elle se voit la compagne de l'homme qu'elle chérit, elle passe près de lui le reste de ses jours. Un si doux avenir vaut bien les rêves les plus agréables, et l'on ne cherche pas à s'endormir quand on tient le bonheur en réalité.

Enfin le jour est venu ; Denise se lève, et reste plus longtemps que de coutume à sa toilette : cela est bien pardonnable quand on sait que l'on va paraître devant celui que l'on désire nommer son époux. Elle sort de sa chambre et se rend au jardin, où chaque matin elle trouve Auguste; mais il n'y est pas, et la petite s'étonne qu'il dorme encore : car elle pensait qu'il aurait dû éprouver la même insomnie qu'elle, et qu'il serait pressé de la revoir.

— C'est mamzelle Tapotte, qui sera demain madame Eustache si Dieu nous prête vie.

Elle va s'asseoir sous le bosquet où ils ont causé la veille; de là, ses yeux voient le pavillon; elle attend avec impatience qu'Auguste en sorte; mais la porte du pavillon ne s'ouvre pas, et c'est Coco, que Denise n'avait pas encore vu, qui accourt vers la jeune fille en tenant une lettre à la main.

— Tiens, ma petite Denise, mon bon ami m'a donné cela pour toi, dit Coco en présentant la lettre.

— Ton bon ami! tu as donc déjà vu M. Auguste?
— Oui ; oh ! il était levé avant le jour.
— Où donc est-il maintenant?
— Il m'a bien embrassé, puis il est sorti; je ne sais pas où il est allé.

Denise sent déjà quelque chose qui l'oppresse; elle ouvre la lettre en tremblant, et lit : « Je vous aime, ma chère Denise; ne doutez pas de mon amour; mais irai-je unir ma misère à votre sort, après avoir par ma faute perdu ma fortune? irai-je vous offrir la main d'un homme qui ne connaît pas même les travaux champêtres par lesquels on peut faire valoir votre bien? Non, Denise, je ne suis pas digne d'être votre époux, je ne puis me résoudre à vivre aux dépens d'une femme qui pour moi sacrifierait un heureux avenir. Votre bon cœur vous aura sans doute portée à me faire l'offre de votre main; peut-être même n'avez-vous feint de m'aimer que pour m'engager à accepter vos offres généreuses, mais je ne le dois pas. Adieu, Denise! si je redevenais riche, je volerais près de vous; mais je ne l'espère plus ! Adieu! j'irai vous revoir lorsque j'aurai la force de ne plus vous regarder que comme ma sœur. »

Une pâleur mortelle couvre le front de la jeune fille, qui laisse tomber la lettre en s'écriant :

— Il ne croit pas à mon amour!
— Eh bien? et mon bon ami? dit Coco, t'écrit-il où il est allé?
— Hélas ! il nous abandonne, il nous fuit... il pense que nous ne l'aimons pas!...

Denise fond en larmes, l'enfant court dans ses bras; elle le presse contre son cœur, et lui dit en sanglotant : — Ah! j'en mourrai de chagrin... tu lui diras que c'est lui qui en est cause... peut-être alors croira-t-il que je l'aimais!

CHAPITRE XXVIII. — Encore Virginie.

Auguste a quitté de grand matin la jolie maisonnette où il a passé quinze jours qu'il regarde comme les plus beaux de sa vie. Ce n'est pas sans effort qu'il s'est arraché d'auprès de Denise; il faut beaucoup de courage pour quitter une femme que l'on aime, lorsqu'elle vient elle-même de nous offrir son cœur. Mais on doit se rappeler qu'Auguste a été riche, et tout sentiment d'orgueil n'est pas éteint en lui; sa fierté ne peut s'habituer à l'idée de n'offrir à Denise que la main d'un malheureux privé de toute ressource ; enfin il craint que ce ne soit par reconnaissance de ce qu'il a fait pour Coco, par bonté, par humanité même, que la jeune villageoise lui offre sa main. Un cœur froissé par l'infortune se blesse facilement; la crainte d'une humiliation rend injuste; un bienfait semble une aumône; les consolations ne sont plus que de la pitié.

Avec son petit paquet noué au bout de son bâton, Auguste s'est mis en route pour Paris. En revoyant la grande ville, il ne peut retenir un soupir, puis il enfonce son chapeau sur ses yeux et marche la tête baissée, craignant de rencontrer quelque ancienne connaissance. Ce n'est pourtant pas un crime d'être pauvre, pourquoi donc un malheureux semble-t-il éviter les regards lorsque tant de coquins vont tête levée? pourquoi sera-t-on plus honteux de dire : Je n'ai pas le sou, que de dire : J'ai cent mille francs de dettes? C'est que dans le monde on ne voit, on ne recherche, on n'aime que les gens qui ont de l'argent; que l'on ferme trop souvent les yeux sur la source des richesses d'une foule d'intrigants qui brillent aux dépens de vingt familles qu'ils ont ruinées, et qui, du haut de leur calèche, de leur brillant équipage, narguent ceux qu'ils ont réduits à la mendicité;

— C'est moi, est-ce fini? dit le futur.
— Non, pas encore ! répond Auguste.

c'est que l'on excuse tous les vices chez celui qui sait les couvrir d'or, et que l'on ne pardonne pas une erreur à un pauvre diable; c'est que l'on fera des politesses à une Messaline parée de diamants et de cachemires, et qu'on fermera sa porte à la jeune fille qui s'est donnée par amour à un homme qui ne peut pas l'entretenir. Tout cela est triste, mais tout cela est vrai.

Auguste n'a garde de passer rue Saint-Georges; il se dirige vers le Marais. Il faut qu'il mette la plus grande économie dans sa dépense. C'est dans une vieille maison de la rue de Berry qu'il trouve un cabinet, soi-disant garni, situé au sixième étage, et qu'il peut habiter moyennant quinze francs par mois, dont il paye la moitié d'avance.

Celui qui passait ses jours dans les plaisirs, qui donnait le ton pour les manières et l'élégance, qui était recherché, fêté, que l'on se disputait dans les réunions et que les femmes étaient fières de subjuguer, le brillant Dalville se voit réduit à habiter un grenier, à coucher sur un mauvais grabat. En entrant dans le misérable réduit qu'on vient de lui louer, il n'est pas maître d'un sentiment douloureux et se laisse tomber sur une chaise qui chancelle sous lui. En portant les yeux sur des murs que couvrent à peine quelques lambeaux de papier, en considérant des mansardes en ruine et les meubles de son cabinet, Auguste se rappelle la chambre du vieux Dorfeuil; il se rappelle surtout le récit du vieillard, et laisse tomber sa tête dans ses mains en se disant : — Cela ne m'a pas corrigé !

Au bout de quelques instants, rappelant son courage, il prend son portefeuille, y regarde une liste qu'il a faite de toutes les personnes qui lui doivent de l'argent, et se promet d'employer la journée du lendemain à visiter ses débiteurs. Dans ce moment, la rentrée d'une seule créance lui serait d'un grand secours ; malgré toute l'économie avec laquelle il a voyagé, après avoir payé la quinzaine de son cabinet, il ne lui reste plus que onze francs. Il s'est recommandé à la maîtresse de la maison pour des leçons de musique ou de dessin ; mais trouvera-t-il des élèves, et avant de toucher le prix de ses leçons, comment vivra-t-il ? De telles réflexions ne pouvaient pas donner un aspect plus riant au séjour qu'il habitait ; si du moins son ancien compagnon avait encore été là pour lui donner des consolations, pour ranimer son courage !......

Souvent, poussé par l'habitude, Auguste se retournait et cherchait Bertrand près de lui ; mais au moment de l'appeler encore, il se souvenait de son abandon, et son cœur était de nouveau déchiré.

Auguste a eu un moment la pensée de se rendre à son ancien logement pour savoir si Schtrack a vu Bertrand, et si celui-ci est à Paris; mais il renonce à faire cette démarche, en songeant qu'il pourrait rencontrer Bertrand chez le vieux portier, et qu'il ne doit point courir au-devant d'un homme qui, par son ingratitude, s'est rendu indigne de ses regrets.

C'est en pensant à Denise, en se rappelant les doux instants qu'il vient de passer près d'elle, qu'Auguste cherche à oublier sa triste position. Chez Denise il sait bien qu'il trouvera toujours un asile, mais il ne peut se résoudre à vivre aux dépens de la jeune fille, il se dit : — C'est par pitié, peut-être, qu'elle m'offrait sa main.

Le lendemain, après avoir bien brossé son vieil habit et tâché de déguiser sa misère, Auguste se met en route pour chercher ses débiteurs. Ses premières courses ne sont pas heureuses : l'un est mort, l'autre est parti pour Bordeaux, où Auguste ne peut pas aller le chercher. Chez un troisième, il est plus heureux ; c'est un jeune homme qui, comme Dalville, était toujours dans les plaisirs ; il est en train de faire sa seconde toilette lorsque son créancier parvient jusqu'à lui.

On ne se dérange pas pour un homme pauvrement mis, et le jeune homme, qui ne reconnaît pas Dalville, lui dit en continuant d'ajuster sa cravate :

— Que voulez-vous ?

— Vous voir d'abord... Est-ce que Léon ne me reconnaît pas ?

Surpris de s'entendre appeler par son nom de baptême, le jeune homme jette un regard méprisant sur Auguste en disant :

— Le diable m'emporte si je vous connais. Est-ce qu'il a jamais pu exister de rapports entre nous ?

— Oui, monsieur, car Auguste Dalville a eu plusieurs fois l'occasion de vous rendre service.

— Auguste Dalville ! s'écrie le jeune homme en se retournant de nouveau ; comment, mon cher, est-ce que c'est toi ?

— Moi-même !

— Oh ! pas possible !... tu es fait comme un voleur !... Est-ce que tu sors de prison ?

— Non, Dieu merci ; quoique fort malheureux, e ne me suis jamais mis dans le cas d'être emprisonné.

— Ecoute donc, mon cher, ça n'empêche pas d'être honnête ça... j'ai été plus d'une fois à Sainte-Pélagie, moi, et il est probable que j'irai encore... Ce pauvre Auguste... Maudit nœud ! je n'en viendrai jamais à bout. Eh ! quel hasard t'amène, mon cher ami ? Depuis un siècle on ne te rencontre plus nulle part.

— Voilà trois ans que j'ai quitté Paris : j'ai été en Italie, en Angleterre...

— Oh ! diable ! Et dis-moi : est-il vrai que les Anglais mettent leur cravate en groom ?

— Ce n'est pas de cela que je me suis occupé dans mes voyages. Je vous l'ai dit, Léon, je ne suis pas heureux ; mais lorsque j'étais riche, vous avez eu recours plus d'une fois à ma bourse, je vous ai prêté plus de mille francs, la moitié de cette somme me serait maintenant fort nécessaire, et je viens vous prier de me donner cet à-compte sur ce que vous me devez.

— Parbleu, mon cher Auguste, tu prends bien mal ton temps. J'ai perdu hier à la roulette tout ce qui me restait... J'avais voulu essayer de tenter la fortune !..... Je n'ai plus rien ; et si je ne trouve pas aujourd'hui une dizaine de louis pour mener au bois de Boulogne une petite femme charmante, je suis un homme perdu... Il est probable que ma belle ira au bois avec un autre, et tu sens bien... Trouves-tu ma cravate bien mise ?

— Léon, je vous croyais un meilleur cœur. Vous trouverez dix louis pour aller promener votre belle, et vous ne les trouverez pas pour moi, à qui vous devez, pour moi, qui suis dans une fâcheuse position...

— Mon cher, je ne te dis pas que je ne les trouverai point... Reviens dans quelques jours, je te promets de mettre de côté tout ce que je gagnerai au jeu, et ce sera pour toi... Mon pauvre Dalville, d'honneur, je suis désolé... Voilà un bout de col qui ne se tient pas bien ; c'est une chose terrible... ça dérange toute l'harmonie d'une toilette.

Auguste sort de chez le jeune fat en s'étonnant d'avoir pu faire autrefois sa société d'un homme dont la tête est aussi vide que le cœur. Il se rend à la demeure d'autres débiteurs. Les uns sont absents, les autres ont changé de logement.

Auguste rentre chez lui harassé de fatigue et conservant peu d'espoir d'être plus heureux le lendemain. Pendant plusieurs jours il ne cesse de courir après ses débiteurs ; mais la plupart sont introuvables ou invisibles ; ceux qu'il parvient à voir n'ont jamais d'argent, et il lui est impossible de ressaisir chez lui le jeune Léon. Il a cherché en vain la demeure du marquis de Cligneval ; mais un jour, en retournant chez lui, il aperçoit M. le marquis. Auguste court à lui, et l'arrête.

— Que me voulez-vous ? dit M. de Cligneval avec hauteur.

— J'ai à vous parler, monsieur.

— Je ne vous connais pas...

— Vous ne me connaissez pas ? s'écrie Auguste avec fureur et en barrant le passage au marquis, qui allait s'éloigner. Le ton d'Auguste, le feu de ses yeux rendent sans doute la mémoire à M. de Cligneval, qui tâche de sourire en reprenant :

— Ah ! pardon !... un million de pardons !... c'est M. Dalville... j'étais si préoccupé... j'allais dîner... on m'attend... et...

Cécilia et sa tante.

— Monsieur, depuis longtemps vous me devez de l'argent que vous ne m'aviez emprunté que pour quelques jours.

— Je vous dois de l'argent?... Oh! je vous assure que vous vous trompez!...

— Comment! monsieur...

— Oh!... permettez!... je vous ai payé!... je vous réponds que je vous ai payé... il y a déjà longtemps, c'est pour cela que vous l'aurez oublié...

— Vous osez me soutenir...

— Mon cher ami, vous confondez ma dette avec celle d'un autre; vraiment je vous ai payé!... cherchez bien... vous vous rappellerez... ces choses-là trompent quand on prête à beaucoup de monde... on oublie : c'est comme au boston, il y a des gens qui vous demandent toujours deux fois pour le coup... Adieu! au revoir! je vais dîner.

M. de Cligneval est déjà loin, Auguste est resté pétrifié de l'impudence de son débiteur; mais que faire à un homme qui nie sa dette et contre lequel on n'a point de titre? Lui donner des soufflets, ce serait au moins un dédommagement, et cependant la justice vous donnerait tort.

Auguste rentre chez lui plus triste, plus accablé encore, et, pour surcroît de maux, la fatigue, l'inquiétude ont allumé son sang. La fièvre le dévore; il est seul sur un grabat, et bientôt il lui sera impossible de se procurer les objets qui lui seraient nécessaires pour recouvrer la santé.

Étendu sur son lit, où il a passé toute la journée, Auguste cherche le sommeil, qui fuit sa paupière. Il souffre, il respire avec peine, et les accents de la gaieté troublent le silence de son asile. La personne qui habite au-dessous de lui paraît chanter en travaillant, sa voix perce à travers le mince plancher qui le sépare du pauvre malade, et de son lit de souffrance celui-ci distingue de temps à autre un refrain de chansonnette ou un air de vaudeville. — Ceux-là, se dit-il, n'ont pas la fièvre comme moi!... Ah! ce serait bien le cas d'être philosophe; mais la nature parle plus haut que la philosophie.

Après une nuit passée sans repos, le malheureux, que la soif dévore, s'aperçoit qu'il n'a plus d'eau pour la satisfaire. Il rassemble ses forces, quitte son lit, et se traîne jusque chez sa portière, car il n'ose pas s'adresser à des voisins, et d'ailleurs il est seul entre deux greniers à son sixième étage. La portière en voyant Auguste s'écrie :

— Ah! vous êtes malade, monsieur?...

— Oui, je souffre beaucoup depuis hier.

— Faut vous soigner, faut pas sortir.

— Ah! cela me serait bien impossible.

— Laissez la clef à votre porte, monsieur, j'irai voir ce soir s'il vous faut quelque chose.

Auguste remercie la portière, regagne avec peine son grenier, et se rejette sur son grabat.

La portière aimait à causer, comme toutes ses pareilles, et bientôt les gens de la maison qui s'arrêtèrent dans sa loge surent qu'il y avait au sixième un jeune homme d'une figure fort distinguée, qui allait probablement avoir une fluxion de poitrine.

Parmi les personnes qui entrèrent chez la portière, se trouva la chanteuse qui logeait au-dessous du malade; cette chanteuse n'était autre que Virginie, qui, à force de faire des folies et des conquêtes, n'avait pas non plus attrapé la fortune. Les folies fanent vite le teint, les veilles cernent les yeux, les fatigues en tous genres nuisent à la beauté, et la beauté était presque la seule richesse de Virginie, qui, avec trois ans de plus, avait des amoureux de moins. Tout cela était cause qu'on logeait au Marais dans un très-modeste appartement du cinquième étage, que l'on passait souvent ses soirées à travailler, parce qu'on ne trouvait plus pour chaque soir une partie de plaisir, et enfin que l'on chantait en travaillant, parce qu'on avait conservé sa gaieté et sa voix.

Virginie avait bon cœur, elle n'avait jamais péché que par excès de sensibilité; mais il y a des femmes qui n'en ont que pour le plaisir, et Virginie en trouvait encore pour les infortunés. En apprenant qu'il y a au-dessus d'elle un jeune homme qui est malade et qui est seul, Virginie dit à la portière :

— Avez-vous été voir s'il n'a besoin de rien?

— Je n'y suis pas encore allée, parce que j'ai mon pot-au-feu à soigner; mais j'y monterai ce soir.

— Eh ben! vous êtes encore bonne enfant! et d'ici là si ce pauvre monsieur est plus mal?... Je vais y aller, moi. Je suis seulement fâchée de ne pas avoir de voix cela plus tôt, car j'ai chanté hier toute la soirée, et quand on a la fièvre, on n'aime pas les roulades; mais j'étais en voix! j'aurais joué Armide!... Je vais voir mon voisin... vous dites qu'il est jeune?

— Mais certainement, un homme de vingt-neuf ans environ.

— Pauvre garçon! il est peut-être malade d'amour!... Oh! non, les hommes n'en perdent jamais la santé... Je suis curieuse de le voir... Il serait vieux, j'irais tout de même; mais un jeune homme, c'est toujours plus séduisant.

Virginie monte lestement l'escalier, et, sans s'arrêter chez elle, arrive au sixième; la clef était sur la porte du cabinet d'Auguste.

— Quand on demeure là, se dit Virginie, on ne mange pas des petits pois au mois de janvier! et elle frappe doucement à la porte en disant : — Monsieur, c'est votre voisine d'au-dessous qui vient savoir si vous avez besoin de quelque chose?

On ne répond pas. Elle se décide à ouvrir doucement la porte; elle entre dans le galetas, auprès duquel sa chambre est un palais. Elle s'approche du lit sur lequel est couché le malade, dont la fièvre a redoublé, et qui n'a plus la force d'ouvrir les yeux; elle penche sa tête vers lui, et pousse un cri en reconnaissant Auguste.

Ce cri fait ouvrir les yeux au malade; il essaye de tendre la main à Virginie, tandis que celle-ci se jette sur lui, l'embrasse à plusieurs reprises, essuie la sueur qui coule de son front, et le moment d'après mouille son visage de ses larmes en s'écriant : — C'est toi, Auguste!... c'est toi! ah! mon Dieu!... dans ce grenier!... sur ce grabat!... Mon pauvre ami!... seul, malade!... et je ne le savais pas!... Pauvre Auguste!... et je chantais hier pendant qu'il gémissait!... Ah! je sens que ça m'étouffe... je ne peux plus parler.

Mais enfin Virginie sent que ses pleurs et ses baisers ne suffisent pas au malade, qui lui fait signe que la soif le dévore.

— Attends!... attends, mon ami, lui dit-elle; je vais te donner... Eh! mon Dieu! il n'y a rien ici que de l'eau!... mais cela ne le vaut rien, cela redouble la fièvre... Je vais courir... il faut que le médecin vienne voir le cher-champ... je vais le chercher... je vais... Ne t'impatiente pas, mon ami; oh! je ne serai pas longtemps; et à présent tu ne seras plus seul; je ne te quitterai plus!

Et Virginie court à la porte, revient encore vers le lit, recouvre le malade, lui arrange la tête, puis descend l'escalier quatre à quatre, et arrive tout effarée chez la portière en disant :

— Un médecin! où y a-t-il un médecin?

— Mais il y en a plusieurs dans le quartier... Est-ce que le monsieur est plus mal?

— Son adresse, bien vite!...

— L'adresse d'un médecin? D'abord nous en avons un dans la rue... là-bas, à côté de la fruitière; ensuite il y a celui qui m'a saigné... mais...

Virginie n'écoute plus la portière, elle est déjà à l'adresse qu'on lui a donnée; elle monte chez le médecin, et la supplie de venir sur-le-champ voir un malade, avec cet accent que les femmes seules savent prendre quand il s'agit de l'objet de leur tendresse. Le médecin ne répond pas, mais il prend son chapeau, cela valait mieux, et suit Virginie, qui le conduit chez Auguste; il monte les six étages presque aussi vite qu'elle, et entre dans le galetas sans paraître remarquer autre chose que le malade. Honneur aux gens qui consacrent leur vie à soulager l'humanité, et qui montrent le même empressement pour le pauvre que pour le riche! Le nombre en est grand, et si Molière a fait des plaisanteries sur les médecins, sans doute il serait le premier aujourd'hui à leur rendre justice.

Virginie regardait avec inquiétude la figure du docteur pendant que celui-ci tâtait le pouls du malade. Les yeux du médecin n'annonçaient rien de bon; tandis qu'Auguste, indifférent à tout ce qui se passait autour de lui, semblait ne plus rien voir, ne plus rien entendre.

— Eh bien, monsieur? dit enfin Virginie.

— Ce jeune homme n'est pas bien... la fièvre est forte... tout annonce qu'elle doit augmenter encore; cependant, avec beaucoup de soins, j'espère que nous le sauverons.

— Ah! monsieur, ne négligez rien, je vous en prie.

— Mais il est bien mal ici... la petitesse de ce cabinet, le peu d'air qu'il respire, l'ardeur du soleil qui darde sur les toits et rend ces mansardes brûlantes.. ce séjour est fort malsain.

— Ah! dès aujourd'hui il quittera ce grenier.... il habitera ma chambre tant qu'il sera malade. C'est ici dessous; il sera bien mieux; au moins elle est grande, on peut s'y retourner. Il y serait déjà si j'avais pu seule l'y transporter... Si vous étiez assez bon pour m'aider, monsieur, ce serait bientôt fait!

— Voyons, mademoiselle.

Et le médecin se rapproche du grabat, soulève le seul matelas qui soit sur la paillasse; Virginie en fait autant de l'autre côté : tous deux emportent ainsi Auguste et le descendent à l'étage au-dessous, puis le déposent sur le seul lit qui soit dans la chambre.

— Où coucherez-vous donc, mademoiselle? dit le médecin à Virginie.

— Oh! monsieur, cela ne m'inquiète pas. Je descendrai la paillasse qui est là-haut; d'ailleurs, tant qu'il sera malade, je n'aurai pas envie de dormir.

Le médecin la regarde de nouveau, puis écrit une ordonnance, et s'éloigne en promettant de revenir le lendemain de grand matin.

Virginie reste seule, regarde l'ordonnance, et cherche à lire, en disant : — Dieu! que ces médecins écrivent mal! comme des chats. Sirop de... infusion de... C'est égal, l'apothicaire comprendra; le plus clair, c'est qu'il faut des sirops, des tisanes... par conséquent de l'argent. Pauvre Auguste, je suis bien sûre qu'il n'en a pas !... Je n'en ai guère non plus; mais c'est égal; il faudra bien en trouver. Il m'en a assez donné quand il était riche... Allons vite chercher tout ce qu'il faut.

Virginie prend sa bourse et va acheter ce qui est nécessaire pour faire la tisane que le médecin a ordonnée. Elle ne s'amuse pas à babiller chez la portière, et se hâte de revenir chez elle pour soigner le malade. Celui-ci, dont la fièvre s'est changée en délire, ne la reconnaît plus, et paraît être beaucoup plus mal. Virginie redouble de soins, de zèle. Elle parvient, non sans peine, à lui faire prendre de la potion qui est ordonnée; pendant toute la nuit, elle ne goûte pas un moment de repos. Sans cesse près du lit du malade, elle ne le quitte que pour retourner à son ouvrage. Elle travaille en linge, car depuis que les plaisirs ont diminué, elle a senti qu'il fallait pour vivre autre chose que de beaux yeux et un joli sourire. Ce travail lui rapporte peu de chose; mais elle redouble d'ardeur depuis qu'elle a Auguste à soigner.

Tout en travaillant, Virginie regarde encore le malade et se dit :
— Pauvre garçon!... il paraît que ses voyages n'ont pas été heureux. Mais comment se fait-il que ce brave Bertrand ne soit pas avec lui? il faut que Bertrand soit mort pour n'être plus auprès d'Auguste.... C'était un ami celui-là! non pas comme ces freluquets qui le grugeaient. Et Denise, qui l'aime tant!... si elle savait qu'il est dans cet état!... Si je lui écrivais... non, cela pourrait fâcher Auguste : il l'a peut-être revue; ils sont peut-être brouillés!... on ne peut pas savoir !... Il faut le guérir d'abord; après cela il me contera toutes ses aventures.

Le lendemain le docteur est exact; il ne peut encore prononcer sur l'état du malade, mais il promet de revenir dans la soirée, et recommande à Virginie les mêmes soins.

Pendant trois jours Auguste est fort mal. Le docteur n'a point ménagé ses visites, et Virginie a fait exactement tout ce qu'il a prescrit. Mais vers le soir du troisième jour, elle ne trouve rien dans sa bourse, et n'a point d'ouvrage prêt à vendre. Cependant il faut de l'argent pour les choses nécessaires au malade; mais Virginie n'est point embarrassée : elle détache des bracelets et des boucles d'oreilles, seuls bijoux qui lui restent du temps de son ancienne élégance, et elle court les vendre chez un bijoutier aussi gaiement que si elle allait en partie fine.

Les soins de Virginie et du médecin ne sont point infructueux. Le quatrième jour Auguste est mieux; il n'a plus le délire, et se voit avec étonnement dans une chambre qu'il ne connaît pas. Il serre la main à Virginie et veut parler; mais le docteur a recommandé le repos, et Virginie dit à Auguste : — Tais-toi, attends pour causer que tu sois rétabli ; en attendant ne t'inquiète de rien; tu es chez moi, et je te soignerai aussi bien que si tu avais douze nègres; tout ce que je te demande, c'est de bien boire de la tisane et de ne penser qu'à des bosquets de roses. Quand tu iras mieux encore, je te chanterai tout ce que tu voudras; je danserai même, si ça t'amuse, afin de te rendre la gaieté.

Auguste sourit et se tait. Virginie continue; mais la convalescence doit être fort longue; et comme avec un malade il faut sans cesse se procurer mille choses, l'argent des bijoux est bientôt dépensé. Alors, pendant qu'Auguste dort, Virginie regarde dans sa garde-robe tout ce qui est superflu; à la rigueur, il n'y aurait que le nécessaire. Cependant elle trouve moyen de faire un paquet de plusieurs objets en se disant : — Cela me débarrassera d'un tas de vieilleries qui m'ennuyaient.

Et le paquet va rejoindre les bijoux.

Auguste, ayant un peu plus de force, peut faire à Virginie le récit de ses aventures. Lorsque celle-ci apprend que c'est Bertrand qui a volontairement quitté son maître, elle laisse échapper de ses mains une tasse de tisane qu'elle allait présenter à Auguste en s'écriant : —
Les bras m'en tombent! Ce Bertrand que je jugeais digne d'être embaumé!... que je croyais un caniche pour l'attachement!... Fiez-vous donc aux hommes!... Mon ami, il faut que la bière de tes Anglais lui ait changé tous les sentiments.

Mais quand Auguste fait le récit de son séjour chez Denise, Virginie l'interrompt pour lui conter le chagrin de la petite villageoise, son désespoir en apprenant son départ, enfin tout l'amour qu'elle a pour lui.

— Il se pourrait! dit Auguste; elle m'aime réellement; elle ne m'a donc pas trompé!... Ce n'est pas seulement par pitié qu'elle m'offrait sa main !...

— Comment, si elle t'aime!... Elle vous adore, monsieur; cette pauvre petite me faisait une peine!... elle pleurait tant! Mais ces messieurs sont uniques! quand on les aime, ça étonne; quand on ne les aime pas, ça les étonne encore.

— Ah! Virginie, quel plaisir tu me fais!

— En ce cas, rétablis-toi bien vite, et va consoler cette pauvre Denise.

— Oh! non... je n'irai pas.

— Comment, vous n'irez pas? Vous savez qu'elle vous aime, qu'elle se désole de votre absence, et vous n'irez pas la retrouver !

— Je suis dans la misère, je ne puis accepter sa main.

— Mon bon ami, voilà une délicatesse qui n'a pas le sens commun. Quand ces gens nous aiment bien, ce qu'ils veulent c'est nous, et si un prince devenait amoureux de moi, quoique je n'aie rien non plus, je ne ferais pas la moindre façon pour l'épouser.

Auguste se tait, et Virginie ne lui parle plus d'une chose qui semble le chagriner. Pour rendre des forces au malade, ce ne sont plus des tisanes qu'il doit prendre, c'est du vin vieux, de bons consommés que le médecin lui ordonne; et Virginie, qui, pour faire de l'argent, visite en vain ses tiroirs, se décide à vendre un châle, qui est sa plus belle parure, et qu'elle ne quittait presque pas.

Mais Auguste voit tout ce qu'il coûte à Virginie, la peine qu'il en ressent retarde encore sa convalescence. Il la contemple, travaillant sans cesse, passant une partie des nuits à l'ouvrage, et il soupire en se disant : — C'est pour moi qu'elle se tue!... et je ne pourrai jamais reconnaître tant de soins!...

Lorsque Virginie revient chez elle, après s'être procuré de l'argent par le dernier moyen qui lui restait, Auguste s'aperçoit qu'elle n'a plus le châle qu'elle portait habituellement; il lui dit d'une voix faible : — D'où venez-vous donc, Virginie?

— De me promener un peu, de prendre l'air... J'ai vu que tu dormais, et que tu n'avais pas besoin de moi.

— Pourquoi donc n'avez-vous plus votre châle?

— Mon châle?... mais je ne l'ai pas mis parce qu'il faisait trop chaud.

— Vous l'aviez en sortant.

— Je l'avais... Tiens, la vérité, c'est que je l'ai prêté à une amie qui va ce soir dans le beau monde... mais elle me le rendra.

— Virginie, vous me trompez.

— Non, monsieur, je ne vous trompe pas.

— Je vous coûte beaucoup... et pour me soigner, pour que je ne manque de rien, vous vous privez de tout ! vous vous dépouillez pour moi !...

— Qu'est-ce que ces idées-là, monsieur Auguste?... Je me prive de tout !... Je ne me prive de rien, entendez-vous, monsieur? Qui est-ce qui vous a dit que je n'étais pas à mon aise, que je n'avais pas d'argent de côté?...

— Et tu travailles une partie de la nuit!

— Je travaille parce que cela m'amuse, et que je n'aime pas dormir. Du reste, je ne manque de rien... j'avais du mégo; je suis bien la maîtresse de le dépenser... Me dire qu'il me gêne! ha! que c'est vilain! moi, qu'il a tant de fois obligée! être fâché de ce que je le soigne... Non, monsieur aimerait mieux que ce fût une autre, peut-être. Si vous me dites encore des bêtises comme cela, je jette le pot-au-feu par la fenêtre. Quand à mon châle, c'est vrai que je ne l'ai plus; mais il me déplaisait. D'abord la couleur n'est plus à la mode; ensuite je ne veux plus de rosaces : c'est un mauvais genre.

Auguste ne dit plus rien; il se contente de soupirer en pressant dans les siennes la main de Virginie, et celle-ci affecte d'être plus gaie que jamais, et fredonne toute la journée pour lui prouver qu'elle n'a nul regret de son châle.

Le médecin est venu voir son malade : il le trouve beaucoup mieux; il complimente Virginie sur les soins qu'elle lui a prodigués, et celle-ci, quoique ne sachant pas comment elle payera, le prie de lui dire ce qu'on lui doit. Mais le docteur lui répond qu'il ne se fait jamais payer quand il va plus haut qu'au quatrième; et il se dérobe aux remerciements d'Auguste et de Virginie, en recommandant de nouveau au convalescent de se ménager et d'attendre pour sortir le retour de ses forces.

— Voilà un bien digne homme! s'écrie Virginie en regardant le médecin s'éloigner. Il n'est pas beau; certainement on ne peut pas dire qu'il soit beau; il a même un œil un peu plus petit que l'autre. Eh bien! il me fait l'effet d'un amour depuis que j'ai vu l'empressement qu'il a mis à te soigner.

Auguste sourit, les discours de Virginie ramènent souvent la gaieté dans ses yeux; mais lorsqu'il pense à sa situation, son front se rembrunit, et il soupire, malgré tous les efforts de sa garde, qui lui répète sans cesse : — Tu ne soupirais pas tant que ça quand tu me faisais la cour.

Auguste voudrait déjà se lever et sortir, mais il n'en a pas encore la force; et cependant Virginie lui donne tout ce que le médecin a prescrit. Mais la convalescence doit être longue; et tout en disant chaque jour à Auguste qu'il ne s'inquiète pas et qu'elle a de l'argent pour longtemps, Virginie s'aperçoit un matin qu'il ne lui reste plus rien de la vente de son châle.

Cependant le docteur, qui est encore venu la veille voir son malade, a dit qu'il pouvait manger du poulet, et Virginie, tout en fouillant dans ses coffres, dans ses tiroirs et dans sa bourse, où elle ne trouve rien, se dit tout bas : — C'est égal, le médecin a dit qu'il pouvait manger du poulet, et je veux qu'il en mange aujourd'hui!... J'ai beau chercher... rien qui puisse me faire de l'argent!... pas seulement de quoi avoir une alouette... et mon ouvrage ne sera fini qu'après-demain !... Tant pis !... quand il devrait me mettre en gage moi-même, il mangera du poulet aujourd'hui.

Et Virginie met son chapeau, son petit fichu qui a remplacé le grand châle ; puis, laissant Auguste encore endormi, elle sort doucement de chez elle en se disant : — Je ne rentrerai pas sans un poulet.

CHAPITRE XXIX. — Celui qu'on avait attendre : Retour au village.

Virginie marchait sans trop savoir où elle irait; elle cherchait dans sa mémoire qui pourrait l'obliger, et la mémoire est souvent en défaut quand on lui demande le nom d'un véritable ami. Si Cézarine eût été encore à Paris, Virginie n'aurait point hésité à se rendre chez elle, parce qu'elle connaissait la bonté de son cœur; mais Cézarine courait alors sur les traces de son Théodore, qui avait quitté la capitale, et son Théodore la menait très-loin.

Les autres connaissances de Virginie lui offraient trop peu de ressources, et il en était plusieurs auxquelles elle n'aurait pas voulu s'adresser. Cependant le résultat de chaque réflexion était toujours :
— Il me faut un poulet pour Auguste, et j'en aurai un; je ne sais pas trop comment je ferai... mais chaque fois que je me suis mis dans la tête de faire une chose, j'y suis toujours parvenue, et il s'agissait souvent d'objets beaucoup plus intéressants qu'un poulet : ce serait bien le diable si, pour une petite volaille, je n'en venais pas à mon honneur!

— Auguste! monsieur!... c'est vous! s'écrie la petite laitière.

Et Virginie s'arrêtait devant les marchands de volailles et devant les rôtisseurs; elle passait et repassait, se creusait la tête, n'y trouvait pas d'argent, et poussait un gros soupir en regardant ce dont elle voulait régaler le convalescent.

Les mines drôles de Virginie, dont la mise décente n'annonçait pas le besoin, et les yeux qu'elle lançait aux poulets rôtis, faisaient quelquefois sourire les passants, qui ne voyaient dans l'extase de la grisette qu'un sentiment de gourmandise; et celle-ci, en voyant sourire ceux qui la regardaient, murmurait entre ses dents : — Les imbéciles!... quand ils me riront au nez... qu'est-ce que cela me fait ? Pas un n'aura seulement la galanterie de m'offrir un poulet !..... Les hommes deviennent bien peu aimables.

Depuis dix minutes, Virginie tournait et retournait devant la boutique d'un rôtisseur, et auprès de cette boutique était celle d'une petite mercière. Virginie n'avait pas remarqué la mercière parce qu'elle ne lorgnait que des poulets; mais, à travers ses montres chargées de gants, de fil et de ruban, la petite marchande avait remarqué Virginie, dont l'air singulier devait effectivement piquer la curiosité. Les femmes ont un instinct de sentiment qui leur fait comprendre tout de suite ce que les hommes seraient une heure à deviner, et ce que même ils ne devinent pas toujours. La jeune mercière voit dans les yeux de Virginie que ce n'est pas un sentiment de gourmandise qui la fait rester en contemplation devant la marchandise de son voisin. Elle sort par le fond de la boutique; — sa cour est aussi celle du rôtisseur, — elle entre par-là chez celui-ci, se fait donner un beau poulet gras, l'enveloppe dans un double papier, et rentre chez elle par le même chemin. Puis elle se met sur le seuil de sa porte et regarde Virginie, à qui elle ne sait comment offrir son présent. Virginie est quelque temps sans faire attention à la jeune marchande; cependant celle-ci la regarde d'un air si expressif, et semble avoir tant envie de lui parler, que Virginie s'approche d'elle.

Aussitôt la jeune mercière lui dit tout bas et en rougissant beaucoup :

— Madame, vous avez sans doute oublié votre bourse?... Si vous vouliez me permettre de vous offrir...

Et en même temps on glissait le poulet sous le bras de Virginie en tremblant comme si l'on eût fait une sottise; mais on tremble souvent beaucoup plus pour faire le bien. Virginie ne peut que serrer la main de la jeune mercière en lui disant :

— Vous m'avez devinée... Ah! si vous saviez le plaisir que vous me faites... si vous saviez pourquoi je... Mais vous me reverrez... je viendrai vous remercier, et m'acquitter envers vous.

— Oui, oui, madame... dit le jeune marchande; et elle est déjà rentrée toute confuse dans le fond de sa boutique, tandis que Virginie, légère comme une plume, avec son poulet sous le bras, regagne gaiement sa demeure en se disant : — Je savais bien que j'en aurais un !... J'ai toujours de l'espérance, moi !

Cependant le poulet n'était pas encore arrivé chez Auguste. Au détour d'une rue, Virginie, qui probablement ne regardait alors qu'à ses pieds, est brusquement coudoyée par un homme qui fait rouler la volaille sur le pavé.

— Maudit imbécile ! s'écrie Virginie en se baissant pour ramasser le poulet. Mais cette voix a frappé l'homme qui l'a coudoyée, et qui s'était contenté de s'excuser en suivant son chemin. Il s'arrête, revient sur ses pas, et s'écrie à son tour :

— Eh oui !... mille baïonnettes !... c'est mamzelle Virginie !... Ah! morbleu ! elle pourra peut-être me donner de ses nouvelles.

— Tiens !... c'est Bertrand !... dit à son tour Virginie, qui a aussi reconnu l'ancien caporal. C'est ce brave Ber..... Ah! qu'est-ce que je dis donc !... c'est un vilain, un ingrat, un mauvais cœur, je ne l'aime plus. Laissez-moi porter mon poulet... ne me retenez pas, monsieur.

— Que vous m'aimiez ou non, mademoiselle, ce n'est pas de cela qu'il s'agit dans ce moment. Un mot, s'il vous plaît : l'avez-vous vu, savez-vous où il est... ce qu'il est devenu?...

— Qui ça?

— Eh ! morbleu ! mon lieutenant, M. Auguste ?

Un ancien ami d'Auguste Dalville.

— Tiens ! si je sais où il est !... Cette question !... lorsqu'il loge dans ma chambre depuis quinze jours !...

— Il est chez vous !... Je l'ai retrouvé !... Je vais le revoir !...

Dans sa joie, Bertrand serre Virginie dans ses bras, et fait encore tomber le pauvre poulet, qui, cette fois, roule jusque dans le ruisseau, et Virginie est prête à pleurer, et s'écrie :

— Voulez-vous me laisser tranquille !... C'est pour Auguste ce poulet; et lorsque j'ai eu tant de peine à l'avoir, vous êtes cause qu'il ne pourra plus le manger!

— Ah !... ne pleurez pas !... je vous en achèterai d'autres, dix, vingt poulets !... un bœuf si vous voulez !... Mais, pour Dieu, menez-moi bien vite près de mon lieutenant... Il me tarde de l'embrasser !...

— Comment ! vous l'aimez donc encore?

— Si je l'aime!... Qui est-ce qui a pu douter de mon attachement, de mon dévouement à sa personne?
— Ce n'est donc pas exprès qu'en Angleterre vous l'avez abandonné?
— Abandonné!... lorsque c'est pour le servir... pour le rendre au bonheur...
— Ah! ce pauvre Bertrand!... J'étais bien sûre, moi, que c'était toujours un bon garçon!... Venez, mon petit Bertrand, allons trouver Auguste: ah! il sera bien content quand il saura que vous êtes toujours digne de son amitié.

Virginie et Bertrand se dirigent vers la rue de Berry. Chemin faisant, Virginie apprend au vieux soldat tous les chagrins qui ont assiégé Auguste, et la maladie grave qu'il vient de faire. En écoutant ces détails, Bertrand s'essuie parfois les yeux en s'écriant : — Sacrebleu! pourquoi ne l'ai-je pas rejoint plus tôt!... Mais je ne suis de retour à Paris que d'avant-hier; et demain je me disposais à aller le chercher à Montfermeil, espérant y être plus heureux que dans cette ville, où depuis deux jours nous avons, Schtrack et moi, couru tous les quartiers sans découvrir mon lieutenant.

Pendant quelques minutes, Bertrand ne peut quitter les bras d'Auguste; et Virginie s'écrie :

M. de la Thomassinière, s'étant laissé ruiner par M. de Cligneval, s'est fait cocher de cabriolet.

— La, voyez-vous!... il n'a pas pu attendre que je lui fasse signe... il va faire mal à Auguste.

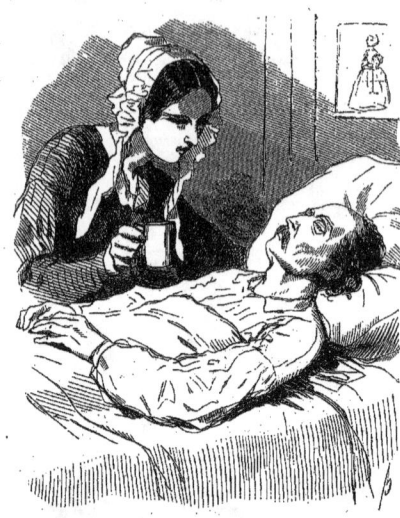

— Mon pauvre Auguste, quand tu seras mieux, je te chanterai tout ce que tu voudras, je danserai même si ça t'amuse.

On arrive chez Virginie; en montant l'escalier Bertrand est aussi ému que s'il allait revoir son fils, et Virginie lui dit :
— Il ne faut pas tout de suite vous montrer à Auguste; il est encore bien faible, et votre présence pourrait lui causer trop d'émotion... Vous comprenez, Bertrand?
— Oui, mademoiselle.
— Je vais entrer d'abord, et je préparerai tout doucement Auguste, et puis ensuite je vous ferai signe...
— Oui, mademoiselle, j'attendrai dans une autre chambre...
— Non, comme je n'en ai qu'une, vous attendrez sur le carré... Je laisserai la porte entr'ouverte...
— Fort bien; mais ne soyez pas longtemps à me faire signe, car je brûle de le presser dans mes bras.

On est devant la porte de Virginie, elle l'ouvre et la repousse à demi, et Bertrand se colle tout contre, osant à peine respirer. Auguste était levé et assis près d'une fenêtre; il attendait avec impatience le retour de Virginie, dont la longue absence l'inquiétait.
— Me voici, mon ami, dit Virginie en entrant chez elle et tournant autour d'Auguste d'un air aussi embarrassé que devant le rôtisseur. Me voici, j'ai été un peu longtemps... mais c'est que... j'ai fait une rencontre qui vaut bien mieux qu'un poulet.
— Tu as fait une rencontre?
— Oui... c'est quelqu'un que... quelqu'un...

Avant que Virginie ait trouvé ce qu'elle veut dire, Bertrand, qui ne peut plus y tenir, ouvre la porte, s'élance vers Auguste et le serre dans ses bras en s'écriant : — C'est moi, sacrebleu! c'est moi!... Mais je ne peux pas rester plus longtemps caché... Il faut que je l'embrasse.

C'est toujours avec un nouveau plaisir qu'Auguste se retrouve près de la petite laitière, de son fidèle Bertrand et de Coco.

— Non, dit le convalescent, non, le bonheur n'en fait pas!... Mon pauvre ami!... te voilà donc revenu!...
— Vous avez pu croire que je vous avais abandonné!... dit Bertrand en prenant la main d'Auguste. Vous avez douté du cœur de

votre vieux compagnon, de votre fidèle serviteur!... Ah! je conviens que mon départ précipité devait vous surprendre... mais quand vous saurez!...

— Te voilà, Bertrand, tout est oublié!...

— Oh! écoutez-moi d'abord, et vous verrez ensuite si je me suis mal conduit. Vous vous rappelez que je vous laissai dans une salle de l'auberge du village où nous venions de déjeuner. Je venais de payer notre dépense, lorsqu'en traversant la cour j'aperçois un homme dont la figure me frappe, et que je reconnais sur-le-champ pour notre fripon de Destival.

— Destival!... s'écrie Auguste.

— Ton voleur!... dit Virginie.

— Il montait en chaise de poste au moment où je l'aperçois. Il n'avait pu me voir, mais la voiture était partie avant que je fusse revenu de ma surprise. Alors, sans me donner le temps de vous prévenir, ne voulant pas perdre une minute, de crainte que notre homme ne m'échappât, je cours à l'écurie, je selle mon cheval, je le monte et m'éloigne au grand galop pour courir sur les traces de notre fripon. Je ne tardai pas à rattraper la chaise de poste; mais en pays étranger, je savais qu'il ne serait pas facile de faire regorger notre coquin, et qu'il ne fallait espérer de justice que de moi-même. Je suivais donc la voiture en attendant un moment favorable pour trouver mon homme en particulier. Pendant deux jours la maudite voiture ne fait que relayer; enfin, au bout de ce temps, en passant dans un petit bourg, on s'arrête à l'auberge de la poste, et mon fripon, qui a sans doute besoin de repos, descend de la chaise et entre dans l'auberge. Je ne tarde pas à l'y suivre, et je demande à parler au voyageur qui vient d'arriver. On m'indique sa chambre J'y monte, j'entre et je commence par m'enfermer avec notre homme, qui en me voyant manque de tomber en défaillance sur un fauteuil. Je vais à lui, je lui prends le bras, et lui dis : Vous êtes un voleur, vous avez ruiné mon maître, mais vous n'en ruinerez pas d'autre; je vous ai appris autrefois à vous servir d'une arme, nous allons voir si vous vous souvenez de mes leçons... Voici deux pistolets, prenez-en un... Nous serons très-bien dans cette chambre... quatre pas de distance suffisent quand on ne veut pas se manquer. Dépêchons. Au lieu de prendre l'arme que je lui présente, le misérable se jette à mes genoux et me demande grâce. Moi, je lui redemande votre fortune. Il tire de sa poche un portefeuille, me fait voir dedans pour cent soixante mille francs de billets sur la banque de France, et me jure que c'est tout ce qui lui reste de ce qu'il a emporté de Paris. Je réfléchis que cela vaut mieux que rien, et qu'il faut d'abord vous rendre cet argent avant de tuer notre fripon; je prends le portefeuille, et laissant le coquin plus mort que vif, je sors de sa chambre, où je l'enferme. Je remonte à cheval et reviens au grand galop à l'endroit où je vous avais laissé; en y arrivant mon cheval crève, et je ne vous trouve plus. Je cours de tous côtés, on ne peut me donner de vos nouvelles. Je prends la route de l'Écosse où nous devions nous rendre. Je passe trois semaines à visiter jusqu'au plus petit hameau, je ne suis pas plus heureux; enfin je me décide à revenir en France, et avant-hier j'étais à Paris. Mon premier soin fut d'aller questionner Schtrack, il ne vous avait pas vu, il ignorait l'adresse de mademoiselle; nous nous mîmes à battre le pavé pour tâcher de vous découvrir... Mais vous voilà!... je vous ai retrouvé... Je puis vous remettre ce que j'ai sauvé de votre fortune!... Voilà ma conduite, mon lieutenant, maintenant m'en voulez-vous encore?

Pour toute réponse, Auguste tend ses bras à Bertrand, qui lui présente le portefeuille, tandis que Virginie saute dans la chambre, danse avec les chaises, et jette sa capote en l'air en criant : Vive Bertrand !... Auguste n'est plus pauvre!... nous allons joliment nous amuser!...

Quand ce premier mouvement d'ivresse est calmé, Auguste raconte à Bertrand ce qu'il a souffert depuis qu'il l'a quitté. Il ne lui cache pas l'état misérable où il était réduit lorsque Virginie est venue dans son grenier. Il lui apprend ce qu'elle a fait pour lui, son travail, ses veilles, tous les sacrifices qu'elle faisait chaque jour pour lui avoir ce qui lui était nécessaire.

Virginie veut faire taire Auguste en lui disant : Ça n'est pas vrai; il en dit beaucoup trop; ne le croyez pas, Bertrand ; et d'ailleurs, si j'ai fait tout cela, c'est qu'apparemment ça me faisait plaisir.

Mais Bertrand, qui n'a pu entendre sans attendrissement le récit d'Auguste, court à Virginie, l'enlève dans ses bras, et l'embrasse en disant :

— C'est bien cela !... c'est très-bien!...

— Oui, mais vous me serrez trop fort, Bertrand.

Les tristes pensées ont fait place à celles du bonheur : ce n'est pas en soupirant qu'Auguste pense à Denise. Déjà il voudrait être auprès d'elle, il brûle de la revoir, de récompenser son amour : car, après tout ce que Virginie lui a dit, il ne doute plus du cœur de la jeune villageoise. Cependant il ne peut partir sur-le-champ pour Montfermeil ; mais, comme le bonheur rend vite la santé, au bout de deux jours, qui se sont passés en projets charmants pour l'avenir et en emplettes pour le présent, Auguste est en état de sortir. Avant d'aller au village, d'où il pense ne revenir de quelque temps à Paris,

Auguste termine ses affaires ; il retourne chez son ancien notaire et le charge de lui placer convenablement ses fonds, dont il ne garde que ce qui lui sera nécessaire pour l'exécution de ses projets. Auguste veut assurer un sort à Virginie ; depuis qu'elle est moins jeune, elle désire avoir un petit établissement. Bertrand lui loue une jolie boutique ; Auguste y fait porter un petit fonds de broderies, de nouveautés, et Virginie est établie lingère. Elle va s'asseoir avec fierté dans son comptoir, et fait mettre sur sa porte : *A la Pucelle!* en jurant à Auguste que désormais elle ne veut plus s'occuper que de son commerce.

Auguste a reçu les remercîments de Virginie et ses compliments pour Denise, qu'elle ne veut aller voir que lorsque sa nouvelle conduite aura entièrement fait oublier l'ancienne. Il va monter en cabriolet avec Bertrand, et partir pour Montfermeil, lorsque Virginie s'écrie :

— Ah! mon Dieu!... j'ai oublié la petite marchande au poulet... je voulais te la recommander pour que tu lui achetât du fil ou des gants.

— Quelle marchande ? quel poulet ? dit Auguste.

Virginie raconte ce qui lui est arrivé le jour où elle a rencontré Bertrand. Auguste, après avoir encore témoigné à Virginie toute sa reconnaissance pour ce qu'elle a fait pour lui pendant sa maladie, veut connaître et remercier la jeune femme qui a mis tant de délicatesse à obliger. Il fait monter Virginie dans son cabriolet, on se dirige vers la demeure de la jeune marchande.

Le cabriolet s'arrête devant la boutique de la mercière , les trois personnes en descendent ; la jeune marchande est étonnée, elle n'a jamais vu venir des gens en voiture pour lui acheter du fil ou des aiguilles. Mais elle rougit en reconnaissant Virginie, qui entre la première en disant à Auguste : C'est madame qui s'est montrée si bonne pour moi pendant que vous étiez convalescent.

Auguste s'approche pour saluer la jeune marchande , qui est toute honteuse des remercîments qu'on lui adresse. Mais, avant qu'il puisse parler, un vieillard, qui était dans l'arrière-boutique, et qu'on n'avait pas encore remarqué, s'avance vers lui en s'écriant : Ma fille! mon Anna ! c'est nous qui devons remercier cet homme généreux !... C'est notre bienfaiteur!.. c'est à lui que je dois l'existence et le bonheur de te voir heureuse.

Auguste regarde le vieillard, il reconnaît le pauvre Dorfeuil ; et, avant qu'il soit revenu de sa surprise, le père et la fille sont à ses pieds, et couvrent ses mains des pleurs de la reconnaissance.

C'est alors Bertrand et Virginie qui demandent des explications. Auguste veut s'y dérober ; mais le vieux Dorfeuil le retient. Il raconte tout ce qu'il lui doit, et termine son récit en disant à Auguste : Vous le voyez, vos bienfaits nous ont porté bonheur. J'ai payé ma dette ; et, depuis trois ans , mon Anna, ayant réussi dans toutes ses entreprises, a pu enfin s'établir en ces lieux, où, près d'elle, je passe en paix mes vieux jours.

Bertrand embrasse encore Auguste; Virginie embrasse tout le monde, puis on se sépare en se promettant de se revoir. Virginie retourne à sa boutique, qu'elle ne veut plus quitter, et Auguste conduit enfin son cabriolet vers le village de Denise.

En approchant de Montfermeil, Auguste sent son cœur battre avec force ; il regarde Bertrand en lui disant :

— Nous allons la voir!... Ah! si tu savais comme ils m'ont reçu, comme ils m'ont fêté quand j'étais malheureux!

— Et vous les avez quittés?

— Mon ami, je n'avais plus rien à offrir à Denise.

— Et maintenant que vous êtes beaucoup plus riche qu'elle, si elle allait vous refuser à son tour, il n'y aurait plus de raison pour que cela finisse. Les amoureux n'ont plus rien de commun.

Au lieu de suivre la route qui le conduirait au village, Auguste ne peut résister au désir de prendre par le sentier du bois où il a embrassé jadis la petite laitière. Arrivés près de l'endroit où Jean le Blanc s'est emporté, Auguste aperçoit dans le bois un petit garçon sur un âne, une petite fille, une jeune fille est assise au pied d'un arbre.

— Les voilà! s'écrie Auguste.

Et déjà il a sauté hors de son cabriolet; il court dans le bois, il est près de la jeune fille. Il est à ses genoux, couvre ses mains de baisers et lui dit : — C'est moi, Denise, je reviens près de toi, et pour ne te plus quitter.

La jeune fille doute si elle veille ; elle regarde Auguste, qu'elle voit élégant comme autrefois, et Coco accourt en disant :

— Voilà mon bon ami ! il est mis comme le jour où j'ai cassé la marmite.

— C'est vous!... dit Denise. Ah! si vous saviez tout le chagrin que votre lettre m'a fait! Méchant! me quitter parce qu'il est pauvre! oser dire que je ne l'aime pas! qu'il ne reviendra me voir que quand il ne m'aimera plus !... Est-ce que c'est comme ça que vous revenez? Ah! dites-le-moi tout de suite, ne me laissez plus espérer le bonheur... cela fait trop de mal d'être trompée dans ce qu'on désire!...

Pour toute réponse, Auguste la presse tendrement contre son cœur ; et ses yeux disent à l'aimable fille que ce n'est pas l'amitié seule qui la ramène.

Bertrand, qui a quitté le cabriolet, vient saluer Denise.

— Bertrand aussi! dit la petite, il est revenu!...

— Oui, et c'est lui, que j'accusais de m'avoir abandonné, que je dois aujourd'hui mon bonheur.

Quelques mots ont bientôt mis Denise au fait de tout, elle tend la main à Bertrand en disant : — Ah! mon cœur n'a jamais douté du sien!... Est-ce que l'on peut cesser d'aimer les gens parce qu'ils sont malheureux?... Puis, réfléchissant qu'Auguste a recouvré une partie de sa fortune, elle s'écrie :

— Oh! mon Dieu! je ne pourrai donc plus être votre femme!...

— Si, Denise, vous serez ma femme, dit Auguste en lui prenant la main, car vous êtes la seule qui puissiez faire mon bonheur; et je ne puis douter de la sincérité de votre amour.

— Mais je ne suis qu'une villageoise...

— Que je préfère aux dames de la ville.

— Je serai gauche dans le monde.

— J'ai appris ce qu'il valait, et me soucie fort peu de ses jugements; d'ailleurs, quand il vous connaîtra, ma Denise, il sera forcé de vous rendre justice.

— Oh! je ne veux pas le connaître, moi, mon ami; si vous m'épousez, convenons que je resterai toujours ici. Vous irez seul à Paris lorsque vous le voudrez; et quand vous serez las de la ville, alors vous reviendrez trouver votre petite laitière.

Auguste embrasse Denise, et l'on se met en marche pour la maisonnette.

On trouve tout charmant quand on est heureux, pour les deux amants la maisonnette est devenue un palais; mais Bertrand, qui n'est point amoureux, et qui songe toujours à l'avenir, dit à Auguste :

— Mon lieutenant, cette maison n'est pas assez grande pour vous; d'ailleurs elle appartient à Coco, c'est sa propriété. Il faut vous en acheter une fort jolie, et pas trop chère; où vous pouvez apercevoir d'ici, dans laquelle vous serez logé convenablement, et où vous pourrez recevoir quelques amis, parce qu'enfin il ne faut pas s'isoler de toute société; le moyen que votre amour dure longtemps n'est pas de vous enfermer pendant six mois avec votre femme. Maintenant que vous connaissez le monde, vous ne serez plus sa dupe. Vous prendrez les hommes pour ce qu'ils sont, vous verrez ceux dont la société vous amusera, et vous ne jouerez plus si gros jeu, parce que voilà le cas, ou jamais, d'être sage.

Auguste approuve la proposition de Bertrand. La jolie maison est louée, et, au bout de huit jours, Denise rayonnante d'amour et de plaisir, embellissant par ses grâces, par ses attraits la parure modeste qu'elle a choisie, est conduite à l'autel par l'homme qu'elle chérit. Tous les habitants du village vont voir marier la petite laitière. Les paysannes se disent : — C'est pour le coup qu'elle va faire la dame à présent! elle épouse un beau monsieur!... comme elle va être fière!

Mais les paysannes se trompent : Denise, en devenant madame Dalville, reste aussi douce, aussi bonne, que lorsqu'elle était elle-même une simple villageoise.

En ramenant chez lui sa jeune épouse Auguste donne bien encore, par-ci, par-là, quelques regards à de jolies femmes qui se trouvent sur sa route, mais c'est seulement par habitude, et Denise seule a son cœur.

Fidèle à sa promesse, Denise ne veut plus quitter son village; et pendant longtemps Auguste ne s'éloigne pas de sa femme. Plus tard, cependant, il fait quelques voyages à Paris. Dans une de ses visites à la capitale, Auguste apprend que la vive Athalie s'est séparée d'avec son époux, parce que la mère Thomas a fait un second voyage à Paris, et que M. de la Thomassinière, ayant fait à son tour de mauvaises spéculations, et s'étant laissé ruiner par M. de Cligneval, a été forcé d'abandonner toutes ses propriétés à ses créanciers et s'est fait cocher de cabriolet, état dans lequel il semble beaucoup plus à sa place que lorsqu'il était au milieu d'un salon.

Le marquis de Cligneval s'étant permis, dans une partie d'écarté, de faire quelques tours d'escamotage, qui ne furent point du goût de la société, a été forcé de se battre en duel et tué par son adversaire.

Quant à Destival, ayant voulu faire en Angleterre des affaires dans le même genre qu'à Paris, un de ses clients, dont il emportait l'argent, lui donna un coup de poing dont il ne releva pas.

C'est M. Monin qui apprend toutes ces nouvelles à Auguste, non sans lui avoir demandé auparavant comment allait l'état de sa santé, et qui, après avoir visité sa tabatière, va rejoindre Bichette, qu'il a laissée dans un bosquet du café Turc avec M. Bisbis.

Auguste revoit aussi Dorfeuil et sa fille; mais il ne va que rarement chez la jeune mercière, parce qu'elle est fort jolie. En revanche il voit souvent Virginie, qui n'est plus jolie, mais qui est tout à fait rangée, et dont le cœur excellent fait oublier ses folies d'autrefois.

Lorsqu'il a passé quelque temps à Paris, Auguste retourne à Montfermeil; c'est toujours avec un nouveau plaisir qu'il se retrouve près de sa petite laitière, de son fidèle Bertrand, et de Coco, qui, en grandissant, se félicite souvent d'avoir cassé sa marmite.

PETITS TABLEAUX DE MOEURS,

PAR LE MÊME.

LE NOUVEAU DIOGÈNE.

Quel est ce monsieur d'une quarantaine d'années, dont la mise est élégante, la tournure distinguée, et que l'on rencontre partout, mais toujours seul, aux spectacles, dans les promenades, les jardins publics, aux fêtes champêtres, dans les lieux les plus fréquentés et les endroits les plus déserts? Partout il porte un regard scrutateur; il n'a pas l'air de s'ennuyer, et pourtant le sourire ne vient jamais errer sur ses lèvres. Qui est-il? Que cherche-t-il? — C'est, me répond-on, un nouveau Diogène. Celui-ci ne cherche pas un homme, c'est une femme qu'il demande, et ses yeux lui servent de lanterne. Cet homme est riche, bien fait, d'une belle figure, et cependant voilà bientôt vingt ans qu'il cherche une femme!... Il s'est créé une chimère, nous allons juger de son originalité.

A vingt ans il devint amoureux d'une jeune personne fort bien élevée, fort jolie et possédant mille qualités. Il lui fait la cour, et la quitte plus, la demande en mariage, obtient l'aveu des parents. Tout va se terminer, lorsqu'il se trouve un soir à un bal brillant avec sa prétendue; alors c'était la mode de danser la gavotte, et il ne la savait pas, mais sa future la dansait fort bien. Un joli garçon invite la jeune personne à danser une gavotte, elle accepte et s'en acquitte à merveille ainsi que son danseur. Le lendemain de ce bal, notre original demande à sa prétendue si elle a bien passé la nuit; elle lui avoue qu'elle a rêvé au jeune homme avec qui elle a dansé la gavotte : à ces mots il la quitte, rompt son mariage, et ne la revoit plus.

Un peu plus tard, il aima une jeune fille sans fortune, mais qui réunissait les vertus de la fidélité. Elle semblait partager sa tendresse, et chaque jour il en était plus épris. Sur le point de l'épouser, il la questionna sur l'état de son cœur. — N'avez-vous jamais aimé personne avant de me connaître? lui demandait-il sans cesse. — Non, vous êtes mon premier amour. Cependant, à treize ans, j'aimais beaucoup mon cousin, et je l'appelais mon petit mari. Il n'en fallut pas davantage pour faire fuir notre Diogène.

Quelques années après, il se laissa charmer par une jeune dame d'une rare beauté, dont l'esprit aimable faisait excuser quelques légers défauts. Il allait s'enchaîner pour la vie... lorsqu'un jour, entrant chez elle à l'improviste, il la surprit prenant une prise de tabac. Il se sauva, et ne la revit plus.

Le moderne Diogène devint ensuite amoureux d'une simple ouvrière, bien gentille, bien fraîche et bien niaise. Il allait couper par-dessus les convenances et lui donner le titre de son épousée, lorsqu'un soir il la vit faire des *petits paquets* avec un jeu de cartes. Il la quitta, ne voulant pas d'une femme qui crût à la bonne aventure.

Depuis ce temps, combien d'autres liaisons qui n'ont pas amené de résultat plus heureux! L'une est jolie, mais elle est coquette; l'autre n'est point coquette, mais elle n'a pas de grâce; celle-ci est aimante, mais elle est jalouse; celle-là est douce, mais elle n'a point d'esprit; l'une a de l'esprit, mais beaucoup de prétentions; l'autre fait des vers, ou aime trop la danse, ou est trop rieuse, ou trop prude, ou trop sensible, ou pas assez réservée. Le nouveau Diogène a ébauché mille liaisons, dont plusieurs n'ont pas duré huit jours. Facile à s'enflammer, plus prompt à se détacher, il court en tous lieux dans l'espérance de rencontrer le phénix qu'il cherche. En vain ses amis lui disent souvent : On peut être une excellente épouse et avoir dit la bonne aventure; on n'est pas moins belle pour avoir pris une prise de tabac; on peut aimer son époux et rêver de son danseur; on a encore le cœur libre après avoir appelé son cousin *mon petit mari*; le nouveau Diogène ne les écoute point, et continue de chercher une femme. Mais déjà ses cheveux grisonnent, et chaque année il lui

LES LUNETTES DE LA SAGE-FEMME.

Mon voisin Roch est un homme fort estimable, et qui aime beaucoup ses enfants. C'était une chose toute naturelle autrefois ; c'est une qualité aujourd'hui qu'il y a tant de gens qui leur préfèrent les chiens, les chats, les singes et les perroquets. Mon voisin est marié ; sa femme l'a déjà rendu père de quatre jolies petites filles, après lesquelles cependant il est permis de désirer des garçons.

La femme de mon voisin était enceinte ; elle espérait, cette fois, donner à son époux un héritier de son nom, celui-ci s'en flattait aussi : le moment décisif approchait... Il arrive enfin.

Depuis quelques jours madame Roch attendait le moment d'être de nouveau mère, et mon voisin n'en perdait ni le sommeil, ni l'appétit, et il s'était endormi la nuit dernière parce que son héritier n'arrivait pas assez promptement. Au milieu de la nuit, la crise se déclare ; mais une amie est là et, comme on craint que l'accoucheur ne tarde trop, on fait venir une vieille sage-femme, qui, dans l'empressement qu'elle met à accourir, ne trouvant pas ses lunettes, objet de première nécessité pour elle, prend celles d'un vieux tailleur qui demeure sur son carré.

Pendant que mon voisin dort, sa femme donne le jour à un enfant. La sage-femme le prend, et s'écrie en l'enveloppant : — C'est un garçon !

A cette heureuse nouvelle, l'amie quitte un moment l'accouchée ; et, courant près du lit de mon voisin, qui dormait paisiblement, elle parvient à le réveiller.

— Qu'est-ce donc? demande M. Roch en se frottant les yeux. — Votre femme est accouchée... — Bah ! — Venez donc l'embrasser... vous avez un garçon... — Vraiment? — Eh oui ! un beau garçon !.. — Allons, je vous suis...

La dame s'éloigne ; mon voisin se retourne, pense à son bonheur, remet sa tête sur l'oreiller, et se rendort en rêvant à son garçon.

Cependant l'accouchée souffre toujours, tout annonce qu'elle sera encore mère. En effet, au bout de quelques minutes, elle met au monde un second enfant. Cette fois, c'est son amie qui le prend et est chargée de le couvrir. — C'est une petite fille charmante ! dit-elle en arrangeant l'enfant. Puis, passant de nouveau dans la chambre du papa, qui ronflait, elle le pousse et l'éveille.

— Mais venez donc, monsieur Roch ; votre femme vient d'accoucher. — Oui, oui, je me le rappelle... — Vous avez une petite fille belle comme l'Amour.

Ici mon voisin se frotte les yeux et se met sur son séant.

— Comment dites-vous? — Je vous dis que votre femme vient d'accoucher d'une fille qui est tout son portrait. — C'est singulier ! je croyais que c'était un garçon. — Venez vite ! levez-vous !

Et la dame sort pour laisser mon voisin se lever. Mais celui-ci s'étend de nouveau sur son lit en se disant : — Que diable ! j'ai donc rêvé que j'avais un garçon?... C'est dommage, cependant !...

Tout ce se livrant à ses réflexions, mon voisin s'endort de nouveau. Mais madame Roch n'a pas fini : de nouvelles douleurs annoncent un nouvel enfant ; et bientôt elle en met au monde un troisième, dont cette fois la sage-femme s'empare en s'écriant : — Encore un garçon !

Aussitôt l'officieuse amie quitte l'accouchée, qui paraît enfin vouloir s'en tenir là ; mon voisin est de nouveau réveillé.

— Venez donc, paresseux, faire compliment à votre femme ! — Pardon, j'y allais... — C'est fini, voilà, c'est un garçon superbe !... — Je n'y comprends plus rien... vous me dites tantôt une fille, tantôt un garçon... je ne sais sur quel pied danser... — Levez-vous, et vous verrez.

Cette fois mon voisin se lève ; il passe dans la chambre de sa femme, et voit... trois enfants déjà emmaillottés. A cette vue, il est un moment stupéfait ; mais on lui dit : — Vous avez deux garçons et une fille !... Alors il prend son parti : deux garçons !... comme il est fier !...

Dès le point du jour tout le quartier sait la nouvelle ; les voisins, les parents, les amis accourent complimenter M. Roch, qui a déjà nommé ses deux fils Achille et César.

L'accoucheur vient ensuite, il veut s'assurer si les enfants sont bien conformés. On les démaillote tous trois... C'est à qui les baisera... Mais, ô surprise !... ce sont trois filles dont madame Roch est accouchée !...

— Trois filles ! s'écrie mon voisin, trois filles !... et vous m'aviez annoncé deux garçons !... Qu'est ce que cela signifie, mesdames ?... avez-vous prétendu vous moquer de moi ?...

— D'honneur, je n'y conçois rien, dit la vieille sage-femme, j'ai pourtant bien vu...

Elle replace sur son nez les lunettes du tailleur. — Eh, mais qu'est-ce que cela? s'écrie-t-elle. Elle les examine de plus près... il n'y avait point de verres.

CROQUE-MITAINE.

Voyez-vous tous ces enfants trembler, se cacher sous la robe de leur maman ou derrière le tablier de leur bonne ! ils ont été gourmands, entêtés, ou paresseux, mais un mot va les faire obéir : ce mot magique, plus puissant que l'*Abracadabra*, qui doit guérir la fièvre, et qui ne guérit rien, fait sur eux un effet merveilleux. Parlez de *Croque-Mitaine* devant un enfant, et vous en faites tout ce que vous voulez ; il devient aussitôt sage, soumis : c'est la crainte de cet être terrible qui produit ce changement soudain.

Quel est donc ce personnage effrayant? Existe-t-il réellement? Oui, sans doute ; il ne s'agit que de donner ce nom à l'être que nous craignons le plus de rencontrer. Ne nous moquons pas des enfants ; ainsi qu'eux, dans le cours de la vie, nous avons tous notre Croque-Mitaine.

Pourquoi ces jeunes gens si aimables, si fous, si étourdis, qui ne calculent jamais avec leur bourse, surtout lorsqu'il s'agit de s'amuser, ne répondent-ils pas le matin lorsqu'on frappe à leur porte? Pourquoi, dans la rue, traversent-ils quelquefois brusquement au risque de se crotter? Pourquoi ne veulent-ils jamais passer sur tel boulevard? Vous ne devinez pas! C'est que le matin le tailleur vient leur rendre visite avec son mémoire ; c'est que dans la rue ils viennent d'apercevoir leur bottier ; c'est que sur tel boulevard loge un traiteur devant lequel ils ne se soucient point de passer. Pour les jeunes gens, chaque créancier est un Croque-Mitaine.

Où se rend ce libraire? Qui peut le faire courir ainsi? Va-t-il chez un auteur en vogue? Vient-il d'acquérir un manuscrit précieux? Non ; il fuit ce petit monsieur en habit noisette, qui le poursuit avec un énorme cahier de papier à la main. C'est un ouvrage qu'il veut lire à tous ceux qui impriment ou vendent des livres. Cet homme-là est le Croque-Mitaine des libraires.

Madame est malade ; elle a des vapeurs, des maux de nerfs ; elle congédie monsieur, en l'engageant à aller se promener ; elle ne veut pas souffrir qu'il lui tienne compagnie. Monsieur sort en annonçant qu'il reviendra de bonne heure. Dès qu'il est parti, la suivante introduit un jeune homme dont la conversation est précieuse pour chasser les vapeurs et dissiper les maux de nerfs : mais comme il faut que cette conversation ne soit pas interrompue brusquement, madame ordonne à sa suivante de renvoyer tous les importuns, et surtout de l'avertir si monsieur revenait. La suivante fidèle va se mettre en vedette. Qui guette-t-elle? Croque-Mitaine.

Ce brave marchand de la rue Mouffetard saisit le jour où sa moitié dîne en ville pour mener promener au jardin des plantes une jolie petite brunette qui est sa bonne du dimanche, et près de laquelle il se fait passer pour garçon. Quoique certain que sa femme est dans un autre quartier, le pauvre homme pâlit et rougit lorsque de loin il aperçoit un chapeau rose et une robe jonquille : c'est le costume de son Croque-Mitaine. Il veut faire l'aimable, le galant avec sa brunette ; mais la peur de Croque-Mitaine le poursuit partout. En entrant au jardin des plantes, il regarde de loin avant de se risquer dans une avenue...

Mais tout à coup il devient tremblant, il pousse un cri d'effroi... Il quitte le bras de sa demoiselle, et se sauve... Il vient d'apercevoir Croque-Mitaine dans l'allée des bêtes à cornes.

Ce jeune homme est un auteur dont on joue ce soir une pièce nouvelle. L'espérance le soutient, ses amis seront là. Il se rend gaiement au théâtre, rêvant déjà un succès. La toile se lève : la pièce commence ; cela va bien d'abord, puis mal, puis encore plus mal... Quel bruit ! quel tapage ! quels sifflets ! Le pauvre auteur se sauve en se bouchant les oreilles... Le parterre était plein de Croque-Mitaines.

A six ans, Croque-Mitaine est un homme tout noir qui emporte les petits enfants ; à vingt ans, c'est un créancier ; à trente, c'est une femme jalouse ou un mari grondeur ; à quarante, ce sont les cheveux qui grisonnent ; à cinquante, c'est la goutte ou les rhumatismes ; à soixante, c'est la peur de la mort ; un peu plus tard, c'est la mort elle-même, qui ressemble assez au petit homme noir qui nous effrayait dans notre enfance, et qui nous a suivis sous différentes formes dans tout le cours de notre vie.

LE MULETIER,

OPÉRA-COMIQUE EN UN ACTE,

PAR

PAUL DE KOCK.

PERSONNAGES.

HENRIQUEZ, jeune muletier.
RODRIGUE, vieil aubergiste.
FLANDRINOS, neveu de Rodrigue, garçon d'auberge.
INESIA, Agnès de seize ans, femme de Rodrigue.
ZERBINE, pupille de Rodrigue.
UN MULETIER, parlant.
QUATRE MULETIERS.
HABITANTS DU BOURG.

La scène se passe dans l'auberge de Rodrigue, aux environs de Madrid.

Le théâtre représente une arrière-cour de l'auberge, fermée au fond par un mur grillé qui laisse voir la campagne. A droite, un vieux corps de logis composé d'un rez-de-chaussée; on voit l'intérieur de la première pièce, qui a une porte donnant sur la cour, et une autre sur la coulisse. A gauche, un bâtiment qui sert de remise, le devant forme un hangar sous lequel on a jeté des bottes de paille. Les bâtiments de l'auberge sont censés plus loin, à droite.

SCÈNE I.
ZERBINE, HENRIQUEZ.

(Zerbine arrive par la gauche, Henriquez par la droite, ils courent au-devant l'un de l'autre.)

DUO.

ZERBINE. Je ne me trompe pas.
Oui, vraiment... c'est lui-même!...
HENRIQUEZ. L'amour guidait mes pas
Près de celle que j'aime.
Ma Zerbine, je te revoi,
Et toujours plus charmante.
ZERBINE. Cher Henriquez, auprès de toi
Que mon âme est contente!
J'oublie en te voyant
Combien tu fus volage.
HENRIQUEZ. Moi, j'oubliais en te voyant,
Les ennuis du voyage.
ENSEMBLE. Plus de tristesse, plus d'alarmes!
Bien dupe qui veut s'affliger!
De nous aimer goûtons les charmes :
L'amour saura nous protéger.
HENRIQUEZ. Mais dis-moi, pendant mon absence
Que s'est-il passé dans ces lieux?
ZERBINE. Ah! tu vas en rire, je pense;
Et pourtant c'est très-sérieux!...
HENRIQUEZ. Mais parle donc, je t'en supplie!
ZERBINE. Mon vieux tuteur s'est marié.
HENRIQUEZ. Bah! c'est une plaisanterie!
ZERBINE. Non, ce n'est pas une plaisanterie.
HENRIQUEZ. Et qui donc s'est sacrifié?
ZERBINE. Une jeune fille,
Bien faite et gentille;
Des traits ravissants;
Tout au plus seize ans;
Beauté qu'accompagne
Naïve candeur :
Voilà la compagne
De mon vieux tuteur.
HENRIQUEZ. Quoi! pour ce vieux drille,
Une jeune fille!...
ZERBINE. Sans cesse il la guette,
La tient en cachette;
Il faut des verrous
A ce vieux jaloux;
Près d'elle il soupire
Tout le long du jour.
Ah! qu'il me fait rire
Avec son amour.
HENRIQUEZ. Il faut aussi qu'il nous marie!
Il ne saurait nous refuser.
ZERBINE. C'est en vain que je l'en supplie!
HENRIQUEZ. Moi, je saurai bien l'y forcer.
Ma Zerbine, je te revoi,
Et toujours plus charmante.
ZERBINE. Cher Henriquez, auprès de toi
Que mon âme est contente!
J'oublie en te voyant
Combien tu fus volage.
HENRIQUEZ. Moi, j'oubliais en t'adorant
Les ennuis du voyage.
ENSEMBLE. Plus de tristesse, plus d'alarmes! etc.

HENRIQUEZ. — Comment! ce vieux Rodrigue... mais je n'en reviens pas!... épouser une jeune fille!

ZERBINE. — C'est un mariage arrangé par les parents; la pauvre enfant est sortie du couvent pour devenir l'épouse de mon tuteur. Oh!... elle ne se trouve pas malheureuse! elle est si simple!...

HENRIQUEZ. — Je crois bien qu'elle le sera longtemps!

ZERBINE. — Son mari a grand soin que personne ne l'approche; la noce s'est faite chez les parents, ils ne sont revenus qu'aujourd'hui; et comme mon tuteur craint que cette maison, toujours remplie de voyageurs, ne soit pas un asile sûr pour sa jeune épouse, il l'emmène dès demain dans une ferme isolée qu'il va lui faire habiter.

HENRIQUEZ. — Voilà une petite femme qui sera bien heureuse!... Mais nos amours à nous?

ZERBINE. — Ah! mon pauvre Henriquez, j'ai bien peur que mon tuteur ne refuse ma main!...

HENRIQUEZ. — Pour quelle raison? Il est aubergiste, il est riche, eh bien! je suis muletier, et un muletier n'est pas un parti à dédaigner! En relation, par état, avec toutes les classes de la société, nous avons souvent besoin de pouvoir qu'on ne pense!... ne fût-ce que par intrigue!... et c'est une branche de commerce qui va toujours!... D'ailleurs, je suis à mon aise, tu m'aimes, je t'adore : cela va tout seul.

ZERBINE. — Mon tuteur ne t'aime pas, parce que tu es joli garçon, et que tu fais la cour aux femmes.

HENRIQUEZ. — Pourvu que je ne m'adresse pas à la sienne, le reste ne le regarde pas.

ZERBINE. — Enfin, il protége Flandrinos, son neveu, imbécile qui me fait les yeux doux et compte m'épouser!

HENRIQUEZ. — T'épouser! non pas, s'il vous plaît! il ne sera pas dit que Zerbine, la plus séduisante, la plus pétillante, la plus agaçante fille de toutes les Espagnes, ait pu m'être enlevée par un nigaud et un barbon!

ZERBINE. — Mais quel moyen emploierons-nous?...

HENRIQUEZ. — Nous en trouverons mille!... Promets-moi seulement de me seconder, et je te réponds du succès.

ZERBINE. — Ton courage ranime le mien, touche là!... je te donne ma main... et j'espère que mon consentement vaut bien celui de mon tuteur.

HENRIQUEZ *lui prenant la main*. — Voilà qui est parler!...

ZERBINE. — Il faut que je te quitte, tu sais combien on a d'ouvrage dans cette auberge!... Si tu vois mon tuteur, essaye d'abord les voies de la douceur.

HENRIQUEZ. — Sois tranquille! il faudra bien qu'il se rende!

(Il sort.)

SCÈNE II.

HENRIQUEZ seul.

Allons, mes amours sont en bon train; établissons mon plan d'attaque... Un plan, en ai-je besoin?... Flandrinos n'est pas un rival redoutable!... et le vieux Rodrigue, tout occupé de sa femme, ne peut guère surveiller sa pupille!... Ce n'est pas qu'il ne soit rusé!... Oh! je lui rends justice! Mais oserait-il se jouer à moi?... Ne saurait-il plus ce que c'est qu'un muletier dans ce pays?

BOLÉRO.

Sur les pas de jeunes fillettes,
  Chaque jour
Nous savons, en fait d'amourettes,
  Plus d'un tour;
Craint des maris, aimé des belles,
  Notre ardeur
Sait, même avec les plus cruelles,
  Prendre un cœur.
Suivant au gré de notre envie
  Nos désirs,
Nous employons gaiment la vie
  En plaisirs :
Oui, chez nous, par état, par zèle,
  Et par goût,
Excepté l'art d'être fidèle,
  On sait tout.
Sexe charmant, nous bravons ta malice,
Ah! contre nous cesse de conspirer!
Si, comme toi, nous usons d'artifice,
C'est pour te plaire et t'adorer;
Sachant tromper amant, maitresse,
Duègnes, tuteurs et maris,
Nous traitons même avec finesse
Ceux que nous nommons nos amis.
Oui, pour garder une conquête,
Nul obstacle ne nous arrête!
Toujours le hardi muletier
En amour vaincra le premier!...

Sur les pas, etc.

Mais voilà mon rival.

SCÈNE III.

HENRIQUEZ, FLANDRINOS.

FLANDRINOS *arrivant à la cantonade.* — Que diable! laissez-moi donc respirer un moment!... Je ne peux pas être à la fois à la broche et à l'écurie!...
HENRIQUEZ *à part.* — Qu'il a l'air benêt!...
FLANDRINOS *sans voir Henriquez.* — C'est vrai ça... il faut que je supporte l'auberge à moi tout seul!...
HENRIQUEZ *lui frappant sur l'épaule.* — C'est que tu es un garçon robuste!
FLANDRINOS *se retournant.* — Ah! mon Dieu!... comment vous v'là! Vous êtes donc de retour?...
HENRIQUEZ. — Mais apparemment!...
FLANDRINOS. — Je vous croyais encore bien loin...
HENRIQUEZ. — On dirait que ma présence ne te fait pas plaisir!...
FLANDRINOS. — Ce n'est pas pour vous faire un compliment, mais vous ne me plaisez pas du tout!
HENRIQUEZ. — En vérité?
FLANDRINOS. — Dame! c'est ben naturel. Quand vous êtes ici, vous faites la cour à toutes nos jeunes filles, et même à ma prétendue! Ça fait que, quand je viens après vous pour faire le galant... on me dit que je ne suis qu'un imbécile!...
HENRIQUEZ. — Console-toi, va!... Je ne serais pas là que ce serait la même chose.
FLANDRINOS. — Oh! que non!... J'ai ben remarqué que quand vous n'y êtes pas on me donne la préférence.
HENRIQUEZ. — Quant à ta prétendue, je n'ai que deux mots à te dire à son sujet...
FLANDRINOS. — Qu'est-ce que c'est?
HENRIQUEZ. — C'est que c'est moi qui l'épouse.
FLANDRINOS. — Vous!... épouser mam'zelle Zerbine!... Laissez donc... mon oncle doit nous marier au premier combat de taureaux qui se fera à la ville.
HENRIQUEZ. — Et moi, je te promets de te couper les oreilles si tu ne renonces pas à tes prétentions... Adieu, Flandrinos; souviens-toi de cela. *(Il sort par la droite.)*

SCÈNE IV.

FLANDRINOS seul.

Me couper les oreilles!... il en est capable... Ah! c'n'est pas encore ça qui m'empêcherait de me marier... Allons, il veut m'effrayer, v'là tout... Mais j'ai la promesse de mon oncle, faut tenir bon... Justement le voilà avec sa femme... Elle est gentille, ma tante; j'l'aurais ben épousée aussi, moi... Mais, chut! les v'là!

SCÈNE V.

FLANDRINOS, RODRIGUE, INESIA.

RODRIGUE *donnant la main à sa femme.* — Venez, ma mignonne, venez, je veux vous faire connaître toutes mes propriétés.
INESIA *regardant autour d'elle.* — Ah! mon Dieu! que c'est grand!... ça m'en finit pas!...
RODRIGUE. — Tout cela est à vous, mon cœur, tout, absolument!
INESIA. — Vous êtes bien bon, monsieur!
RODRIGUE. — Ah! te voilà, Flandrinos?
FLANDRINOS. — Oui, mon oncle; c'est que je venais...
RODRIGUE. — Je suis fort satisfait de la manière dont on a tenu mon auberge pendant mon absence, et je t'en récompenserai.
FLANDRINOS. — Dame, ça vous sera facile; vous savez ben ce que vous m'avez promis?
RODRIGUE. — Oui, mon garçon; sois tranquille, Zerbine sera ta femme... Mais va à l'auberge, les voyageurs ont besoin de toi.
FLANDRINOS. — Ah!... c'est que je voulais vous instruire du retour de...
RODRIGUE. — Tu me diras cela plus tard... va... je veux être seul avec ma femme.
FLANDRINOS. — Ah! c'est différent... alors je retourne au four. *(Il sort.)*

SCÈNE VI.

RODRIGUE, INESIA.

RODRIGUE. — C'est un gentil garçon que mon neveu; il est sage celui-là!.. et je suis certain, mon enfant, qu'il vous respectera...
INESIA. — Ah! mon Dieu, monsieur! ce n'est pas la peine... je l'aimerai bien sans cela!...
RODRIGUE *à part.* — Quelle candeur!
INESIA. — J'aime bien aussi votre pupille Zerbine, elle est bien gaie, bien aimable...
RODRIGUE. — Oh! c'est une folle, une étourdie!... sa société ne vous convient pas... elle vous apprendrait mille choses... que ma femme ne doit point savoir... Au reste, pour éviter tout cela, demain nous partirons, et je vous conduirai dans l'endroit que vous devez habiter.
INESIA. — Comment, seigneur, je ne resterai pas ici?
RODRIGUE. — Non, certes, ma toute belle!... Diable! une maison toujours pleine de voyageurs, de jeunes aventuriers... (*A part.*) Je ne dormirais pas tranquille!... (*Haut.*) Vous y auriez trop de dangers à courir...
INESIA. — Cependant, cela m'amuserait de voir tout ce monde...
RODRIGUE. — La retraite où je vous conduirai vous plaira davantage : c'est une petite maisonnette éloignée de toute habitation; les murs du jardin ont quinze pieds de haut, et toutes les fenêtres sont grillées, de crainte des voleurs... De plus, j'ai fait placer trois gros dogues dans chaque cour : ainsi vous voyez que vous pourrez être tranquille.
INESIA. — Est-ce que vous me laisserez toute seule là dedans?
RODRIGUE. — Non pas, ma chère amie! vous aurez de la société... d'abord Roverdina, votre femme de chambre; c'est une petite brune de soixante ans, très-alerte et très-prévoyante; de plus, Antonio, qui est mon concierge depuis quarante-cinq ans, et qui fait des rondes trois fois par jour... Vous voyez que vous y serez heureuse comme une reine!... Et puis j'irai vous voir souvent... je vous aime tant, poulotte!
INESIA. — Oh! cela m'est égal, monsieur; on m'a bien dit, à moi, qu'il ne fallait pas trop aimer son mari...
RODRIGUE. — Quelle simplicité! quelle innocence!
INESIA. — De l'innocence!... oh! certainement que j'en ai! Maman m'avait tant recommandé de la conserver!...
RODRIGUE. — Ah!... elle savait bien ce qu'elle faisait en vous mariant avec moi!... Je veux que vous soyez toujours aussi simple... et je me conduirai en conséquence.
INESIA. — Cependant, seigneur... s'il faut vous l'avouer... quelque chose m'étonne depuis que nous sommes mariés!...
RODRIGUE. — Quelque chose?... qu'est-ce donc?... (*A part.*) Que veut-elle dire?... (*Haut.*) Parlez, signora.
INESIA. — C'est que je ne vois pas... monsieur...
RODRIGUE. — Allons, du courage, je... j'exige, contez-moi cela... ma poupoune...

DUO.

INESIA.
J'avais toujours entendu dire
Que lorsqu'on prenait un époux,
Sur des plaisirs, sur des devoirs bien doux,
L'hymen devait nous instruire...
Et cependant, seigneur...
RODRIGUE. Eh bien ?
INESIA. Vous ne me dites rien !
RODRIGUE. Ma chère amie, un peu de patience !
INESIA. Pardonnez à mon ignorance !
RODRIGUE. Sur ces devoirs, sur ces plaisirs,
Je veux bien vous parler d'avance.
INESIA. Vous comblerez tous mes désirs !
RODRIGUE. Ecoutez bien : il faut dans son ménage,
Etre douce, économe et sage !
C'est d'abord le point important !
INESIA. Après ?...
RODRIGUE. Après il faut à chaque instant,
Pour éviter aux querelles de naître,
Se rappeler qu'un époux est le maître.
INESIA. Après !...
RODRIGUE. Après... il faut enfin, m'amour,
Bien franchement, sans nul détour,
Lui raconter ce qu'on fait chaque jour.
INESIA. Mais tout cela ne m'amusera guère !
Vous me cachez quelque mystère,
Car je ne vois aucun plaisir !...
RODRIGUE. Vous en aurez à l'avenir.
INESIA. Ah ! que faut-il donc que je fasse ?
RODRIGUE *à part*. Son innocence m'embarrasse !..
(*A Inesia.*) C'est en m'aimant bien tendrement,
En me rendant caresse pour caresse,
Que vous pourrez, ma chère enfant,
Connaître la plus douce ivresse.
INESIA. Quoi ! c'est là tout ?
RODRIGUE. Oui, c'est là tout.
INESIA. Et ce n'est que cela ?...
RODRIGUE. Mais c'est, je crois, beaucoup.

ENSEMBLE.

INESIA.
Ah ! je ne suis pas contente,
Je le sens d'après mon cœur ;
Les plaisirs qu'il me présente
Ne feront pas mon bonheur.

RODRIGUE.
Ah ! d'honneur, elle m'enchante !
Combien j'aime sa candeur !
Cette ignorance charmante
M'assure de mon bonheur.

RODRIGUE. — Oui, ma mignonne, oui, vous serez heureuse ; il ne faut pour cela que m'aimer autant que je vous aime !...
INESIA. — Dame, seigneur, cela viendra peut-être ! car maman m'a dit qu'en se mariant elle n'aimait pas, et que six mois après c'était bien différent ; je ferai sans doute comme elle.
RODRIGUE. — Je veillerai à cela, mon enfant ! En attendant, pour que même en mon absence vous pensiez toujours à moi, je veux vous faire un cadeau.
INESIA. — Un cadeau ! ah ! j'aime bien les cadeaux, moi.
RODRIGUE *lui présentant un médaillon*. — Tenez, ma pouponne...
INESIA. — Qu'est-ce que c'est que ça ?...
RODRIGUE. — Comment ! vous ne le reconnaissez pas, mon cœur ?
INESIA. — Mais c'est une vieille figure...
RODRIGUE. — C'est mon portrait, mignonne.
INESIA. — Votre portrait !... ah ! qu'il est drôle ! Et que voulez-vous que j'en fasse ?
RODRIGUE. — Ayez-le sans cesse devant les yeux ! songez que c'est un trésor que je vous confie !...
INESIA. — Bah !... c'est précieux ça ?...
RODRIGUE. — Et si jamais vous le perdiez !... cela compromettrait mon honneur !
INESIA *le mettant dans sa poche*. — Oh ! soyez tranquille, seigneur, puisque c'est un trésor, j'en aurai bien soin !
RODRIGUE *à part*. — Elle est charmante !... (*On entend l'arrivée des villageois.*) Eh ! mon Dieu !... quel est ce bruit ?...

SCÈNE VII.

LES PRÉCÉDENTS, ZERBINE.

ZERBINE *accourant*. — Seigneur, réjouissez-vous, voilà tous vos voisins, les habitants de ce bourg, qui, ayant appris votre retour et votre mariage, accourent vous faire leur compliment.
INESIA. — C'est bien honnête cela !
RODRIGUE. — Je ne veux voir personne !... je n'aime pas les compliments ; qu'ils aillent au diable !...
ZERBINE. — Les voici, seigneur.
RODRIGUE *à part*. — Déjà des contrariétés !... (*A Inesia, lui prenant la main.*) Ne me quittez pas, signora !...

SCÈNE VIII.

LES PRÉCÉDENTS, HENRIQUEZ, MULETIERS, HABITANTS DU BOURG.

CHOEUR DE VILLAGEOIS.
Au bruit de votre mariage,
Seigneur, nous accourons tous,
Et nous venons, suivant l'usage,
Fêter les nouveaux époux.
RODRIGUE *avec humeur*. De vos soins je vous remercie,
Mais on ne me fêtera pas.
LE CHOEUR. Ah ! que son épouse est jolie !
Vraiment, elle est pleine d'appas.
INESIA *faisant la révérence*. Ah ! messieurs, je vous remercie.
(*Rodrigue la tire près de lui.*)
ZERBINE et HENRIQUEZ *à part*. Le pauvre homme enrage tout bas.
LES MULETIERS *à Rodrigue*. Vous êtes heureux, à votre âge,
D'avoir un si joli tendron !
RODRIGUE *en colère*. Eh ! qui vous parle de mon âge !
Il s'agit de mon mariage,
Et du bonheur de ma maison.
CHOEURS DES HOMMES. A l'épouse, suivant l'usage,
Nous devons donner un baiser.
INESIA. Ah ! messieurs, je suis trop sage
Pour jamais vous refuser.
RODRIGUE *courant à chaque homme, pendant qu'un autre embrasse sa femme*. A quoi donc sert de s'embrasser ?...
N'en prenez pas davantage !
Messieurs ! voulez-vous bien cesser !...
CHOEUR. Vous savez que c'est l'usage.
ZERBINE et HENRIQUEZ *à part*. Il est jaloux ! il enrage !
RODRIGUE. Au diable soit de votre usage !
(*A part.*) Sachons nous en débarrasser.
(*Haut.*) Zerbine, il faut, ma chère amie,
Emmener la compagnie,
Et dans la salle, en liberté,
La faire boire à ma santé.
CHOEUR. Vraiment, votre idée est bonne ;
Nous allons nous mettre en train,
Et chanter votre personne
Tout en buvant votre vin.
Allons, mettons-nous en train !
(*Les villageois suivent Zerbine. Henriquez reste.*)

SCÈNE IX.

RODRIGUE, INESIA, HENRIQUEZ.

RODRIGUE. — Ouf !... je n'en puis plus !... m'en voilà débarrassé enfin !
HENRIQUEZ *à part*. — Voilà le moment de savoir à quoi m'en tenir.
INESIA. — Ces gens-là sont bien honnêtes, ils m'ont bien amusée !
RODRIGUE. — Vraiment, madame ?... ils ne m'ont guère amusé, moi ! J'espère, au moins, que cela ne recommencera pas !... Mais vous êtes encore là, seigneur Henriquez ?...
HENRIQUEZ. — Oui, seigneur ; j'ai à vous parler.
RODRIGUE *à part*. — Je ne serai pas tranquille un moment !... (*Haut.*) Qu'est-ce donc... s'il vous plaît ?
HENRIQUEZ. — Il s'agit d'une affaire importante !
RODRIGUE. — Parlez vite ; je suis pressé.
HENRIQUEZ *vivement*. — Eh bien ! seigneur, j'aime, j'adore votre pupille, la charmante Zerbine, et je viens vous demander sa main. Je suis à mon aise, vous le savez, et je me flatte bien que ce sera bientôt une affaire conclue !
INESIA *à part*. — Ah ! comme il est vif, ce monsieur-là !...
RODRIGUE. — Eh bien ! seigneur muletier, je vous engage à oublier votre amour, ma pupille ne sera pas pour vous, et, malgré vos écus, je ne vous accorderai pas sa main : voilà ma réponse.
HENRIQUEZ. — Tout de bon, seigneur ?
RODRIGUE. — Je ne plaisante jamais.
HENRIQUEZ. — Et c'est à moi que vous osez faire un semblable refus ?
RODRIGUE. — Et pourquoi pas à vous ?
HENRIQUEZ. — Vous ne me connaissez donc pas ?
RODRIGUE. — Au contraire ! c'est parce que je vous connais que je vous refuse.
HENRIQUEZ. — Prenez garde !... seigneur Rodrigue !... tenez, je serai l'époux de Zerbine... j'en jure par les beaux yeux de votre femme !
INESIA *le saluant*. — Vous êtes bien bon, seigneur !
RODRIGUE. — Il n'est pas question des yeux de ma femme !... Je vous ai fait connaître ma résolution... prenez votre parti...

HENRIQUEZ. — Oh! il est pris...
RODRIGUE. — A la bonne heure!
HENRIQUEZ. — Et je suis décidé... à épouser Zerbine!
RODRIGUE. — Malgré ma volonté?
HENRIQUEZ. — Vous y consentirez?
RODRIGUE. — Moi!
HENRIQUEZ. — Vous-même.
RODRIGUE. — C'est un peu fort!...
HENRIQUEZ. — Demain, nous ferons la noce, et je retiens madame votre épouse pour le fandango!
INESIA. — Bien volontiers, seigneur.
RODRIGUE. — Allons!... finissez ces balivernes; cela me déplaît, seigneur Henriquez!
HENRIQUEZ. — Au revoir, aimable tuteur de ma future épouse, je vais faire les préparatifs pour la cérémonie de mon hymen.
RODRIGUE. — Allez au diable!...
HENRIQUEZ. — Signora, je vous baise les mains.
(*Inesia lui fait la révérence. Il sort en riant.*)

SCÈNE X.
RODRIGUE, INESIA.

RODRIGUE. — Il semble que tout le monde se soit donné le mot aujourd'hui pour me tourner la tête!...
INESIA. — Il est bien gentil, ce jeune homme-là!
RODRIGUE. — Signora, quand on est mariée, on ne doit trouver gentil que son époux, et tous les autres hommes fort laids!
INESIA. — Ah bien! je faisais tout le contraire.
RODRIGUE. — Je vois qu'il faudra que je vous apprenne bien des choses! Vous n'auriez pas dû souffrir non plus que tous ces mauvais sujets vinssent vous embrasser!
INESIA. — Pourquoi donc, seigneur, puisque ça leur faisait plaisir?...
RODRIGUE *à part*. — Voilà une conséquence bien rassurante pour moi!
INESIA. — D'ailleurs, puisque c'est l'usage!...
RODRIGUE. — Il me tarde de quitter cette maison; et, s'il n'était pas déjà si tard, nous partirions de suite... mais c'est impossible!... Une chose m'inquiète maintenant, c'est de savoir où je vous ferai passer la nuit.
INESIA. — Mais la maison est grande cependant.
RODRIGUE. — Oh! oui!... mais elle est remplie de gens qui vont, qui viennent!... vous n'y seriez pas tranquille... Je voudrais trouver une petite chambre éloignée des autres bâtiments; de ce côté, par exemple...
INESIA. — Oh! dame, c'est que je suis peureuse, d'abord!
RODRIGUE. — Je serai là, mon enfant. Mais allez faire un tour dans ce jardin, où vous serez seule, pendant que je vais m'occuper de vous trouver un appartement; et surtout prenez bien garde de passer près de la maison et d'être vue de personne...
INESIA. — Oui, seigneur! je prendrai bien garde.
RODRIGUE. — Allez, mon ange, allez... (*Inesia s'éloigne par la gauche.*) Je ne vous perds pas de vue.

SCÈNE XI.
RODRIGUE seul.

Elle est d'une douceur!... j'en fais tout ce que je veux!... eh bien! avec cela, je ne suis pas tranquille..! Ces égrillards qui lorgnent ma femme me donnent des craintes!... hum!... Qu'avais-je besoin de me marier, à mon âge! mais ce maudit amour! c'est plus fort que soi!...

SCÈNE XII.
RODRIGUE, FLANDRINOS.

FLANDRINOS *venant de l'auberge*. — Mon oncle, allez donc un peu trouver vos convives; si vous n'y mettez ordre, je vous préviens qu'ils vont vider la cave.
RODRIGUE. — J'y vais... j'y vais... hum!... Les ivrognes! j'avais bien besoin de leurs compliments! (*Regardant le pavillon à droite.*) Eh! mais... oui vraiment... je pourrais...
FLANDRINOS. — Là?... pardine! qui voulez-vous qu'on y loge? vous savez bien que les chambres sont toutes délabrées!...
RODRIGUE *à part*. — Pour une nuit, c'est juste ce qu'il me faut, personne ne se doutera que ma femme est là. (*Haut.*) Qui est-ce qui a la clef de ce pavillon?

FLANDRINOS. — Mamzelle Zerbine. Vous savez ben que c'est sur elle que roule le détail de la maison...
RODRIGUE. — C'est bon... (*A part.*) Allons la chercher... Parbleu, j'ai eu là une excellente idée!
(*Il sort par le côté du jardin à gauche.*)

SCÈNE XIII.
FLANDRINOS seul.

Le v'là qui s'en va, et qui ne songe plus à son vin qu'on boit!... Qu'est-ce qu'il y a donc?... Depuis qu'il est marié, je ne le reconnais plus! il va... vient... court et n'est plus un moment en repos!... C'que c'est que d'être jaloux!... Ah! je ne serai pas comme ça! une fois dans mon ménage, je veux ne plus m'occuper de rien, être tranquille et n'plus travailler, je ne me marie que pour ne rien faire!...

COUPLETS.

Une fois en ménage,
Je veux, en bon époux,
Pour être heureux et sage,
Ne plus être jaloux;
Que de ma ménagère,
On courtis' les appas!...
Ça sera son affaire,
Moi, je n' m'en mêl'rai pas!
Comm' ça j' pourrai peut-être
Etre heureux à mon goût.
Ma femme fera le maître,
Et je n' f'rai rien du tout!
Dans ma paresse extrême,
Lui laissant tout l' tracas!
Jusqu'à nos enfants même...
Moi, je n' m'en mêl'rai pas.

V'là mamzelle Zerbine qui vient par ici, faut que je profite du tête-à-tête pour lui parler de mon feu avant d'être son mari.

SCÈNE XIV.
FLANDRINOS, ZERBINE.

ZERBINE *à part*. — Je croyais trouver Henriquez ici, et je ne vois que cet imbécile!
FLANDRINOS. — Ma présence la flatte!
ZERBINE. — Flandrinos, as-tu vu?...
FLANDRINOS. — Qui, vot' tuteur? justement il vous cherche.
ZERBINE. — Il s'agit bien de mon tuteur! c'est Henriquez que je demande.
FLANDRINOS. — Comment, mam'zelle! vous vous occupez de ce mauvais sujet?...
ZERBINE. — Je voudrais bien savoir qui t'a donné le droit de parler ainsi de quelqu'un que j'aime?
FLANDRINOS. — Vous aimez c't' homme-là!... et vous me le dites, encore!... prenez garde!... il vous trompera!
ZERBINE. — Qu'est-ce que cela lui fait?
FLANDRINOS. — C'est un coureur de jeunesses!
ZERBINE. — Tant mieux!
FLANDRINOS. — Un faiseur de passions!
ZERBINE. — C'est pour cela que j'en ai une pour lui.
FLANDRINOS. — Tandis que moi, qui suis aussi innocent... que la femme de mon oncle!... vous me rebutez!...
ZERBINE. — Pauvre garçon!...
FLANDRINOS. — Eh bien, pour vous plaire, j' vais faire le séducteur; justement v'là la nuit, ça va me rendre audacieux! et pour commencer, faut que je vous embrasse!...
ZERBINE *riant*. — En vérité!...
LES MULETIERS *en dehors*. — Holà, Flandrinos!...
ZERBINE. — Tiens, voilà des gens qui vont te rendre sage.
FLANDRINOS. — Pardi, j'ai du malheur! faut qu'on me dérange au moment où je vais séduire quelqu'un!...

SCÈNE XV.
LES PRÉCÉDENTS, HENRIQUEZ, MULETIERS.

HENRIQUEZ. — Allons donc, Flandrinos! voilà deux heures que nous te cherchons partout... (*Bas à Zerbine.*) J'ai à te parler...
FLANDRINOS. — Eh ben, qu'est-ce qu'il vous faut donc encore?
HENRIQUEZ. — N'as-tu pas la clef de notre chambre?...
FLANDRINOS. — La clef!... c'est possible... (*Il se fouille.*)
HENRIQUEZ *bas à Zerbine*. — Ton tuteur m'a refusé...

ZERBINE. — J'en étais sûre...
HENRIQUEZ. — Dis-moi où je pourrais te trouver ce soir, afin de nous entendre pour un projet...
FLANDRINOS. — Qu'est-ce que vous chuchotez donc tous les deux ?...
HENRIQUEZ. — Qu'est-ce que cela te fait, nigaud?...
ZERBINE *bas à Henriquez.* — Je viendrai dans ce pavillon...
HENRIQUEZ *bas à Zerbine.* — Il suffit!... *(A Flandrinos.)* Eh bien, cette clef?...
FLANDRINOS. — La v'là... Est-ce que vous allez partir?...
HENRIQUEZ. — Nous allons dans le voisinage; mais nous reviendrons coucher cette nuit à l'auberge.
FLANDRINOS *à part.* — J'aimerais autant qu'il ne revînt pas...
HENRIQUEZ. — Allons, suis-nous, nous avons besoin de toi... *(A Zerbine.)* Sans adieu, aimable Zerbine!... *(Bas.)* A ce soir!
ZERBINE. — Je vous salue, messieurs.
(Les muletiers emmènent Flandrinos.)

SCÈNE XVI.
ZERBINE seule.

(Il fait nuit.)

Ils sont partis, mais ils vont dans le voisinage et reviendront bientôt... Henriquez m'a bien entendue, c'est dans ce pavillon que nous devons nous trouver... Oh! je voudrais déjà savoir quel est son projet, et comment nous pourrons tromper ce méchant Rodrigue!... Heureusement voilà la nuit, l'heure du rendez-vous ne tardera pas à venir... Ah! comme le cœur bat à l'approche de ce moment-là !

BOLÉRO.

    Un rendez-vous
    Loin des jaloux
    A mon âge,
    Ce n'est pas sage;
Pourtant mon cœur n'a nulle peur.
    Ah! quand on aime
    D'amour extrême,
    On ne peut songer
    Au danger.
Mon amant sera mon époux,
Pourquoi craindrais-je de lui dire
Ce que pour lui l'amour m'inspire?
    Puis un rendez-vous,
    C'est bien doux!
    Oui, c'est dans l'ombre,
    Dans la nuit sombre,
Loin des regards d'un vieux tuteur,
    Qu'une fillette
Que l'amour guette
Laisse souvent parler son cœur;
    Avec ivresse
    De sa tendresse
On répète mille serments;
    Instant prospère
    Où le mystère
Ajoute au bonheur des amants;
    Mais, je le sens,...

    Un rendez-vous, etc.

J'entends du bruit, j'aperçois une lanterne... Eh mais! c'est le vieux Rodrigue et sa femme; que viennent-ils faire par ici?

SCÈNE XVII.
RODRIGUE, INESIA, ZERBINE.

RODRIGUE. — Zerbine, Zerbine...
ZERBINE. — Me voici, seigneur.
RODRIGUE. — Où vous cachez-vous donc? je vous cherche depuis deux heures... *(A Inesia.)* Ne bougez pas de là, m'amour!
INESIA. — Non, seigneur.
ZERBINE *à part.* — Que me veut-il donc?
RODRIGUE. — Zerbine, c'est vous qui avez la clef de ce pavillon?
ZERBINE. — La... la clef de ces vieilles chambres?
RODRIGUE. — Oui, la clef de ces chambres.
ZERBINE. — Oui, seigneur, je l'ai... *(A part.)* Quel est son projet?
RODRIGUE. — Donnez-la-moi.
ZERBINE. — Que je vous donne cette clef?
RODRIGUE. — Sans doute.
ZERBINE *à part.* — Ah! mon Dieu, quel contre-temps! *(Haut.)* Mais cet endroit n'est pas habitable, et...
RODRIGUE. — Cela ne vous regarde pas. Donnez, vous dis-je!

ZERBINE *à part.* — Le vieux renard aura découvert notre rendez-vous. *(Lui donnant la clef.)* La voilà, seigneur.
RODRIGUE. — Fort bien. Vous pouvez rentrer maintenant.
ZERBINE *à part.* — Et Henriquez, qui est parti... comment lui faire savoir?...
RODRIGUE. — Allons, Zerbine, il est tard, les nuits d'été sont fort courtes, et il faut ici se lever dès le jour; ainsi, croyez-moi, allez vous coucher.
ZERBINE. — Oui, seigneur... oui, je m'en vais... *(A part.)* Ah! mon Dieu, peut-on être plus malheureuse que cela!
(Elle s'éloigne avec colère.)

SCÈNE XVIII.
RODRIGUE, INESIA.

INESIA. — Cette pauvre Zerbine!... elle avait l'air d'avoir du chagrin...
RODRIGUE. — Bah! bah! il ne faut pas prendre garde à cela... Venez, ma mignonne, suivez-moi... *(A part.)* Personne ne nous a vus venir par ici, je puis être tranquille. *(Il ouvre la porte du bâtiment.)*
INESIA. — Où donc allez-vous, seigneur?
RODRIGUE. — Ne craignez rien, mon cœur, entrez avec moi.
(Ils entrent dans le pavillon.)
INESIA *regardant autour d'elle.* — Ah! mon Dieu, que c'est vilain, ici!
RODRIGUE. — Cet endroit n'est pas excessivement gai, j'en conviens; mais une partie de la nuit d'été est bientôt passée, et demain, dès le point du jour, nous partirons pour ma maison de campagne.
INESIA. — Comment! c'est ici que vous voulez me faire passer la nuit?
RODRIGUE. — Oui, mon enfant, j'ai des raisons pour que vous ne restiez pas à l'auberge.
INESIA. — Mais qu'est-ce que nous ferons ici tous les deux?
RODRIGUE. — Ne vous mettez pas en peine; je vais faire un tour à la maison, où ma présence est nécessaire, et bientôt je reviendrai vous tenir fidèle compagnie.
INESIA. — Quoi! vous allez me laisser seule?
RODRIGUE. — C'est l'affaire d'un instant... Au revoir, ma poulette!
INESIA *l'arrêtant.* — Comment! vous emportez la lumière?
RODRIGUE. — Il le faut, ma chère amie, vous n'en avez guère besoin ici.
INESIA. — Mais je vais avoir peur!... Que voulez-vous que je fasse toute seule ici, et sans lumière?
RODRIGUE. — Je ne serai qu'un moment absent... ne vous impatientez pas. *(Il sort du pavillon avec sa lanterne.)*
INESIA. — Il me laisse, vraiment!... *(Elle écoute.)*
RODRIGUE *dans la cour.* — J'ai vu des jeunes gens qui paraissaient avoir de mauvaises intentions sur ma femme, allons nous assurer s'ils sont couchés... Inesia n'a pas de lumière, on ne peut se douter qu'il y a quelqu'un là... Hum! cruelle jalousie! *(Se retournant brusquement.)* Qui va là?... ah! c'est mon ombre!... *(Il s'éloigne.)*

SCÈNE XIX.
INESIA seule dans le pavillon.

Je n'entends rien, mon mari est éloigné... Ah! ce n'est guère aimable, un mari! celui-ci s'en va quand, pour la première fois, je voulais bien l'écouter... Et ce trésor qu'il m'a donné, et dont je ne sais que faire?... oh! je suis décidée à le lui rendre, j'ai trop peur qu'on ne me le prenne. *(Avec frayeur.)* Ah!... ah! mon Dieu, j'ai cru entendre du bruit... je tremble ici!... ça n'est pas amusant le mariage... on m'en avait cependant bien dit de belles choses... ah! quelle différence!...

COUPLETS.

De l'hymen, dans ma jeunesse,
On me vantait les doux nœuds.
On me répétait sans cesse
Qu'il comblerait tous mes vœux;
Que d'être heureuse en ménage
Femme trouvait le moyen;
Et pour moi le mariage...
Ah! *(Elle fait un cri d'effroi.)*
Ah! mon Dieu!

(Après avoir écouté un moment elle reprend.)

Ce n'est rien.

On me dit en confidence
Qu'un mari se présentait,
Et moi, je le crus d'avance
Aimable, jeune et bien fait.
Je le vois, de sa personne

J'avais pensé trop bien,
Puisque l'époux qu'on me donne...
Ah!... ah! mon Dieu!... *(Elle écoute.)*
   Ce n'est rien!...
Mais, voyez un peu si mon mari reviendra... Ah!... je crois entendre marcher... c'est lui, sans doute...

SCÈNE XX.

INESIA, HENRIQUEZ, Quatre Muletiers.

henriquez. — Allons, mes amis, la nuit est avancée, nous avons affaire demain de grand matin, ainsi nous n'avons pas trop de temps pour prendre un peu de repos.
inesia. — Il me semble entendre parler.
henriquez. — Cet imbécile de Flandrinos a fermé notre chambre à clef. Il serait trop long d'aller le réveiller; jetons-nous sur ces bottes de paille, nous y serons fort bien.
un muletier. — Oui, et plus tôt prêts pour demain.
   (Les muletiers se couchent sur la paille sous le hangar.)
inesia. — Je n'entends plus rien... je me suis trompée.
henriquez *à part*. — Mes camarades seront bientôt endormis. J'ai eu soin de cacher la clef de notre chambre, afin d'être au lieu du rendez-vous sans donner de soupçons au vieux tuteur.
inesia. — Il m'aura oubliée!... c'est bien agréable!...
henriquez *à part*. — Je suis sûr que Zerbine s'impatiente; allons, encore quelques minutes!...

CHANT.

henriquez *à demi-voix*. Sommeil, par ta douce puissance,
   Hâte l'instant de mon bonheur!...
inesia. Je n'entends plus rien, quel silence!
   Tout est calme comme mon cœur...

(Henriquez s'assure si les muletiers dorment, et se lève.)

henriquez *cherchant le pavillon*. C'est de ce côté, sans doute,
   Q-'est le lieu du rendez-vous.
inesia. C'est vainement que j'écoute,
   Je n'entends pas mon époux.
henriquez. Oui, m'y voilà... je crois dans l'ombre
   Reconnaître le pavillon...
inesia. Ah! mon Dieu! que la nuit est sombre,
   Que le temps me semble long!
henriquez *touchant la porte*. Bon, c'est bien là... *(Il frappe.)*
inesia. Ah! le voila!... *(Elle ouvre.)*
   Arrivez donc, je vous en prie!
   Venez rassurer mon cœur.
henriquez *dans le pavillon*. Oui, me voilà, ma chère amie;
   Je viens dissiper ta frayeur.
   Mais de ma constante flamme
   Permets qu'un baiser soit le prix... *(Il l'embrasse.)*
inesia *à part*. Grand Dieu! d'où vient que je frémis?
   Quel sentiment nouveau vient agiter mon âme!
inesia et henriquez *à part chacun*.
   Doux moment!... quel plaisir!...
   D'où naît cette subite ivresse?
   Je ne puis définir
   Le trouble qui m'oppresse.
inesia *à Henriquez*. Si vous voulez me plaire encor,
   Et calmer ma frayeur extrême,
   Vous allez, à l'instant même,
   Reprendre votre trésor.
henriquez *à part*. Un trésor!... mais, quelle aventure!
   De Zerbine ce n'est pas là la voix!...
inesia *lui donnant le médaillon*.
   Je ne puis garder, je vous jure,
   Autant de choses à la fois.
henriquez *à part en prenant le portrait*.
   Du vieux Rodrigue c'est la femme!
inesia. Quoi! vous ne me dites plus rien!...
   Tout à l'heure, au fond de mon âme
   Vos discours pénétraient si bien!
henriquez *à part*. Vraiment, elle est charmante!...
   Je le sens, il faut fuir.
inesia *le retenant*. Qu'avez-vous?...
henriquez *à demi-voix*. Je vais revenir...
inesia. Quoi! vous allez encor partir?...
   Ah! seigneur, je vous en prie!
   Avec moi, veuillez rester!...
henriquez *à part*. Non, non... elle est trop jolie,
   Je ne pourrais résister!...
   Mais prenons, avant d'être sage,
   Encore un baiser bien doux...

Pour un de plus, son cher époux
Ne le saura pas davantage...
(Il l'embrasse, et ils reprennent ensemble.)

ENSEMBLE.

INESIA.   henriquez *à part*.
Doux moment! quel plaisir!   Doux moment! quel plaisir!
D'où naît cette subite ivresse?   Pour mon cœur quelle douce
Je ne puis définir   Je sais bien définir [ivresse!
Le trouble qui m'oppresse.   Le trouble qui l'oppresse.

(Henriquez sort brusquement, et tire la porte après lui.)

henriquez *dans la cour*. — Ouf! j'ai bien fait de m'en aller, l'épreuve était trop dangereuse.
inesia. — Eh bien! il est parti!... quel dommage! il ne me semblait plus aussi maussade.
henriquez. — Je ne sais que penser!... Comment se fait-il que je trouve Inesia à la place de Zerbine?...
inesia. — C'est singulier comme cette conversation m'a émue!...
henriquez *tâtant le portrait*. — Que diable m'a-t-elle donné là?... Eh! mais... j'entends marcher... serait-ce le mari?... tenons-nous sur nos gardes, et tâchons de nous tirer de là!... *(Il se remet sur sa botte de paille.)*

SCÈNE XXI.

Les Précédents, RODRIGUE.

rodrigue *arrivant sans lumière*. — Ah! me voilà de retour!... Tout le monde est couché, je puis être tranquille!...
henriquez *à part*. — C'est lui!
inesia. — S il pouvait revenir au moins!
rodrigue. — J'ai éteint ma lanterne pour ne pas être vu... Oh! je pense à tout!... celui qui m'attrapera sera bien fin!...
henriquez *à part*. — C'est déjà fait.
rodrigue. — Allons retrouver ma petite femme... Ah! grâce à mes précautions, je réponds bien que celle-là me sera toujours fidèle!...
henriquez *à part*. — Il ne faut jurer de rien!... Quelle figure il fera quand il saura ce qui s'est passé!...
rodrigue *frappant à la porte*. — Ouvrez, signora, c'est moi.
inesia. — Ah! quel plaisir!... *(Elle ouvre.)*
henriquez. — L'entretien sera drôle!
inesia *à Rodrigue*. — Que je suis contente! au moins vous n'avez pas été si longtemps que la première fois!...
rodrigue. — Comment! ma poulette, que voulez-vous dire?
inesia. — Que vous êtes aimable... A présent je commence à ne plus vous trouver si vieux...
rodrigue. — Buh!... *(A part.)* Ah! mon Dieu... mais je ne la reconnais plus!
inesia. — Eh bien! pourquoi ne m'embrassez-vous pas comme tout à l'heure?
rodrigue. — Qu'est-ce à dire? comment? je vous ai embrassée, moi?
inesia. — Dame, vous le savez bien!... Vous étiez si pressant!... Ah! je ne vous avais jamais vu ainsi!...
rodrigue *à part*. — Qu'est-ce que cela signifie?...
henriquez. — Cela doit devenir intéressant!
inesia. — Est-ce que vous êtes fâché que je vous aie rendu votre portrait?
rodrigue *vivement*. — Mon portrait!... et quand?
inesia. — Lorsque vous êtes revenu...
rodrigue. — Je suis revenu... moi?
inesia. — Mais sans doute.
rodrigue *à part*. — Ah! quel est le pendard! *(Haut.)* Et... que vous ai-je dit tout à l'heure?...
inesia. — Ah! vous étiez charmant!...
rodrigue *à part*. — J'étouffe de colère!...
inesia. — Vous m'avez embrassée... et si tendrement!...
rodrigue *à part*. — Plus de doute!... je suis... perdu!... *(Haut.)* Comment, madame!... vous... vous avez souffert?...
inesia. — Certainement! n'êtes-vous pas le maître?... et puis, cela ne me déplaisait pas.
rodrigue *à part*. — Oh! la maudite nuit!... *(Haut.)* Madame, entrez vite dans cette chambre... et, pour que vous ne soyez plus dérangée, je vais vous y enfermer de la bonne manière...
inesia. — Comment, seigneur!... vous voulez m'enfermer...
rodrigue. — Entrez, vous dis-je, et ne répliquez pas.
inesia. — Ah! mon Dieu! comme il est changé!...
   (Il l'enferme dans la pièce à côté.)

SCÈNE XXII.

Les Précédents, excepté INESIA.

henriquez. — Je n'entends rien... Je voudrais pourtant bien savoir ce qu'ils se disent.

RODRIGUE *toujours dans le pavillon.* — Maintenant, vengeons-nous du coquin qui a pris mon nom !... Oh ! je le découvrirai !... il aura beau se cacher !... *(Il sort du pavillon.)*
HENRIQUEZ. — Le voilà !... Que va-t-il faire ?
RODRIGUE. — Il m'a semblé entendre parler... Est-ce qu'il y aurait du monde par ici ?... *(Il approche doucement des muletiers et tâtonne, puis revient.)* Les muletiers sont couchés là... Oh ! je devine tout, maintenant !... c'est l'un d'eux qui ma joué ce tour pendable !...
HENRIQUEZ. — Je ne suis pas très-tranquille.
RODRIGUE. — Mais comment savoir lequel ?... Henriquez est un drôle qui serait bien capable !... mais il est amoureux de Zerbine, et ne pense pas à ma femme... Ah ! il me vient une idée... oui... par ce moyen, je dois découvrir l'auteur de cette maudite aventure... Avançons...

CHANT.

Du pouls le fréquent battement
Pourra me le faire connaître,
Car je réponds bien que le traître
N'est pas tranquille en ce moment.
HENRIQUEZ *à part.* Parbleu ! son moyen est plaisant !
RODRIGUE.   Avançons et tâtons avec prudence...
HENRIQUEZ *à part.* Je serai reconnu... j'ai la fièvre d'avance !...
RODRIGUE *tâtant le pouls à un muletier.*
Ce n'est pas celui-là ! *(A un autre.)* Ce n'est pas celui-là !
(Il en tâte plusieurs, et arrive à Henriquez.)
Oh ! pour le coup... c'est bien lui !... le voilà !

Mais comment le reconnaître demain ?..... Eh ! oui... c'est le ciel qui m'inspire !...

Emportons cette ceinture...
Demain, pour venger mon honneur,
De ma triste mésaventure
Je saurai quel est l'auteur !
(S'éloignant.) Maintenant, avec patience,
Il faut attendre le jour.

ENSEMBLE.

HENRIQUEZ *à part.*   RODRIGUE.
Vraiment, j'admire le tour !...   Éloignons-nous en silence !...
Malgré moi j'en ris d'avance.   Il faut attendre le jour.
                                   (Il rentre.)

SCÈNE XXIII.
HENRIQUEZ, LES MULETIERS.

HENRIQUEZ *se levant.* — Il est parti... et il emporte ma ceinture !... Le maudit vieillard est plus fin que je ne croyais... Le jour va bientôt paraître... comment faire pour éviter d'être reconnu ?... *(Il rêve.)* Eh ! morbleu ! c'est cela... toutes nos ceintures sont à peu près pareilles, hâtons-nous de rendre mes camarades semblables à moi... débarrassons-les de ce qui me manque. *(Il leur ôte doucement leur ceinture.)* Ils dorment comme des sourds !... A la besogne !... Je ris de la figure que fera notre pauvre mari, lorsqu'il nous verra tous en cet état !... Que faire de ces ceintures ?... Cachons-les, car il faudra bien qu'elles retournent à leurs maîtres... *(Il les cache sous sa botte de paille.)* C'est cela..... maintenant, attendons les événements !... J'entends du bruit... reprenons ma place...
(Il se remet près de ses camarades.)

SCÈNE XXIV.
LES PRÉCÉDENTS, FLANDRINOS.

FLANDRINOS *en bonnet de nuit.* — Holà !... eh !... seigneur muletier, réveillez-vous !... v'là l' jour !... Ah ! à peine si on a le temps de dormir, ici ! Mon oncle vient de me réveiller en disant qu'il fait grand jour. *(Il se frotte les yeux.)* Il faut que je dorme encore, car je ne vois pas clair... Ah çà ! est-ce qu'ils ne m'ont pas entendu ? *(Appelant.)* Holà ! réveillez-vous donc !... il y a déjà des voyageurs qui vous demandent ! *(Le jour commence.)*
LES MULETIERS. — Nous v'là !... nous voilà !...
HENRIQUEZ. — C'est toi, Flandrinos... tu es matinal !...
FLANDRINOS. — Mon oncle assure qu'il est déjà tard...
HENRIQUEZ. — A peine si l'on voit clair !... As-tu pensé à notre déjeuner ?
FLANDRINOS. — Soyez tranquille !... vos bêtes et vous, vous serez traités en amis.
HENRIQUEZ. — Camarades, entrons prendre nos sacs et puis nous irons rejoindre les voyageurs. *(A part.)* Hâtons-nous de prévenir nos compagnons, et de leur donner le mot de cette aventure. *(Ils entrent dans les écuries, derrière le hangar.)*

FLANDRINOS. — Allez ! allez !... Voyez un peu c't' idée qu'ils ont eue de coucher à la belle étoile !... Ah ! j' commence à y voir, enfin !

SCÈNE XXV.
FLANDRINOS, RODRIGUE.

RODRIGUE *arrivant brusquement.* — Flandrinos !... Flandrinos !...
FLANDRINOS. — Me v'là, mon oncle !
RODRIGUE. — Où sont les muletiers ?
FLANDRINOS. — Là, qui prennent leurs sacs pour leurs bêtes.
RODRIGUE. — Va leur dire de venir tous me parler ; il faut que je les voie... tous, entends-tu ?
FLANDRINOS. — Ça suffit, je vais leur dire ça. *(Il entre aux écuries.)*
RODRIGUE. — Je vais enfin savoir quel est le téméraire qui a osé me tromper... Il faudra par prudence cacher ma fureur ; mais, pour être retardée, ma vengeance n'en sera pas moins sûre... Séduire ma femme en se présentant à ma place !... il faut que le coquin soit bien adroit... Les voici... hum ! je sens la colère qui m'étouffe.

SCÈNE XXVI.
RODRIGUE, HENRIQUEZ, FLANDRINOS, MULETIERS.

(A la fin de ce morceau, le jour est venu entièrement.)

CHANT.

RODRIGUE *à part.* Ils approchent... c'est le moment ;
Je vais découvrir le traître !
LES MULETIERS. Que voulez-vous , répondez promptement,
Et devant vous pourquoi faut-il paraître ?
RODRIGUE.   Vous allez le savoir...
(Il s'avance, examine celui qui est le plus près de lui, et, voyant qu'il n'a pas de ceinture, s'écrie à part :)
Eh ! oui, vraiment... autant que je puis voir
Il n'en a pas, sur ma parole !
Plus de doute... voilà mon drôle !...

ENSEMBLE.

LES MULETIERS *riant entre eux.*
Ah ! ah ! ah ! ah ! le pauvre époux !
FLANDRINOS *à part.* Eh ! mais, mon Dieu, qu'ont ils donc tous ?
RODRIGUE *se retournant avec colère.*
Qu'entends-je encore ? Qu'est-ce à dire ?
Est-ce de moi qu'on voudrait rire ?
(Il examine le muletier près de lui.)
Oh ciel !... en croirai-je mes yeux ?
En aurait-elle reçu deux ?

ENSEMBLE.

LES MULETIERS. Ah ! ah ! la plaisante aventure !
FLANDRINOS.   Mais quelle est donc cette aventure ?
RODRIGUE *les examinant tous.* Je ne vois aucune ceinture !...
Ah ! traîtres !... pendards !...

ENSEMBLE.

LES MULETIERS.   Qu'avez-vous ?
D'où peut naître ce grand courroux ?
FLANDRINOS.   Je crois qu'ils sont devenus fous !
RODRIGUE.   Eh morbleu ! vous me trompez tous !

HENRIQUEZ. — Enfin, seigneur, pourquoi cette colère ?
RODRIGUE. — Vous le savez bien, perfide ! Je suis trompé, trahi... mais ne croyez pas que je sois votre dupe ; je saurai quel est celui qui a osé... Flandrinos, tiens *(lui donnant la clef)*, va chercher ma femme.
FLANDRINOS. — Oui, mon oncle, j'y vais ; car enfin il faut ben que ça se débrouille. *(Il entre dans le pavillon.)*
HENRIQUEZ. — Comment, seigneur, vous ne nous direz pas la cause de ce tapage ?
RODRIGUE. — Répondez-moi : qu'avez-vous fait de vos ceintures ?
HENRIQUEZ. — Nos ceintures !... depuis huit jours nous n'en portons plus.
RODRIGUE. — Ah ! les fripons, ils s'entendent tous pour me tromper.
HENRIQUEZ *prenant Rodrigue à l'écart.* — Ecoutez, seigneur Rodrigue, vous voulez savoir quel est celui qui cette nuit...
RODRIGUE. — Ah ! vous avouez donc , enfin...
HENRIQUEZ. — Que je le connais, oui certes, et vous pensez bien que j'ai promis le secret ; mais nous avons tous juré de le garder. Cependant, comme vous êtes mon ami, comme je vous aime enfin, je vous livrerai le coupable.
RODRIGUE. — Ah ! mon cher Henriquez, quelle reconnaissance !.....

HENRIQUEZ. — Oui, mais à condition que vous m'accorderez la main de Zerbine.
RODRIGUE. — Quoi! vous voulez?...
HENRIQUEZ. — La main de Zerbine, ou vous ne saurez rien.
RODRIGUE. — Mais vous jurez de me faire connaître le coupable?
HENRIQUEZ. — Je jure même de vous le livrer.

SCÈNE XXVII.
Les Précédents, INESIA, ZERBINE, FLANDRINOS.

FLANDRINOS. — Mon oncle, voilà votre femme que je vous amène.
ZERBINE. — Eh bien! que se passe-t-il donc ici?
HENRIQUEZ. — Viens, ma chère Zerbine, ton tuteur nous marie.
ZERBINE. — Se pourrait-il?
FLANDRINOS. — Qu'est-ce qu'il dit donc, mon oncle?
RODRIGUE. — Tais-toi, imbécile! Oui, Zerbine, voilà ton époux.
INESIA. — Ah! quel plaisir! j'irai encore à la noce.
HENRIQUEZ. — Le seigneur Rodrigue a tenu sa parole, je dois en faire autant. (*Il va lever la botte de paille.*) Tenez, mes amis, voilà vos ceintures, que cette nuit je vous ai ôtées par distraction... reprenez-les. Oh! elles y sont bien toutes excepté la mienne, que le seigneur Rodrigue m'a enlevée lui-même et qu'il va me restituer.
RODRIGUE. — Qu'entends-je!... ce serait lui!.. ah! double scélérat!... et vous croyez que je tiendrai ma promesse!...
HENRIQUEZ. — J'en suis certain. (*Le prenant à part.*) Si vous y manquiez, je conterais dans tout le pays votre mésaventure, mon entrevue avec votre femme. Pour preuve, je montrerais ce joli portrait qu'elle m'a donné cette nuit.
RODRIGUE. — Mon portrait... ah! malheureux!
HENRIQUEZ *lui présentant le médaillon*. — Tenez, croyez-moi, ne faites pas de bruit, on se moquerait de vous. Au lieu de cela, changeons, on ne saura rien, et, pour vous consoler, je vous jure que c'est Zerbine que je croyais trouver dans le pavillon.
HENRIQUEZ *prenant son portrait et rendant la ceinture*. — Allons, puisqu'il faut en passer par là...
RODRIGUE *prenant le bras de Zerbine*. — Vivat!
INESIA *le mettant dans sa poche*. — Comment, seigneur! vous vous amusez à prendre des ceintures?
HENRIQUEZ. — C'est une espièglerie de monsieur votre époux; mais il m'a bien promis que cela ne lui arriverait plus... Zerbine, tu es ma femme.
FLANDRINOS. — Dites donc, mon oncle, c'est comme ça que vous pensez à moi! vous m'aviez promis de faire mon bonheur...
RODRIGUE. — C'est pour cela que je ne te marie pas.

CHŒUR FINAL.

Livrons-nous à la folie,
Dans l'âge heureux des amours;
Pour passer gaiment la vie,
Chantons et rions toujours!

Paris. — Typographie de J. BEST, rue Poupée, 7.

www.ingramcontent.com/pod-product-compliance
Lightning Source LLC
LaVergne TN
LVHW050628090426
835512LV00007B/719